Collection « Études africaines »

dirigée par Denis Pryen et son équipe

Forte de plus de mille titres publiés à ce jour, la collection « Études africaines » fait peau neuve. Elle présentera toujours les essais généraux qui ont fait son succès, mais se déclinera désormais également par séries thématiques : droit, économie, politique, sociologie, etc.

Dernières parutions

Stéphane NGWANZA, Rodrigue TASSE (dir.), *La francophonie dans les relations internationales contemporaines. Un instrument de projection de l'Afrique dans un monde multipolaire*, 2024.
Sidiki KABA, *Modélisation de la mortalité des enfants de moins de 5 ans en guinée, Apport des modèles multiniveaux et des méthodes de décomposition*, 2024.
Konin AKA, *Le patrimoine musical traditionnel et son rôle dans la société ivoirienne. Tome 2*, 2024.
Konin AKA, *Les instruments et genres musicaux traditionnels en Côte d'Ivoire. Tome 1*, 2024.
Danièle DARLAN, *Protéger la constitution quoi qu'il en coûte. Une vision pour la Cour constitutionnelle de la République centrafricaine*, 2024.
Nadine Josianne BAKAM TITGOUM, *La propriété intellectuelle dans l'espace OAPI-OHADA. Entre incorporalité et virtualité*, 2024.
Florent Armel MALEMBI, *Le Moi, principe de la connaissance dans la philosophie de Schelling*, 2024.
Augustin PALÉ, Alexis Clotaire NÉMOIBY BASSOLÉ, Abdoulaye SAWADOGO, Oumar SANGARÉ, *Le handicap mental. Perceptions et prise en charge au nord du Burkina Faso*, 2024.
Boubou BA, *Les modes alternatifs de règlement des conflits en Mauritanie, Regard anthropologique et juridique*, 2024.
Dingamtoudji MAÏKOUBOU, *La médecine africaine en pays ngàmbáye au Tchad*, 2024.

Routes et développement
économique et social
au Dahomey/Bénin
(1913-2011)

5-7, rue de l'École-Polytechnique ; 75005 Paris

http://www.editions-harmattan.fr/

ISBN : 978-2-336-48535-5
EAN : 9782336485355

Serge Ouitona

Routes et développement économique et social au Dahomey/Bénin (1913-2011)

Préface de Sébastien Dossa Sotindjo

L'Harmattan

Du même auteur

Avec Léonard Wantchékon et Valère Sogbossi, *De Gléxwé à Ouidah. Histoire d'une ville multi-séculaire (XIVe-XXIe siècle)*, Tampere, Atramenta, 2021, 178 p.

Dédicace

À

Mon père,
Ma mère,
Mes frères,
Mon maître, Sébastien D. Sotindjo,
Sonagnon,
Oluwa-Kêmi, Jommignon, Oluwa-Fêmi,
Sabicoth et Sobiroth

PRÉFACE

« Le développement passe par la route », entend-on souvent dire pour souligner la fonction de circulation des biens, des services et des personnes, assurée par la route dans les rapports socio-économiques entre producteurs et consommateurs. Le fossé du niveau de développement entre les économies avancées et celles retardataires des pays des Tiers mondes se répercute aussi sur l'état du réseau routier dans ces deux groupes de pays : un réseau routier dense et de bonne qualité dans un système de transport multimodal dans les pays du Nord à économie dominante et une infrastructure routière à densité très lâche, insuffisamment bitumée et entretenue qui a fini par surpasser les autres modes de transport dans les pays du Sud pour la plupart aux climats chauds et pluvieux. Au Dahomey/Bénin, le rail a précédé la route proprement dite avant d'être enseveli par elle ; dans ce processus d'éviction de l'un par l'autre devenue prépondérante, on peut se demander quel rôle la route a-t-elle joué et continue de jouer dans une économie héritée de la colonisation européenne du XIXe siècle ? Hougnon Wilfried Serge OUITONA a fait de ce questionnement la problématique de la version éditée de sa thèse de doctorat de l'Université d'Abomey-Calavi (Cotonou, Bénin). Une brève présentation de cet auteur qui a forgé ses armes d'historien à l'Université d'Abomey-Calavi s'impose à nous.

H. W. Serge OUITONA, auteur de cet ouvrage a été entièrement formé au département d'Histoire et d'Archéologie (DHA) de l'Université d'Abomey-Calavi (Cotonou, Bénin) où il a effectué tout son cursus universitaire et où il fait actuellement de l'enseignement-recherche en tant qu'Assistant. Dès sa candidature à la rédaction d'un mémoire de maîtrise d'histoire, il fut orienté vers une spécialisation en histoire des transports[1], un secteur primordial dans tout processus de développement économique, administratif et social. Ainsi, successivement il soutient avec brio un mémoire de maîtrise en histoire sur la compagnie multinationale Air Afrique (1961-2002) en 2010 et en 2012 un autre mémoire, le mémoire du diplôme d'études approfondies (DEA) sur une autre société aérienne, cette fois-ci nationale, mais toujours en Afrique, Ethiopian Airlines (1946-2011), comme pour y chercher les clés du succès durable ayant fait défaut à la gouvernance administrative de l'Air Afrique. Sa thèse de doctorat de l'université d'Abomey-Calavi, soutenue publiquement le 2 juin 2021 devant un jury international de six membres, reçue avec la

---

[1] Son mémoire de maîtrise a pour titre, *Un instrument de coopération en Afrique subsaharienne : la compagnie aérienne Air Afrique (1961-2002)*, mém. de maîtrise, UAC, 2010, 150 p. ; le mémoire de DEA porte ce titre : *Ethiopian Airlines (1946-2011) : bilan de 65 ans d'existence d'une compagnie aérienne africaine*, mém. de DEA, UAC, 2012, 66 p.

Mention Très Honorable et les Félicitations unanimes des membres de jury, s'inscrivant toujours dans le domaine infrastructurel de transport a pour titre, *La route dans une économie dominée : cas du Dahomey/Bénin (1913-2011).* Éditée chez L'Harmattan, la thèse/livre arbore le titre, *Routes et développement économique et social au Dahomey/Bénin (1913-2011*), au contenu dégraissé en raison des contraintes éditoriales, mais sans nuire à l'essentiel.

Dans l'introduction, la problématique est clairement exposée : « Quelle est la part de la route dans le processus de développement économique et social du Dahomey/Bénin de 1913 à 2011 ? ». L'étude de l'évolution de la route dans ce champ chronologique de longue durée (presqu'un siècle) amène l'auteur à identifier trois césures temporelles qui déterminent les trois grandes parties du livre : (i) Les routes coloniales au Dahomey (1913-1945), (ii) Les routes au Dahomey-Bénin du FIDES[1] à la fin du régime révolutionnaire (1946-1990) et (iii) Routes, économie et société sous le Renouveau démocratique (1990-2011) ; donc un plan rationnel à la fois thématique et chronologique dont chaque grande partie, de plus d'une trentaine d'années en moyenne, renferme chacune trois chapitres des neuf qui structurent l'ensemble du développement du sujet. Nous sommes donc en présence du plan tripartite intégral cher aux historiens. Ce souci d'équilibre dans la construction du plan annonce la rigueur méthodologique qui a présidé à la recherche documentaire et au traitement des données engrangées de diverses sources primaires et ressources bibliographiques. Les premières portent sur des informations livrées par des détenteurs de sources orales, sur des sources d'archives, des sources imprimées (rapports d'évaluation des différents projets routiers financés au Bénin par la Banque mondiale, comptes définitifs des recettes et dépenses des budgets, etc.) et sur des statistiques puisées, entre autres, sur le site web Gallica de la bibliothèque nationale française consultée en ligne.

Les ressources bibliographiques, provenant de divers horizons et de différents genres (ouvrages de méthodologie, généraux, spécifiques, académiques), sont classées par thèmes ; des périodiques composés de la presse écrite locale, de nombreux numéros de *Jeune Afrique*, des revues mensuelles comme *Industries et travaux d'Outre-Mer* (supplément technique mensuel depuis 1953 de l'hebdomadaire, *Marchés tropicaux et méditerranéens datant de 1958*[2]), et *Bulletin de l'Afrique noire*, etc.

---

[1] FIDES : Fonds d'investissement et de développement économique et social créé par la loi de finances du 30 avril 1946 pour financer l'équipement et la modernisation des Territoires d'Outre-Mer (TOM).

[2] Née le 17 novembre 1945 sous le nom de "*Marchés coloniaux du monde*", la revue de M. René Moreux – son fondateur – fut dénommée "*Marchés tropicaux du monde*" de 1956 à 1958

complètent les sources de première main indiquées plus haut pour constituer un véritable muséum documentaire exploité et traité à l'aune de la double approche qualitative et quantitative. De nombreux tableaux (52) statistiques ou non, des graphiques (11) de diverses formes, des cartes géographiques (09) et croquis cartographiques (03), émaillent le texte de ce livre, non pas simplement pour son aération ou pour lui servir d'enjoliveurs, mais utilisés surtout comme outils d'analyse pour le renouvellement des questionnements et l'approfondissement des connaissances en vue de construire un discours historique rigoureux et vigoureux qui rend concrets les faits historiques par essence abstraits. Le déploiement de l'argumentation s'appuie sur un appareillage critique sans complaisance et sur plusieurs centaines de notes de bas de page qui attestent des qualités indéniables d'historien de l'auteur.

Le plan dans son ensemble suggère un découpage de l'histoire du Dahomey/Bénin qui, tout en respectant les césures habituelles du passé de ce pays, effectue des regroupements chronologiques originaux sous le diktat de l'analyseur qu'est la route dans son évolution diachronique. Ainsi, dans la première partie consacrée aux Routes coloniales au Dahomey de 1913 à 1945, l'auteur décompose ce regroupement chronologique de 33 ans en trois discontinuités temporelles de faits évènementiels en lien avec la route :
- la période d'avant la pénétration coloniale (XVIe siècle-1894) où les "routes" des rois, « de toutes dimensions », étaient « construites (...) pour relier la capitale, Agbomè, aux principaux centres du royaume ». Il donne l'exemple d'une voie large de 40 mètres appelée Mèkoli dont Agadjaligbo est un cas typique en étant la « route par laquelle les esclaves allaient de Kana à Ouidah » ;
- la sous-période pré-automobile au Dahomey colonial, 1894-1912, dominée par la mise en place de la doublure rail/route des deux méridiennes sud-nord et par la trans-côtière ouest-est appelée à l'époque « la piste intercoloniale Hillacondji-Igolo » ;
- la période de 1913 à 1945 où l'automobile assure un fonctionnement harmonieux du doublet rail/route par son rôle de liaison entre les deux grandes méridiennes (sud-nord' est et sud-nord' ouest) et la trans-côtière est-ouest. Le complexe rail-route-automobile ainsi mis sur pied pendant cette étape d'auto-financement (loi de finances du 13 avril 1900) des équipements dans les colonies françaises se distingue par la déconnexion de l'espace dahoméen des circuits du commerce transafricain (pistes transafricaines du VIIe au XVe siècle) pour lui faire jouer, dans la nouvelle orientation (hinterland ↔ régions côtières) son rôle de couloir de drainage et d'évacuation des biens et des

puis de là, elle prit le titre de "*Marchés tropicaux et méditerranéens*" (Sotindjo, 2010, note 69, p. 206).

services entre le Sahel au nord et la mer au sud, assurant ainsi un débouché maritime aux possessions françaises enclavées du Niger et de la Haute-Volta (actuel Burkina Faso).

La 2e partie du livre allant de 1946 à 1990 (45 ans) est fractionnée en trois chapitres respectueux des césures traditionnelles de l'histoire politique : la période fini-coloniale (1946-1960), suivie de celle allant de 1960 à 1972, un véritable prolongement postcolonial de la période coloniale caractérisée par l'instabilité politique et institutionnelle au Dahomey baptisé à cet effet « Enfant malade de l'Afrique ». La dernière séquence temporelle de cette deuxième partie, 1973-1990, correspond à la sous-période dite période révolutionnaire qui boucle ce grand pan chronologique (1946-1990) de l'histoire du Dahomey/Bénin dont l'homogénéité réside dans la modernisation de la route, maintenant financée d'abord par la métropole[1] et l'Europe (FED) ; ensuite (période postcoloniale) par d'autres financeurs extérieurs – africain, américain et arabe –, origines de l'endettement dans les anciennes possessions européennes. Ces investissements bilatéraux ou multilatéraux au Dahomey/Bénin, par-delà leur nature[2], le rythme et le débit des capitaux investis, variables selon les différents régimes politiques, concourent à impacter l'économie dans son ensemble en termes d'allongement des infrastructures de transport, d'amélioration de la qualité du réseau routier, d'intensification des trafics intérieurs et extérieurs, d'attractivité de la route sur les industries et de sa visibilité dans la formation du produit intérieur brut (PIB).

La sous-période de 1973 à 1990 se singularise par la rupture, en termes d'orientation des voies routières, d'avec l'ossature des routes coloniales (1894-1972) par la construction de routes transversales à vocation de désenclaver des régions productrices pour les relier aux centres urbains de grande consommation ou de raccorder le Bénin aux pays limitrophes par des voies bitumées (exemple : la fameuse voie reliant Abomey-Bohicon-Kpédékpo-Illara (ABOKI). Amorcée sous le nationalisme économique du régime marxiste-léniniste du PRPB (1972-1990), cette tendance d'intra et inter-connexion devient une constante des politiques publiques routières des régimes successifs de la période suivante appelée le « Renouveau démocratique » (1990-2011), objet de la troisième partie du livre. Celle-ci titrée : Routes, économie et société sous le Renouveau démocratique (1990-2011), regroupe, comme les précédentes, trois chapitres qui analysent

---

[1] À travers le FIDES créé par la loi de finances du 30 avril 1946, devenu après mars 1959 Fonds d'Aide et de Coopération (FAC), et plus tard, Agence française de Développement (AFD).

[2] Il convient de distinguer les Investissements de portefeuille ou investissements improductifs, les plus fréquents, des investissements directs étrangers (IDE) de faible volume, mais créateurs de richesses.

successivement le nouveau départ de la politique des transports que représente la tenue de la Conférence nationale de février 1990 (chap. VII), les effets d'entraînement économique induits par les travaux d'aménagement et de modernisation du réseau routier (chap. VIII) et les inconvénients liés au monopole de la route sur les autres moyens de transport en dépit des potentialités naturelles diversifiées du Bénin qui plaident pour un transport multimodal (chap. IX).

Au total, le livre de Monsieur H. W. Serge OUITONA, version éditée de sa thèse de doctorat de l'Université d'Abomey-Calavi, est une œuvre d'érudit par l'abondance des connaissances qui s'y trouvent sur la route dans le monde, en Afrique et dans une économie de traite comme celle du Dahomey/Bénin. Le sujet, intéressant parce que d'actualité, y est traité avec maîtrise et autorité grâce à l'exploitation judicieuse d'une immense documentation et à l'aide d'une méthodologie qui allie avec bonheur l'usage de diverses illustrations et outils d'analyse (cartes géographiques, tableaux statistiques et graphiques de toutes sortes) pour rendre l'argumentaire pertinent, vivant et rigoureux. Cet ouvrage est une importante contribution à l'histoire du réseau routier au Bénin et en Afrique francophone subsaharienne, de son rôle dans le développement économique et social de ces pays et au débat sur les inconvénients liés à la stérilisation ou à l'abandon, par ou à cause de la route, des autres moyens de transports terrestres dans nos nations.

Fidjrossè, 12e A^{rrt} de Cotonou, le 12 juillet
2024 Professeur Sébastien Dossa Sotindjo

INTRODUCTION

1. Justification du sujet

Le besoin de se mouvoir, de se déplacer et de déplacer des objets donc des biens a toujours été au cœur des préoccupations humaines. Aux premiers âges de l'humanité était le nomadisme. À cette époque, l'homme frayait tant bien que mal un chemin dans la végétation plus ou moins touffue selon sa position géographique ; c'était essentiellement le temps des pistes. Ainsi, la notion de "piste" – voie de circulation sommaire et dépourvue de revêtement[1] -- qui a précédé celle de "route" – voie de communication terrestre carrossable établie en dehors des agglomérations[2] apparue dans l'Antiquité, est donc aussi vieille que l'humanité. Au commencement était donc la route ; la route avant le rail, la route avant le transport par voie d'eau et la route avant les airs comme espace de transport.

1.1. Historique de la route

C'est déjà au troisième millénaire avant Jésus-Christ que les premières routes ont été construites pour des nécessités de défense et de commerce. Les Égyptiens[3] d'abord et les Mésopotamiens ensuite ont été les artisans desdites routes. Sous le Moyen Empire égyptien, les pharaons avaient fait « aménager par la vallée du Ouadi Hammamat une route entre la vallée du Nil et la mer Rouge »[4]. À leur suite, les Chinois se sont illustrés par leurs prouesses dans la réalisation des routes. C'est ainsi qu'à partir du XIe siècle avant l'ère chrétienne, ils mirent au point un réseau routier assez dense dont l'axe principal était la Route de la soie, la plus longue du monde pendant deux mille ans[5] et reliant la Chine à la Méditerranée (Rome) en passant par l'Inde et la Perse.

L'Afrique au sud du Sahara n'était pas en reste. En effet, grâce aux travaux de recherche menés par certains auteurs comme R. Mauny[6], sur la base des

---

[1] *Dictionnaire Encarta* 2009.

[2] *Dictionnaire de français Larousse* en ligne.

[3] T. Obenga rappelle à juste titre que « la Nubie est un carrefour de routes entre l'Égypte et les autres pays de l'Afrique noire » dans son ouvrage *La philosophie africaine de la période pharaonique 2780-330 avant notre ère*, Paris, L'Harmattan, 1990, pp. 226-228.

[4] J. Billard, "Abrégé d'histoire des routes", Article publié le 24/10/2008 sur le site web http://www.lcpc.fr/francais/sources-d-information/article/lcpc-sources-d-informations-288 et que nous avons consulté le 10 août 2016.

[5] Microsoft ® Encarta ® 2009. © 1993-2008 Microsoft Corporation.

[6] R. Mauny, *Les siècles obscurs de l'histoire de l'Afrique noire. Histoire et archéologie*, Paris, Fayard, 1970, 314 p.

sources archéologiques, notamment les gravures et peintures rupestres, on sait que « des communications directes transsahariennes existaient entre l'Afrique méditerranéenne et l'Afrique noire au moins au premier millénaire avant Jésus-Christ, en dépit du dessèchement et de la désertification du Sahara. »[1]. Il y avait par exemple des axes comme celui qui reliait la Tripolitaine à Gao, avec une bretelle allant vers le Tibesti et Djado ; un autre permettait la liaison entre le Sud oranais, le Sud marocain et la boucle du Niger, avec une bretelle vers Tegdaoust. On peut également mentionner les pistes qui longeaient la vallée du Nil jusqu'en Nubie. Sur ces pistes circulaient des "chars" tirés par des bœufs et des chevaux, avant l'adoption et la généralisation des dromadaires – et non des chameaux comme le dit R. Mauny cité par E. M'Bokolo – dès les tout premiers siècles de l'ère chrétienne[2].

Si les études n'ont révélé aucune technique particulière de construction de ces routes africaines qui, manifestement, étaient des pistes en terre, il existe un peuple antique, qui retient l'attention par la qualité de ses routes : les Romains.

En effet, il est impossible de parler des routes de l'Antiquité en faisant abstraction des voies romaines. Car, les Romains étaient de grands constructeurs de solides routes empierrées qui constituaient un réseau[3] leur permettant d'innerver presque tous les points de leur immense empire. Point n'est besoin de citer ici la *via Appia* (voie Appienne)[4], la voie Flaminienne, parmi tant d'autres qui faisaient la fierté de ces Romains.

Il appert donc que les meilleures et les plus solides routes de l'Antiquité étaient les routes empierrées. On comprend alors pourquoi cette technique de revêtement routier qu'est l'empierrement a subsisté jusqu'au XIXe siècle, période au cours de laquelle l'ingénieur britannique John Loudon McAdam mit au point une nouvelle méthode : le revêtement des routes à l'aide du macadam, c'est-à-dire des pierres concassées bloquées par passage du rouleau compresseur. L'usage de ce nouveau matériau, le macadam, a été introduit en France par Antoine-Rémi Polonceau et donnera le verbe "macadamiser" en 1828.

---

[1] E. M'Bokolo, *Afrique noire. Histoire et civilisations*, Tome 1 *Jusqu'au XVIIIe siècle*, Paris, Hatier, 1995, p. 26.

[2] *Ibid.*, p. 27.

[3] À l'apogée de l'empire, ce réseau était constitué de 80 000 km de routes principales sur lesquelles se branchait un réseau de voies secondaires couvrant chaque province.

[4] La construction de la voie Appienne, voie empierrée romaine qui allait de Rome à Brindisi en passant par Capoue, fut ordonnée par le censeur Appius Claudius — de qui elle tient son nom — en 312 avant Jésus-Christ. Elle ne fut achevée que trois siècles plus tard grâce à l'empereur Auguste. Elle doit sa longévité à son mode de construction : les dalles de pierre sont insérées sur plusieurs couches de lits de pierre qui assurent la stabilité. On peut voir de nos jours les vestiges des magnifiques tombeaux qui la bordaient sur plusieurs kilomètres. (Cf. Microsoft ® Encarta ® 2009. © 1993-2008 Microsoft Corporation.).

Utilisée jusqu'à la fin du XIXe siècle, la macadamisation est progressivement remplacée[1] par une nouvelle technique, le goudronnage qui fit son apparition en 1901[2] en France pour lutter contre la poussière soulevée par les véhicules à leur passage. Considéré au départ comme un luxe que l'administration ne pouvait s'offrir aisément, le goudronnage ne fut que très peu utilisé en France, tant et si bien qu'en 1913, il n'y avait que 1 000 km de routes goudronnées en France[3], presque essentiellement des routes nationales. Mais, les positions ne tardèrent pas à évoluer puisque l'administration a fini par reconnaître que le goudronnage est, non seulement efficace pour combattre la poussière, mais protège les empierrements de la dislocation par les véhicules et qu'en définitive, il est économique. Et une année plus tard, le kilométrage de routes goudronnées en France a été quadruplé[4]. Dans ce même sillage, une circulaire émise par Yves Le Trocquer, ingénieur des ponts et élu breton, le 19 septembre 1922[5], prône le goudronnage systématique des routes nationales.

Cependant, la suprématie du goudron est rapidement contestée par un dérivé du pétrole, le bitume. Les premières expériences d'utilisation de ce matériau ont été pratiquées dans les régions du monde où le pétrole est abondant et bon marché. C'est le cas des États-Unis où des émulsions de bitume ont été utilisées en 1923 et de l'Algérie où les premiers essais d'enduit de bitume sont réalisés sur la route nationale reliant Oran à Mers el-Kébir[6]. Devenue un pays d'adoption de ce nouveau matériau, la France[7] s'érigera rapidement en grande utilisatrice du bitume et initiera, du reste, en 1929 la production de béton bitumineux routier. À la vitesse de la lumière, 100 000 km de chaussées françaises sont traités, dont de petites routes départementales, en 1932. Mais l'essor du bitume sera total au lendemain de la Seconde Guerre mondiale. À partir de 1968, le goudron était évincé du système de revêtement routier.

---

[1] Selon l'ingénieur en chef des Côtes-du-Nord, en 1925, *il est apparu que pour les 3/5 des chaussées du département, le macadam ordinaire ne résiste plus à la circulation automobile* (P. Harismendy, "Du caillou au bitume, le passage à la « route moderne » (1900-1936)", In *Annales de Bretagne et des pays de l'Ouest*, vol. 106, n° 3, 1999, pp. 110-111.). Disponible sur le site web : https://www.persee.fr/doc/abpo_0399-0826_1999_num_106_3_4045, consulté le 29 août 2016.

[2] Mais c'est en 1904 que Jules Lasailly et Eugène Bichebois déposent leur brevet pour l'emploi du goudron distillé à partir de gaz et de houille sur les routes (cf. Direction de la communication d'Eiffage Travaux Publics, Tiré à part du magazine *La voie* n° 7, septembre 2007. Disponible sur le site web www.eiffagetravauxpublics.fr, consulté le 29 août 2016.)

[33] J. Billard, *op. cit.*, 2008.

[4] P. Harismendy, *op. cit.*, 1999, p. 111.

[5] *Ibid.*, p. 109.

[6] Direction de la communication d'Eiffage Travaux Publics, *op. cit.*

[7] Remarquons la place importante que la France a occupée dans cette évolution de la route et qui lui a valu l'organisation du premier Congrès international de la Route tenu à Paris en 1908 au cours duquel a été créée l'Association Mondiale de la Route.

Alors, de simples pistes permettant de joindre des lieux, nous sommes aujourd'hui à l'ère des routes ultra-modernes, couronnées par des échangeurs ; tout ceci rendant les déplacements de plus en plus aisés et de plus en plus rapides. Avec ces avancées notoires, c'est-à-dire ces efforts de modernisation qui traduisent à merveille l'importance économique de la route, le réseau routier mondial est dix fois plus dense que celui des chemins de fer et prédomine au point que ce sempiternel concurrent, apparu après la route, est quasiment inexistant dans certains pays à évolution économique modeste, comme les pays d'Afrique subsaharienne au nombre desquels le Bénin.

1.2. Motivations

Notre volonté de nous intéresser à l'Histoire économique et plus spécifiquement l'Histoire des transports remonte à plusieurs années. Née avec notre premier véritable essai sur le terrain la recherche scientifique, le mémoire de maîtrise qui a porté sur un sujet intitulé : « Un outil de coopération en Afrique subsaharienne : la compagnie aérienne Air Afrique (1961-2002) », cette volonté s'est davantage affirmée au fil du temps et nous a conduit à tenter une réflexion approfondie sur l'Histoire de la route au Dahomey/Bénin dans le cadre de cette thèse.

Notre sujet, « La route dans une économie dominée : cas du Dahomey/Bénin (1913-2011) » est inspiré d'un grand thème : les transports et leur importance dans le processus de développement économique et social d'un pays. Depuis le premier Congrès international de la Route organisé à Paris en 1908 et la création de l'Association internationale permanente des congrès de la route (AIPCR)[1], de nombreuses autres structures et programmes ayant pour seul centre d'intérêt les transports ont vu le jour. C'est le cas par exemple du Département Transport et TIC logé dans la Banque Africaine de Développement (BAD). C'est également le cas du Programme de Politiques de Transport en Afrique (SSATP) qui, comme l'indique son nom, œuvre pour une meilleure administration des politiques de transports dans les États africains. Dans ce même cadre, l'ONU a décrété en 1977 la décennie des transports pour l'Afrique, qui a duré de 1978 à 1988, avec sept principaux objectifs :

- promouvoir l'intégration des infrastructures et des communications pour accroître les échanges inter-africains ;
- assurer la coordination entre les différents systèmes de transport ;
- ouvrir l'accès aux pays enclavés et aux régions isolées ;
- harmoniser les réglementations nationales et réduire les obstacles matériels et non matériels à la circulation des biens et des personnes ;

[1] L'association est créée le 27 avril 1909. En 1995, elle changea de nom pour devenir l'Association mondiale de la route.

- encourager l'utilisation des ressources matérielles et humaines locales, la normalisation des réseaux et de l'équipement, la recherche et la propagation de techniques adaptées à l'Afrique en ce qui concerne la constitution des infrastructures pour les transports et les communications ;
- promouvoir l'industrie africaine dans le domaine de l'équipement pour le transport et les communications ;
- mobiliser des ressources techniques et financières au cours de la décennie, en vue de promouvoir l'expansion et la modernisation des infrastructures pour les transports et les communications en Afrique[1].

Preuve supplémentaire de l'intérêt porté à la question, de nombreuses études menées par des économistes, des géographes, des urbanistes, des spécialistes du génie civil et même des juristes, tant étrangers que béninois, se sont penchées sur les transports en général et les transports routiers particulièrement. Point n'est besoin de citer ici les travaux de Maurice Wolkovitsch et autres Pierre Merlin portant sur les transports et leur influence sur l'économie de tout État. Le terrain que nous investissons n'est donc pas une *terra incognita,* vu sous l'angle des transports en général.

2. L'état de la question

Des travaux ont été réalisés par des chercheurs africains sur leur pays. Ainsi, une thèse de doctorat unique a été soutenue, le 20 juillet 2018, à l'Université Félix Houphouët-Boigny d'Abidjan sur le sujet : « Le réseau routier dans le développement économique de la Côte d'Ivoire 1946-1998 » par Abé Abé Laurent. Des mémoires soutenus par des Sénégalais, des Congolais et Camerounais, sur les transports dans leur différent pays, portent sur des sujets variés offrant des perspectives de comparaison. Quelques-uns de ces travaux ont été consultés en ligne. Au nombre de ces différentes études sur les transports, nous avons :

2.1. Des actes de conférences

- ADOLÉHOUMÉ (A. P.), Eds., *Les projets sectoriels des transports en Afrique sub-saharienne : bilan et réflexions*, Actes du Séminaire SITRASS 5, Cotonou, 2-4 novembre 1999, organisé avec la collaboration de : INRETS (France), LET (France), MTPT (Bénin), 413 p.

Ce document renseigne sur l'expérience des transports en général de plusieurs pays africains, aussi bien d'Afrique occidentale que d'Afrique centrale : les politiques sectorielles de transports mises en œuvre et les leçons à en tirer, la réforme de l'entretien routier entreprise dans ces pays.

- ADOLÉHOUMÉ (A. P.), Eds., *Sphère publique-sphère privée : quelle organisation, quels financements et quelles performances des transports en*

[1] Jeune Afrique, n° 15 spécial Transports africains, Supplément gratuit à Jeune Afrique, n° 1302 du 18 décembre 1985, p. XXII.

Afrique sub-saharienne ? Actes du Séminaire SITRASS 6, Bamako, 5-7 novembre 2001, organisé avec la collaboration de : INRETS (France), LET (France), MICT (Mali), 455 p.

À ces assises, il a surtout été question du partage d'expérience des pays quant à la participation du secteur privé à la fourniture des services et des infrastructures de transport. Ce sixième séminaire SITRASS centré sur le partenariat public-privé, a abordé de front les questions institutionnelles en faisant le point sur l'état de la réflexion et de la pratique en matière de mise en concession des infrastructures et services de transport.

2.2. Des travaux de géographes

De la même manière, beaucoup de travaux ont été exécutés surtout par des chercheurs béninois sur la question des transports routiers au Bénin. Parmi eux, il y a des géographes :

- ADJIBI (S. P.), *Réseau routier et échanges commerciaux dans le sud du département du Mono*, Mémoire de maîtrise en Géographie, Université d'Abomey-Calavi, 2009, 83 p.

Comme l'indique bien son intitulé, ce mémoire de maîtrise nous renseigne sur la composition du réseau routier et de sa contribution au commerce de la région.

- HOUINSOU (T. A.), *Infrastructures de transport routier et structuration de l'espace au sud-Bénin*, Thèse de doctorat en Géographie, Université d'Abomey-Calavi, 266 p.

Cette étude orientée sur le sud-Bénin insiste non pas tant sur la part de la route et des transports routiers dans l'économie béninoise, mais sur leur rôle dans la structuration de l'espace, dans l'occupation de l'espace, en un mot, dans l'aménagement du territoire.

- HOUINSOU (T. A.), GIBIGAYE (M.) et SABI YO BONI (A.), "Transport rural et échanges commerciaux dans la commune de Kérou'', In *International Journal of Progressive Sciences and Technologies (IJPSAT)*, vol. 9, n° 1 june 2018, pp. 6-19.

Ce travail assez pointu et spécifique pose le problème de la faiblesse du système de transport rural et son influence sur les échanges commerciaux dans la commune de Kérou. Il révèle que les potentialités de cette commune sont peu ou pas exploitées, notamment dans l'agriculture, le transport et le commerce, car 88 % des routes ne sont pas praticables pendant la saison des pluies et certaines zones, y compris les zones à fortes potentialités agricoles, sont encore enclavées. L'étude pose donc un problème qui ne concerne pas la seule commune de Kérou, mais plusieurs centres ruraux du Bénin.

2.3. Des travaux d'économistes

- ADONON (B. Z.), *La problématique du transport urbain à Cotonou : analyse et approches de solutions*, Mémoire de maîtrise ès Sciences économiques, Faculté des Sciences Économiques et de Gestion (FASEG), Université d'Abomey-Calavi, 2010, 80 p.

L'auteur de cette étude souligne que les Cotonois connaissent d'énormes difficultés pour se déplacer. Au nombre des causes de ces difficultés, il y a l'étroitesse des voies, la pollution atmosphérique engendrée par la fumée des motos, des poids lourds, le non-respect du Code de la route par certains usagers, et l'insuffisance de voies de desserte. Il infère que les autorités politico-administratives doivent penser à la réorganisation du transport urbain à Cotonou.

- QUENUM (P. A.), *L'efficacité des routes de desserte rurales dans l'économie béninoise*, Mémoire de maîtrise ès Sciences économiques, Faculté des Sciences Juridiques, Économiques et Politiques, Université Nationale du Bénin, Abomey-Calavi, 1982, 59 p.

Dans cette étude, l'auteur met en exergue le rôle combien capital dévolu aux routes de desserte rurales dans le développement de l'économie du Bénin. Comme l'intitulé du mémoire l'indique très clairement, le centre d'intérêt de ce travail est essentiellement les routes rurales.

2.4. Des historiens s'intéressent aux transports

- ABÉCASSIS (F.), “La mise en place du réseau routier marocain”, publié sur le site Archives ouvertes : https://halshs.archives-ouvertes.fr/halshs-00435869, le 25 novembre 2009. Cet article, consulté le 28 septembre 2018, fait le point de l'évolution du réseau routier marocain du début du XXe siècle jusqu'aux années 2000.
- ATADÉ (E. F.), *Puissance publique et politique de transport au Dahomey (1946-1975),* Mémoire de maîtrise en Histoire, Université nationale du Bénin, Abomey-Calavi, 2000, 107 p.

L'auteur fait le tour de tous les moyens de transports du Dahomey, depuis l'entrée en vigueur en France de la loi de finances 1946 créant le FIDES jusqu'à l'érection du marxisme-léninisme en philosophie d'État au Dahomey/Bénin. Ce travail est intéressant parce qu'il offre une vue d'ensemble de toute la politique de transport mise en œuvre dans le pays. Mais, embrassant à la fois les transports routiers, ferroviaires, maritimes et aériens, il demeure un travail exploratoire, donc générique.

- OLOUKOÏ (H.), *La fonction de transit et son impact sur l'évolution de la société et de la ville de Savè : contribution à l'histoire coloniale du peuple tchabè de 1911 à 1936*, Mémoire de maîtrise en Histoire, Université nationale du Bénin, Abomey-Calavi, 1992-1993, 88 p.

Même si cette étude ne porte pas explicitement sur la route ou les transports, son auteur a été amené à en parler, car la ville de Savè fut, à partir de 1910, et ceci jusqu'en 1936, le terminus du Central dahoméen et le point de départ des camions qui prenaient le relais des trains pour acheminer les marchandises en direction du Niger.

2.5. Des aspects techniques

Au Collège Polytechnique Universitaire d'Abomey-Calavi, il y a eu des travaux de techniciens du génie civil comme :

- DJAOUGA (A.), *Synthèse des méthodologies utilisées dans la conception et la construction des chaussées des routes en R.P.B. depuis 1965 à ce jour. Voie d'amélioration*, Mémoire de fin d'études, Collège Polytechnique Universitaire, Département Génie civil, Université Nationale du Bénin, Abomey-Calavi, 1985-1986, 70 p.
- GUIDI (D.), *Méthodologie de la prise en compte du trafic dans le dimensionnement des chaussées. Influence des surcharges*, Mémoire de fin d'études, Collège Polytechnique Universitaire, Département Génie civil, Université Nationale du Bénin, Abomey-Calavi, 1982-1983, 85 p.
- KOSSOU (C.), *Étude de la rentabilité économique de la route Djougou-Porga*, Mémoire de fin d'études, Collège Polytechnique Universitaire, Département Génie civil, Université Nationale du Bénin, Abomey-Calavi, 1983, 116 p.

Ces différents travaux renseignent sur des aspects purement techniques de la construction des chaussées au Bénin et de la rentabilité économique d'une route, en l'occurrence, la route Djougou-Porga.

2.6. Des aspects financiers

À l'École Nationale d'Administration :

- LANTONKPODÉ (E. C. R.), *Le financement des infrastructures routières au Bénin de 1980 à 1990*, Mémoire de fin de formation du Cycle 1, École Nationale d'Administration, Université Nationale du Bénin, Abomey-Calavi, 1989-1990, 84 p.

Cette étude nous est fort utile parce qu'elle renseigne sur les sources de financement des infrastructures routières sur la période indiquée. Cependant, elle reste très limitée dans le temps.

De ce rapide tour d'horizon sur la question des transports routiers, il ressort qu'aucune étude d'envergure n'a encore porté de façon spécifique sur l'histoire de la route dans notre pays. Donc notre entreprise, c'est-à-dire la reconstitution de l'histoire de la route au Dahomey/Bénin depuis l'époque coloniale jusqu'à l'ère du Renouveau démocratique, soit sur la longue durée, vise à combler un vide. Mener une telle étude, c'est donc faire œuvre utile et contribuer à une meilleure connaissance de l'histoire des transports routiers au Bénin.

Consciente du caractère indispensable des routes dans l'exploitation économique de ses colonies, la France qui a vaincu le Danxomè en 1894 et qui a créé la même année la colonie du « Dahomey et Dépendances » a, immédiatement après son installation dans la colonie, initié des projets visant à doter le territoire d'infrastructures routières plus modernes que les pistes et autres sentiers de la période d'avant la pénétration coloniale. Ces infrastructures vont devenir, après le départ de la puissance colonisatrice, l'héritage de la politique routière de l'État indépendant, avec un rôle prépondérant dans le processus de développement économique et social du pays. C'est autour de cette question qu'est bâtie la problématique de notre étude.

3. Problématique

Cette étude part d'un simple constat. Dans tous les pays, y compris les plus développés, les transports sont au cœur de l'activité économique, en faisant partie de l'armature physique du développement, et les routes constituent l'épine dorsale de cette armature, en dépit de l'existence dans la dernière catégorie de pays, de systèmes de transports alternatifs à la route. C'est le cas de la France où une étude de Maurice Bernadet a clairement montré qu'en termes de contribution à la constitution du PIB, lorsqu'on considère la production distribuée des sous-branches en 1996 par exemple, celle des transports routiers de marchandises est devant avec 29.5 %, surpassant de très loin les transports aériens (13.4 %) et les transports ferroviaires (9.3%). Lorsqu'on s'intéresse à la valeur ajoutée des différentes sous-branches, les transports routiers de marchandises arrivent toujours en tête avec 25.7 %. Mais cette fois, les transports ferroviaires surpassent les transports aériens (11.4 % contre 7.3 %). Il s'agit en fait d'une vieille tendance puisque le même document fournit, à titre comparatif, des données de 1980 qui placent toujours les transports routiers de marchandises en tête dans le classement (cf. M. Bernadet, *Les transports en France. Repères chiffrés tirés des comptes des transports de la Nation*, Economica, 1998, pp. 27-28). Cette tendance n'a point changé à l'heure actuelle, bien au contraire ! Et ceci, malgré toutes les tentatives de "promotion" du transport ferroviaire au détriment du transport routier : « Le premier fait qui ressort du tableau I-3 est le rôle majeur du transport routier. Celui-ci représente environ 90 % du transport (mesuré en valeur payée par les usagers). Cette situation ne résulte pas des politiques de transport. Elle s'est établie malgré ces politiques puisque celles-ci ont plutôt pour effet d'augmenter le coût du transport routier pour les usagers et d'abaisser le prix du transport ferroviaire. Un autre fait qui ressort du tableau est que le transport aérien est maintenant en France presque deux fois plus important que le transport ferroviaire (et en augmentation) et qu'en termes économiques globaux, le poids du transport fluvial est pratiquement négligeable » (*Infrastructures de transport, mobilité et croissance. Rapport Michel Didier et Rémy Prud'homme*, La Documentation française, Paris, 2007, p. 22.). La route s'impose donc envers et contre tous, jusque dans les pays les plus nantis, même si sa construction et son entretien reviennent très cher. Qu'en est-il alors du cas des pays les plus faibles économiquement comme le Bénin ? Soulever cette préoccupation nous permet d'aborder les grandes questions autour desquelles se construit ce travail.

3.1. Question centrale et questions secondaires

Le Bénin, pays à économie dominée ne disposant pas suffisamment d'infrastructures aéroportuaires, ferroviaires ou de transport fluvio-lagunaire conséquentes, n'échappe pas à la réalité ci-dessus décrite, c'est-à-dire la prépondérance de la route en tant qu'infrastructure de transport des personnes et des biens. Tant s'en faut. D'où la grande interrogation : quelle est la part de la route dans le processus de développement économique et social du Dahomey/Bénin de 1913 à 2011 ?

Cette question centrale appelle plusieurs questions secondaires dont les plus importantes sont : comment le réseau routier s'est-il mis en place et a évolué du Dahomey au Bénin ? Quels intérêts ont présidé à la mise en place de ce réseau ? Et quels intérêts sert-il aujourd'hui ?

À travers cette problématique, c'est une réflexion d'ensemble sur les politiques publiques (économiques et sociales) mises en œuvre au Dahomey et au Bénin, les choix opérés, qui est amorcée. C'est donc l'occasion de questionner le choix "délibéré" des autorités béninoises de faire de la route la principale infrastructure de transport, dans un contexte mondial où des gouvernements comme celui de la France se battent – même s'ils n'y arrivent pas encore – pour mettre fin au monopole de la route. L'étude ouvre également le champ à la réflexion sur les questions de mutations spatiales qui font appel à la spéculation foncière.

En définitive, c'est un sujet dont l'étude fait appel à l'interdisciplinarité et la transdisciplinarité. La réalisation d'une telle étude historique dont l'intitulé fait penser aux travaux de spécialistes en Géographie, en Économie ou en Urbanisme, invite à un cadrage chronologique bien défini, pour la sauvegarde de l'identité de l'historien.

3.2. Justification des bornes chronologiques

Le choix des bornes chronologiques est dicté, pour la première, par l'importance de 1913 qui apparaît comme une année clef pour tout historien s'investissant dans la recherche sur la route au Dahomey. En fait, c'est au cours de cette année que le premier camion du Service Automobile assurant le transport de passagers a circulé au Dahomey, précisément sur la route Savè-Niger dite route de l'Est, apportant la preuve du caractère carrossable de cette voie. Au cours de cette même année, la Chambre de Commerce du Dahomey a tenu plusieurs séances pour attirer l'attention des autorités sur la nécessité du développement des transports[1]. Sous la pression des milieux d'affaires, un emprunt du Gouvernement fédéral de 167 millions, décidé le 25 décembre 1913, réservait 30.5 millions au Dahomey qui visait à « compléter - modestement - l'équipement ferroviaire et routier ainsi qu'à améliorer les conditions de la navigation fluviale et lagunaire »[2]. Mais la guerre retarda l'émission effective de cet emprunt qui n'intervint qu'au lendemain des hostilités.

Quant à 2011, elle correspond à l'année marquant la fin de la mise en œuvre de la deuxième stratégie sectorielle des transports (2007-2011) intervenue sous le Renouveau démocratique, après celle d'octobre 1993. Après, la mise en œuvre de cette stratégie, on peut s'arrêter et faire un bilan.

De cette problématique circonscrite dans le cadre chronologique précis que nous venons de présenter découlent les objectifs ci-après.

4. Objectifs et hypothèses de recherche

La présente étude s'est construite autour de quelques objectifs bien précis, à partir desquels des hypothèses ont été émises.

4.1. Objectifs

Il y a d'abord l'objectif global qui se décline en trois objectifs spécifiques.

4.1.1. Objectif global

Retracer les différentes étapes de l'évolution de la route au Dahomey/Bénin en montrant la part de celle-ci dans le processus de développement économique et social du pays de 1913 à 2011.

4.1.2. Objectifs spécifiques

- Montrer l'émergence du réseau routier dahoméen à l'ère de la colonisation et ses implications (1913-1960) ;
- Analyser la politique routière mise en œuvre depuis l'indépendance jusqu'en 1990 et ses conséquences économiques et sociales ;
- Faire ressortir l'importance économique et sociale de la route dans le contexte du Renouveau démocratique (1990-2011).

4.2. Hypothèses de recherche

Nous avons formulé une hypothèse globale de recherche autour de laquelle tournent des hypothèses spécifiques.

---

[1] Plusieurs séances de la Chambre de Commerce du Dahomey ont été consacrées au développement des moyens de transport, comme le rapporte H. d'Almeida Topor, *Histoire économique du Dahomey (Bénin) (1890-1920)*, vol. 1, Paris, L'Harmattan, 1995, p. 360.

[2] *Ibid.*

4.2.1. Hypothèse globale

La route a joué un rôle important dans le développement économique et social du Dahomey/Bénin de 1913 à 2011, malgré ses inconvénients.

4.2.2. Hypothèses spécifiques

- Le réseau routier a été mis en place pour servir les intérêts du colonisateur ;
- Le développement du réseau routier béninois demeure largement tributaire d'une économie de traite ;
- La route reste la principale infrastructure de transport au Bénin, malgré sa cherté par rapport aux autres moyens de transport.

Pour atteindre ces objectifs et vérifier ces hypothèses, nous avons adopté une méthodologie dont nous présentons ci-après les grandes articulations.

5. Méthodologie

La méthodologie que nous appliquons, dans la conduite de cette thèse, comporte deux aspects : la recherche documentaire et le traitement des données.

5.1. La recherche documentaire

Dans la conduite de l'étude, nous avons exploité une diversité de sources et de documents. À Porto-Novo, à la Direction des Archives Nationales (DAN) où nous avons séjourné plusieurs mois, nous avons recueilli une masse importante d'informations concernant les réalisations de projets routiers pendant la période coloniale. Ce sont les cartons de la série K (K1 à K22) consacrés aux infrastructures que nous avons systématiquement dépouillés pour en extraire des informations utiles. De même, beaucoup de numéros de Journaux officiels du Dahomey et de l'Afrique occidentale française (AOF) consultés nous ont permis de suivre au fil du temps les différents arrêtés montrant l'évolution de la classification des routes ainsi que de la “densification” du réseau lui-même. À ces documents de première main, s'ajoutent ceux tirés des Archives Nationales de Paris (ANP), des Archives Nationales Section d'Outre-Mer à Aix-en-Provence et des Archives de la République du Sénégal conservées à Dakar, grâce à la collecte faite et mise à notre disposition par notre directeur de thèse.

Parfaitement conscient de l'usage combien utile que le chercheur peut faire aujourd'hui d'Internet, nous en avons fait notre instrument quotidien de travail et la moisson a été à la hauteur de nos attentes. Le site web gallica.bnf.fr nous a fourni une série quasi continue des budgets locaux et des comptes définitifs des recettes et des dépenses de la colonie du Dahomey de 1895 à 1938, mettant ainsi à notre disposition une mine de données chiffrées, une aubaine pour la quantification. Il en est de même des comptes définitifs des recettes et des dépenses du Budget général de Dakar pour la période allant de 1913 à 1929. Le site des archives ouvertes (https://hal.archives-ouvertes.fr) nous a également permis d'accéder gratuitement à de nombreux travaux de recherche utiles dans la conduite de notre étude.

La disponibilité en ligne de certaines archives de la Banque mondiale, en l'occurrence les rapports d'évaluation des différents projets routiers financés au Bénin, nous a été d'une grande utilité.

Ces sources écrites sont complétées par des informations orales que nous ont fournies des personnes ciblées parmi les acteurs du système des transports, les responsables à divers niveaux du Ministère des Transports et les usagers de la route. Nous avons identifié et interrogé au total onze personnes représentatives de ces trois catégories et même au-delà. Le traditionniste Dada Aïhotogbé Langanfin Glèlè nous a fourni, à l'occasion d'une interview réalisée dans son palais, à Cana, le 29 août 2017, des renseignements au sujet des routes qui traversaient l'ancien royaume du Danxomè avant la pénétration coloniale.

Par ailleurs, nous avons réalisé un entretien de groupe avec cinq chauffeurs parmi lesquels trois syndicalistes (Voir Sources et éléments de bibliographie), pris sur leur lieu de travail, la gare routière d'Oganla à Porto-Novo, le dimanche 15 mars 2020, de 12 heures à 15 heures trente-cinq minutes. Ces conducteurs de taxi ont été identifiés à la fois en tant qu'acteurs du système des transports et usagers de la route. Les questions que nous leur avons posées leur ont permis de nous renseigner sur leurs conditions de travail en tant que chauffeurs, lesquelles conditions se sont dégradées au fil du temps, avec l'agrandissement du parc automobile. Les causes de l'émiettement syndical dans le milieu des transporteurs au Bénin ont été également abordées au cours de cet entretien qui nous a aussi renseigné sur les marques de véhicules utilisées par ces "fonctionnaires" de la route pendant leur parcours professionnel remontant à 15 ans pour le moins expérimenté et à 35 ans pour le plus ancien.

En dehors de ces conducteurs de véhicules légers, nous avons également interrogé un conducteur de poids lourd, aujourd'hui à la retraite, à son domicile à Porto-Novo, le dimanche 26 juillet 2020, afin de nous enquérir des conditions d'exercice de ce métier de conducteur de poids lourds et disposer d'éléments de comparaison avec les conditions décrites par les chauffeurs de taxi. Toujours dans le monde des conducteurs, nous avons questionné un septuagénaire, pur produit de la route, pour avoir utilisé en tant que conducteur, presque tous les types de véhicules, des poids lourds aux véhicules légers et même des motos-taxis. Les différents entretiens qu'il nous a accordés ont constitué la substance de l'histoire d'une vie reconstituée dans l'avant-dernier chapitre de cette étude.

L'essor de l'activité de vente de véhicules d'occasion ayant entraîné l'émergence du métier de transitaire ou de déclarant en douane[1], nous avons interrogé l'un de ces professionnels pour mieux nous imprégner du processus d'enlèvement des véhicules acquis par cette filière.

Enfin, deux cadres du Ministère des Infrastructures et des Transports (MIT) nous ont renseigné sur les aspects techniques liés à la construction des infrastructures routières ainsi qu'à leur entretien.

De nombreux ouvrages et études disponibles dans les bibliothèques de la place (Bibliothèque nationale du Bénin à Porto-Novo, Bibliothèque de l'Institut français de Cotonou, Bibliothèque des prêtres dominicains à Cotonou, pour ne citer que celles-là) nous ont permis de disposer de précieuses données renforcées par la mine intarissable d'informations en ligne sous forme d'ouvrages, d'articles ou même de "Cours de route". Ces travaux qui sont généralement produits par des spécialistes non historiens nous permettent de prendre toute la mesure de la pluridisciplinarité et de la transdisciplinarité de notre étude.

Nous n'avons pas manqué de consulter la presse. Certains numéros du journal national Daho Express, par la suite devenu Ehuzu, puis La Nation, de l'hebdomadaire Jeune Afrique et quelques parutions de la revue mensuelle, Industries et Travaux d'Outre-Mer, supplément technique depuis 1953 de l'hebdomadaire, Marchés Tropicaux et Méditerranéens, de Bulletin de l'Afrique noire, entre autres, ont été compulsés.

La presse et les données mises en ligne nous ont permis de combler les lacunes de l'administration publique qui auraient pu influer négativement sur la qualité de ce travail. En effet, la plus grosse difficulté rencontrée dans la réalisation de cette étude tient à l'inexistence au Ministère des Travaux Publics et des Transports d'un service d'archivage des données tenu par un spécialiste. Ce qui rend impossible la consultation d'archives de périodes pourtant récentes de l'histoire du pays.

Nous avons réussi à contourner cet obstacle et à récolter une masse importante de données que nous avons traitées.

5.2. Le traitement des données

Les techniques de traitement et d'interprétation de toutes ces informations sont à la fois qualitatives et quantitatives. Nous avons conçu des cartes, des tableaux à partir des données chiffrées disponibles, réalisé et interprété des graphiques afin de visualiser pour les rendre plus perceptibles les faits historiques abstraits. Pour concevoir ces tableaux, il a souvent fallu traiter les données chiffrées brutes recueillies en procédant à des calculs de pourcentages, d'indices ou encore de taux de croissance, entre autres. Car, « la

---

[1] Avec les transitaires, les déclarants en douane sont des professionnels qui officient sur les parcs de vente de véhicules d'occasion et qui aident les acquéreurs à remplir les formalités administratives pour l'enlèvement de leur bien contre rémunération.

quantification en histoire apporte plus de rigueur et de vigueur au discours historique qui finit par s'apparenter à la rhétorique sur le passé en n'étant que qualitatif »[1]. Les enquêtes orales, en ce qui les concerne, ont été d'abord transcrites – puisque les entretiens avaient été enregistrés – avant leur exploitation. La multiplicité des sources et documents exploités nous a permis de croiser les informations entre elles, de faire des recoupements pour essayer de tendre vers la vérité historique.

En dehors des logiciels de base que sont Word et Excel, nous avons beaucoup exploité Google Maps pour mieux suivre le tracé des voies et pouvoir déterminer leur kilométrage.

Ce travail effectué a permis d'élaborer un plan tripartite assis sur neuf chapitres. La première partie est consacrée aux routes coloniales au Dahomey de 1913 à 1945. Dans le premier chapitre, il s'est agi de faire l'état des lieux en présentant l'embryon de réseau routier qui existait au Dahomey en 1913. Sur cet embryon a été créé, depuis 1912, le service automobile dont le deuxième chapitre examine l'organisation et le fonctionnement, simultanément avec l'évolution jusqu'en 1945 du réseau qui n'a cessé de s'étoffer au fil du temps. Au cours de cette période, conformément à la loi de finances du 13 avril 1900, la métropole, tout en étant le principal bénéficiaire, n'a rien investi dans la construction de ces routes. Le financement des infrastructures a été assuré par la colonie elle-même, à travers le Budget local, les fonds d'emprunt et la main-d'œuvre. Ces questions ont été abordées de fond en comble par le troisième chapitre avec lequel s'achève la première partie de l'étude.

Dans une démarche, à la fois logique et chronologique, la deuxième partie, s'inscrivant dans la suite de la première, étudie les routes dahoméennes de la mise en œuvre du FIDES en 1946 à la fin du régime révolutionnaire en 1990. Dans le fond, le quatrième chapitre fait le point des investissements réalisés par le FIDES dans les routes et qui ont permis d'en bitumer pour la première fois certaines parmi les plus importantes. Ensuite, il analyse l'impact de ces investissements sur l'économie de la colonie, mais aussi, et surtout leurs retombées positives pour la métropole. Quant au chapitre 5, il s'intéresse à l'évolution et à l'importance du sous-secteur routier au cours des premières années qui ont suivi l'indépendance du Dahomey, soit la période allant de 1960 à 1972. Le dernier chapitre de cette deuxième partie soit le chapitre 6 se consacre entièrement aux réalisations du régime du GMR-PRPB dans le domaine des routes, ainsi qu'à leur impact aux plans économique et social.

Enfin, la dernière partie de l'étude, consacrée aux routes sous le Renouveau démocratique, couvre la période allant de 1990 à 2011. Le premier chapitre de cette partie, qui est le septième de l'étude, se penche sur les réformes introduites dans le secteur des transports et particulièrement les transports

[1] S. Sotindjo, *Cotonou, l'explosion d'une capitale économique (1945-1985)*, thèse de doctorat, Université Paris 7 Diderot, 1995, p. 12.

routiers au lendemain de la conférence des forces vives de la nation de février 1990, ainsi que les différentes stratégies des politiques des transports mises en œuvre entre 1990 et 2011. Le chapitre 8 met l'accent sur la part de la route dans le développement économique et social du Bénin au cours de la double décennie 1990-2011. Quant au chapitre 9, le dernier de ce travail, nous avons mis l'accent sur les revers de la route lorsqu'elle se retrouve en situation de monopole dans le transport des personnes et les biens, comme c'est le cas au Bénin.

PREMIÈRE PARTIE
LES ROUTES COLONIALES AU DAHOMEY (1913-1945)

CHAPITRE 1[ER] : ÉTAT DES LIEUX ET ESSAI DE TYPOLOGIE DES PREMIÈRES ROUTES EN 1913

En 1913, la colonie du Dahomey était un territoire sillonné principalement par des pistes sommairement aménagées. Dans cet ensemble, deux routes principales émergeaient : la route de l'Est et la route de l'Ouest.

1.1. Un territoire parcouru principalement par des pistes traditionnelles

En 1913, la plupart des routes qui traversaient le Dahomey étaient des pistes traditionnelles. De tout le réseau routier de la colonie, deux routes principales émergeaient : la route de l'Est et la route de l'Ouest.

1.1.1. Caractéristiques générales des pistes

La colonie du « Dahomey et Dépendances », créée par le décret du 22 juin 1894, était une entité parcourue par des pistes traditionnelles, en fait des chemins souvent "tortueux"[1] tracés au milieu de la végétation par le passage à pied des hommes, des porteurs et qui reliaient un lieu à un autre. Ceci ne signifie nullement qu'avant la pénétration française, la notion de "route" était inconnue en Afrique ou dans l'actuel espace béninois. En effet, plusieurs études dont celle de Zakari Dramani-Issifou intitulée "Routes de commerce et mise en place des populations du Nord Bénin actuel"[2], montrent avec une grande clarté que des routes commerciales sillonnaient la zone sahélo-soudanaise de l'Afrique au moins depuis le XIVe siècle ou le début du XVe siècle. L'une des plus importantes parmi ces routes ou axes caravaniers passait par Djougou et Nikki dans la partie septentrionale du futur Dahomey, reliant ainsi les États de la moyenne Volta (actuel Ghana) aux pays haoussa[3] (espace nigérian actuel) avant de rejoindre l'Afrique du Nord et même les côtes de l'Océan Indien via la région du Bornou (lac Tchad). Ces routes africaines précoloniales, ne supportant essentiellement que le passage des caravanes, n'avaient en général pas la largeur des routes automobilisables qu'érigeront les autorités coloniales. À comparer avec les pistes de 4 à 7 mètres de large construites après la colonisation, les pistes précoloniales étaient en grande partie des sentiers. Mais elles permettaient tout de même de relier les

---

[1] H. Desanti décrit des pistes qui serpentaient en terrain plat alors même que rien ne s'opposait à l'établissement d'alignements droits (Henri Desanti, *Du Danhomé au Bénin-Niger*, Paris, Larose, 1945, p. 214).

[2] Z. Dramani-Issifou, "Routes de commerce et mise en place des populations du Nord du Bénin actuel", In *Le sol, la parole et l'écrit*, Mélanges en hommage à Raymond Mauny, Société Française d'Histoire d'Outre-Mer, 1981, pp. 655-670.

[3] *Ibid.*, pp. 656-658.

principaux centres commerciaux africains aussi bien dans le sens nord-sud que dans la direction est-ouest, donnant ainsi une large assise au commerce intra-africain.

Ces pistes précoloniales étaient manifestement inadéquates pour permettre à la colonisation de mieux s'asseoir et de remplir convenablement sa mission[1]. Dès lors, il est apparu indispensable de doter la nouvelle colonie de l'équipement de transport indispensable à son exploitation. Ainsi, la dotation du pays d'infrastructures routières, à l'instar des autres colonies françaises, bien qu'ayant débuté très tôt[2], se fit néanmoins très lentement et à moindre coût. Cette politique du moindre investissement, dont la loi de finances du 13 avril 1900 fut le reflet, prescrivait l'autofinancement des colonies. Elle conduisit la métropole à éviter soigneusement de construire des "routes" plus modernes que les pistes traditionnelles dahoméennes. Ces dernières n'étaient alors que sommairement aménagées. N'est-il d'ailleurs pas écrit dans un document administratif anonyme rédigé en 1910 ce qui suit : « Il n'y a pas lieu, pour les fonctionnaires chargés de ces constructions d'envisager des travaux de grande importance dont l'exécution demanderait des efforts exagérés et des dépenses très considérables. »[3] ?

L'Administrateur des Colonies, Jean Fonssagrives, à l'époque Secrétaire général par intérim (24 juillet-7 octobre 1899) de la Colonie du « Dahomey et Dépendances » renchérit en présentant ainsi la situation du Dahomey dans les transports en 1900 :

> Il ne fallait donc pas, en l'absence de tout moteur animé ou mécanique, songer, pour développer le mouvement commercial, à construire un réseau de routes et de chemins conçus à la mode européenne et dont le prix de revient eût été d'ailleurs fort considérable. Des chemins de 5 ou 6 mètres de largeur, normalement tracés, ne seraient d'aucune utilité commerciale, et, d'ailleurs, des chemins ouverts à cette largeur seraient rapidement envahis par la brousse et les hautes herbes et il ne resterait plus visible au bout de six mois que le sentier tracé par les pieds des porteurs noirs se suivant à la file indienne.
>
> Il n'y a donc pas intérêt à développer à la mode européenne le réseau de chemins du bas Dahomey ; il faut se contenter de créer ou d'améliorer des sentiers de 2 mètres de large, facilement praticables pour les porteurs et entretenus en bon état par les villages indigènes situés sur le parcours, sous la surveillance des administrateurs[4].

---

[1] Nous nous intéresserons un peu plus loin à la question des mobiles ayant sous-tendu les réalisations d'infrastructures routières par la puissance coloniale.

[2] La construction des premières voies remonte à 1894 déjà, notamment dans l'ouest de la colonie (cercle de Grand-Popo) comme l'a rappelé H. d'Almeida-Topor dans son ouvrage *Histoire économique du Dahomey (Bénin) (1890-1920)*, vol. 1, Paris, L'Harmattan, 1995, p. 250. La route a donc précédé le rail dans la colonie du Dahomey.

[3] Archives Nationales du Bénin (ANB), Série K2-1, *Note au sujet de la construction des Pistes d'intérêt général*, 1910, p. 1.

[4] J. Fonssagrives, *Notice sur le Dahomey*, publiée à l'occasion de l'Exposition Universelle sous la direction de Pierre Pascal, 1900, pp. 384-386.

Cette position exprimée par Fonssagrives, est confirmée par Hélène d'Almeida-Topor qui a également reconnu que pendant longtemps, de vastes régions ont conservé d'anciens modes de circulation comme les caravanes, la navigation fluviale et lagunaire par pirogue et surtout le portage humain, lorsque l'établissement de nouveaux moyens paraissait peu ou pas rentable[1].

Cet état des lieux sur la situation des voies de circulation au Dahomey était biaisé. Le Danxomè connaissait bien avant la pénétration coloniale les voies dites 40, alors appelées *Mèkoli*, terme signifiant littéralement « la route de vingt personnes ». En effet, pour construire ces routes larges de 40 m, il était demandé à vingt hommes adultes d'étendre leurs bras en croix et de se mettre l'un à côté de l'autre. C'était le cas de la route par laquelle les esclaves allaient de Cana à Ouidah. Cette voie, encore connue sous le nom de *Agadjaligbo*[2] était, non seulement très large, mais si bien entretenue qu'il était aisé de récupérer, même une aiguille qui y tombait. En effet, rien sur la voie en question ne devait blesser les esclaves jusqu'à leur arrivée à Ouidah[3]. Sous la colonisation, cette route s'est réduite à un sentier comme cela se voit sur la photo ci-après.

Photo : Route de Ouidah à Abomey

Source : J. Fonssagrives, *op. cit.*, 1900, p. 387.

Le Haut-Dahomey, quant à lui, était parcouru par de grands axes caravaniers qui reliaient entre eux les principaux centres commerciaux. Parmi lesdits centres, il y en avait qui étaient situés dans les territoires voisins. C'est

[1] H. d'Almeida-Topor, *L'Afrique du 20e siècle à nos jours*, Paris, Armand Colin, 2013, p. 67.

[2] Ce nom signifie la grande route d'Agadja, puisque c'est ce souverain ayant dirigé le Danxomè de 1708 à 1732 qui l'a fait construire.

[3] Informations fournies par Dada Aïhotogbé Langanfin Glèlè, chef de la lignée royale Langanfin Glèlè, au cours d'un entretien en son domicile à Cana, le 29 août 2017.

le cas de Gaya au Niger, Yashikira au Nigeria, Sokodè et Sansanné Mango au Togo[1]. Au Dahomey même, Djougou paraissait comme le centre commercial le plus important, le carrefour de presque toutes les pistes caravanières.

Comme l'a fait observer H. d'Ameida-Topor,

> Les deux axes du grand commerce n'avaient guère de contact direct sur le territoire même de la future colonie du Dahomey où il n'existait pas de voie de communication entre la boucle du Niger et l'océan […]. Aucun port du golfe du Bénin, depuis les Popo jusqu'à la frontière du Lagos, n'exportait donc de produits en provenance du nord. Cette absence de relations pouvait s'expliquer par l'existence du Danhomé dont la protection rigoureuse des frontières avait formé "comme une barrière infranchissable, masquant ce qui se trouvait devant eux'', et dissuadant les caravanes de le traverser[2].

Ceci ne signifie pas qu'il n'existait absolument pas de relations entre les deux régions. L'auteur poursuit :

> Il existait, toutefois, des relais indirects entre les deux grands axes : des colporteurs habitant les cités nago ou le Danhomè, d'une part ; des Gambari (Haoussa) ou des Dendi, de l'autre. Leurs contacts s'opéraient dans des marchés d'importance relativement secondaire par rapport aux grands centres "internationaux'', et souvent proches d'Abomey, à l'instar de celui d'Ouécé (Ouésfié)[3] où les Dahoméens s'approvisionnaient surtout en esclaves […][4].

La réticence du colonisateur à investir dans la réalisation d'infrastructures routières au Dahomey a été favorable au rail considéré au début comme le moyen de transport le plus efficace dans cette colonie. En effet, c'est en 1900 que débuta la construction de la ligne considérée comme la colonne vertébrale du chemin de fer au Dahomey, c'est-à-dire le Central dahoméen, qui connut en 1911 un premier terminus, Savè, situé à 262 km du point de départ, Cotonou.

La conséquence de cette option du colonisateur, c'est que jusqu'en 1911, selon Frédéric Lemoine, la seule bonne route du Dahomey était celle qui allait de Ouidah à Abomey, en passant par Allada[5], laquelle route n'était, en réalité, plus que l'ombre d'elle-même. Deux ans plus tard, donc en 1913, presque rien n'avait changé ; le Dahomey n'était sillonné que par des pistes, c'est-à-dire, pour reprendre la définition donnée supra, des « voies de circulation sommaires et dépourvues de revêtement », alors même que des techniques de revêtement étaient connues et utilisées depuis fort longtemps : l'empierrement depuis l'Antiquité, la macadamisation à partir du XIXe siècle et le goudronnage qui était encore à ses débuts en ces premières années du XXe siècle en France. L'essentiel des voies du Dahomey était alors constitué de

---

[1] cf. H. d'Almeida-Topor, *op. cit.*, vol. 1, 1995, p. 93.
[2] *Ibid.*, p. 106.
[3] Lire Ouèssè.
[4] *Ibid.*, p. 106.
[5] F. Lemoine, *Le Dahomey. Géographie physique-Flore et faune*, Melun, Imprimerie administrative, 1911, p. 13.

pistes à peine aménagées, le plus souvent suivant le tracé des pistes précoloniales[1], même si quelques-unes étaient directement tracées sous la direction des commandants de cercle. Au mieux, il y avait des fossés et un chargement de terre. Au pire, ce n'était rien moins qu'un espace simplement débroussaillé. Mais la nature du sol constitué de terre de barre ou de roches dans presque toute l'étendue de la colonie permettra la circulation de véhicules assez lourds sur le sol simplement défriché[2]. Les « fonctionnaires de brousse »[3] qu'étaient les administrateurs coloniaux, s'appuyant sur la main-d'œuvre locale, réalisèrent donc à moindre coût ces pistes sans lesquelles la mainmise sur la colonie n'aurait point été possible.

En clair, presqu'aucune des nombreuses étapes caractérisant la construction d'une route n'était respectée ; et pourtant elles étaient bien connues en France depuis au moins le XIXe siècle. En effet, pour construire une route, il fallait d'abord en concevoir le projet avant de passer à l'étape de l'exécution. C'était le rôle des ingénieurs des ponts et chaussées. Le projet en lui-même devait comporter une étude minutieuse du tracé qui doit tenir compte de toute une série de considérations parmi lesquelles la facilité de circulation, l'économie de construction et la facilité d'entretien.

L'étude du tracé est fondamentale, puisqu'elle doit donner à la route la direction qui doit satisfaire au mieux les attentes. Elle se fonde, elle-même, sur une étude approfondie du sol. La construction proprement dite débute par les ouvrages d'art courants, c'est-à-dire les murs de soutènement qu'on doit établir en certains points pour maintenir les remblais, et les ponceaux destinés à franchir les cours d'eau à travers lesquels le transport des terres doit se faire. Ensuite vient le tour des terrassements et la chaussée est réalisée en dernière position. S'il y a des ouvrages d'art exceptionnels, on les mène de front avec les terrassements, de façon à les terminer en même temps[4].

Or l'essentiel des pistes du Dahomey à l'époque était l'œuvre des commandants de cercle qui n'étaient pas d'une façon générale des ingénieurs des ponts et chaussées ; le Service des Travaux publics créé en janvier 1892[5], puis organisé par un arrêté en date du 25 août 1894 portant la signature de

---

[1] Le premier soin du fonctionnaire chargé d'établir une piste a souvent été de faire le choix entre deux points du sentier indigène qui sert de base à son travail et d'axe général du tracé. Le tracé définitif indiqué ensuite aux exécutants pour le débroussement et le piquetage ne devra s'écarter du précédent que pour éviter les sommets, les pentes exagérées dépassant 10%, pour tourner les marais trop étendus ou couper les rivières en des points de passage favorables. (Voir Archives Nationales du Bénin (ANB), Série K2-1, *Note au sujet de la construction des Pistes d'intérêt général*, 1910, p. 2).

[2] ANB, Série K10-3, *Rapport annuel sur les crédits du Budget du Service local de l'exercice 1912 mis à la disposition du Service des Travaux publics.*

[3] Expression empruntée à H. Desanti, *op. cit.*, 1945, p. 214.

[4] Encyclopédie des travaux publics, *Cours de routes professé à l'école des ponts et chaussées* par Léon Durand-Claye, Seconde édition, revue et corrigée, Paris, Librairie polytechnique Baudry et Cie, Libraires-Éditeurs, 1895, pp. 236-237.

[5] H. d'Almeida Topor, *op. cit.*, vol. 1, 1995, p. 246.

Victor Ballot, n'était pas réellement utilisé dans ce sens[1]. Mieux, ces fonctionnaires étaient soumis à des contraintes budgétaires et de temps, liées à la maigreur des ressources du Dahomey et à la nécessité d'asseoir rapidement la domination sur la colonie. Donc la qualité des voies était la dernière des préoccupations des autorités coloniales, l'essentiel étant de joindre tous les points utiles à l'administration coloniale. Au sujet de l'étude du tracé, il est clairement écrit que

> les études préliminaires ne peuvent avoir le caractère technique d'études de route accompagnées de profils détaillés, de calculs de mouvements de terre, de devis précis et de plans d'ouvrages d'art.[...] Ce tracé sera fait à vue, sans souci des méthodes régulières des travaux, en se limitant à des courbes de rayon de 5 mètres au minimum et des pentes de 10%[2].

Le tracé retenu est indiqué sur le terrain par des piquets. C'est l'étape du piquetage qui est simplement fait avec des rondins enfoncés de 10 mètres et réunis par des lianes de brousse. Celles-ci dessinent ainsi sur le terrain l'axe de la piste dans les parties rectilignes et les changements de direction entre les courbes. D'ailleurs le premier souci en ces débuts de la colonisation n'était pas de rechercher continuellement des lignes droites de parcours, mais plutôt d'éviter les passages des rivières difficiles ou les travaux de terrassement considérables[3].

L'étape qui suit le piquetage était celle du débroussement. En effet, après que le tracé définitif est retenu, la construction débute par un débroussement complet effectué par des travailleurs noirs « très entraînés à ces travaux »[4]. Cette tâche de débroussement permettait de déboucher directement sur les travaux de terrassement. Et conformément à la logique coloniale du moindre coût, les travaux de terrassement importants étaient soigneusement évités. Il était simplement question de dresser le profil en travers approprié de quelques remblais aux passages difficiles par emprunt de terre dans les fossés longitudinaux, et très rarement des déblais.

Dans ces conditions, on ne peut douter de la véracité de cette description de la construction de ces voies, faite par *L'Almanach noir* :

> La route primitive a été tracée dans cette brousse tortueuse, imprévue poétique par les Noirs, droite et prosaïque par les Blancs. Les arbres ayant été coupés, brûlés, les souches déracinées, on trace deux lignes au cordeau de droite et de gauche. L'espace entre les deux lignes c'est la future route qu'on charge de terre de barre c'est-à-dire compacte. Cet amas de terre est battu à plat au moyen de bambous par des équipes de 20, 50, parfois 100 prestataires que des camarades assistent en apportant la terre en de petits

---

[1] H. d'Almeida Topor a cité le secrétaire général de la colonie du Dahomey qui, le 31 août 1895, écrivait que le Service des Travaux publics était « le cauchemar de l'Administration et la terreur du Budget ; qu'il travaillait mal et à des prix exorbitants » (*Ibid.*)

[2] Archives Nationales du Bénin (ANB), Série K2-1, *Note au sujet de la construction des Pistes d'intérêt général*, 1910, pp. 2-3.

[3] *Ibid.*, p. 3.

[4] *Ibid.*

paniers d'osier, d'autres en fournissant l'eau pour rendre la terre molle, d'autres enfin en frappant du gong-gong et en chantant pour exciter les travailleurs par la cadence. Un milicien en kaki et chéchia rouge dirige le travail[1].

Cette description correspond bien à celle que présente le Chef du Service des Travaux publics dans son rapport en date du 10 janvier 1923 qui montre bien que les routes dahoméennes sont construites sans que les règles en la matière pour avoir des routes résistantes, sécurisantes et durables soient respectées. Selon ce fonctionnaire, ces routes étaient établies sans fondation ni matériaux durs. D'une façon générale, c'était simplement le terrain naturel débroussé et dessouché sur lequel on mettait une couche de terre de barre damée à la main. Le profil des routes ainsi réalisées, au lieu d'être bombé, était plutôt concave. Cette disposition avait certes l'avantage d'éviter le ravinement des bas-côtés, mais elle était désastreuse si la circulation se poursuit pendant ou immédiatement après la pluie, avant que l'eau accumulée au milieu de la chaussée ne s'infiltre[2].

Des voies construites[3] dans ces conditions, au Dahomey comme dans les autres colonies françaises d'Afrique noire, ne pouvaient être que, contrairement au point de vue émis par des auteurs comme Robert Cornevin[4], de qualité médiocre. Incapables de résister aux trombes d'eau qui s'y déversent à l'occasion de la saison des pluies, elles deviennent de véritables machines à produire de la poussière en saison sèche. Nous rapportons à ce sujet une belle description offerte par l'*Almanach noir* :

> Après une ou deux tornades, savez-vous ce qui se passe ? L'amas de terre est emporté et va boucher les fossés ; sur la route, on ne trouve que rigoles, flaques d'eau, amas de sable et de boue où s'enfoncent les pieds des voyageurs. Une auto vient-elle à passer, il y a trace d'effroyables ornières tout en éclaboussant les passants d'eau sale, de boue « baba ou poto-poto » et il faut de nouveau faire appel à l'équipe des cantonniers, c'est-à-dire des indigènes limitrophes et au milicien, conducteur des travaux.

---

[1] *Almanach noir*, 1940.

[2] ANB, Série K 22, Colonie du Dahomey, Service des Travaux publics, *Rapport de l'Ingénieur*, 10 janvier 1923.

[3] La construction de ces routes nécessitait parfois l'abattage d'arbres comme les palmiers, surtout dans la région de Porto-Novo. Dans ce cas, une indemnisation était proposée aux propriétaires. Par exemple, à l'occasion de la construction du tramway de Sakété, la somme de 5 francs par palmier abattu avait été adoptée. Cette même somme a été retenue pour les travaux de route à Porto-Novo et dans sa banlieue, comme le précise clairement le rapport intitulé *Travaux neufs dans le cercle de Porto-Novo*, présenté le 19 janvier 1912 par le Résident et qui est actuellement classé dans la série K8-4 aux Archives Nationales du Bénin.

[4] La position de Robert Cornevin, que nous ne partageons guère, est aux antipodes de celles de Suret-Canale. Car, en lisant Cornevin, on a l'impression que le Dahomey colonial avait un bon réseau routier :
« Les routes dahoméennes se sont améliorées progressivement et ont bénéficié très tôt d'une organisation les mettant par leur qualité et la régularité de leur entretien très en avance sur les autres territoires » (R. Cornevin, *op. cit.*, 1981, p. 475). Cette position de Cornevin reflète bien la posture du fonctionnaire colonial préoccupé par la défense de l'action coloniale.

Il arrive fréquemment que les autos s'embourbent et parfois creusent de grands trous, ils effondrent même les petits ponts peu solides d'ailleurs, qu'on a construits dans les dépressions sur les ruisseaux. Les prestataires quasi nus, sous un soleil torride, ruisselants de sueur vont chercher la terre de barre au fond de grands trous qu'ils creusent sur le bord de la route, ils dégagent les fossés, comblent les ornières, mettent des cailloux, s'il s'en trouve à proximité, aux endroits trop humides, dament de nouveau la route. Voici les dégâts réparés jusqu'à la prochaine grande pluie.
De novembre à mai, la terre n'est plus ou presque plus mouillée, mais c'est le règne de la poussière, poussière rouge, qui va commencer. Chaque automobile soulève à sa suite un nuage si épais qu'il voile la voiture ; les herbes qui bordent la route, les piétons qui cheminent, tout est couvert de cette poussière[1].

Le passage des rivières était souvent assuré par des bacs, des chaussées submersibles, mais surtout par des ponceaux faits de rondins et de planches qui mettaient en danger la vie des automobilistes puisqu'il est arrivé bien des fois où ces ponceaux ont cédé sous le poids de voitures qui se sont alors retrouvées au fond des rivières. Fort éprouvantes pour les véhicules, de telles routes accéléraient leur usure, réduisant de façon considérable la durée moyenne d'existence desdits véhicules[2].

Pis, cette manière dont les routes du Dahomey étaient construites faisait qu'après chaque saison pluvieuse, elles se retrouvaient dans un état tel qu'il fallait reprendre au moins partiellement les travaux[3]. C'était donc un éternel recommencement[4]. C'est pourquoi le Commandant de cercle de Djougou proposait, dans une correspondance qu'il a adressée au Gouverneur au sujet de la route de l'Ouest, qu'il fallait absolument prévoir, quelle que soit la solidité avec laquelle sera établie ladite route, la formation d'équipes permanentes de cantonniers pour s'occuper de son entretien[5]. C'est également la raison pour laquelle les différents gouverneurs étaient obligés de prendre des arrêtés réglementant la circulation sur les routes après les pluies. La solution pour rendre ces routes durables était l'empierrement.

---

1 *Almanach noir*, 1940.

2 Cf. J. Suret-Canale, *L'ère coloniale*, p. 267 et ANB, Série K12-1, Société Commerciale Industrielle de la Côte d'Afrique (CICA), Correspondance au Lieutenant-gouverneur, Porto-Novo, le 8 mars 1922.

3 En octobre 1920, les autorités coloniales ont dû prendre la décision de démolir le grand pont de Grand-Popo sur le Mono, un ouvrage de 300 m qui s'est complètement dégradé et qu'il était devenu impossible de réparer. Cette décision avait d'ailleurs suscité une forte émotion au sein de la population européenne de Grand-Popo qui perdait ainsi une infrastructure hautement importante.

4 Voir ANB, Série K12-1, Correspondance n° 100 du Commandant de cercle de Djougou au Gouverneur, Djougou, le 1er avril 1920 et ANB, Série K12-1, Correspondance n° 718 du Gouverneur au Commandant de cercle de Djougou, Porto-Novo, le 17 avril 1920.

5 ANB, Série K12-1, Correspondance n° 187 du Commandant de cercle de Djougou au Gouverneur, Djougou, le 21 juin 1919.

Ces voies, quoique mal construites et non carrossables, permettaient tout de même au colonisateur d'accéder à tous les coins du territoire pour une mainmise effective et une "pacification" des poches de résistance encore nombreuses en ces débuts de la domination coloniale. Parmi ces nombreuses voies qui parcouraient le Dahomey, nous allons en citer quelques-unes au titre des plus importantes.

1.1.2. Le Bas-Dahomey

Dans le Bas-Dahomey, la ville de Ouidah était reliée à Allada via Savi et Tori (35,2 km). Cette route était importante, car la plus grande partie des ponchons d'huile y roulait et elle connaissait une circulation particulièrement dense en certaines périodes[1]. De Ouidah, on pouvait joindre Cotonou en passant par Pahou et Godomey, sur une longueur de 38 km. Il s'agit là d'un secteur de la future route Togo-Nigeria[2]. Dans le sens opposé sur la même route, il y a le secteur Ouidah-Sègbohouè, long de 15 km en terrain absolument plat et n'ayant nécessité qu'un simple débroussement et le creusement de deux petits fossés de chaque côté de la plateforme[3].

Un autre secteur de la même route, Grand-Popo-Agoué, était en partie construit en 1913. En effet, de 1910[4], où les travaux ont débuté, à février 1913, 9 km de voie ont été réalisés sur les 16 qui séparent les deux localités[5]. La lenteur extraordinaire de ces travaux confirme que le sud-ouest de la colonie du Dahomey était laissé pour compte ; c'était le parent pauvre des réalisations d'infrastructures coloniales. Même le Lieutenant-gouverneur, dans une adresse au Commandant de cercle de Grand-Popo, a clairement reconnu cela[6]. Était-ce une manière pour le pouvoir colonial de punir la population de cette région, célèbre pour son insoumission proverbiale ? Si la réponse à cette question était affirmative, alors cette attitude du colonisateur qui avait pourtant hâte d'avoir rapidement une mainmise sur tout le territoire aurait été bien curieuse, étant entendu que les routes étaient un excellent moyen d'extension de domination dans une région (cf. infra). Ou cela était-il

---

[1] ANB, série K6-2, Dahomey et Dépendances, Cercle de Ouidah, *Rapport sur les travaux, mois de juillet 1903*, Ouidah, le 4 août 1903.

[2] Même si plusieurs secteurs de cette route existaient déjà en 1913, ils étaient de faible importance et n'ont même pas été pris en compte dans le premier arrêté de classification des routes pris au Dahomey le 31 octobre 1918.

[3] ANB, série K6-2, Cercle de Ouidah, Correspondance du Commandant de cercle de Ouidah au Gouverneur du Dahomey et Dépendances, Ouidah, le 1er décembre 1909.

[4] ANB, Série K9-3, Colonie du Dahomey et Dépendances, Lieutenant-gouverneur, *Fonctionnement des entreprises exécutées par les soins des Administrateurs, Commandants de cercle et intéressant le développement économique de la Colonie*, Mois d'avril 1910.

[5] ANB, série K4-1, Correspondance du Commandant de cercle de Grand-Popo au Lieutenant-gouverneur, 21 février 1913.

[6] Voir ANB, Série K12-3, Colonie du Dahomey, Cabinet du gouverneur, Correspondance n° 773 du Lieutenant-gouverneur à l'Administrateur du cercle de Grand-Popo, Porto-Novo, le 18 mai 1910.

simplement dû à la difficulté de trouver la main-d'œuvre qui n'est qu'une conséquence de l'insoumission de ces populations ?

Toujours est-il que la seule autre voie digne de retenir l'attention dans cette région[1] en 1913, et ceci en dépit de son état d'abandon, est la route Grand-Popo-Lokossa (66 km) dont l'origine, comme celle des routes initialement évoquées, remonte à 1903 environ. Selon l'ingénieur, chef du Service des Travaux publics, cette route était difficile à entretenir, puisque jalonnée de fondrières, de ravinements, de coupures et d'herbes qui l'envahissaient régulièrement. Ceci n'était que la conséquence de la façon hâtive dont le travail a été réalisé ; le remblai fait de manière expéditive n'a pas pu tenir, ce qui est à l'origine de nombreuses coupures observables sur la route. Une autre cause des coupures, c'est que l'écoulement des eaux n'a pas été assuré de façon complète[2]. Donc en 1913, la route Lokossa-Grand-Popo, sur laquelle il n'y avait pas du tout de pont[3], était dans un véritable état d'abandon, menacée de disparition complète si les autorités continuaient de la négliger.

Dans le sud-est du Dahomey, la route de Porto-Novo à Sakété par Adjarra existait aussi depuis 1903 où les terrassements de ladite route sur la rivière d'Adjarra ont été entrepris[4]. Les villes de Cotonou et Porto-Novo distantes de 28 km étaient reliées par une voie de terre inaugurée le 16 juillet 1911 par le Gouverneur Émile Merwart[5]. Le terminus de cette voie en direction de Porto-Novo était la localité de Houinta séparée du chef-lieu de la colonie par la lagune. Un bac permettait alors d'assurer la liaison.

Le sud-est du Dahomey était relié au Moyen-Dahomey, d'une part, par la route Pobè-Kétou-Okpa jusqu'à Savè[6] (156 km environ) construite en 1913[7]. La construction de cette route a été caractérisée par de nombreuses difficultés à cause de la proximité de la frontière nigériane qu'il fallait éviter sans trop s'en écarter tout de même[8]. Débutés le 22 novembre 1912, les travaux de réalisation de cette voie ont été achevés le 22 février 1913. Cependant, aucun

---

[1] Nous l'avons dit plus haut et c'est le lieu de le rappeler, cette région a pourtant été l'une des toutes premières où le colonisateur a commencé à tracer des routes.

[2] ANB, Série K11-5, Service des Travaux publics, *Rapport de la tournée d'inspection générale de l'ingénieur chef du Service des Travaux publics*, Porto-Novo, le 5 décembre 1912, p. 34

[3] ANB, Série K11-5, Service des Travaux publics, *Rapport de la tournée d'inspection générale de l'ingénieur chef du Service des Travaux publics*, Porto-Novo, le 5 décembre 1912, p. 30.

[4] ANB, Série K13-2, Colonie du Dahomey et Dépendances, Service des travaux du chemin de fer, *Rapport d'ensemble sur la situation de la Colonie pendant l'année 1903,* Cotonou, le 22 mai 1904.

[5] ANB, Série K8-4, Colonie du Dahomey et Dépendances, Cabinet du Lieutenant-gouverneur, Correspondance n° 244 du Lieutenant-gouverneur au Gouverneur général de l'AOF, Cotonou, le 9 août 1911.

[6] ANB, série K5-2, Correspondance du Lieutenant-gouverneur portant délégation de crédits exercice 1912 au Commandant de cercle de Zagnanado, 10 mars 1912.

[7] ANB, série K5-2, *Télégramme officiel n° 219* du Lieutenant-gouverneur au Commandant de cercle de Zagnanado. 6 mars 1912.

[8] ANB, série K3-6, Correspondance du Commandant de cercle de Zagnanado au Lieutenant-gouverneur, 29 mai 1913.

incident ne s'est produit lors du recrutement des cent manœuvres fournis par le canton de Kétou ; la relève mensuelle s'est faite sans difficulté ; les habitants des villages situés sur le parcours de la route, y compris ceux d'Illaro (devenu anglais) et d'Illikimoun, ont mis de l'empressement à approvisionner en eau et en vivres tous les manœuvres employés aux travaux[1]. D'autre part, il y avait la route Zagnanado-Pobè par Massè (environ 67 km) qui rapprochait Zagnanado du tramway. Mais les routes/pistes qui sillonnaient le Moyen-Dahomey, et au-delà, le Haut-Dahomey, en ce temps ne se limitaient pas à celles-là.

1.1.3. Le Moyen et le Haut-Dahomey

En dehors des pistes indiquées plus haut qui reliaient le Moyen-Dahomey au Bas-Dahomey, il y en avait d'autres, non moins importantes. Par exemple, de Savalou on pouvait joindre Paouignan via Logozohè[2] (44 km) et ceci depuis 1903. De Paouignan à Dassa-Zoumè, soit sur quelque 13 km, cette route se confond à la route de l'Est dont elle se détache à Dassa-Zoumè pour devenir un secteur de la route de l'Ouest (Dassa-Zoumè-Logozohè-Savalou), long de 36 km. De même, la transversale Aplahoué-Abomey-Bohicon-Zagnanado-Kétou émergeait déjà puisque le tronçon Bohicon-Zagnanado (33 km) était déjà construit[3].

Dans le Haut-Dahomey où la présence française a été plus tardive, il y avait tout de même quelques pistes débroussées en 1913 pour joindre les plus grands centres. C'est le cas de la route Nikki-N'Dali, longue de 55 km et qui est en fait un secteur de la future grande route transversale Dompago-Djougou-Bori-N'Dali-Nikki. Cette route était érigée dans le but de faciliter le passage des caravanes allant à Djougou et Sansanné-Mango (en territoire togolais) ainsi que le déplacement des fonctionnaires de Nikki appelés à se rendre sur la nouvelle route d'étapes[4]. Les routes Djougou-Kpabégou-Birni (secteur de la future route Djougou-Porga) et Djougou-Dompago ne faisaient que confirmer le caractère de grand carrefour qu'était déjà Djougou depuis plusieurs siècles. De même, il y avait la route Djougou-Salamanga-Ouari et Parakou construite en 1910 pour faciliter les relations entre Parakou et Djougou et desservir toute une région fort utile : la vallée de la Kérou reliée à Djougou par une simple piste. Or cette vallée servait à la piste télégraphique Djougou-Carnotville et comprenait de nombreux villages. De plus, elle devait obliger les caravanes venant de l'Est du Nigeria par Carnotville (dans la région de Tchaourou), et

[1] ANB, Série K3-6, Correspondance du Commandant de cercle de Zagnanado au Lieutenant-gouverneur, 29 mai 1913.

[2] ANB, Série K11-5, Cercle de Savalou, *Rapport sur les travaux*, Savalou, le 18 juin 1903.

[3] ANB, Série K9-3, Colonie du Dahomey et Dépendances, Lieutenant-gouverneur, *Fonctionnement des entreprises exécutées par les soins des Administrateurs, Commandants de cercle et intéressant le développement économique de la Colonie*, Mois d'avril 1910.

[4] ANB, série K6-3, Cercle du Borgou, Correspondance n° 210 du Commandant de cercle au Gouverneur, Parakou, le 4 octobre 1906.

se dirigeant vers le Togo par Salamanga-Pénéssoulou-Nioro-Alédjo, à passer par Djougou. Enfin, les routes Djougou-Kouandé, Djougou-Bassila (un secteur de la route de l'Ouest dont nous reparlerons) et Djougou-Kandi, principale voie suivie par les caravanes étaient les routes les plus entretenues[1] du cercle de Djougou. Tchaourou était relié à Parakou depuis 1904 par une route dite « route de ravitaillement » qui n'était en réalité qu'un secteur de la route de l'Est et qui fut réalisée sur un fonds de 150 000 francs débloqué par la Caisse de réserve en septembre 1903[2].

Au total, en 1913, tous les chefs-lieux de cercle étaient reliés aux principaux centres par des voies plus ou moins importantes et les villes-carrefours émergeaient déjà. De même, les routes du Haut-Dahomey étaient de véritables voies de pénétration puisqu'elles allaient là où le rail n'a pas pu ou ne pourra pas pénétrer. Remarquons que si Cotonou avait déjà le wharf et était l'aboutissement du chemin de fer, cette ville n'avait pas encore acquis en 1913 son statut de nœud des voies de communication de la colonie du Dahomey qu'elle ne tardera d'ailleurs pas à prendre.

L'essentiel de ces voies, dont aucune n'était automobilisable, était branché sur les deux principales routes de l'époque, ou en était des secteurs : la route de l'Est qui, partant de Savè, joint Parakou avant d'atteindre le Niger et la route de l'Ouest dont le point de départ est Dassa-Zoumè et qui dessert le Nord-Ouest de la colonie. La construction de ces deux routes, voies de pénétration et d'évacuation, les premières à connaître une circulation automobile, se fit par les moyens modestes mis à la disposition des administrateurs commandants de cercle[3] qui utilisèrent abondamment la main-d'œuvre prestataire et pénitentiaire.

1.2. La route de l'Est : la colonne vertébrale du réseau routier dahoméen

La principale piste du Dahomey en 1913 était indiscutablement la "route" de l'Est encore appelée "route" du Niger ou "route du Nord", une voie de terre qui partait de Savè pour joindre la colonie voisine du Niger et s'étendait sur une longueur de 483 km. Il s'agit d'une véritable voie de pénétration et d'évacuation qui, non seulement relie le nord-est du Dahomey au sud de la colonie et plus précisément au wharf de Cotonou, mais également constitue l'exutoire de la colonie enclavée du Niger. Elle fait jouer ainsi au Dahomey son rôle de couloir d'évacuation entre le Sahel et l'océan.

---

[1] ANB, Série K6-3, Cercle de Djougou, *Rapport sur les voies de communication pendant le 2e trimestre 1911*, Djougou, le 30 juin 1911.

[2] ANB, Série K13-2, Colonie du Dahomey et Dépendances, Service des travaux du chemin de fer, *Rapport d'ensemble sur la situation de la Colonie pendant l'année 1903,* Cotonou, le 22 mai 1904.

[3] ANB, Série K10-3, *Rapport annuel sur les crédits du Budget du Service local de l'exercice 1912 mis à la disposition du Service des Travaux publics.*

La route de l'Est traversait les cercles de Savè, de Savalou, du Borgou et du Moyen-Niger. La construction de cette route hautement stratégique[1] fut décidée vers 1910. Construite suivant un tracé préexistant comme c'était le cas pour la plupart des pistes coloniales, la route de l'Est avait pour mission de prendre le relais du rail qui, en 1911, s'arrêtait à Savè, afin d'assurer la liaison avec le Niger. Prévus pour être achevés le 31 décembre 1910, les travaux de cette route ne l'ont pas été effectivement, en raison des maigres moyens dont disposaient les maîtres d'œuvre de ladite route qu'étaient les commandants des cercles traversés. Ceux-ci étaient obligés de faire le travail en comptant exclusivement sur une main-d'œuvre locale non spécialisée[2], les prestataires, et un outillage sommaire que leur permettaient de se procurer les maigres crédits mis à leur disposition (nous y reviendrons avec plus de détails dans la suite de l'étude). Avec la maigreur de ces moyens, les difficultés des administrateurs dans l'accomplissement de cette tâche de construction routière étaient réelles, notamment dans ces cercles à faible densité de population (cercles du Borgou, du Moyen-Niger et de Savè).

C'est ce qui ressort clairement d'une correspondance adressée par le Commandant de cercle du Borgou au Gouverneur du Dahomey. En effet, dans cette correspondance, l'administrateur notifiait à son supérieur hiérarchique qu'il avait une équipe assez entraînée pour finir dans le délai la plateforme proprement dite. Par contre, les ponts ne pouvaient guère être terminés dans ce délai, car la construction des tabliers nécessitait la fabrication d'environ 380 planches mesurant 4 mètres de long, 20 centimètres de large et 5 centimètres d'épaisseur. Lesdites planches étant faites en bois très dur appelé « Bakala », l'équarrissage des troncs et le débitage des billes à la scie égoïne constituaient un travail fort pénible. Les trois charpentiers qui s'en chargeaient n'ont pu fournir au dernier jour du mois de novembre que 130 planches sur les 380 nécessaires, malgré leur labeur consciencieux. Dans le même temps, il n'était pas possible d'augmenter le nombre de charpentiers. Pire, il fallait la présence d'un charpentier pour la pose des premiers ponts avec les bois disponibles, ce qui avait réduit à deux le nombre d'ouvriers devant produire les planches. Pour combler ce vide, l'administrateur du cercle a initié deux gardes à la production de planches. Mais deux journées de travail continu leur sont nécessaires pour débiter en quatre planches une bille de « Bakala ». Dans la même période, la nécessité de procéder, avec son collègue de Kandi à la délimitation sur le terrain, de la frontière entre les deux cercles, a un tant soit peu éloigné le Commandant de cercle du Borgou des travaux sur lesquels il devait exercer constamment une surveillance méticuleuse[3].

---

[1] Elle constituait l'épine dorsale du réseau routier dahoméen, et la principale voie de pénétration et d'évacuation.

[2] H. Desanti, *op. cit.*, 1945, p. 213.

[3] ANB, Série K12-1, Correspondance n° 836 de l'Administrateur du cercle du Borgou au Gouverneur du Dahomey et Dépendances, Parakou, le 2 décembre 1910.

Exécutés dans ces conditions, les travaux ne furent achevés qu'en 1913 avec la livraison de son dernier tronçon, Bodjékali-Niger, grâce au travail acharné d'une équipe de 400 hommes[1] mobilisés. Mais la route de l'Est était déjà automobilisable depuis 1912, puisque les camions du Service Automobile chargé du transport des colis postaux y circulaient déjà. Une petite comparaison avec l'Afrique-Équatoriale française (AEF) permet de se rendre compte du caractère "précoce'' de l'introduction de l'automobile en Afrique de l'Ouest, en l'occurrence au Dahomey. En effet, Brazzaville, la capitale de l'AEF n'a vu circuler son premier véhicule à moteur qu'en 1915 et sur une courte piste reliant la zone résidentielle et le centre administratif[2].

Par la suite, la route du Niger est tombée sous le contrôle du Service Automobile à peine créé. Le responsable de ce service, l'Inspecteur des affaires administratives du Nord Dahomey, assura la coordination des activités des commandants de cercle au sujet de ladite route. Les caractéristiques de cette dernière ont été décrites par Desanti en ces termes :

> Périodiquement rechargée, ici avec des cailloux, là avec de la terre, ici sur quatre mètres de largeur, ailleurs sur six, plus loin sur huit ou dix […]. Le tracé en était lui aussi par endroits défectueux, et, épousant l'ancienne piste indigène, serpentait en terrain plat alors même que rien ne s'opposait à l'établissement d'alignements droits, tandis qu'il montait trop délibérément à l'assaut de pentes qu'il eut été préférable d'aborder avec plus de souplesse suivant un dessin de lacets préalablement étudié[3].

La route ainsi décrite permettait tous les transports pendant la saison sèche. Mais au cours de la période pluvieuse et plus précisément de juin à décembre, la portion comprise entre Bembèrèkè et le terminus Malanville, c'est-à-dire du kilomètre 269 au kilomètre 483 (214 km en tout), devenait impraticable pour les grosses voitures (Berliet et De Dion qui, seules, étaient alors disponibles)[4].

La route de l'Est assurant la liaison entre le nord-est et le sud du Dahomey, il était nécessaire d'assurer le rapprochement du nord-ouest et du littoral. C'est la mission dévolue à la route de l'Ouest.

1.3. La route de l'Ouest : désenclavement du nord-ouest et de Fada N'Gourma

La route de l'Ouest, dont la construction a été sollicitée par les commerçants aussi bien européens que dahoméens, avait une quadruple importance. D'abord, elle devait permettre au commerce dahoméen de tirer

---

[1] ANB, Série K7-3, *Télégramme officiel n° 196* du Lieutenant-gouverneur au Commandant de cercle de Kandi, Porto-Novo, le 25 janvier 1913.

[2] X. Godard et P. Teurnier, *Les transports urbains en Afrique à l'heure de l'ajustement. Redéfinir le service public*, Paris, Karthala et INRETS, 1992, p.23.

[3] H. Desanti, *op. cit.*, 1945, p. 214.

[4] ANB, Série K11-2, Correspondance n° 122 du Directeur p. i. du Service Automobile au Lieutenant-gouverneur du Dahomey, Savè, le 24 août 1917.

des gains substantiels d'un trafic attendu pour être stratégique, puisque les régions situées à la frontière du Togo, très peuplées, étaient dans la zone d'attraction de la colonie. Ensuite, elle avait vocation à donner un débouché vers la mer à la colonie de la Haute-Volta pour le transport de la poste, du personnel et de ses bagages, des approvisionnements divers, car si ces transports devaient être assurés par des « hamacaires » et porteurs, ils constitueraient pour les populations une charge exorbitante[1] et réduiraient la main-d'œuvre agricole. C'est ici qu'intervient la troisième mission de la route de l'Ouest dont la construction et la prise en charge par le Service Automobile entraîneront la suppression du portage et permettront *ipso facto* de rendre à la terre un grand nombre d'hommes qui s'en chargeaient. Enfin, en même temps, la route a pour autre vocation immédiate de permettre l'accès aux régions les plus éloignées de la colonie du Dahomey.

En réalité, cette route ne remplissait pas encore ses missions en 1913, car dans sa partie automobilisable, elle ne dépassait point Bantè, en partant de Dassa-Zoumè. Le secteur Djougou-Bassila pourtant terminé depuis 1908 n'avait pas le profil pour supporter un trafic automobile régulier. Donc en 1913, cette route destinée à desservir les cercles de Savalou, de Djougou et de l'Atacora, était loin d'être achevée. C'est ce qui a fait dire au Gouverneur Desanti, dans son ouvrage *Du Danhomé au Bénin-Niger*[2], qu'en 1913, la route de l'Ouest était inexistante. Ce qui est sûr, c'est que même si c'était sur une courte distance, la voie existait bel et bien en 1913, ceci d'autant plus qu'elle a été ouverte au Service Automobile le 20 novembre 1913[3]. Déjà en 1912, cette route, qui a pour point de départ Dassa-Zoumè, s'étendait jusqu'à Bantè lorsque les travaux de sa réfection ont été lancés. Car en cette période, même si l'ingénieur, Chef du Service des Travaux publics, à l'occasion d'une tournée, trouva le premier tronçon de cette voie (Dassa-Zoumè-Savalou)[4] « superbe »[5] et jalonnée de plaques kilométriques jusqu'à Savalou, c'était encore une voie sommairement aménagée. En fait, c'est la piste précoloniale[6] qui a tout simplement été débroussaillée, élargie et dotée de quelques ponts en bois n'ayant d'ailleurs qu'une très courte durée de vie. Il s'y trouvait également des drains et ponceaux réalisés à base de rondins, très peu solides

---

[1] ANB, Série K11-3, Correspondance du Gouverneur p. i. au Directeur du Service Automobile, Porto-Novo, le 14 janvier 1920.

[2] H. Desanti, *op. cit.*, 1945, p. 215.

[3] Arrêté n° 782 du 23 octobre 1913, publié dans le *Journal officiel du Dahomey* n° 23 et 24 du 1er et du 15 décembre 1913, p. 626.

[4] Déjà en 1912, l'empierrement de cette section (31.8 km) était envisagé et estimé à 6 000 francs (Cf. ANB, Série K10-1, Colonie du Dahomey, Cercle de Savalou, Correspondance n° 29 du Commandant de cercle au Gouverneur, Savalou, le 12 janvier 1912).

[5] ANB, Série K11-5, Service des Travaux publics, *Rapport de la tournée d'inspection générale de l'ingénieur chef du Service des Travaux publics*, Porto-Novo, le 5 décembre 1912, p. 8.

[6] ANB, Série K10-1, Correspondance de l'administrateur du cercle de Savalou au Lieutenant-gouverneur du Dahomey, Savalou, le 11 juin 1914.

faisant courir de grands dangers aux passagers. Ainsi, il arrivait très souvent qu'un rondin cède sous les sabots d'un cheval ou même le poids d'un porteur.

Puisque cette voie était appelée à supporter un trafic important et à desservir une zone grande de par sa superficie et sa population, le pouvoir colonial jugea utile de la réaménager. Alors, en 1912 furent effectués des travaux de réfection de cette route pour lui donner une largeur d'emprise de 20 mètres détaillée de la façon suivante : 8 mètres pour la plateforme, deux accotements de 2 mètres chacun pour les piétons et deux trottoirs latéraux de 4 mètres[1] et un revêtement latéritique[2] pour empêcher les herbes d'y repousser. La surface a été également couverte de cette latérite de terre provenant de termitières, constituant un excellent liant et en même temps un deuxième niveau de protection anti-herbe. Une fois bien compressé, c'est-à-dire liaisonné à la latérite par le rouleau compresseur, le revêtement de la chaussée était parfait pour la circulation des automobiles ; sur les accotements ont été placés des arbres, et le trottoir est séparé de l'accotement par un fossé de 50 centimètres de profondeur. Ces travaux entre Dassa-Zoumè et Savalou ont été achevés en mars 1913 et la route arriva même jusqu'à Doïssa[3], avant d'atteindre Koutago[4] en septembre de la même année. Dans le télégramme qu'il envoya à l'administrateur de Savalou, tout juste vingt-quatre heures après en avoir reçu un de ce dernier, le Lieutenant-gouverneur Charles H. A. Noufflard (1912-1917) n'a point caché sa grande joie à l'achèvement de la route Savalou-Koutago. Nous livrons ici la substance de sa correspondance : « Suis particulièrement heureux apprendre achèvement tronçon route Savalou-Koutago. En attendant marques officielles, vous prie faire part sergent Audemar et brigadier-chef Henry ma vive satisfaction, approuve envoi sergent réfectionner abords pont Agbado »[5].

Cette immense joie de Noufflard n'est rien moins que la preuve évidente de l'importance stratégique de cette voie qu'il était indispensable d'aménager et de maintenir dans un état de praticabilité quasi permanente. C'est la raison pour laquelle des travaux vont s'y poursuivre tout au long des années suivantes. En effet, en termes d'importance, c'était la deuxième voie de

---

[1] ANB, Série K11-5, Service des Travaux publics, *Rapport de la tournée d'inspection générale de l'ingénieur chef du Service des Travaux publics*, Porto-Novo, le 5 décembre 1912, pp. 8-9.

[2] Dans une adresse à l'administrateur du cercle de Savalou, le Gouverneur du Dahomey a clairement exprimé son point de vue, estimant que la route n'avait guère besoin d'empierrement puisque le sol argileux et parfois ferrugineux qui la compose était largement suffisant pour supporter une traction animale (ANB, Série K10-1, Correspondance n° 1142 du Lieutenant-gouverneur à l'administrateur du cercle de Savalou, Porto-Novo, le 6 juillet 1910).

[3] ANB, Série K10-1, *Télégramme officiel n° 117* du Commandant de cercle de Savalou au Lieutenant-gouverneur, Savalou, 23 mars 1913.

[4] ANB, Série K10-1, *Télégramme officiel n° 878* du Commandant de cercle de Savalou au Lieutenant-gouverneur du Dahomey, Savalou, le 10 septembre 1913.

[5] ANB, Série K10-1, *Télégramme officiel n° 1863* du Lieutenant-gouverneur au Commandant de cercle de Savalou, Porto-Novo, le 11 septembre 1913.

pénétration et d'évacuation du Dahomey, qui devait permettre de desservir le Nord-Ouest de la colonie, ainsi que la Haute-Volta voisine.

Ce réseau routier utilisé par le Service Automobile est le prolongement naturel sur le nord et le nord-ouest du Dahomey, et dans la colonie voisine du Niger, des voies ferrées du Réseau Bénin-Niger (Voir la carte n° 1 ci-après).

Carte n° 1 : Les routes du Dahomey en 1913

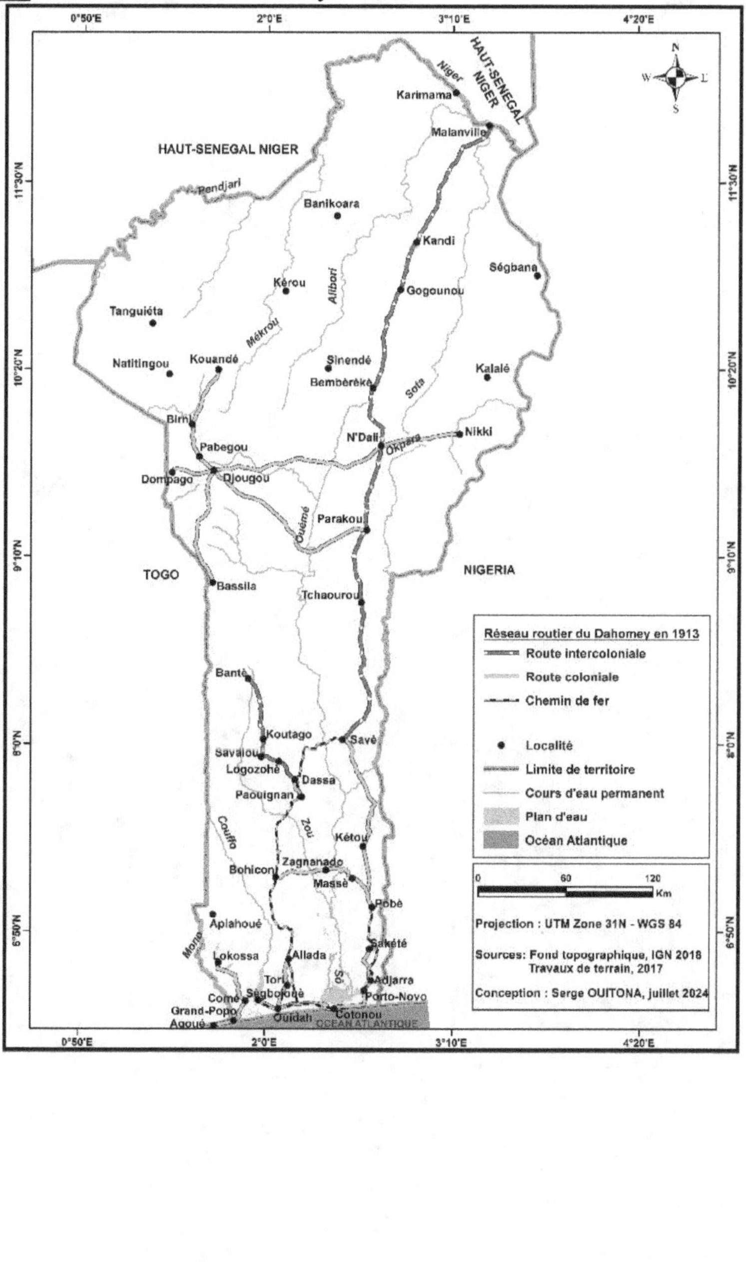

Chapitre 2 : Le Service Automobile : un supplément du transport ferroviaire (1913-1945)

Le rail considéré comme le moyen de transport le plus moderne et le plus économique étant très peu étendu au Dahomey, la puissance coloniale a jugé opportun de créer un Service Automobile en complément du transport ferroviaire. Au départ, l'activité du Service Automobile était minime par rapport à celle du réseau ferroviaire. Il a fallu attendre 1935 pour voir émerger une véritable concurrence rail-route favorisée par l'action du colonisateur lui-même.

2.1. Création, organisation et fonctionnement du service

Le Service Automobile a été créé pour compléter le transport ferroviaire, puisque ses camions et véhicules allaient là où le train ne pouvait pas se rendre. Il permettait alors une harmonie rail/route qui facilitait les échanges surtout extérieurs de la colonie.

2.1.1. Le Service Automobile pour le transport des personnes et des biens

En 1911, le rail prévu pour rallier le Niger ne s'est arrêté qu'à Savè, à seulement 262 km environ de Cotonou, son point de départ. Une bonne partie du "Dahomey utile"[1] restait, par conséquent, injoignable par le moyen de déplacement le plus moderne utilisé à l'époque dans la colonie, la locomotive, laissant le terrain seulement aux bêtes de somme et aux porteurs. Après une expérience d'une année, le colonisateur décida d'introduire l'usage des véhicules automobiles dans la colonie, en créant un Service Automobile.

Dès 1912, ce service fut mis en place pour compléter le rail, faisant de Savè un grand carrefour, le point de jonction rail-route (voir carte n° 1). C'est par l'arrêté local n° 597 du 2 octobre 1912 que ce service fut créé, d'abord à titre d'essai pour les transports de colis postaux, avant d'être étendu au transport des passagers et des marchandises en 1913. Le Service Automobile avait pour mission centrale de relier les deux grands axes de la colonie, c'est-à-dire la route de l'Est et la route de l'Ouest, au chemin de fer Central dahoméen et d'assurer ainsi des communications rapides entre Savè, terminus du chemin de fer (Central dahoméen), Malanville et le Niger. Dès lors, le Service Automobile était censé permettre la suppression du portage sur près de 500 km, mettant *ipso facto* une main-d'œuvre supplémentaire à la disposition de la production agricole. En dehors des transports par la route du Niger, le

---

[1] Le "Dahomey utile" correspond au Sud de la colonie. « Il englobe ainsi la zone d'influence de l'ancien royaume du Danxomè qui avait connu une organisation politico-économique très avancée entre le XVIIIe et le XIXe siècle. » (A. Houémavo Grimaud, *op. cit.*, 1984, pp. 78 et 80). C'est donc la partie de la colonie qui pouvait faire l'objet d'exploitation par la puissance colonisatrice. Dans le cas d'espèce, il s'agissait surtout des régions palmifères.

Service Automobile avait également la mission de créer des transports rapides entre Dassa-Zoumè et Savalou dans le but de drainer vers la côte les produits comme le karité et le coton récoltés dans la région de Savalou.

En somme, l'intérêt attaché à la question du Service Automobile était à la fois d'ordre administratif et économique. D'abord administratif à cause des nombreux transports et du service postal que doit assurer la route de l'Est. Ensuite, l'intérêt économique tient au développement de la région du Borgou devenue en peu de temps le centre d'une exploitation intensive du beurre de karité.

À ses débuts, le Service Automobile assurait uniquement le transport-relais de Savè vers Parakou et le Niger et vice versa. Mais très tôt, dès le 20 novembre 1913, la route de l'Ouest (voir carte n° 1, p. 38) aussi passa sous son contrôle. Son fonctionnement était basé sur des textes régulièrement actualisés.

2.1.2. Un fonctionnement régi par des textes

Après des mois d'essai, un arrêté local est pris pour organiser ce service et fixer les conditions de son fonctionnement. C'est l'arrêté n° 61 du 20 janvier 1916[1]. Aux termes de cet arrêté qui vient après ceux du 2 octobre 1912, du 6 janvier (arrêté général approuvant les tarifs annexés à l'arrêté du 2 octobre 1912 et instituant un tarif provisoire pour le transport des indigènes) et du 23 octobre 1913, le Service Automobile est dirigé par un chef de service, nommé par le Lieutenant-gouverneur et relevant directement de lui. Au départ, ce chef de service était l'Inspecteur général des cercles du Nord. Sa mission est de diriger et de surveiller sous la responsabilité du Lieutenant-gouverneur, l'exécution et la comptabilité en matières et en deniers du service suivant les règles fixées par l'arrêté.

Le chef ou directeur du service est assisté d'un personnel[2] technique européen et local dont le nombre, le mode de recrutement et les salaires sont fixés dans la limite des crédits budgétaires, par le Lieutenant-gouverneur, sur proposition du chef. Ce personnel est mis à la disposition du chef qui l'utilise au mieux des nécessités du service.

Le chef de service adresse mensuellement au Lieutenant-gouverneur un rapport sur l'exécution du service, et annuellement le projet de budget pour l'année suivante, ainsi que les projets des travaux nécessaires à la bonne marche du service et l'inventaire du matériel.

Les éléments de comptabilité du service des transports par automobile sont :

---

[1] Cet arrêté est publié dans le *JOD n° 20* du 15 octobre 1916, pp. 399-403.

[2] En 1919, le service employait 346 personnes réparties dans les principaux centres de la route du Niger.

- des billets pour chaque classe de voyageurs : ces billets sont délivrés par les agents de la station de départ ; ils portent l'indication du prix du parcours et de la date de la distribution ;
- des carnets à souche pour la délivrance, par les conducteurs des voitures, des billets aux voyageurs montés sans billet ou pour les perceptions supplémentaires de toute nature, en cours de route, pour le transport des voyageurs changeant de classe ou prolongeant leur parcours, et des marchandises ;
- des carnets à souche tenus dans les stations pour l'enregistrement des messageries et des marchandises et pour la délivrance des récépissés aux expéditeurs.

Les souches et les récépissés portent la date de la remise des marchandises, la nature de ces marchandises, le poids taxé, la catégorie, le détail des frais de transport et des frais accessoires. Les billets pour voyageurs et les carnets à souche sont pris en charge par l'agent comptable qui en tient la comptabilité sur un registre *ad hoc.* Les sommes perçues par les chefs de station sont versées à la fin de chaque semaine ou plus souvent si le chef du service l'estime nécessaire, dans la caisse du préposé du Trésor ou de l'agent spécial du cercle, sur états de recettes établis par l'Administrateur du cercle. Les sommes perçues par les conducteurs des voitures, pour la délivrance des billets ou le transport des colis et marchandises en cours de route, sont remises au chef de la station du point terminus et encaissées par lui. Ces versements sont compris dans les opérations de la station.

Il est tenu dans chaque station une comptabilité régulière des billets et des carnets à souche remis par l'agent comptable au chef de la station et du trafic, de façon que les opérations de recettes puissent être relevées et vérifiées facilement. Ces opérations sont enregistrées en détail dans un livre journal comportant des colonnes distinctes pour l'indication des recettes suivant qu'elles proviennent de transport personnel ou de marchandises.

L'agent comptable centralise dans ses écritures la comptabilité des différentes stations au moyen des relevés qui lui sont transmis par les agents des stations. Il tient à cet effet :
- un registre des relevés par quinzaine des billets de voyageurs délivrés par catégorie de destination et de classe avec l'indication des sommes perçues ;
- un registre des relevés par quinzaine des expéditions des marchandises, messageries, colis, etc. avec mention des noms des expéditeurs et des destinataires, de la destination, des tonnages taxés, de la nature des marchandises, des taxes perçues pour transport et frais accessoires.

L'agent comptable est chargé également de la tenue de la comptabilité matières pour tout matériel appartenant au service, suivant les règles en vigueur dans la colonie.

Le chef du service fait établir mensuellement, en double expédition, conformément à l'article 190 du décret du 30 décembre 1912, un état des recouvrements effectués dans le mois. Une expédition est transmise au trésorier-payeur pour justifier la recette et l'autre reste entre les mains de l'ordonnateur. Le recouvrement du montant des transports par réquisition est poursuivi par les soins de l'ordonnateur du Budget local ou du trésorier-payeur suivant le cas.

Pour assumer sa mission de transport des passagers et du fret, le Service Automobile s'est doté d'un parc automobile qui a évolué avec le temps.

2.1.3. Le matériel roulant, les tarifs et le trafic-passagers et fret du service

En quelques années d'existence, le service a vu son parc automobile s'agrandir rapidement, passant de deux à quatre-vingt-six véhicules entre 1913 et 1935. Tout comme le parc automobile, les tarifs appliqués, le nombre de passagers et le tonnage de fret transporté ne sont pas restés statiques.

2.1.3.1. Le parc automobile (1913-1935)

Le Service Automobile dispose d'un matériel roulant dont la composition est déterminée sur proposition du chef par le Lieutenant-gouverneur dans la limite des crédits budgétaires, du matériel de rechange, des ateliers de réparation[1], des magasins, bâtiments, logements, etc., nécessaires au service. Même s'il fut "sérieusement" perturbé par la Première Guerre mondiale qui rendit difficile les importations de véhicules, de pièces détachées ainsi que celles d'essence, comme l'a fait remarquer H. d'Almeida-Topor, le Service Automobile qui, au début de l'année 1913 ne disposait que de deux véhicules (un camion d'une tonne de charge utile et une voiturette de 12 chevaux) usagés puisqu'étant en service depuis 1910, vit, cependant, ce nombre passer à quinze entre la fin de cette année et 1918[2], en pleine guerre.

Au début de l'année 1913, le Gouvernement général avait approuvé l'idée de l'achat de six camions[3] qui devaient être livrés dans les meilleurs délais pour le compte du service. Mais ce ne fut finalement que quatre desdits

---

[1] Les ateliers de réparation dont le principal était à Savè effectuaient des travaux de montage, de réparation et d'entretien des voitures du service et des voitures appartenant à l'administration de la colonie. Ces ateliers pouvaient aussi faire des travaux en cession pour les particuliers, mais pas sans l'approbation préalable du Lieutenant-gouverneur.

[2] De véritables gymnastiques ont parfois été effectuées pour l'acquisition desdites voitures. En témoigne un télégramme du Gouverneur Fourn au Commandant de cercle de Savè dans lequel le premier responsable de la colonie du Dahomey demandait à son subordonné d'user de tous les moyens pour augmenter les recettes du Service Automobile, afin qu'il disposât d'assez d'arguments pour faire accepter par Dakar l'inscription au budget 1918 d'importants crédits pour l'acquisition de nouvelles voitures (Cf. ANB, Série K11-3, Colonie du Dahomey, Télégramme officiel n° 1737 du Lieutenant-gouverneur au Commandant de cercle de Savè, Porto-Novo, le 5 août 1917).

[3] L'achat des six camions, leurs frais de transport et de douane ont été évalués à 93 779.86 francs pour une prévision initiale de 120 000 francs.

camions qui furent effectivement livrés, en octobre 1913, en raison de la perte de deux camions dans le naufrage du navire "L'Amiral Exelmans" chargé de leur convoyage. En 1914, deux nouveaux véhicules : un camion et une voiture ont été achetés pour la route de l'Ouest. Le premier a coûté 13 400 francs et le second, 14 400 francs[1]. En 1920, d'autres véhicules ont été achetés pour le service pour une valeur de 147 049.55 francs[2]. Bref, entre 1932 et 1935, le parc automobile du service était composé de 4 voitures de tourisme, 7 cars, 4 camionnettes de 700 à 1 200 kilogrammes, 71 camions de 2 000 à 3 500 kilogrammes[3], ce qui fait un total de 86 véhicules[4] utilisés pour gérer un réseau routier de 1 058 km. Ces véhicules étaient de marques diverses, mais surtout françaises sauf les véhicules de marque Ford qui étaient de fabrication américaine ; les autres étaient des Torpédo, Berliet, Delahaye, de Dion, Motobloc, Citroën, Chevrolet, Renault.

Les toutes premières automobiles utilisées dans la colonie, aussi bien par le Service des Travaux publics que par le Service Automobile, étaient des véhicules à gazogène. Mais l'expérience a condamné ce type de véhicule. Car en pratique, le gazogène a ruiné le parc automobile du Service des Travaux publics et les transports ont été relativement faibles. Selon les responsables du Service des Travaux publics, si le gazogène permet d'économiser quelques devises en carburant, il en consomme beaucoup plus en moteurs et en véhicules[5].

2.1.3.2. Évolution et pesée quantitative des tarifs et trafic-passagers et fret (1913-1945)

Avec ce matériel roulant, le Service Automobile fait la navette Savè-Niger mercredi, jeudi et vendredi à des horaires fixes définis par l'arrêté n° 61 du 20 janvier 1916. Dans le sens contraire, le service postal est acheminé du Niger vers Savè vendredi, samedi et dimanche, tandis que les voyageurs sont transportés samedi, dimanche et lundi. L'arrêté prévoit des tarifs kilométriques ainsi qu'il suit pour les voyageurs : première classe : 0.25 franc,

---

[1] Colonie du Dahomey, *Comptes définitifs des recettes et des dépenses 1914*, p. 68.

[2] Colonie du Dahomey, *Comptes définitifs des recettes et des dépenses 1920*, p. XVI.

[3] ANB, Série K12-4, Gouvernement général de l'AOF, Chemins de fer, *Réseau Bénin-Niger. Notice*, Cotonou, janvier 1937, p. 11.

[4] Profitons de ce bref exposé sur le parc automobile du Service Automobile pour indiquer que le 29 juin 1926, le Gouverneur du Dahomey a pris un arrêté pour instituer une taxe de délivrance des permis de conduire les véhicules automobiles. Il s'agit de l'arrêté n° 801 qui stipule en son article premier qu'à compter du 1er janvier 1927, les examens de conducteurs de véhicules automobiles, prévus à l'article 10 de l'arrêté du 14 novembre 1924, règlementant l'usage des voies de communication en AOF, donneront lieu à la perception d'un droit fixé à 20 F par examen. Les autres articles précisent comment cette taxe doit être perçue et les sanctions auxquelles tout contrevenant s'expose.

[5] ANB, Série K13-3, Correspondance n° 5973 TP de l'adjoint au Chef du Service des Travaux publics du Dahomey à l'Ingénieur en chef, Directeur des travaux, Cotonou, le 26 juillet 1943.

deuxième classe : 0.20 franc et troisième classe : 0.05 franc[1], avec une franchise de bagages de 15 kg pour les voyageurs des deux premières classes et de 20 kg pour les passagers de la troisième classe. Les enfants de 3 à 7 ans paient le quart du tarif normal d'une place et ceux dont la tranche d'âge est comprise entre 7 et 12 ans paient la moitié. En revanche, ceux qui ont plus de 12 ans paient une place entière. Ces tarifs sont revus à la baisse pour les billets aller-retour. Dans ce cas, le billet de la première classe revient à 0.20 franc, tandis que celui de la deuxième classe coûte 0.15 franc.

Les marchandises ont également leur grille tarifaire. Dans ce registre, aux produits spécifiques suivants : alcool, sel, kola, sont appliqués des tarifs spéciaux tandis qu'il existe un tarif normal pour tous les produits en général.

Si l'arrêté n° 782 du 23 octobre 1913 a indiqué les mêmes tarifs pour les routes de l'Est et de l'Ouest, celui du 20 janvier 1916 a introduit quelques modifications. Ainsi, sur la route de l'Ouest où la liaison se faisait seulement entre Dassa et Savalou[2] presque tous les jours, excepté les mercredis et les dimanches, les billets simples sont vendus aux passagers voulant voyager sur les banquettes à 0.20 franc par km, pour un total de 6.40 francs pour tout le parcours d'une trentaine de kilomètres. Lorsqu'il s'agit d'un billet aller-retour, il est acquis à 0.15 franc, ce qui fait un total de 9.60 francs pour le voyage complet. Le voyage par fourgon, exclusivement réservé aux Noirs coûte 0.05 franc par km, soit un total de 1.60 franc.

Suivant les nécessités du moment, un nouvel arrêté a été pris le 29 juin 1926 par le Gouverneur du Dahomey pour compléter et préciser certaines dispositions de l'arrêté précédent, c'est-à-dire celui du 20 janvier 1916, tout en modifiant les tarifs du service à la hausse. Il s'agit de l'arrêté n° 795 du 29 juin 1926[3] portant réorganisation du service des transports automobiles de Savè à Malanville. Ce nouvel arrêté précise à nouveau la mission du service qui est chargé d'assurer des liaisons régulières entre le terminus du chemin de fer et le Niger pour les transports : du service postal, des voyageurs et de leurs bagages, du matériel de l'administration, des marchandises du commerce et des particuliers. Ledit arrêté indique que les transports des particuliers et des marchandises du commerce ne sont effectués que dans la limite des disponibilités laissées par les transports administratifs au départ de chaque convoi régulier ou au passage de ce convoi dans chaque station. Il est donc clair que le Service Automobile est d'abord au service de l'administration. Par la suite, plusieurs autres arrêtés dont l'énumération ici serait fastidieuse ont été pris, soit pour fixer les conditions de transport soit pour modifier les tarifs appliqués.

---

[1] Ces tarifs sont les mêmes que ceux prévus par l'arrêté n° 782 du 23 octobre 1913. La seule différence concerne la franchise de bagages qui était de 30 kg pour les voyageurs de troisième classe qui transportaient du sel et des produits du cru. Les places de troisième classe étaient exclusivement réservées aux Noirs.

[2] Au fil des années, Porga sera ralliée par les véhicules du Service Automobile.

[3] Arrêté publié dans le *JOD* n° 14 du 15 juillet 1926, pp. 308-313.

En dehors des passagers et des colis postaux, toute une panoplie de produits était journellement transportée par les soins du Service Automobile. Sans chercher à en dresser une liste exhaustive, nous pouvons rapidement parler des produits du cru tels que le beurre et les amandes de karité, les peaux, le coton, la volaille (coqs, poules, canards, pintades, pigeons, etc.), les cochons, les ovins (moutons, brebis), les caprins (chèvres, cabris), destinés à l'exportation, et des produits importés comme l'alcool sous diverses formes (gin, rhum, vin), le sel, le kola, les tissus destinés non seulement aux fonctionnaires français de l'intérieur, c'est-à-dire le Moyen et le Haut-Dahomey, ainsi qu'au Niger et à la Haute-Volta, mais également aux populations locales.

Toute cette organisation a produit les résultats suivants consignés dans le tableau ci-après :

Tableau n° 1 : Évolution du trafic-passagers et du fret[1] de 1914 à 1923 (par tête et par tonnes)

1914 = 100

Années	Passagers transportés	Indices	Fret transporté (tonnes)	Indices
1914	1 460	100	215.5	100
1915	1 034	71	153.1	71
1916	2 627	180	386.8	179
1917	1 428	98	226.9	105
1918	1 166	80	181.6	84
1919	611	42	113.37	53
1920	524	36	134.16	62
1921	410	28	120	56
1922	485	33	121.75	56
1923	463	32	152.5	71
Total	**10 308**		**1 806.08**	

Source : H. Oloukoï, *op. cit.,* 1993, p. 37 et calculs faits par l'auteur.

Le tableau n° 1 permet de conclure que le trafic du Service Automobile était globalement régressif. Ceci se comprend bien parce que, ce service ne venait qu'en appoint au transport ferroviaire. Les voyageurs et les marchandises étaient d'abord acheminés par le rail à Savè avant que l'automobile ne prenne le relais pour ceux qui voulaient aller au-delà. Les données de l'année 1916 ont été élevées par rapport à celles des autres années, aussi bien pour le trafic-passagers que pour le fret. Ceci s'explique par les nombreux transports de fonctionnaires et de leurs biens pour les nécessités du

[1] Dans les données chiffrées, la différence n'a pas été faite entre le fret proprement dit et la poste. Donc les chiffres ici utilisés sont la somme des deux.

service militaire au front. En effet, l'année 1916 a été le point culminant de la Première Guerre mondiale, l'année de la bataille de Verdun où la France a dû chercher dans son tréfonds les ressources pour avoir le dessus sur l'ennemi allemand, en s'appuyant sur son empire colonial.

Tableau n° 2 : Recettes du Service Automobile (1913-1933) en francs, taux de croissance annuel et indices

1924 = 100

Années	Recettes	Taux de croissance annuel	Indices
1913	32 381.04[1]		11
1921	131 086.26		45
1922	184 000	40	63
1923	204 800	11	70
1924	293 354.75	43	100
1925	408 441.09	39	139
1926	569 684.99	39	194
1927	525 963.96	-8	179
1928	445 378.20	-15	152
1929	503 186.60	13	171
1930	872 948.53	73	298
1931	942 193.31	8	321
1932	1 105 294.71	17	377
1933	578 346.25	-47	197

Source : Budgets locaux de 1913 à 1933 et calculs effectués par l'auteur.

Tableau n° 3 : État du trafic-voyageurs (1943-1945)

	1943	1944	1945
Nombre	9 393	7 914	7 138
Voyageurs km	1 929 637	1 739 180	1 643 647
Parcours moyens (en km)	**205.4**	**219.7**	**221**

Source : ANP 200 Mi 1864 2G 45-24 Bobine 733, *Rapport économique pour les années 1944 et 1945.*

[1] Pour une prévision de 95 000 francs CFA, ce qui laisse un trou de 62 618.96 francs CFA.

Tableau n° 4 : Évolution indiciaire du trafic-voyageurs.

1943-1945 = 100

	1943	**1944**	**1945**
Nombre	115	97	88
Voyageurs km	109	98	93
Parcours moyens (en km)	**94**	**101**	**102**

Source : Calculs faits par l'auteur sur la base des données du tableau n° 3

Tableau n° 5 : Recettes du Service Automobile pour 1944 et 1945, en francs

	1944	**1945**
Recettes (produits bruts en francs)	9 578 952	11 230 87[illegible]
Dépenses totales	4 949 094	6 480 838
Excédents	**4 629 858**	**4 750 037**

Source : ANP 200 Mi 1864 2G 45-24 Bobine 733, *Rapport économique pour les années 1944 et 1945* et calculs de l'auteur, sur la base des données.

Le tableau n° 2 révèle une progression des recettes du Service Automobile, en dépit de la régression du nombre de passagers et du tonnage de fret transporté mise en relief par le tableau n° 1. Cette augmentation des recettes était en partie due au fait que les transactions commerciales dans le Nord et les transports vers le Niger empruntant la route de Savè-Gaya s'étaient intensifiés par suite de la mise en valeur de ces régions à travers le développement de la culture du coton, la récolte du kapok, du karité et du ricin. La tendance aurait pu être plus forte si à partir de 1926 les maisons de commerce n'avaient pas commencé par assurer leurs transports par leurs propres moyens en mettant des voitures automobiles en service sur la route de l'Est. Ainsi, à partir de cette année, les maisons de commerce qui, jusque-là, sollicitaient les compétences du Service Automobile acquirent leurs propres moyens roulants, faisant perdre au service une part non négligeable de marché. Le développement de la route permit donc un meilleur rayonnement des maisons de commerce qui avaient plus de facilité à distribuer leurs produits dans la colonie et à s'approvisionner par la même occasion en produits d'exportation.

La tendance exprimée par le tableau n° 3, quant à l'évolution du trafic-voyageurs, est à la baisse et confirme l'observation déjà faite à partir du premier tableau. Mais la baisse du nombre de voyageurs contraste avec l'accroissement du parcours moyen en kilomètres, sur les trois années. Cette baisse du trafic est due à la diminution du transit militaire et des passages de fonctionnaires par la voie ferrée. En ce moment, la concurrence rail-route était donc défavorable à la route et c'est ce que traduisent ces chiffres relativement faibles enregistrés par le Service Automobile. Pour nous en convaincre, exposons, à titre de comparaison les données du chemin de fer de 1915 à 1930 :

Tableau n° 6 : Trafic-voyageurs et marchandises du Central et de l'Est-dahoméen (1915- 1930)

1915 = 100

Années	Passagers transportés	Indices	Tonnage de marchandises transportées	Indices
1915	213 484	100	38 302	100
1916	289 652	136	44 882	117
1917	317 872	149	46 153	120
1918	263 480	123	47 035	123
1919	362 734	170	59 841	156
1920	579 698	271	58 314	152
1921	417 386	195	51 823	135
1922	390 871	183	62 123	162
1923	476 988	223	64 945	170
1924	567 444	266	52 710	138
1925	688 514	322	81 612	213
1926	976 011	457	83 132	217
1927	873 660	409	104 913	274
1928	630 894	295	133 606	349
1929	487 096	228	183 619	479
1930	537 732	252	193 588	505

Source : Gouvernement général de l'Afrique-Occidentale française, *Exposition coloniale internationale de 1931, Le Dahomey*, Paris, Société d'éditions géographiques, maritimes et coloniales, 1931, pp. 88 et 91, et calculs faits par l'auteur.

Malgré la régression du trafic-passagers du Service Automobile, les résultats financiers de tous les trafics : voyageurs, bagages, messageries, transports postaux et marchandises se soldent en 1944 comme en 1945 par un excédent de recettes qui se monte respectivement à 4 629 858 francs et 4 750 037 francs (tableau n° 5). Cela peut se justifier par le poids du fret et des transports postaux dans ces résultats, ainsi que par la hausse des tarifs qui était alors relativement fréquente.

Les services des transports automobiles et du wharf de Cotonou ont été rattachés, le 1er janvier 1935, au Réseau des Voies Ferrées d'Intérêt Général et par conséquent au Budget unique des chemins de fer de l'Afrique-Occidentale française. Au préalable, le Service Automobile avait été intégré depuis le 1er janvier 1930 dans la régie des chemins de fer du Dahomey.

2.2. La route, doublure et substitut du rail (1913-1945)

Entre 1913 et 1945, le réseau routier dahoméen connut une nette amélioration, tant en termes d'extension qu'en ce qui concerne la qualité des routes dont les plus importantes ont été empierrées. Cette amélioration entraîna l'émergence de la concurrence rail-route.

2.2.1. Évolution d'un réseau routier en permanente amélioration

Dans la pratique, la route et le rail se côtoyaient au Dahomey comme dans les autres colonies françaises. Partout où il y avait le rail, la route lui était parallèle. La route et la voie ferrée étaient donc devenues des sœurs siamoises dans les endroits où les deux étaient présentes. Cependant, là où le rail ne pouvait pénétrer, la route seule y était tracée. Ainsi, le Central dahoméen, qui s'arrêta d'abord à Savè, avant d'être prolongé à Parakou en 1936 (438 km), à la faveur des nombreuses mesures d'amélioration des infrastructures de transport, était jumelé à une route partie également de Cotonou et qui relayait le rail de Parakou jusqu'au Niger voisin[1]. Il en est de même de l'embranchement de Pahou qui va jusqu'à Sègbohouè[2], point de départ de deux voies decauville, l'une allant à Hêvè et l'autre à Athiémé. Le même constat se fait pour l'Est-dahoméen qui relie Porto-Novo à Pobè, et qui était encore connu sous le nom de "tramway" de Porto-Novo, Sakété-Pobè[3]. Réalisée entre 1905 et 1913, cette ligne de chemin de fer fut raccordée à Cotonou entre 1928 et 1930, ce qui lui donna une longueur totale de 108 km. Au total, le Dahomey disposait de 579 km de lignes à voie métrique. L'ensemble a constitué un complexe rail-route dont l'harmonie était nettement au service des intérêts métropolitains[4].

Pour avoir cet ensemble, il a fallu étendre le réseau routier dont nous avons étudié précédemment les débuts. En effet, les commandants de cercle ont fait tous les efforts, du moins, ont fait faire aux populations tous les efforts pour améliorer le réseau routier. Par exemple, la route de l'Ouest, sur son tronçon compris entre Dassa-Zoumè et Djougou (266 km) a été presque constamment réfectionnée afin d'être automobilisable en toutes saisons. Entre 1915 et le début de l'année 1916, les sections suivantes ont été réalisées sur le secteur Koutago-Bantè : la première va de Koutago à mi-chemin de Gouka ; la deuxième, partant d'Agbon, a atteint environ le 5e kilomètre de ce point ; la troisième, partant presque d'Agoua au Nord, est arrivée à environ 4 km de

---

[1] C'est la route de l'Est dont nous avons longuement parlé plus haut.

[2] Encore appelée l'Ouest-dahoméen, cette ligne s'étend sur une longueur de 33 km.

[3] cf. pour plus de détails M. D. K. Vidégla, "Le "Tramway" de Porto-Novo, Sakété-Pobè (1901-1914) : une nouvelle dimension de l'économie coloniale du Dahomey", In *Afrika Zamani*, Revue annuelle d'Histoire africaine, numéro spécial sur le Bénin, juillet, 1993, Yaoundé, pp. 191-220.

[4] Nous reviendrons en détail sur ces aspects dans la suite de l'étude.

Bantè. En somme, il a été fait environ 20 km de route dans l'ensemble[1]. En 1917, cette route était prolongée d'abord jusqu'à Pira pour sa partie véritablement carrossable (secteurs Dassa-Savalou, Savalou-Bantè, Bantè-Pira)[2], avant d'atteindre Bassila, ce qui lui donnait une longueur d'environ 175 km. Cette chaussée établie dans de meilleures conditions techniques que ce qui s'est fait jusque-là n'a pas subi la moindre dégradation après deux saisons de pluie.

C'est cet effort assidu qui a permis au Gouverneur Léopold Fourn (1917-1928) de prendre le premier arrêté de classification routière au Dahomey. Il s'agit de l'arrêté n° 552 du 31 octobre 1918 portant classement des routes de la colonie du Dahomey[3]. Aux termes de cet arrêté, les routes du Dahomey sont réparties en quatre catégories. La première catégorie est celle des routes intercoloniales qui ont 7 mètres de chaussée et 5 mètres d'accotements. La deuxième est celle des routes coloniales de 5 mètres de chaussée et 4 mètres d'accotements. Dans la troisième catégorie, nous avons les routes de cercle de 4 mètres de chaussée et 3 mètres d'accotements. La quatrième et dernière catégorie est celle des chemins vicinaux.

Selon les dispositions de cet arrêté, les routes des deux premières catégories sont placées sous l'autorité du Service des Travaux publics qui se chargera de leur tracé ainsi que de l'étude de leurs ouvrages d'art. Le Budget local devait financer leur dépense d'établissement ou d'entretien. Les routes des deux dernières catégories relevaient du ressort des commandants de cercle qui disposaient de la main-d'œuvre prestataire pour leur construction et leur entretien. Seule la route du Niger seule était, en ce moment (1918), entretenue par le Service Automobile avec des équipements plus ou moins adéquats et un personnel rétribué.

Pour ne pas nous perdre dans des développements dédaléens, nous avons choisi de circonscrire notre analyse autour des principales routes, c'est-à-dire, en tenant compte de l'arrêté sus-indiqué, les routes des deux premières catégories. Dans la première catégorie, celle des routes intercoloniales, figuraient seulement deux routes. Il s'agit d'abord de la route de Savè à Bodjécali sur le Niger en prolongement du chemin de fer de Cotonou à Savè. C'est la route de l'Est ou du Niger, longue de 483 km, dont nous avions préalablement parlé. Il y avait également la route de Dassa-Zoumè à Djougou et Konkobiri via Bassila, Alédjo et Sèmèrè, longue de 503 km. C'est la route de l'Ouest qui, au départ, n'était pas dirigée vers Porga.

Les routes de la deuxième catégorie ou routes coloniales concernaient celles de Cotonou à Porto-Novo (28 km, alors sommairement aménagée), de

---

[1] ANB, Série K10-1, Correspondance de l'Administrateur de Savalou au Lieutenant-gouverneur du Dahomey, Savalou, le 15 janvier 1916.

[2] ANB, Série K10-1, Correspondance de l'Administrateur de Savalou au Lieutenant-gouverneur du Dahomey (Affaires politiques), Savalou, le 25 septembre 1917.

[3] Cet arrêté a été publié dans le *Journal officiel du Dahomey (JOD) n° 22* du 15 novembre 1918, pp. 343-344.

Grand-Popo à Lokossa (48 km), de Parakou à Djougou via Bembèrèkè, Sinendé et Ouassa-Tobré (264 km environ) et d'Abomey à Zagnanado et Kétou (66 km). L'ensemble des routes des deux premières catégories en cette année 1918 donne une longueur totale de 1 392 km, dont 986 pour la première catégorie[1]. La carte n° 2 ci-dessous permet de visualiser ce réseau routier.

<u>Carte n° 2</u> : Les routes du Dahomey en 1918

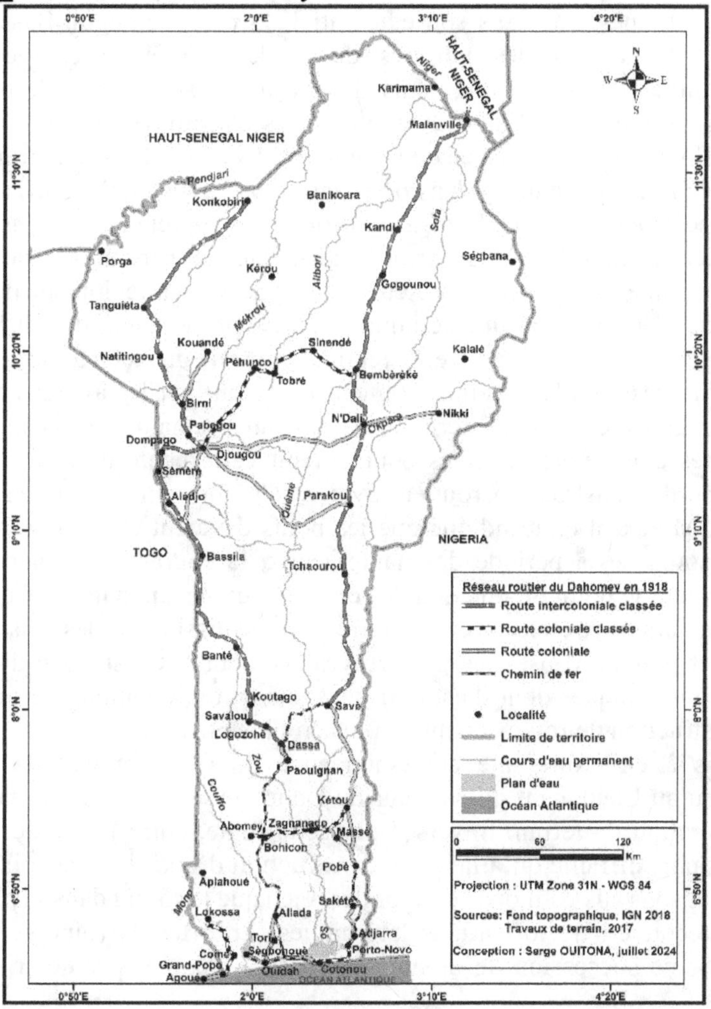

L'amélioration du réseau routier s'est normalement poursuivie après la prise de ce premier arrêté. En 1919, les autres secteurs de la route de l'Ouest

[1] Les kilométrages ont été fournis par un rapport disponible dans la Série K22, Colonie du Dahomey, Travaux publics, *Rapport du Chef du service,* Porto-Novo, le 12 mars 1920. Il s'agit d'un document fournissant des renseignements sur les routes du Dahomey, pour le compte du Consul des États-Unis.

en partant de Dassa-Zoumè étant aménagés, c'est le tronçon Bassila-Djougou qui est devenu la priorité ; l'objectif était de le rendre carrossable en tout temps et sans abîmer les voitures, comme l'a souhaité le Lieutenant-gouverneur du Dahomey dans un télégramme officiel adressé au Commandant de cercle de Djougou, le 7 juin 1919[1]. Le souhait du Gouverneur était en parfaite harmonie avec l'objectif que s'est fixé le Commandant de cercle lui-même, c'est-à-dire de rendre la route, aux termes des travaux, à même de supporter des camions de 2 à 4 tonnes, car dans son état initial, la route Djougou-Bassila n'était empruntée que par des voitures du modèle Lefèbvre chargées à 400 kilogrammes de poids utile. Mais il y avait sporadiquement le passage de grosses voitures comme une Overland avec six personnes à bord[2].

Le Gouverneur a tenu à ce que, comme dans le cas des autres tronçons, ces travaux fussent exécutés « dans des conditions de technicité suffisantes pour qu'ils ne soient, plus tard, ni à modifier ni à reprendre »[3]. Ainsi, dans la construction de la route, la priorité avait été donnée, autant que faire se pouvait, à une succession de secteurs rectilignes. Ensuite, lorsque deux points de la route, séparés par une certaine distance, présentaient une différence de niveau, la pente qui les réunit était rendue uniforme de façon à supprimer entre ces points les ondulations qui fatiguent le moteur par les à-coups de vitesse, font peiner les ressorts et déterminent une usure prématurée des bandages. Les nivelettes étant indispensables pour obtenir cette pente uniforme, les chefs d'équipe de construction routière avaient été contraints d'apprendre à s'en servir[4]. Mieux, il était indiqué que les ponts devaient être assez larges pour qu'au cours de la période des hautes eaux, le courant ne vînt pas heurter brutalement le point de jonction des culées et du terrain naturel. Ces ponts ne devaient jamais être recouverts de terre, car elle dissimulait les bois pourris ou brisés et pouvait causer les plus graves accidents[5]. C'est donc dire que les conditions basiques dont il est indispensable de tenir compte dans tout projet de construction de route étaient de plus en plus prises au sérieux.

Mais à en croire une correspondance du Commandant de cercle de Djougou au Lieutenant-gouverneur du Dahomey en date du 10 mai 1920, la configuration du terrain traversée par cette route, entre Bassila et Djougou, rendait plus difficile qu'ailleurs la construction d'une chaussée praticable en toutes saisons aux camions automobiles, bien que le sol fût dans sa plus grande partie recouvert de formations latéritiques. En effet, la route se présentait comme une succession de montagnes russes, séparées par des rivières peu

---

[1] ANB, Série K12-1, *Télégramme officiel n° 1131* du Lieutenant-gouverneur au Commandant de cercle de Djougou, Porto-Novo, le 7 juin 1919.

[2] ANB, Série K12-1, Correspondance n° 187 du Commandant de cercle de Djougou au Gouverneur, Djougou, le 21 juin 1919.

[3] ANB, Série K12-1, Correspondance n° 1744 du Gouverneur à l'Administrateur de Djougou, Porto-Novo, le 19 août 1919.

[4] *Ibid.*

[5] *Ibid.*

importantes se dirigeant toutes vers la Térou[1]. Ainsi, les eaux pluviales descendaient avec violence le long des pentes et ravinaient la chaussée d'une manière incroyable. Dans les bas-fonds, le sable entraîné s'accumulait dans les fossés, couvrait la route elle-même qui conservait à son tour l'humidité à la façon d'une éponge[2].

La difficulté inhérente à la nature du terrain entre Bassila et Djougou avait fait limiter l'ampleur des travaux prévus pour être normalement réalisés, ce d'autant plus que le transport automobile était, selon les autorités coloniales, très onéreux et avait des tarifs comparables à ceux du portage[3]. Selon le Directeur du Service Automobile, il fallait réaliser le moins d'investissement possible dans l'amélioration de cette route puisque l'idéal aurait été de construire une voie ferrée qui serait, en définitive, plus rentable parce que la capacité de transport par locomotive est nettement supérieure à celle de l'automobile. Pour la première autorité du Service Automobile, il fallait se contenter d'une piste carrossable très sommairement aménagée, correspondant à la modicité des ressources financières du Budget local et du Budget général, à la rareté de la main-d'œuvre, au manque d'ouvriers de spécialité, aux difficultés de surveillance technique et au prix extrêmement élevé des matériaux importés lorsqu'ils sont vendus à pied d'œuvre.

Dans ces conditions, il n'était point question de penser à l'empierrement de cette route estimé depuis 1912 par le Gouverneur Émile Merwart à 5 000 francs au moins par kilomètre[4]. C'est seulement sur les passages en terrain mou que cela pouvait être envisagé. Dans l'esprit des autorités coloniales, ces travaux sur la route de l'Ouest, même s'ils devaient être conduits avec le plus de sérieux possible pour donner vie à des infrastructures à caractère "définitif", n'étaient réalisés qu'en attendant la construction d'une voie ferrée appelée à supplanter cette route.

Dans le cadre de ces travaux, la puissance publique a jugé indispensable, en attendant la réalisation de ponts solides pour remplacer les ouvrages en bois, peu durables, de construire des drains en ciment, à une hauteur de 80 centimètres, de façon à permettre le passage d'un homme à l'intérieur en vue des nettoyages périodiques à y effectuer. Leur largeur au niveau du sol ne dépasserait pas 1.50 mètre[5].

---

[1] Il s'agit d'un affluent de l'Ouémé.

[2] ANB, Série K12-1, Cercle de Djougou, Correspondance n° 143 du Commandant de cercle au Lieutenant-gouverneur du Dahomey, Djougou, le 10 mai 1920.

[3] ANB, Série K11-3, Correspondance n° 419 du Directeur du Service Automobile au Lieutenant-gouverneur, Savè, le 21 décembre 1919.

[4] Colonie du Dahomey, *Télégramme n° 138* du Lieutenant-gouverneur au Gouverneur général, cité par ANB, Série K11-3, Correspondance n° 419 du Directeur du Service Automobile au Lieutenant-gouverneur, Savè, le 21 décembre 1919.

[5] ANB, Série K12-1, Cercle de Djougou, Correspondance n° 143 du Commandant de cercle au Lieutenant-gouverneur du Dahomey, Djougou, le 10 mai 1920.

Avec l'exécution de ces travaux, la route de l'Ouest (Dassa-Savalou-Bantè-Bassila-Djougou) était en 1921 une voie en terre automobilisable longue d'environ 261 km.

Dans la même période, la route de l'Est connaissait également des travaux. En 1920, cette route de 483 km était entièrement empierrée sur 341 km et partiellement sur les 142 km restants. En plus de la route de l'Est, la route de Savè à l'Ouémé (13 km) était aussi empierrée, tout comme la route de Bassin à Ouèssè (21 km), ce qui porte à 517 le nombre total de kilomètres de routes empierrées au Dahomey en 1920.

La route de Cotonou à Porto-Novo, l'une des plus pratiquées, reliait le chef-lieu, Porto-Novo, à la porte océane de la colonie, Cotonou, cité du wharf devenu fonctionnel depuis 1893. La voie Grand-Popo-Lokossa désenclavait une partie du sud-ouest de la colonie, une des plus grandes régions productrices de palmier à huile de la colonie, tandis que la route Parakou-Djougou via Bembèrèkè, Sinendé, Ouassa-Tobré apparaissait comme une première transversale concrétisant la jonction entre les routes de l'Est et de l'Ouest. L'autre transversale était la route Abomey-Zagnanado-Kétou via Bohicon et Covè.

Entre-temps, un deuxième arrêté local[1] pris le 22 octobre 1919, inscrit dans la deuxième catégorie, celle des routes coloniales, la route Cotonou-Abomey via Godomey, Abomey-Calavi, Zinvié, Allada, Attogon, Hinvi, Houègbo, Sèhouè, Massi et Cana (155 km environ).

Le 23 février 1924, deux nouveaux arrêtés locaux de classification routière ont été pris. Il s'agit d'abord de l'arrêté n° 165 qui propose un nouveau classement des voies de communication au Dahomey en abrogeant l'arrêté du 31 octobre 1918. Les routes sont toujours regroupées en quatre catégories, mais les dénominations ont connu quelques changements. La première catégorie est toujours celle des routes intercoloniales avec 7 mètres de largeur ; la deuxième est désormais celle des chemins de grande communication dont la largeur est de 5 mètres[2] ; quant à la troisième catégorie, c'est celle des chemins de moyenne communication, également larges de 5 mètres. Enfin, dans la dernière catégorie, nous avons les sentiers.

L'arrêté n° 166, pris le même jour, vient compléter le premier. Les routes intercoloniales n'ont pas fondamentalement changé, sauf que désormais, la route de l'Ouest prend la direction de Porga et non plus celle de Konkobiri. Le tableau ci-après fait le point par cercle des routes des deux premières catégories identifiées par l'arrêté :

[1] Arrêté local n° 797 du 22 octobre 1919, In *JOD* n° 21 du 1er novembre 1919, pp. 438-439.

[2] À partir de 1929, les deux premières catégories de routes seront qualifiées de routes d'intérêt général.

<u>Tableau n° 7</u> : Les routes intercoloniales et les chemins de grande communication au Dahomey en février 1924

Cercle	*Route ou tronçon de route*	*Longueur en km*	*Catégorie*
Abomey	Abomey vers Zagnanado (limite du cercle)	36.4	2e
	Abomey vers Allada (limite du cercle)	48	2e
	Abomey-Aplahoué via Afomaï	39.3	2e
	Abomey-Aplahoué par Klouékanmè	51.75	2e
	Aplahoué vers Athiémé (limite du cercle)	16	2e
Sous-total 1		**191.45**	
Allada	Allada-Tori vers Ouidah (limite du cercle)	23	2e
	Allada vers Abomey (limite du cercle)	36	2e
	Allada vers Cotonou (limite du cercle)	45	2e
	Secteur route Cotonou-Ouidah	35.5	2e
Sous-total 2		**139.5**	
Atacora	Birni-Natitingou-Tanguiéta-Porga vers Haute-Volta	142	1re
Sous-total 3		**142**	
Borgou	Secteur route Savè-Niger (km 115-km 315)	200	1re
	N'Dali-Nikki	55	2e
Sous-total 4		**255**	
Cotonou	Cotonou vers Abomey-Calavi (limite du cercle)		2e
Djougou	Secteur route Dassa-Zoumè-Porga (km 126 et Birni)	175	1re
Sous-total 5		**175**	
Holli-Kétou	Secteur route Zagnanado Kétou	24	2e
	Pobè-Kétou via Aba	43	2e
Sous-total 6		**67**	
Mono	Grand-Popo-Hillacondji vers Togo	20	2e
	Grand-Popo-Houéyogbé par Comè	24	2e
	Houéyogbé-Sahouè Adromè	22	2e
	Athiémé-Bopa	35	2e
	Adja-Avedji Hougba	36	2e
	Sazué-Kpota vers Aplahoué (limite du cercle)	21	2e
Sous-total 7		**158**	
Moyen-Niger	Reste route de l'Est (km 315-Niger)	163	1re
Sous-total 8		**163**	

Ouidah	Ouidah vers Allada (limite du cercle)	13	2e
Sous-total 9		**13**	
Porto-Novo	Porto-Novo-Adjohoun	38	2e
	Porto-Novo-Sakété	38	2e
	Adjohoun-Sakété	30	2e
Sous-total 10		**106**	
Savalou	Secteur route de l'Est	115	1re
	Secteur route de l'Ouest	126	1re
	Savalou-Savè	47	2e
Sous-total 11		**288**	
Zagnanado	Zagnanado vers Abomey (limite du cercle)	12	2e
	Zagnanado vers Kétou (limite du cercle)	19	2e
	Covè-Sagon	12	2e
Sous-total 12		**43**	
Total général		**1 740.95**	

Source : L'auteur, sur la base des informations de l'arrêté n° 166 du 23 février 1924.

L'arrêté n° 166 du 23 février 1924 a été modifié par un autre. Il s'agit de l'arrêté n° 1 202 du 3 novembre 1924[1] aux termes duquel la route Grand-Popo-Adjaha-Tchanou et Lokossa (44 km), qui se trouve dans le cercle du Mono et qui initialement appartenait à la troisième catégorie, est désormais classée à la deuxième catégorie. Dans la même période, d'autres arrêtés ont été pris, mais puisqu'ils concernaient seulement les routes de la troisième catégorie, nous n'allons pas nous y attarder.

La route de Bodi à Djougou via Alédjo, Sèmèrè et Dompago, est classée parmi les routes automobiles de la colonie du Dahomey par l'arrêté n° 801 du 8 juin 1929[2]. Le même arrêté a provisoirement interdit la mise en circulation au Dahomey de tout véhicule automobile mécanique ou attelé dont le poids total maximal en charge est supérieur à 3 500 kg.

De 1919 à 1930, le réseau routier du Dahomey a été certes amélioré[3], mais dans une faible mesure pour ce qui est de son extension, puisqu'en onze ans

[1] Arrêté publié dans le *JOD n°22* du 15 novembre 1924, p. 339.

[2] L'arrêté a été publié dans le *JOD n° 12* du 15 juin 1929, p. 103.

[3] À la date du 1er janvier 1924, le réseau routier dahoméen comptait 4 185 km de routes ainsi réparties : routes intercoloniales (921 km), chemins de grande communication (834 km), chemins de moyenne communication (2 430 km). Deux années plus tard, ce réseau s'est allongé de 157 km, passant globalement à 4 342 km. On pouvait distinguer les routes intercoloniales empierrées (779 km), les chemins de grande communication non empierrés (1 018 km), les chemins de moyenne communication non empierrés (2 545 km). Au 1er janvier 1927, ce réseau comptait 4 361 km de routes dont 796 km de routes intercoloniales empierrées, 1 061 km de

(1919-1930), il ne s'est agrandi que d'environ 278 km, passant d'environ 1 547 km à 1 825 km pour les routes des deux premières catégories qui nous intéressent particulièrement, c'est-à-dire les routes présentant un tracé définitif, une plateforme et des ouvrages d'art permettant une circulation quasi permanente[1]. Il apparaît donc que l'amélioration a plus concerné la nature des voies que la longueur du réseau, puisque l'aspect technique de la construction des voies a connu des progrès relativement importants sur lesquels nous insisterons davantage dans la suite de l'étude.

En clair, les voies effectivement reconnues comme des routes intercoloniales, mettaient le Dahomey en contact avec les colonies voisines situées au Nord, pour un kilométrage total de 983 km environ[2]. Il s'agit de la route Savè-Niger et de la route Dassa-Zoumè-Porga. Ces deux routes sont les branches de l'"Y" qui se joignent à Dassa-Zoumè pour aboutir à Cotonou (cf. carte n° 3).

Les chemins de grande communication qui étaient en réalité des routes coloniales étaient plus nombreux (cf. carte n° 3). Il s'agit de la transversale Aplahoué-Abomey-Bohicon-Zagnanado-Kétou qui se prolonge jusqu'à Athiémé, à partir d'Aplahoué. Par cette seule voie, les cercles du Mono, d'Abomey, de Zagnanado et de Holli-Kétou sont reliés entre eux. Le secteur Abomey-Aplahoué, bien rechargé et redressé, admettait la circulation des voitures depuis 1919[3], tout comme le tronçon Abomey-Zagnanado en partie empierré en 1920[4] et le tronçon Aplahoué-Lokossa-Athiémé-Bopa. Abomey était également reliée à Aplahoué par une deuxième voie qui passait par Klouékanmè. De même, il y a la route Abomey-Allada-Cotonou, qui est à la racine de l'"Y" et qui met en relation les cercles de Cotonou, Allada et Abomey. Une deuxième branche de la racine de l'"Y" se détache à Allada pour prendre la direction de Tori-Bossito, avant d'atteindre Ouidah, et finalement joindre Cotonou, desservant ainsi une importante zone "palmifère". Le lien est ainsi établi entre les cercles de Ouidah, Allada et Abomey. Dans le cercle du Borgou, N'Dali est relié à Nikki, distante de 55 km, par une route de la deuxième catégorie, donc un chemin de grande communication. Dans le cercle de Zagnanado, Covè était relié à Sagon par une route de 12 km.

---

chemins de grande communication non empierrés et 2 504 km de chemins de moyenne communication non empierrés.

[1] Gouvernement général de l'AOF, Exposition coloniale internationale de 1931, *Le Dahomey*, Paris, Société d'éditions géographiques, maritimes et coloniales, 1931, p. 93.

[2] La route Savè-Niger est longue de 483 km ; le tronçon Dassa-Zoumè-Savè couvre environ 52 km et la route Dassa-Zoumè-Porga fait 448 km de long.

[3] ANB, Série K5, Colonie du Dahomey, Cercle du Mono, Correspondance n° 133 du Commandant de cercle au Gouverneur, Athiémé, le 10 septembre 1919.

[4] ANB, Série K5, Colonie du Dahomey, Cercle d'Abomey, Correspondance du Commandant de cercle au Gouverneur, Abomey, le 15 décembre 1920.

À tout ceci s'ajoutent les routes de Sakété à Pobè (environ 42 km) et Pobè à Kétou par Aba (43 km), presque entièrement carrossable, Porto-Novo à Adjohoun (38 km) et Zagnanado, Porto-Novo à Sakété (38 km) et d'Adjohoun à Sakété (30 km) qui relient les cercles de Porto-Novo et de Holli-Kétou, des localités produisant en grande quantité, non seulement les dérivés du palmier à huile, mais également du maïs, du manioc et bien d'autres denrées.

Les principaux points du cercle du Mono étaient reliés entre eux par les routes suivantes : de Grand-Popo à Hillacondji vers le Togo (20 km), de Grand-Popo à Houéyogbé par Comè (24 km), de Houéyogbé à Sahouè Adromè (22 km), d'Athiémé à Bopa (35 km), d'Adja à Avedji Hougba (36 km), de Sazué à Kpota vers Aplahoué (limite du cercle), 21 km, de Grand-Popo à Lokossa en passant par Adjaha et Atchanou (44 km) (cf. carte n° 3).

Le projet de jonction des routes de l'Est et de l'Ouest remonte à 1919. Certes, la route Parakou-Djougou via Bembèrèkè, Sinendé, Ouassa-Tobré évoquée plus haut était un trait d'union entre ces deux grandes routes ; mais elle n'était pas directe. Il fallait une liaison beaucoup plus directe. Cette volonté devait être concrétisée avec la construction de la route Savalou-Savè sur une longueur d'environ 64 km. C'est ainsi que les travaux de construction de ladite route ont commencé en 1919 et des travaux d'entretien se sont poursuivis sur la route de l'Ouest dans la même période[1]. La route Savalou-Savè est destinée à relier la route de l'Est à la route de l'Ouest en vue principalement de rendre possibles les réparations rapides des voitures automobiles par une liaison avec l'atelier de Savè. Il ne s'agit donc pas ici d'une route économique proprement dite, mais d'une voie susceptible d'être praticable aux automobiles en tout temps[2] pour des raisons techniques. Avec cette mission qui lui est attribuée, la route est prévue pour avoir une largeur maximale de 4 ou 5 mètres[3]. Pour l'exécution proprement dite des travaux, le Gouverneur a donné des instructions fermes :

> Il n'est pas question de construire cette route avec une rapidité extrême et de renouveler les tours de force regrettables qui ont été exécutés en d'autres circonstances au plus grand détriment des populations et aussi des deniers de la Colonie dont l'emploi n'a pas été suffisamment surveillé [...] En ce qui concerne l'emploi des crédits, il y a certainement intérêt à ne pas multiplier le nombre des chantiers ce qui rend la surveillance difficile et occasionne inévitablement des erreurs telles que celles que vous me signalez dans la région d'Agouagon[4].

[1] ANB, Série K10-1, Colonie du Dahomey, Bureau politique, Cercle de Savalou, *Travaux et voies de communication*, septembre 1919 et série K12-1, Télégramme officiel n° 3610 du Lieutenant-gouverneur aux commandants des cercles de Savalou et Djougou.

[2] ANB, Série K10-1, Correspondance n° 2034 du Gouverneur au Commandant de cercle de Savalou, Porto-Novo, le 22 septembre 1919.

[3] *Ibid.*

[4] *Ibid.*

Les instructions données par le Gouverneur au sujet de la route de l'Ouest, et déjà évoquées plus haut, ont été également données ici[1]. La portion Agouagon-Savalou de cette voie était en assez bon état en 1909 comme l'indique le chef du Service des Travaux publics[2], mais connaissait des travaux en 1919[3]. Tout ceci n'est qu'une portion de la route Tchetti-Savalou-Thio-Savè-Oké-Owo, une transversale. En 1924, la portion Savalou-Tchetti était en construction. En cette année, la route Savalou-Savè, constituant un trait d'union entre les deux grandes routes, celle de l'Est et celle de l'Ouest, était déjà achevée et classée à la deuxième catégorie.

De ce tour d'horizon, il ressort très clairement que le Bas-Dahomey correspondant à ce que le colonisateur appelait « Dahomey utile » était mieux pourvu en routes de grande communication que la partie septentrionale de la colonie traversée seulement par deux grandes voies auxquelles s'ajoute la liaison N'Dali-Nikki. La route de Dassa-Zoumè à Porga (route de l'Ouest) est rattachée en 1930 à la route de l'Est (de Savè à Malanville) par une nouvelle transversale de Kouandé à Bembèrèkè par Sinendé. Avant d'aboutir à Bembèrèkè à partir de Sinendé, cette route joignait Béroubouay via Yarra depuis 1916[4]. Certes en ce moment, la voie n'était pas encore achevée, mais elle était déjà carrossable et dotée de plusieurs ponts sur les principaux cours d'eau. La transversale Djougou-N'Dali-Nikki viendra compléter le secteur N'Dali-Nikki.

Ce résultat n'a été atteint que grâce à la mise en œuvre du programme de "mise en valeur" d'après-guerre qui n'était que la réalisation partielle du plan Sarraut. En effet, rendu public à la faveur de l'Exposition coloniale de Marseille en 1922, ce plan conçu par le Ministre des Colonies, Albert Sarraut, s'articulait autour de trois principaux points :

- la création d'une infrastructure routière et ferroviaire des centres de production vers les ports d'embarquement ;
- l'outillage des ports de manière à favoriser l'activité maritime ;
- l'augmentation et l'amélioration de la productivité du sol et du sous-sol des colonies en envisageant l'irrigation, la mécanisation ou l'exploitation scientifique et surtout en comptant sur "l'indigène"[5].

Mais la réalisation de ce plan a été handicapée par la non-disponibilité des moyens qu'il exigeait. Néanmoins, d'importants travaux d'aménagement ont

---

[1] cf. pp. 62-63 de la présente étude.

[2] ANB, Série K10-1, Correspondance de l'Ingénieur, Chef du Service des Travaux publics au Lieutenant-gouverneur du Dahomey et Dépendances, Porto-Novo, le 28 juin 1909.

[3] cf. le courrier du Gouverneur au Commandant de cercle de Savalou en date du 24 décembre 1919 et logé dans la série K10-1 des Archives Nationales du Bénin.

[4] ANB, Série K7-4, Gouvernement général de l'AOF, Colonie du Dahomey, Cabinet du Lieutenant-gouverneur, *Rapport d'ensemble de l'année 1916. Travaux dans les cercles*, p. 4.

[5] A. Houémavo Grimaud, *La politique économique coloniale au Dahomey (entre les deux guerres) et ses implications sociales*, Thèse de doctorat de 3e cycle, Université de Dakar, Faculté des Lettres et Sciences Humaines, juin 1984, p. 37.

été exécutés sur les deux routes intercoloniales de 7 mètres de largeur : la route de l'Est a été entièrement empierrée. En dehors des dépenses d'entretien supportées par le Budget local, de gros travaux ont été effectués en 1922 sur ladite route pour la construction de ponts définitifs, sur un crédit de 30 000 F du Budget général délégué pour 1922.

Quant à la route de l'Ouest qui part de Dassa-Zoumè à Porga, à la frontière de la Haute-Volta (environ 448 km), elle a été empierrée de Dassa-Zoumè jusqu'à Birni au 31 décembre 1925, soit sur environ 301 km.

Après cet exposé de l'évolution du réseau routier de la colonie jusqu'en 1930, il importe de s'intéresser particulièrement à l'une des routes les plus importantes de l'époque : la route Porto-Novo-Cotonou reliant les deux plus grandes villes du Dahomey. En effet, c'est par l'arrêté n° 1526 en date du 28 octobre 1930 que la route Porto-Novo-Cotonou a été ouverte à la circulation et son usage réservé exclusivement aux voitures de tourisme dont le poids en charge n'excède pas 1 500 kg. Cependant, c'est précisément le 10 novembre 1930 que fut inaugurée cette route tant désirée depuis que la France a pris pied à Porto-Novo, mais jamais réalisée au point où beaucoup y voyaient une entreprise impossible. En effet, si le projet a été élaboré depuis 1915 sous le Gouverneur Noufflard, il a fallu attendre l'arrivée du Gouverneur François Joseph Reste (1929-1931) pour qu'il soit concrétisé, et ceci par une véritable acrobatie budgétaire. Car il a fallu annuler le crédit alloué à la construction du chemin de fer Grand-Popo-Lokossa pour dégager la somme de 1 291 656 francs qu'a coûté la réalisation de ladite route[1]. Cette route est particulièrement importante, car elle assure la liaison entre le wharf et le chef-lieu de la colonie ou encore la capitale commerciale et la capitale administrative, donc les deux centres les plus importants du Dahomey.

La route Porto-Novo-Cotonou facilitait le déplacement entre les deux villes, qui était, il y a quelques années seulement une véritable « expédition », pour emprunter le mot du Président de la Chambre de Commerce, à l'occasion de son discours à la cérémonie d'inauguration de ladite route. Avec la construction de cette route, le commerçant avait la possibilité de partir le matin de l'une ou de l'autre ville, mettre de l'ordre dans ses affaires, régler une ou plusieurs questions et être chez lui à midi.

Longue de 30 km et large de 9 m, cette route traverse dans la région côtière une large bande marécageuse, nécessitant d'imposants travaux de terrassement : 350 000 m^3 de terre furent remués et transportés. Plus de 230 000 m^3 de terre ont permis de venir à bout du marais de Ganvidokpo réputé infranchissable à cause de ses fonds de vase atteignant jusqu'à 15 mètres d'épaisseur et prétendument défendu par un « fétiche ». Toute la terre de barre utilisée pour la construction de cette route provient de la région de Pahou (subdivision d'Abomey-Calavi) et d'Adjarra (cercle de Ouidah)[2]. Mais

---

[1] A. Houémavo Grimaud, *op. cit.*, 1984, p. 177.
[2] *Ibid.*

pour les travaux de réfection de la route Porto-Novo-Cotonou, en raison de la cherté du transport de la terre de barre depuis Pahou et Adjarra, c'est la terre de marais ou la terre plus sablonneuse que la terre de barre, puisée dans une carrière se trouvant à la hauteur de Djèrègbé qui est utilisée. L'épaisseur de la couche de terre de barre n'est pas supérieure à 0.5 m.

Les travaux de construction de cette route qui ont débuté le 15 décembre 1929 étaient achevés au début de novembre 1930, sans que l'on ne note la moindre épidémie, le moindre décès, le moindre accident dans la multitude d'ouvriers employés (prestataires). On se rend aisément compte de la rapidité d'exécution des travaux lorsqu'on se livre à une petite comparaison avec l'établissement de la plateforme de la voie ferrée ayant la même longueur que la route et large de 2 m seulement, mais qui s'est fait au bout de trois années de labeur. Cette rapidité d'exécution du travail montre le caractère hautement important et particulièrement stratégique de cette route. Mais on a tout de même dénombré de nombreuses désertions parmi les prestataires surtout ceux qui proviennent de la subdivision de Sakété[1]. Au point où il a été décidé qu'à l'avenir, le détachement de prestataires devra être accompagné par un garde de cercle porteur d'une liste nominative donnant les noms, la filiation et le domicile des hommes et par deux notables qui seront rendus responsables des désertions qui se produiront. Les déserteurs seront recherchés, renvoyés sur le chantier où, en plus de leurs journées de prestation, de sévères punitions disciplinaires leur seront infligées.

La réalisation de cette route avait suscité tant d'enthousiasme que le Gouverneur Reste, pour marquer son inauguration d'un cachet spécial a organisé entre les deux villes ainsi reliées par la route, un défilé de voitures fleuries auxquelles on donna des formes inhabituelles : l'une devint un coquet éventail, une autre, une corbeille de roses, une troisième, une tonnelle fleurie, une quatrième, une locomotive...

En attendant la construction du pont de Porto-Novo, dont les plans étaient à l'étude, la traversée de la lagune se faisait sur 1 km à l'aide d'un bac à moteur. Elle durait une dizaine de minutes et coûtait respectivement 5 francs, 1 franc et 0.5 franc par automobile, bicyclette et personne.

L'ouverture de cette route marque véritablement le début d'une ère nouvelle pour le sud-Dahomey. En effet, le paysage en bordure de la voie a radicalement changé. La brousse a rapidement cédé la place à des champs de manioc, des cocoteraies ainsi qu'à des cases, car des populations ont commencé par s'installer le long de la route[2].

Dans son discours à la cérémonie d'ouverture de cette route, le Gouverneur Reste définit le rôle de la route qui « dans tous les temps et dans tous les pays

---

[1] cf. ANB, Série K22-1, Cercle de Porto-Novo, TLO n° 2310 du 17 mai 1930 du Commandant de cercle au Chef de la subdivision de Sakété.

[2] *JOD n° 22* du 15 novembre 1930, p. 639.

a été créatrice d'un renouveau général de vie, créatrice de pensée, inspiratrice d'art. Elle a joué un rôle capital dans la formation de tous les États. »[1].

La route Porto-Novo-Cotonou devint complète avec l'achèvement du pont de Porto-Novo en 1938. En effet, débutés en 1935 par l'entreprise Schneider et Cie sous la supervision de la Direction du Réseau du Bénin au Niger, les travaux ont été achevés en 1938, mettant à la disposition de la colonie, un pont mixte rail-route, en béton armé et en métal de 328 m de long et 60 m^2 d'accès de part et d'autre de l'ouvrage. La construction de cette route devait sortir Porto-Novo et le reste de la partie sud-est du Dahomey de l'isolement dans lequel les plaçait la lagune et qui favorisait le détournement d'une grande partie de la production de cette zone singulièrement riche en denrées comme le maïs et les produits du palmier à huile vers le Nigeria, et offrir une autre possibilité que la voie d'eau. C'est l'entrée en service de l'Est-dahoméen devenu opérationnel à partir de 1929 qui réduisit quelque peu cet état d'isolement. Cependant, malgré l'existence de rail et d'une voie de terre, une rupture de charge était observée à Porto-Novo et cette situation constituait une entrave certaine au développement de la région du sud-est du Dahomey. La seule solution à cela était la construction d'un pont sur la lagune. Et ceci devint une réalité en 1938. Ce fut une réalisation de l'entreprise Schneider et Cie à qui fut adjugé de gré à gré ce marché, le 13 août 1934, avec une approbation du Ministre des Colonies, le 25 octobre 1934.

L'ouvrage se compose de 18 travées indépendantes à ossature métallique et tablier en béton armé. Les travées courantes ont 18.30 m de long, les 2 travées extrêmes, 17.90 m.

Une quantité importante de matériaux a été déployée pour la réalisation de ces travaux. Il s'agit de : 4 306 m^3 de béton divers, 1 097 tonnes d'acier pour l'armature, 688 tonnes d'aciers pour la superstructure, 204 tonnes de palplanches. Le marché initial s'élevait à 9 830 000 francs. Mais ces prévisions ont été largement dépassées à cause des difficultés rencontrées dans les fondations. Le décompte de fin de travaux établit une dépense à l'entreprise de 13 412 358.89 francs. Avec les frais généraux, le pont de Porto-Novo est un ouvrage de 14 000 000 francs dont la dépense a été imputée sur le chapitre 20 du Budget d'Emprunt contracté par le Gouvernement général. À cette somme viennent s'ajouter les dépenses d'aménagement des accès d'une valeur de 300 000 francs imputée sur le Budget général[3].

L'ordre de démarrage des travaux ayant été donné le 26 octobre 1934, le pont devait être achevé dans un délai de 30 mois, soit le 26 avril 1937. Mais les travaux d'installation de l'entreprise n'ont commencé qu'en février 1935

---

[1] *Ibid.*, p. 640.

[2] Placé dans le contexte, le pont de Porto-Novo apparaissait comme une « entreprise d'envergure peu courante, même pour la métropole », selon un rapport en date du 16 janvier 1939 au sujet dudit pont.

[3] ANB, Série K22, *Rapport retraçant l'historique des travaux de construction du pont de Porto-Novo*, Cotonou, le 16 janvier 1939, p. 9.

et, par suite de circonstances particulières, c'est en septembre 1938 qu'ont été achevés les travaux à l'entreprise. Quant aux travaux en régie, c'est-à-dire l'aménagement des voies d'accès de 60 m de part et d'autre du pont, ils n'ont pu être terminés qu'en décembre 1938.

<u>Carte n° 3</u> : Réseau routier dahoméen en 1930

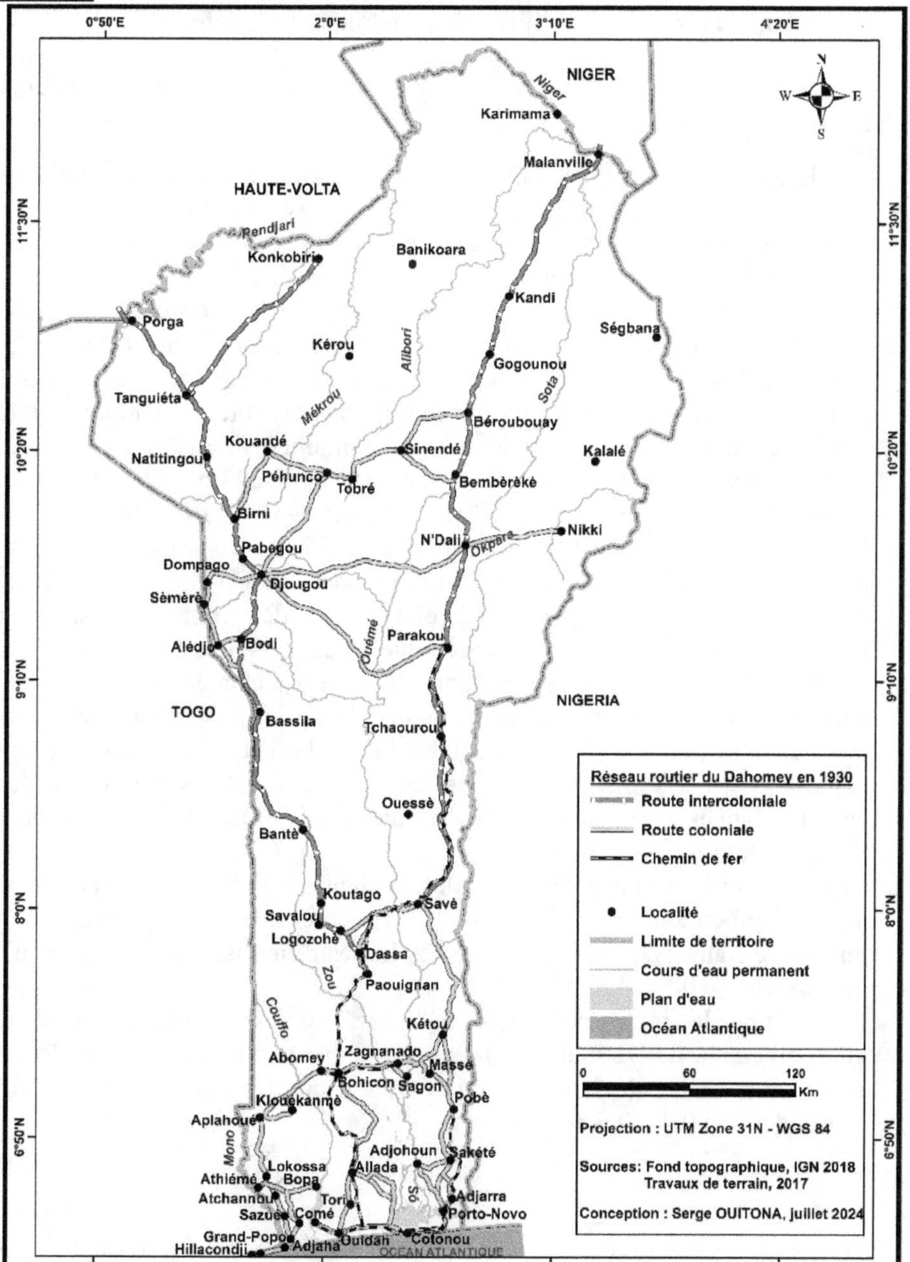

L'aménagement du réseau routier dans l'ensemble des colonies du groupe Afrique-Occidentale Française (AOF) amena le Gouverneur général, Jules Carde (18 mars 1923-15 octobre 1930), à prendre, le 14 novembre 1924, un arrêté établissant le Code de la route dans les territoires dépendant de sa juridiction. Ledit arrêté fut, par la suite, modifié par les arrêtés du 22 janvier 1927 et 24 novembre 1928. Les années 1930 ont été celles de la rupture dans la manière de conduire les projets de construction routière.

2.2.2. Réalisation et gestion des infrastructures routières au Dahomey : le temps de la rupture

Si les années 1929 et 1930 ont été celles de réalisations relativement importantes en termes d'infrastructures routières, les efforts d'amélioration desdites infrastructures se sont poursuivis en 1931 qui apparaît ici comme une année spéciale. En effet, dans le but de lutter contre les effets de la crise de 1929, le Ministre des Colonies, André Maginot, a fait adopter les lois du 22 février et du 10 juillet 1931 ouvrant un programme de grands travaux pour chaque territoire avec des emprunts garantis par l'État. Ce programme fortement tributaire du plan Sarraut induit une amélioration encore plus forte des infrastructures de communication, notamment les routes.

Les dispositions prévues dans les circulaires n° 278 bis TP du 10 octobre 1929, 132 du 25 mars 1931, 93 TP du 2 juillet 1931, 721 TP du 4 août 1931, 63 TP du 13 février 1932, 165 TP du 18 avril 1932 émises par le Gouverneur général ont conduit le Lieutenant-gouverneur du Dahomey à prendre un nouvel arrêté pour proposer un classement des routes conforme aux instructions de son supérieur hiérarchique. C'est ainsi que l'arrêté local du 11 octobre 1932 signé par le Lieutenant-gouverneur par intérim, Aujas, procède à un nouveau classement des routes de la colonie, les répartissant cette fois en trois catégories : les pistes et routes intercoloniales, les pistes et routes coloniales[1] et les pistes et routes locales. Aux termes dudit arrêté, les caractéristiques types des profils en travers des routes et pistes de chaque catégorie sont les suivantes :

- pour les routes intercoloniales, la chaussée doit avoir une largeur de 7 m, un bombement de 1/200 à 1/100, des accotements d'une largeur de 3 m, une pente transversale de 2 à 5 %, des fossés d'une largeur de 2 m et d'une profondeur de 0.5 à 0.8 m ;
- pour les routes coloniales, la chaussée doit avoir une largeur de 6 m, un bombement de 1/200 à 1/100, des accotements d'une largeur de 2 m, une pente transversale de 2 à 5 %, des fossés d'une largeur de 1,5 m et d'une profondeur de 0.4 à 0.6 m ;

[1] Les pistes et routes des deux premières catégories sont également appelées pistes et routes d'intérêt général.

- pour les routes locales, la chaussée doit avoir une largeur de 3 m, un bombement de 1/200 à 1/100, des accotements d'une largeur de 1.5 m, une pente transversale de 2 à 5 %, des fossés d'une largeur de 1 m et d'une profondeur de 0.3 à 0.5 m.

Selon cet arrêté, au titre des pistes intercoloniales, il y a la côtière : Porto-Novo-Cotonou-Ouidah-Grand-Popo et liaison avec les colonies voisines, la route du Nord : Cotonou-Dassa-Zoumè-Malanville, la route de l'Ouest : Dassa-Zoumè-Porga.

Concernant les pistes coloniales, il y a la route Porto-Novo-Savè par Pobè et Kétou, la route Grand-Popo-Abomey par Comè-Zoungbonou-Athiémé-Aplahoué et Azovè, la route Abomey-Kétou par Bohicon et Zagnanado, la route Djougou-N'Dali, la route Natitingou-Guéssou. De nouvelles routes se sont donc ajoutées à celles qui étaient connues jusque-là.

Les travaux de routes, réalisés pour la plupart après la Première Guerre mondiale jusqu'en 1932, avec des moyens financiers réduits, ont tout juste permis d'assurer la desserte de tous les centres importants, au moyen de simples pistes plus ou moins bonnes suivant la nature du terrain[1].

Cela veut dire qu'en réalité, le Dahomey n'était parcouru que par des pistes et non des routes en bonne et due forme. La nature de ces pistes incapables de supporter une circulation dense en saison pluvieuse faisait du chemin de fer un bon palliatif dans le sud de la colonie. Dans le Haut-Dahomey par contre, il a fallu attendre 1936 pour que la seule ligne ferroviaire atteigne Parakou. La route devient alors le principal moyen de transport. Les pistes qui tenaient lieu de routes étaient généralement constituées par une simple plateforme nivelée, améliorée sur certains secteurs par un revêtement latéritique. La nature du sol, latéritique presque partout, rocheux en quelques points, permettait une circulation légère sans exiger d'importants travaux d'entretien, la circulation trop lourde et dense provoquant une usure rapide des pistes et d'importantes dégradations à la saison des pluies.

C'est pour inverser cette tendance et permettre à la métropole de mieux profiter de ses colonies, dans la droite ligne des idées de Albert Sarraut, que le Gouverneur général, Jules Brévié (15 octobre 1930 - 27 septembre 1936), dans la circulaire n° 165 TP (18 avril 1932) susmentionnée, indiquait aux lieutenants-gouverneurs du groupe de l'AOF que le plan du réseau des pistes d'intérêt général devait être soumis à son approbation préalable, tandis que pour le réseau d'intérêt local, il appartenait aux lieutenants-gouverneurs eux-mêmes d'exercer ce droit, compte tenu des circonstances locales. Il précisait par la même occasion que « le réseau d'intérêt local doit être conçu pour servir d'affluents aux autres voies de communication »[2]. Cette correspondance, à la

---

[1] Voir ANB, Série K1-1, Colonie du Dahomey, Service des Travaux publics, *Note sur le fonctionnement du Service des Travaux publics au Dahomey*, p. 4.

[2] ANB, Série K22, Inspection générale des travaux publics, Direction des affaires politiques, Correspondance n° 165 TP du Gouverneur général de l'AOF aux lieutenants-gouverneurs des

suite des circulaires n°s 278 bis TP du 10 octobre 1929, 132 du 25 mars 1931 et 721 du 4 août 1931, introduit une rupture dans la manière dont étaient jusque-là conduits les projets de construction routière pour avoir un réseau qui remplisse bien la mission économique et politique qui est la sienne. C'est dans cette même logique que s'inscrivent ces propos du Ministre des Colonies, Paul Reynaud (27 janvier 1931-20 février 1932) :

> S'il était possible, jusqu'à ces dernières années, de se contenter de pistes sur lesquelles la circulation automobile était souvent difficile, il est indispensable, avec le développement actuel des transports automobiles, de les remplacer délibérément, autant que cela est possible, et au fur et à mesure des possibilités budgétaires, par des pistes améliorées capables d'être transformées par simple modification du revêtement en route à grand trafic[1].

L'étude des projets de construction routière devait être désormais conduite par le service technique, c'est-à-dire le Service des Travaux publics pour ce qui est des routes d'intérêt général. En ce qui concerne les routes d'intérêt local, les études préalables peuvent être faites par un personnel moins spécialisé et avec des moyens simples ; cependant il appartient au service technique de déterminer l'emplacement futur des ouvrages d'art. Dans l'exécution des travaux, ces nouveaux textes disposent que les routes d'intérêt général seront réalisées par des ouvriers rémunérés tandis que les routes d'intérêt local seront construites et entretenues par les prestataires.

Mais la constance dans tout cela, c'est la volonté clairement affichée de ne réaliser que le strict minimum, en ne s'en tenant qu'à des revêtements très sommaires, en dehors des ouvrages d'art. Seules les routes particulièrement importantes au point de vue économique, politique ou stratégique étaient sinon empierrées du moins nettement améliorées. C'est le cas, dans le cercle du Holli-Kétou, de la route Kétou-Savè sur laquelle d'importants travaux ont été exécutés dès 1931 par les prestataires, sous la direction du Commandant de cercle. Dans la même période, le Gouverneur du Dahomey a souhaité que la route Porto-Novo-Kétou soit mise en état d'utilisation permanente, Kétou étant le centre de rayonnement de son canton. C'est pour cela qu'après les réparations effectuées sur le tronçon Sakété-Pobè (38 km), un secteur de cette voie, de décembre 1933 à janvier 1934, l'empierrement du même tronçon a été lancé en janvier 1939, presque simultanément avec le tronçon Porto-Novo-Sakété, les deux tronçons composant la route Porto-Novo-Pobè. Car l'empierrement apparaissait comme le moyen le moins coûteux (le bitume revenant plus cher) qui permette d'éviter les gros dégâts occasionnés par des pluies trop abondantes. En effet, l'empierrement de cette route était proposé

---

colonies du groupe et à l'Administrateur de la circonscription de Dakar et Dépendances, Dakar, le 18 avril 1932.

[1]ANB, Série K22, Circulaire n° 207 adressée par le Ministre des Colonies aux gouverneurs généraux, gouverneurs et commissaires de la République, Paris, le 16 février 1932.

en 1938 par le chef de la subdivision de Sakété au Commandant de cercle de Porto-Novo, puisque l'entretien périodique avec la terre de barre était, selon lui, une façon de perdre sa peine. C'était un éternel recommencement, un véritable tonneau des Danaïdes. Voici ce qu'il écrivit à son supérieur hiérarchique, le Commandant de cercle de Porto-Novo pour obtenir son adhésion :

> L'entretien des routes uniquement avec la terre de barre à la saison des pluies ne permet pas d'avoir un réseau routier satisfaisant et par ailleurs, la main-d'œuvre, malgré une surveillance active ne donne pas un excellent rendement.
>
> À mon avis, l'empierrement s'impose pour les dépenses que nous faisons dans l'entretien des routes [...]. À défaut de rouleau compresseur, les usagers (camions), en passant, enfonceraient les pierres comme cela s'est produit en 1937 sur la route de Pobè[1].

La pertinence de ces propos conduisit le Commandant de cercle de Porto-Novo à épouser le point de vue du chef de la subdivision. Dans la pratique, ces travaux d'empierrement peinaient à avancer ; à la fin de l'année 1939, il n'a été réalisé que 7 km à cause de l'insuffisance des moyens de travail et de transport, car l'empierrement exige un matériel plus consistant que ce qui est utilisé pour les simples travaux de débroussement ou d'entretien. Deux carrières de pierres ont été utilisées pour exécuter ces travaux : la carrière située entre Ita-Djèbou et Ikpinlè dont l'exploitation, à partir de 1940, permit d'atteindre les résultats escomptés, même avec les maigres moyens sur le secteur Sakété-Pobè ; et la carrière d'Agonsa découverte en octobre 1938[2] et dont l'exploitation, à partir de 1940, servit à l'empierrement du tronçon Porto-Novo-Sakété. L'importance accordée à ce tronçon tient à l'intensité du trafic de camions pendant la traite de maïs. L'importance économique de cette voie était alors indéniable. Nous y reviendrons dans la suite de cette étude.

Au terme des différents travaux, le réseau routier dahoméen s'étendait à la date du 27 janvier 1937 sur une longueur totale de 4 406 km ainsi répartie : routes intercoloniales (1 366 km), soit 31% du réseau ; routes coloniales (676 km), soit 15% du réseau total ; routes d'intérêt local (2 364 km)[3], soit 54% de l'ensemble du réseau. Le constat se dégage aisément : les routes d'intérêt local demeurent les plus importantes devant les routes intercoloniales. Les routes coloniales viennent en dernière position, quant à leur étendue dans la colonie.

Il apparaît donc qu'en dépit de l'évolution technologique introduite dans la manière de construire les routes au Dahomey, il n'y a pas eu une amélioration de la nature des chaussées des voies du Dahomey qui sont

---

[1] ANB, série K5-6, TLO du Chef de la subdivision de Sakété au Commandant de cercle de Porto-Novo, Sakété, le 2 mai 1938.

[2] ANB, Série K22, Subdivision de Sakété, *Programme de travaux de routes. Plan de campagne 1940*, p. 2.

[3] ANB, Série K1-1, Colonie du Dahomey, Service des Travaux publics, *Note sur le fonctionnement du Service des Travaux publics au Dahomey*, 1937, p. 4.

demeurées jusqu'en 1937 pour l'essentiel, soit 54%, des pistes traditionnelles à peine améliorées ne pouvant supporter de lourdes charges. Or l'abaissement du prix de revient des transports routiers est subordonné à l'utilisation d'un matériel à charge utile élevée (5 à 7 tonnes). La mise en service d'un tel matériel est rendue impossible en ce moment, non pas tant à cause des chaussées que des ouvrages d'art de fortune qui ne résisteraient point à de pareilles charges.

D'ailleurs, au cours de cette même année 1937, tous les ouvrages d'art de la colonie n'avaient qu'un caractère provisoire et même de fortune, exception faite du pont sur le Couffo[1] (55 m de long) situé sur la route Abomey-Aplahoué, du pont sur le Zou de la route Abomey-Zagnanado (100 m de long) et du pont sur la lagune de Cotonou. C'est la raison pour laquelle le Service des Travaux publics a suggéré d'abord la construction d'ouvrages d'art définitifs sur les routes et ensuite l'amélioration de la chaussée, dans un premier temps au moyen de l'empierrement et ensuite par l'exécution d'un revêtement superficiel bitumeux[2]. Dans ce sens, les deux artères à équiper immédiatement selon le Service des Travaux publics étaient les deux voies du Nord : Parakou-Kandi-Niger (323 km) et la route de l'Ouest, Tchaourou-Djougou-Natitingou vers Fada N'Gourma (345 km) en construction de Tchaourou à Djougou[3].

Le 17 septembre 1940, le Gouverneur général, par l'arrêté n° 1985, procéda à un nouveau classement des routes en AOF. Aux termes de cet arrêté, trois catégories de routes ont été identifiées : les routes intercoloniales, les routes coloniales d'intérêt général et les routes coloniales d'intérêt local ou régional.

Étaient appelées routes intercoloniales, des voies d'intérêt économique, touristique ou stratégique destinées à assurer les liaisons à grande distance entre plusieurs colonies de la fédération ou entre ces colonies et les territoires français ou étrangers limitrophes. Leur construction ou entretien est financé par le Budget général appuyé par les prestations ou le produit du rachat des prestations ou encore le produit de la taxe additionnelle.

Les routes coloniales d'intérêt général quant à elles, sont des voies de communication d'intérêt économique ou touristique destinées à assurer les liaisons à moyenne distance entre les principaux centres d'une même colonie ou entre un de ces centres et un centre voisin d'un territoire limitrophe. C'est le Budget local qui sert de source de financement à cette catégorie de route.

Enfin, les routes coloniales d'intérêt local ou régional sont des voies de communication d'intérêt économique ou touristique destinées à desservir un

[1] L'idée de la construction de ce pont a été lancée depuis 1911.

[2] Voir ANB, Série K1-1, Colonie du Dahomey, Service des Travaux publics, *Note sur le fonctionnement du Service des Travaux publics au Dahomey*, 1937, p. 12.

[3] Le point de départ de cette route a, en effet, été déplacé de Dassa-Zoumè vers Tchaourou.

centre et la région qui l'entoure, ou à assurer la liaison entre deux centres voisins.

La différence entre ce classement et ce qui était connu jusque-là est que les routes intercoloniales ne font plus directement partie des routes dites d'intérêt général alors composées des seules routes initialement appelées routes coloniales.

En cette année 1940, l'empierrement de la route Porto-Novo-Pobè était particulièrement important aux yeux du chef de la subdivision de Sakété tout comme celui de la route intercoloniale Lagbè-Igolo, voie de pénétration au Nigeria et empruntée par un grand nombre de véhicules de tous poids. L'empierrement de cette dernière voie tient également à des raisons de prestige. Cependant, les travaux les plus importants exécutés au point de vue du génie civil proprement dit, dès 1940, sont sans conteste ceux des routes Parakou-Malanville et Tchaourou-Natitingou[1] via Djougou qui finira par ravir l'essentiel du trafic de la route Savalou-Djougou-Natitingou.

La route transversale Djougou-N'Dali-Nikki, qui se prolonge du côté Ouest vers Lama-Kara, large de 5 m faisait partie des routes de grande communication du cercle de Parakou en 1943. C'est également le cas de la route Djougou-Tobré-Kandi. La chaussée de ces routes était composée de latérite, de gneiss et de schistes. Ces voies qui sont ouvertes à la circulation toute l'année supportent entre 100 et 500 tonnes de marchandises pendant la saison sèche. Mais au cours de la saison pluvieuse, cette intensité diminue sensiblement et on observe entre une et cinq voitures par jour sur ces voies.

D'une manière générale, les pistes du Dahomey ont leur revêtement constitué d'une des façons suivantes :

- terre de barre extraite au voisinage immédiat de la piste (mélange naturel d'argile et de sable) ;
- terre de barre rapportée pour les routes de la côte, du sous-sol et pour certaines pistes de l'intérieur traversant les marécages à sol vaseux ;
- gravillon latéritique provenant de carrières abondantes au voisinage des pistes ;
- débris de matériaux rocheux : micaschistes, granites et gneiss partiellement décomposés extraits aux alentours immédiats des pistes du Nord.

La pratique des travaux routiers a permis aux autorités coloniales de découvrir que le mélange suivant certaines proportions de terre rouge et de sable assure à la chaussée une résistance appréciable. C'est pourquoi le Gouverneur avait recommandé, chaque fois qu'un tronçon de route argileux devait être réfectionné, d'incorporer à la terre de la vieille chaussée une certaine quantité de sable à remuer. Il était, par contre, demandé d'éviter de

[1] ANB, Série K13-3, Correspondance n° 5973 TP de l'adjoint au Chef du Service des Travaux publics du Dahomey à l'Ingénieur en chef, Directeur des travaux, Cotonou, le 26 juillet 1943.

recharger avec la terre de barre qui, augmentant la quantité d'argile de la chaussée, retarde indéfiniment sa consolidation[1].

Le Dahomey disposait donc, dans l'ensemble, de matériaux bon marché et d'une qualité suffisante pour des pistes à faible circulation. Mais la situation est toute autre quand il est question d'empierrement, car les premiers gisements de roche de dureté convenable se trouvent à 150 km de la côte. L'arrière-pays était toujours aisément fourni, sauf dans l'extrême nord.

L'ensemble des progrès enregistrés dans la manière de conduire les travaux de construction routière dès le début des années 1930 et l'extension du réseau routier subséquente donnèrent naissance à une concurrence entre le rail et la route.

Carte n° 4 : Réseau routier dahoméen en 1945

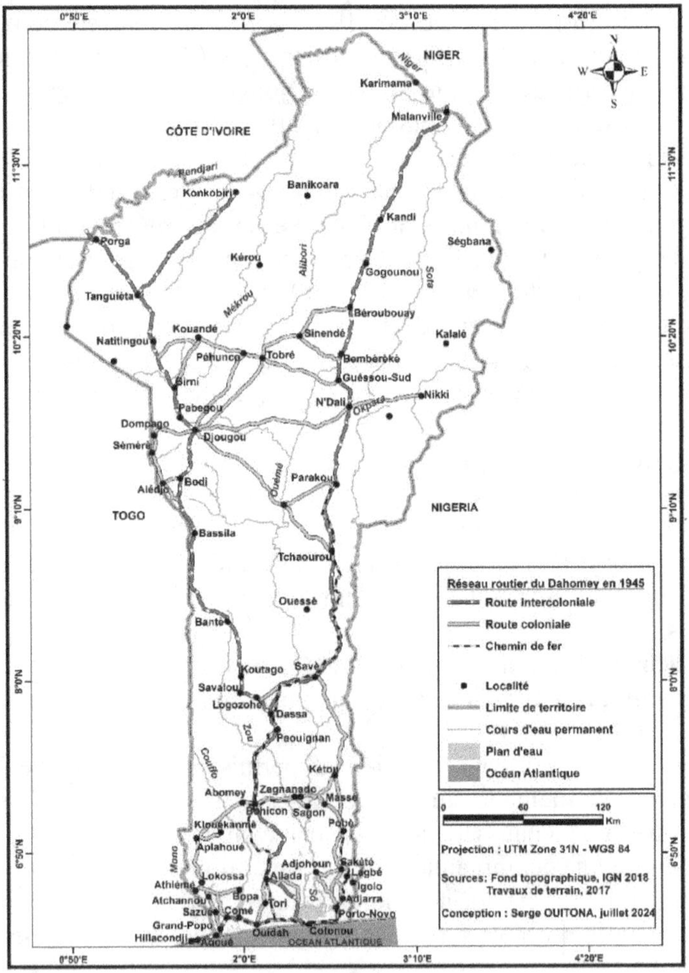

[1] ANB, Série K9-1, Colonie du Dahomey, TLO n° 294 AE du Lieutenant-gouverneur à l'Administrateur du cercle d'Athiémé et au Chef du Service des Travaux publics, Porto-Novo, le 28 janvier 1935.

2.2.3. Émergence de la concurrence rail-route à partir de 1935

L'amélioration du réseau routier entraîna, entre autres conséquences, la concurrence rail-route qui allait, au fil du temps, devenir défavorable au rail, avec une diminution progressive des recettes, surtout les recettes-voyageurs du réseau Bénin-Niger. Au nombre des facteurs qui ont sensiblement favorisé cette concurrence, il y avait les facilités de paiement accordées par les maisons de commerce aux acheteurs de camions et qui entraînèrent d'ailleurs une ruineuse concurrence entre ceux-ci[1]. De la sorte, il y eut assez de camions qui ont tout simplement commencé à éroder le marché des locomotives, en attendant de les supplanter définitivement. La création du Service Automobile contribua également à cette concurrence. D'importantes sociétés opérant dans l'automobile se sont installées au Dahomey[2].

Nous avions indiqué plus haut que là où le rail ne pouvait aller, en raison des investissements importants qu'impliquait sa réalisation, la route pénétrait aisément puisque, la construction des routes telle que conçue par les autorités coloniales demandait beaucoup moins de moyens, l'essentiel du travail étant le débroussement que pouvaient effectuer les prestataires. En effet, les 262 km de rail de Cotonou à Savè et les 32 km de l'embranchement de Pahou au lac Ahémé, soit un total de 294 km de rail ont coûté 18 980 000 francs[3], ce qui équivaut à environ 65 000 francs par kilomètre réalisé ; la construction du chemin de fer ABZ (voie de 0.6 m), long de 40 km, coûta 3 122 000 francs[4], soit environ 78 000 francs par kilomètre, alors que même l'empierrement d'une route revenait à 5 000 francs le kilomètre environ à la même période (1926).

Dans le même temps, quelques milliers de francs suffisaient, avec l'appui des prestataires, pour tracer plusieurs kilomètres de routes, certes non revêtues, mais capables de supporter des camions de plusieurs tonnes de charge utile. Dans ces conditions, les routes ont connu un meilleur épanouissement par rapport au rail dont la longueur linéaire ne dépassait guère 579 km[5] quand celle des routes était d'environ 4 406 km en 1937.

Les lieutenants-gouverneurs ont chaque fois exhorté les commandants de cercle à veiller à rendre permanente la circulation des camions en toutes saisons sur les routes importantes comme celles de Grand-Popo à Hillacondji, de Lokossa à Athiémé ou encore de Porto-Novo à Kétou. Cette nouvelle position de l'autorité coloniale traduit clairement un changement de cap dans

---

[1] Robert Cornevin, *La République populaire du Bénin. Des origines dahoméennes à nos jours*, Paris, Éd. Maisonneuve et Larose, Académie des Sciences d'Outre-mer, 1981, p. 475.

[2] Nous y reviendrons dans la suite de l'étude.

[3] H. Desanti, *op. cit.*, 1945, p. 211.

[4] *Ibid.*

[5] La ligne Cotonou-Parakou fait 438 km ; Cotonou-Sègbohouè fait 34 km et Cotonou-Pobè, 107 km.

la mesure où au départ, elle pensait que le transport automobile était comparativement plus cher que le transport ferroviaire au point de réaliser la route de l'Ouest (Dassa-Zoumè-Djougou-Natitingou) de façon provisoire en attendant de construire un chemin de fer dans la région (cf. supra).

Si dans les années 1920, le rail avait le vent en poupe au Dahomey, peu de temps après, la route lui livra une rude concurrence. Depuis 1935 au moins, la question de la concurrence que la route livre au rail était déjà un objet de préoccupation pour les plus hautes autorités de l'AOF qui ont entrepris l'étude des dispositions propres à amener une coordination convenable entre les deux[1]. Mais ce fut un coup d'épée dans l'eau, puisque cette initiative n'a pas connu une suite d'application.

En 1939, selon le Chef de la Subdivision des routes[2], de Parakou à Malanville, la route du Niger était en excellent état sauf quelques tronçons qui se situent entre le km 260 et le km 280 sur 3 ou 4 km seulement. L'état de la voie lui permettait de supporter des convois de 10 camions de 15 tonnes en charge qui atteignaient aisément les bords du Niger[3]. Depuis le début de cette année, des travaux d'élargissement entre Parakou et Bembèrèkè sur 2 km ont été effectués, tout comme sur le secteur situé entre Bembèrèkè et Kandi sur 4 km, et entre Kandi et le Niger sur 7 km. De même, il y a eu des travaux d'assainissement de la chaussée par la pose de drains en fer, l'aménagement des fossés et des dérivations, ainsi que l'empierrement des zones de roulement. La route de Tchaourou à Djougou qui a ravi la vedette à celle de Savalou à Djougou était également en bon état.

En 1939-1940, la route du Niger était, selon les responsables de la Subdivision des routes, en excellent état, de Parakou à Malanville, sauf sur de très courtes sections où le phénomène de l'ondulation persistait malgré la mise en œuvre de nombreuses équipes chargées de leur élimination. La route de l'Ouest aussi était dans un excellent état général de Tchaourou à Djougou. Elle

[1] ANB, Série K12-1, Correspondance du Gouverneur général p. i. de l'AOF aux lieutenants-gouverneurs des colonies du Groupe et à l'Administrateur de la circonscription de Dakar et Dépendances, Dakar, le 24 juin 1935.

[2] En 1935, fut créée la Subdivision des routes installée à Bembèrèkè, avec pour objectif initial d'assurer l'exécution des travaux concernant la route intercoloniale Parakou-Niger (323 km), prolongement du chemin de fer vers le Nord. Mais par la suite, la subdivision des routes étendit ses attributions à la route intercoloniale Tchaourou-Djougou-Natitingou-Porga ainsi qu'à la route coloniale N'Dali-Djougou-Guessou-Sinendé-Natitingou, ce qui porta le réseau routier à sa charge de 323 km à 947 km. A la tête de cette structure, il y avait un agent européen, géomètre en chef, qui avait sous ses ordres trois agents de bureau auxiliaires et des agents d'exécution auxiliaires (chauffeurs, ouvriers et manœuvres).

[3] ANB, Série K8-4, Colonie du Dahomey, Service des Travaux publics, Subdivision des routes, Correspondance n° 4625 SR du Chef de la Subdivision des routes au Chef du Service des Travaux publics.

a seulement été rechargée et les ondulations ont été éliminées sur environ 50 km[1].

Il apparaît donc que le colonisateur a donné la priorité à la route au détriment du rail. Ainsi, le projet de rail qui devait relier le Bénin et le Niger ne dépassera jamais Parakou, et le Nord-Ouest de la colonie n'entendra jamais le sifflement du train, puisque la voie ferrée n'y a jamais vu le jour, contrairement aux prévisions enthousiastes des années 1910. Ce faisant, les autorités coloniales ont posé les bases d'une concurrence qui allait, avec le temps, être fatale au rail, au grand dam de l'économie de la colonie et plus tard, de l'État indépendant. Cette préférence de la route au rail affichée par le colonisateur avec le temps – il avait, au départ, une position opposée – , découle sans nul doute du coût élevé de la construction des chemins de fer par rapport aux simples routes non revêtues dont le tracé ne nécessitait que très peu de fonds, mais surtout l'effort humain facilement mobilisable par les commandants de cercle qui avaient à leur disposition les prestataires. Entre les deux types d'infrastructures, il a tôt fait de choisir ce qui fait dépenser moins, donc la route.

---

[1] ANB, Série K8-4, Colonie du Dahomey, Service des Travaux publics, Subdivision des routes, *Rapport mensuel sur l'état des routes relevant de la Subdivision des routes*, Bembèrèkè, le 1er avril 1940.

CHAPITRE 3 : EXPLOITER À MOINDRES FRAIS ET AU PROFIT DE LA MÉTROPOLE

La question du financement des infrastructures de transport au Dahomey comme dans les autres colonies françaises d'Afrique, entre 1913 et 1945, n'a pas été un sujet de préoccupation majeure pour la métropole. L'idéologie coloniale en vogue à l'époque en France, renforcée par la loi de finances du 13 avril 1900, avait réglé le problème : les colonies devaient s'auto-financer. Aussi, toutes les infrastructures de transport construites au Dahomey n'ont-elles rien coûté à la France. Comment ont-elles alors été financées ? Au profit de qui ont-elles été réalisées ?

3.1. De modestes moyens financiers dus à la loi de finances du 13 avril 1900

Dès les débuts de l'expansion coloniale, les colonies étaient considérées dans certains milieux français, comme « un luxe coûteux et inutile »[1]. Pour les tenants de cette idéologie qui était alors dominante en France, les possessions coloniales ne devaient absolument rien coûter à la métropole. Cette idéologie s'est manifestée à travers la loi de finances prise en France, le 13 avril 1900, et qui stipulait sans ambiguïté que les colonies devaient assurer leur développement économique et social uniquement avec leurs propres ressources. Ceci est confirmé par Jean Suret-Canale qui dit : « Les colonies devront couvrir par leurs propres ressources toutes leurs dépenses et toutes les dépenses faites sur leur territoire »[2].

Le décret financier du 30 décembre 1912 qui servit de base en matière de législation financière dans les territoires d'Outre-Mer ne changea rien à cette idéologie. « Bien au contraire, il garantissait l'utilisation de ce régime par les dispositions de son article 179 qui prescrit désormais des poursuites à engager contre les contribuables défaillants »[3]. En d'autres termes, ce nouveau décret était simplement venu corser le premier. Dès lors, il n'était guère étonnant d'entendre l'un des plus farouches défenseurs de cette idéologie, le sénateur Adolphe Messimy, précédemment Ministre des Colonies, dire en 1927 que le programme des grands travaux inspiré du plan Sarraut ne pouvait se réaliser que si un effort fiscal vigoureux, énergique était demandé aux colonies elles-mêmes et les prestations en nature, utilisées pour les travaux d'aménagement. Pour justifier sa position, le sénateur cita l'exemple des colonies belges, anglaises et hollandaises en déclarant : « Celles-ci, je tiens à le souligner,

---

[1] A. Houémavo Grimaud, *La politique économique coloniale au Dahomey (entre les deux guerres) et ses implications sociales*, Thèse de doctorat de 3e cycle en Histoire, Université de Dakar, Sénégal, 1984, p. 12.

[2] J. Suret-Canale, *op. cit.*, 1964, p. 432.

[3] A. Houémavo Grimaud, *op. cit.*, 1984, p. 42.

construisent en effet leurs chemins de fer et leurs ports uniquement avec leurs ressources propres, sans faire appel au budget de la métropole »[1].

C'est dire que malgré le besoin ressenti par le colonisateur de « mettre en valeur » les colonies au lendemain de la Grande Guerre afin de mieux en tirer profit, la situation ne connut guère une évolution sensible jusqu'en 1945. En effet, même s'ils allaient principalement dans les infrastructures de transports comme l'a rappelé Elikia M'Bokolo[2], les investissements étaient suffisamment maigres[3] et limitaient d'office l'envergure des réalisations d'infrastructures.

Examinons à présent le mécanisme de financement des travaux de route au Dahomey, de 1913 à 1945, à travers l'étude minutieuse des différents budgets et comptes définitifs de la colonie.

3.1.1. La part du Budget local dans le financement des travaux routiers

Doté de l'autonomie financière, le Dahomey, à l'instar des autres colonies du groupe AOF, dispose, pour assurer le fonctionnement des services locaux et faire face à ses besoins propres, d'un Budget local. C'est le principal outil de financement des infrastructures de transport dans la colonie, et ses ressources proviennent essentiellement des impôts personnels, de la patente, de la taxe additionnelle ainsi que des exploitations industrielles (chemins de fer, Service Automobile, wharf, flottille, garage, d'une part et PTT[4], imprimerie et usine électrique, d'autre part). Les impôts fournissent au Budget local l'essentiel de ses ressources[5]. À titre illustratif, Desanti a fait remarquer dans son ouvrage *Du Danhomé au Bénin-Niger* qu'en 1941, dans le chiffre de 39 969 000 francs représentant le total des prévisions des recettes vraies de l'exercice, les impôts personnels (impôt personnel proprement dit, impôt sur le revenu et contribution immobilière) figurent pour 18 907 000 francs, soit 47% de l'ensemble des recettes.

---

[1] *Ibid.*

[2] E. M'Bokolo, *Afrique noire. Histoire et civilisations*, Tome II *XIX*e*-XX*e *siècles*, Paris, Hatier, 1992, p. 321.

[3] La maigreur des investissements a été, entre autres, confirmée par H. d'Almeida-Topor qui a également souligné la rareté des investissements privés au Dahomey et le fait que la colonie, parent pauvre de l'AOF, ne bénéficiait guère des ressources exceptionnelles fournies par la Fédération (H. d'Almeida-Topor, op. cit., 1995, Tome 1, p. 359).

[4] Le sigle signifie Postes, Télégraphes, Téléphones.

[5] Le Dahomey avait la réputation d'être une colonie où « les difficultés pour faire rentrer les impôts étaient, en particulier, proverbiales », pour reprendre les mots de P. Biarnes dans son ouvrage *L'Afrique aux Africains. 20 ans d'indépendance en Afrique noire francophone*, Paris, Armand Colin, 1980, p. 245. Pour Biarnes, ces difficultés s'ajoutaient à de nombreuses autres qui rendaient le Dahomey « irrémédiablement ingouvernable » pour les gouverneurs qui, au bout de quelques mois, demandaient pour la plupart à être rappelés avant même la fin de leur mandat.

Nous n'éplucherons pas ici les éléments entrant dans la composition du budget[1], mais nous étudierons plutôt la contribution de ce budget à la réalisation des infrastructures de transport, précisément les routes et pistes.

Le compte définitif des recettes et dépenses du Budget local exercice 1913 ne détaillant[2] pas les dépenses engagées dans les infrastructures, en l'occurrence les routes, nous commencerons notre examen méticuleux à partir de l'année 1914. Cet examen nous a permis de concevoir les graphiques 1, 2 et 3 ci-après et que nous commentons :

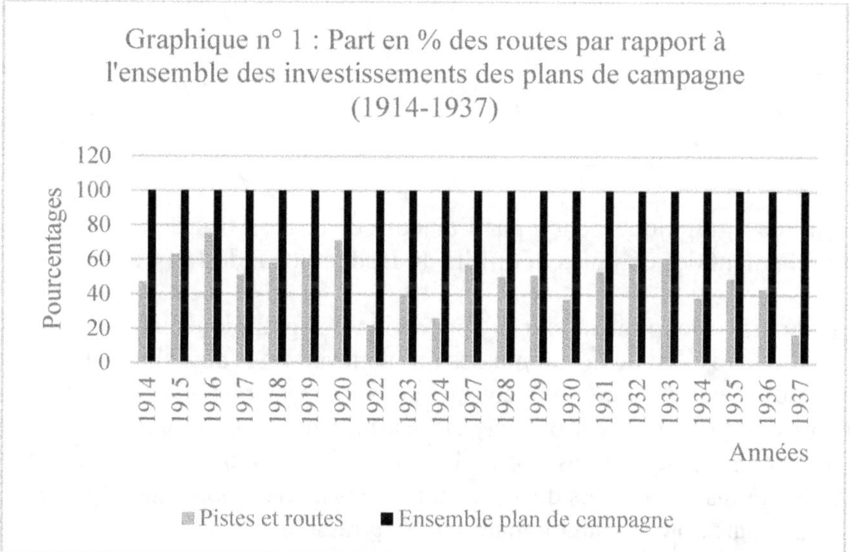

Source : l'auteur sur la base du dépouillement des comptes définitifs du Budget local de 1914 à 1924 et de 1927 à 1937.

[1] Lire à ce sujet avec grand intérêt des travaux comme la thèse de A. Houémavo Grimaud déjà citée dans cette étude.

[2] En 1913, une somme de 29 768.28 francs a été dépensée pour l'exécution de travaux d'art sur la route du Niger qui ont consisté en la pose de ponceaux métalliques au-delà de Parakou.

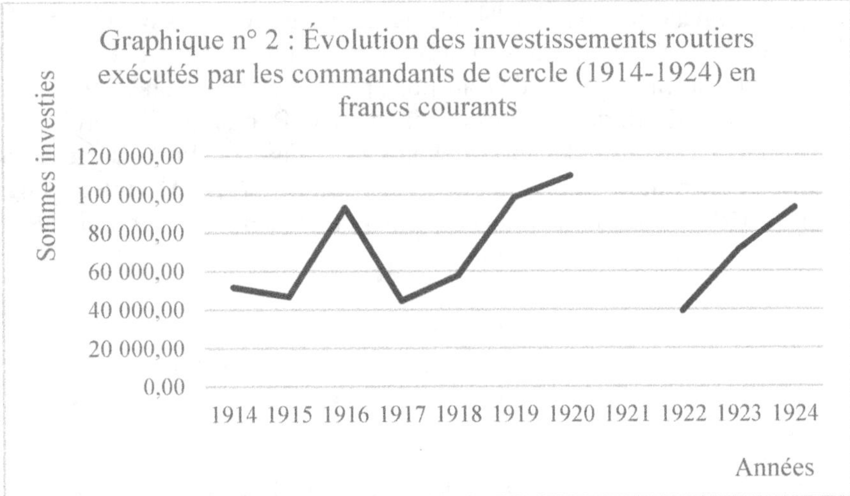

Source : graphique conçu par l'auteur sur la base des données issues du dépouillement des comptes définitifs du Budget local de 1914 à 1924.

Les chiffres exploités pour la conception des graphiques n° 2 et n° 3 sont en réalité le résultat de la somme des montants affectés aussi bien aux travaux de construction qu'à ceux de l'entretien des routes et pistes. Les prestations et l'effort des prisonniers n'ont pas été estimés dans ces montants parce que difficilement quantifiables. S'ils l'avaient été, les montants auraient été nettement plus élevés. Les dépenses indiquées ici ne représentent que les frais de surveillance ou d'achat de matériel de terrassement.

L'observation attentive du graphique n° 2 permet de distinguer trois différentes phases (représentant chacune un cycle) dans l'évolution des investissements routiers dans les plans de campagne exécutés par les commandants de cercle entre 1914 et 1924. La première va de 1914 à 1917, la deuxième de 1917 à 1920, les données de 1921 n'étant pas disponibles, et la dernière de 1922 à 1924.

Concernant la première phase, on note une légère baisse entre 1914 et 1915 (baisse de 10 % comme le montre le tableau) suivie d'une remarquable remontée dont le pic se retrouve en 1916 (99 %). Du sommet atteint en 1916, part une chute qui conduira les investissements en 1917 à leur plus bas niveau au cours de cette première phase.

Toutes les variations observées s'expliquent bien, puisqu'elles épousent parfaitement le contexte politico-économique de l'époque. En effet, le déclenchement de la Première Guerre mondiale en 1914 a induit une réduction de la subvention du Budget général au Budget local dahoméen. Cette subvention, qui était de 2 millions de francs en 1913 et de 2 200 000 francs en

1914, est tombée à 738 000 francs en 1915[1], entraînant du coup une réduction des dépenses de la colonie[2], la non-attribution de crédits pour les travaux neufs. En fait, ce budget s'est réduit aux dépenses de personnel, de matériel strictement indispensable et d'entretien courant. C'est ce qui justifie la baisse des investissements observée en 1915. Malgré cette baisse, les dépenses faites dans les infrastructures routières représentèrent 63 % de l'ensemble du plan de campagne de cette année contre 47 % pour l'année précédente (cf. graphique n° 1).

L'année 1916 passe pour être une année particulière, car les investissements dans les routes seules surpassent ce qui est investi pour l'ensemble du plan de campagne de l'année précédente (93 103.4 francs pour les routes en 1916 contre 74 515.51 francs pour l'ensemble du plan de campagne de 1915). Les investissements réalisés pour le plan de campagne de 1916 ont, non seulement été plus importants que tout ce qui a été fait jusque-là, mais les infrastructures routières s'y sont taillé une part léonine (75 % d'après le graphique n° 1, p. 87). Cette part élevée pour la route tient aux travaux d'entretien de la route du Niger effectués par le service de construction de cette route, qui ont coûté 72 413.1 francs. Ces travaux d'entretien ont été particulièrement importants pour une raison que nous avions évoquée plus haut : cette route a été très sollicitée pour les nombreux transports de fonctionnaires et de leurs biens pour les nécessités du service militaire au front en 1916, une année décisive dans le déroulement du conflit.

La dernière année de cette phase, 1917, a connu les investissements routiers les plus bas. En effet, la majorité des agents étant au front, on comprend aisément que les investissements diminuent dans la colonie. Les investissements pour le plan de campagne diminuent donc, tout comme la part des infrastructures routières dans ces investissements, comparativement à l'année précédente. Néanmoins, ces routes ont absorbé 51 % du plan de campagne.

Quant à la deuxième phase de l'évolution des investissements (1917-1920), elle commence comme tout cycle par une expansion qui a atteint son point culminant en 1920. La fin du conflit a favorisé la reprise de l'activité économique qui a induit une augmentation du budget en termes de recettes et de dépenses. En effet, depuis 1914, les recettes n'ont plus franchi la barre des 5 millions de francs ; mais ce fut le cas en 1918 où les recettes se chiffraient à 5 351 568.42 francs pour des dépenses sommées à 4 644 416.9 francs. Cette progression se poursuivit en 1919 où pour la première fois, les recettes dépassèrent 6 millions de francs (6 146 335.17 francs pour 6 057 861.83 francs de dépenses). La tendance se confirma en 1920 où les recettes

[1] Gouvernement général de l'AOF, Colonie du Dahomey, Service local, *Compte définitif des recettes et dépenses. Exercice 1915*, p. IV.

[2] L'ensemble des dépenses de la colonie pour cette année (1915) était de 3 831 044.68 francs contre 4 936 825.91 francs en 1914 et 4 541 767.34 francs en 1913.

atteignirent 9 330 030.22 francs et les dépenses 8 663 091.36 francs. Cette augmentation régulière du budget permit d'accroître les fonds investis dans les plans de campagne et bien sûr la part échue aux travaux de route. Ainsi, les investissements réalisés dans les infrastructures routières dans le cadre des plans de campagne exécutés par les commandants de cercle passèrent de 44 639.72 francs en 1917 à 109 638.82 francs en 1920, soit pratiquement le triple de la valeur de 1917, ce qui représentait respectivement 51 % et 71 % de l'ensemble des plans de campagne (cf. graphique n° 1). On voit clairement la place de choix accordée aux infrastructures routières dans ces investissements. C'est au cours de cette période que d'importants travaux ont été exécutés pour la construction de la route de l'Ouest et de la route Savalou-Savè. De même, une partie des fonds a servi à l'entretien de la route du Niger, mais également à la reconstruction de la route Porto-Novo-Cotonou. Cette deuxième phase prit fin en 1922 avec la chute des investissements dans les infrastructures qui ont atteint leur niveau le plus bas de toute la décennie, soit 39 239.95 francs sur un plan de campagne évalué à 180 733.38 francs. Les routes n'ont donc absorbé que 22 % du total des investissements de cette année (cf. graphique n° 1). On peut voir en cela une des conséquences de la crise économique 1920-1921 qui n'a point épargné la France et, par ricochet, ses colonies.

Enfin, la troisième phase comprise entre 1922 et 1924 correspond à la période de reprise économique qui se traduit également par une reprise des investissements dans les infrastructures routières au Dahomey. En effet, en 1923, 70 962.51 francs ont été investis dans les routes, ce qui correspond à 40 % du total du plan de campagne pour le compte de cette année (cf. graphique n° 1). La tendance ascendante s'est poursuivie l'année suivante.

Cette évolution a montré la répercussion de la situation économique de la métropole sur sa colonie. Par ailleurs, on constate aisément qu'entre 1922 et 1924, le colonisateur a diminué la priorité qu'il accordait à la route dans les investissements. En effet, pendant que la part d'investissements qui allait dans les routes diminuait, celle de l'ensemble des plans de campagne allait croissant, s'élevant à des chiffres alors jamais atteints (180 733.38 francs en 1922, 177 963.52 francs en 1923 et 363 272.14 francs en 1924).

Pour l'année 1925, non prise en compte par le graphique par manque de détails par cercle, les dépenses effectuées dans les cercles au titre des travaux d'entretien s'élèvent au total à la somme de 198 886.27 francs, la plus grande partie concernant les dépenses d'entretien des routes qui se sont élevées à 120 301.55 francs et l'entretien des immeubles à 36 020 francs. Les dépenses faites cette année au Chapitre XXI (travaux extraordinaires) s'élèvent à 97 792.02 francs pour les routes nouvelles. Elles concernent quelques travaux de construction de routes des cercles de Cotonou (route de Cotonou à Godomey), Holli-Kétou (route Pobè-Kétou), de Ouidah (route Ouidah-Sègbohouè) ainsi que l'achat de camions automobiles pour la construction des routes.

En 1926, les dépenses effectuées dans les cercles pour les travaux d'entretien se sont élevées à 200 143.72 francs, dont 163 047.18 francs pour l'entretien des routes, et 37 096.54 francs pour l'entretien des immeubles. En ce qui concerne les routes, les travaux les plus importants sont les suivants pour ce qui est de la catégorie de routes nous intéressant[1] :

- dans le cercle d'Allada, la route d'Allada vers Cotonou a été achevée jusqu'à Agbologan et la chaussée de la route de Tori vers Cotonou et Ouidah par Abomey-Calavi a été refaite ;
- dans l'Atacora les travaux de la route intercoloniale (route de l'Ouest) ont été activement poussés ainsi que ceux des routes vers Boukombé et Tanguiéta ;
- dans le Borgou et le Moyen-Niger, l'entretien de la route intercoloniale (route de l'Est) a absorbé la plus grosse part de la main-d'œuvre ;
- dans le Holli-Kétou, la route de Pobè à Adja-Ouèrè a été achevée ;
- dans le cercle de Ouidah, les routes de Sègbohouè et de Savi-Tori ont été entièrement remises en état ;
- à Zagnanado, la route vers Bohicon a été refaite.

Pour ce qui est des travaux neufs, le montant des dépenses s'élève à 913 982. 21 francs (routes et autres travaux). Concernant les routes, il y a :

- routes ouvertes à la circulation automobile :
  - ✓ route de Natitingou à Tounco unta dans l'Atacora ;
  - ✓ route de Djougou à Sèmèrè dans le cercle de Djougou ;
  - ✓ route de Dassa-Zoumé à Paouignan dans le cercle de Savalou.
- routes nouvelles :
  - ✓ route de Copargo à Onklou et celle qui va vers Savalou (en voie d'achèvement).
  - ✓ route d'Adja-Ouèrè-Gbaouété et Irocogny-Idigny (en cours d'exécution).

Dans le cercle du Mono, les travaux de la chaussée sur le lac Ahémé avec estacades et aqueducs de décharge ainsi que ceux des chaussées de Sègbohouè-Grand-Popo et Grand-Popo à Lokossa, en vue de la construction des chemins de fer, ont commencé.

Parmi les principaux ouvrages d'art construits en 1926, on doit citer : le pont de Yeripao sur la route de Natitingou à Tanguiéta, celui du Zou dans le cercle de Zagnanado, et ceux du cercle du Mono sur la Sazué et les bras du Mono.

Dans le chapitre XXII relatif aux travaux sur programme spécial, 270 237.92 francs ont été dépensés pour la construction de routes nouvelles.

---

[1] Il y avait beaucoup de routes de la troisième catégorie que nous n'avons évidemment pas mentionnées.

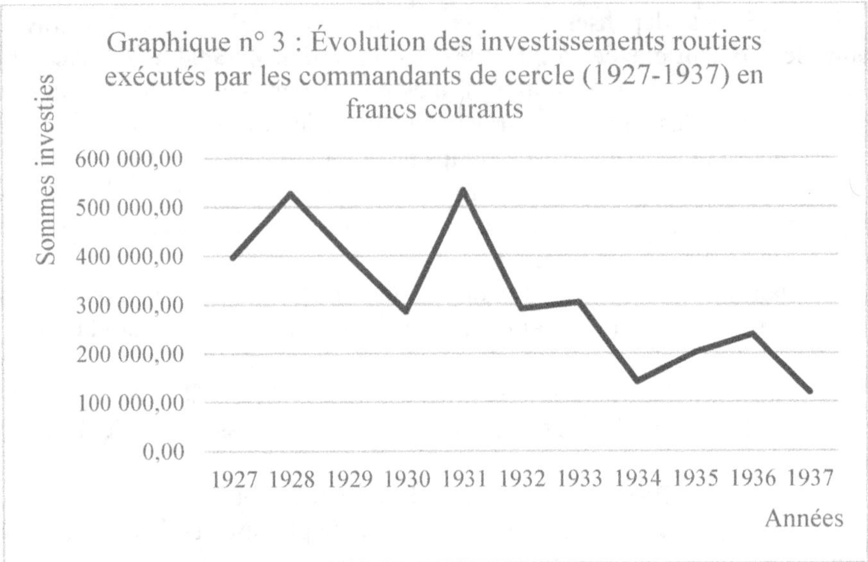

Source : graphique conçu par l'auteur sur la base du dépouillement des comptes définitifs du Budget local de 1927 à 1937.

L'observation du graphique n° 3 (ci-dessus) montre aussi une évolution en dents de scie, avec une tendance globale à la baisse à partir de 1929. Le taux de croissance annuel de ces investissements confirme cette tendance. Ceci est conforme à la morosité économique introduite par la crise économique de 1929, aussi bien dans la métropole que dans ses colonies. Mieux, au cours de la période couverte par ce tableau, le Service des Travaux publics qui, au départ, était très peu sollicité, a commencé par se voir confier une masse croissante de travaux routiers dont étaient dessaisis les commandants de cercle.

Malgré cela, on constate que les sommes investies dans les infrastructures routières à partir de 1927 étaient, de loin, supérieures aux investissements réalisés au cours des années antérieures, au titre des plans de campagne des travaux exécutés par les commandants de cercle. Ceci s'explique par le fait qu'un programme de « mise en valeur » inspiré du plan Sarraut a été mis en route dans l'entre-deux-guerres, l'amélioration des infrastructures de transport étant l'un des axes majeurs de ce programme[1]. On comprend donc pourquoi la part des investissements routiers est toujours importante par rapport à l'ensemble des fonds dépensés dans les plans de campagne. Ainsi, sur les onze années, c'est seulement en 1930, 1934 et 1937 que le pourcentage des investissements routiers est tombé en dessous de 40 % (cf. graphique n° 1).

[1] Il s'agit de la nouvelle politique économique coloniale née au lendemain de la Première Guerre mondiale et sur laquelle a porté la thèse de 3e cycle de A. Houémavo Grimaud et dont nous-même avons abordé quelques éléments dans la présente étude.

À ces travaux réalisés sous la direction des commandants de cercle, on doit ajouter ceux qui ont été conduits par le Service des Travaux publics (TP) et auxquels le Budget local a affecté des montants encore plus importants. Ces travaux exécutés par les TP sont énoncés dans le tableau ci-après.

Tableau n° 8 : Travaux routiers réalisés par les TP sur fonds du Budget local (1919-1938), en francs courants

Années	Tâches	Montant	Total annuel
1919	Construction route Porto-Novo-Cotonou	76 458.39	76 458.39
1920	Construction route Porto-Novo-Cotonou	72 956.83	72 956.83
1927	Entretien routes et ponts Construction nouvelles routes et ponts	250 000 620 000	870 000
1929	Construction routes et ponts	454 082.47	454 082.47
1930	Entretien routes et ponts Construction routes et ponts	250 874 1 286 115.71	1 536 989.71
1931	Construction pont sur le Couffo Frais de gardiennage ponts du Zou et de l'Ouémé	4 336.5 4 537.44	8 873.94
1933	Consolidation provisoire piles pont sur le Couffo Construction passerelle provisoire sur le Zou Frais de gardiennage ponts du Zou et de l'Ouémé Études définitives route Pobè-Kétou	14 824.9 74 377.26 4 376.59 1 115	94 693.75
1934	Entretien routes Études relatives à l'assainissement route Porto-Novo-Cotonou Études relatives à la réfection pont Eiffel entre Dassa et Savalou Poursuite construction passerelle sur le Zou Travaux de relèvement tablier R.D. pont	14 344.08 493 866 1 392.91 7 585.29	61 385.05

	Établissement passerelle sur la Sazué à travers la route Sègbohoué-Grand-Popo	10 251.49	
	Frais de gardiennage ponts du Zou et de l'Ouémé	3 535.49	
	Études pour l'aménagement de la traversée du Niger et réfection ouvrages route Parakou-Niger	6 819.79	
	Démolition d'une partie du pont sur le Couffo[1]	16 097	
1935	Frais de gardiennage pont du Zou et de l'Ouémé	2 943.75	109 876.19
	Travaux sur le pont du Zou et franchissement de l'Ouémé à Ahlan	3 896.59	
	Entretien routes de la subdivision des routes	77 575.19	
	Entretien des routes au moyen de l'auto Patrol Caterpillar	7 998.5	
	Finition passerelle sur le Zou	7 250	
	Construction ponts dans le cercle du Moyen-Niger	10 212.16	
1936	Entretien routes et ponts par la subdivision des routes	143 815.32	303 573,06
	Entretien des routes au moyen de l'auto Patrol Caterpillar	11 338.08	
	Remise en état route aux abords du pont du Zou	6 273	

[1] Ce pont, construit seulement en 1931, a subi d'importantes dégradations nécessitant de grosses réparations en 1934. L'ingénieur général de l'AOF qui a fait une tournée au Dahomey a identifié deux causes de destruction de l'ouvrage :
- l'insuffisance du débouché par suite de la non-construction des ouvrages de décharge prévus au projet initial ;
- l'insuffisance des fondations qui n'ont pas été descendues jusqu'au rocher, contrairement aux prévisions du projet.
C'est le grand souci d'économie en raison des difficultés budgétaires de l'époque qui ont conduit à ces restrictions. Mais une surveillance étroite de l'ouvrage aurait pu permettre d'atténuer les conséquences. Cette surveillance aurait révélé la nécessité de l'exécution de travaux confortatifs susceptibles de faire éviter la destruction du pont (Cf. ANB, Série K11-1, Gouvernement général de l'AOF, Inspection générale des travaux publics, Direction générale des services économiques, Correspondance n° 40-TP du Gouverneur général de l'AOF au Lieutenant-gouverneur du Dahomey, Dakar, le 29 mars 1934).

	Construction buses sur route Ouidah-Godomey	10 344.52	
	Reconstruction pont Dassa-Zoumè	13 055	
	Construction route Tchaourou-Djougou	98 757.08	
	Réparation passerelle Zandji	19 990.06	
1937	Entretien routes et ponts	175 830.87	622 257,54
	Entretien routes au moyen auto Patrol Caterpillar	7 343.18	
	Construction route Pahou-Ouidah	8 738.14	
	Construction et revêtement route Tchaourou-Ouémé	114 705.63	
	Élargissement et rectification tracé route Parakou-Malanville	119 661.99	
	Réalisation buses et ponts Kandi et Ouémé	121 596.13	
	Reconstruction pont Eiffel Dassa-Zoumè	52 629.7	
	Consolidation ponts sur route Abomey-Aplahoué	10 844.7	
	Réparation chaussée submersible franchissant Ouémé	10 907.2	
1938	Entretien routes et ponts	323 623.33	635 442,39
	Grosses réparations sur route Parakou-Malanville	133 994.46	
	Élargissement route Parakou-Malanville	170 560.6	
	Poursuite réfection pont Eiffel Dassa-Zoumè	7 264	
	Total général	**4 846 589.32**	**4 846 589.32**

Source : L'auteur, sur la base des données des Comptes définitifs des recettes et des dépenses, de 1919 à 1938.

Pour obtenir le graphique n° 4 ci-après, nous avons sommé les travaux de construction, de reconstruction d'infrastructures routières et même les travaux d'élargissement des routes des routes, d'une part ; d'autre part, les travaux d'études ont aussi constitué un ensemble et le reste a été regroupé sous la rubrique travaux d'entretien.

Graphique n° 4 : Ventilation des fonds du Budget local mis à la disposition des TP par types de travaux routiers de 1919 à 1938 (en %)

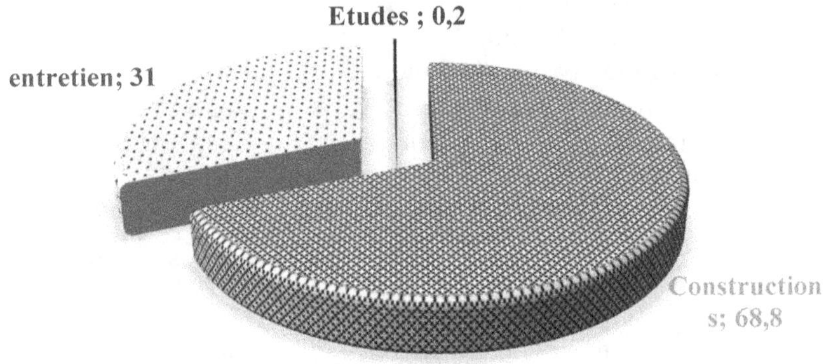

Source : Calculs faits par l'auteur, à partir des données du tableau n° 8.

Entre 1919 et 1938, le Budget local a donc mis à la disposition du service des TP près de 5 millions de francs (tableau 11 et graphique 4) et un peu moins de 4 millions à la disposition des commandants de cercle (tableaux 8 et 9) pour les travaux routiers. Comme le camembert ci-dessus le laisse voir nettement, plus des deux tiers des fonds mis à la disposition du service des TP dans l'entre-deux-guerres ont servi aux travaux de construction de routes et ponts (68.8%). Ceci est bien conforme à l'esprit développé par la puissance colonisatrice à l'époque, à travers les lois du 22 février et du 10 juillet 1931 ouvrant un programme de grands travaux pour chaque territoire (cf. p. 67). Les travaux d'entretien n'ont pas reçu une part consistante de ces investissements (31%), ce qui pose un problème. Si on construit pour ne pas entretenir, avec le temps, les investissements deviennent des fonds perdus. C'est ce qui est arrivé au pont sur le Mono construit en 1931 et déjà fortement dégradé seulement trois ans plus tard. La part réservée aux études est, elle, insignifiante puisqu'elle fait moins de 1% (0.2%).

Avec le déclenchement de la Seconde Guerre mondiale, les travaux de construction routière marquèrent le pas, laissant la part belle à l'entretien de l'infrastructure existante. Ainsi, de 1940 à 1942, les travaux les plus importants exécutés au point de vue du génie civil proprement dit étaient ceux des routes Parakou-Malanville et Tchaourou-Natitingou. Le tableau n° 9 ci-après récapitule les sommes consacrées pendant cette période à la seule construction de ponts, ponceaux et buses sur ces deux routes stratégiques de la colonie.

Tableau n° 9 : Investissements sur les routes Parakou-Malanville et Tchaourou-Natitingou (1940-1942), en francs métropolitains

Années	Parakou-Malanville		Tchaourou-Natitingou	
	Entreprise	Régie	Entreprise	Régie
1940	695 025	1 020 713	-	-
1941	639 618	503 095	-	-
1942	933 800	581 345	478 800	381 950

Source : ANB, Série K13-3, Colonie du Dahomey, Service des Travaux publics, Correspondance n° 5973, Cotonou, le 26 juillet 1943.

Tableau n° 10 : Récapitulation des travaux d'entretien et de grosses réparations, en francs métropolitains

Années	**Routes entretenues par le service des TP**	**Bâtiments entretenus par le service des TP**
1940	363 101.5	1 243 916.59
1941	761 121.35	1 421 862.7
1942	1 056 446.2	1 493 763.86

Source : *Idem*

Après cet examen des investissements réalisés par le Budget local dans les infrastructures routières, il convient de se pencher sur la contribution du Budget général à l'amélioration de ces infrastructures.

3.1.2. La contribution du Budget général aux réalisations routières

Le Budget général s'occupe peu des travaux routiers dans les colonies. En effet, chaque colonie construit et entretient son réseau routier. Toutefois, pour certains ouvrages d'art nécessaires dans une région accidentée, le Budget général prend à sa charge une partie de la dépense occasionnée et verse un fonds de concours au budget de la colonie intéressée, comme le dit clairement le *Compte définitif des recettes et des dépenses du Budget local Exercice 1925*.

Ainsi, le Budget général qui se compose de la contribution de toutes les colonies n'a pas beaucoup investi au Dahomey ; nous l'avons dit plus haut. Le Dahomey, bien que faisant partie des meilleurs contributeurs au budget, ne figurait point dans le peloton de tête des meilleurs bénéficiaires dudit budget.

L'essentiel des investissements effectués par le Budget général dans les infrastructures routières au Dahomey se trouve résumé dans le tableau ci-après pour la période allant de 1913 à 1938.

Tableau n° 11 : Les investissements fédéraux dans les infrastructures routières au Dahomey (1913-1938), en francs métropolitains

Année	Montant libéré	Travaux réalisés
1913	100 000	Construction route du Niger
1914	150 000	Construction route du Niger
1920	10 000	Achèvement construction route Savè-Savalou
1922	30 000	Construction de ponts définitifs
1923	100 000	Routes intercoloniales dahoméennes
1935	200 000	Reconstruction du pont du Couffo
1938	1 000 000	Construction du pont du Zou

Source : L'auteur, sur la base des données du *Compte définitif des recettes et des dépenses du Budget général exercice 1913*, des *Comptes définitifs des recettes et des dépenses du Budget local du Dahomey de 1913 à 1938*, ANB, Série K10-1, Colonie du Dahomey, Télégramme officiel n° 1398 du Lieutenant-gouverneur au Commandant de cercle de Savalou, Porto-Novo, le 26 octobre 1920 et Série K4-4, Bordereau récapitulatif des états fournis par le résident adjoint du Sô-Ouémé en vue du remboursement de ses avances, SD.

Bien que ne figurant pas sur la liste des "enfants choyés de la mère patrie", le Dahomey a été la seule colonie de l'AOF à avoir bénéficié d'un crédit pour les routes, en provenance du Budget général en 1913. Il s'agit de 100 000 francs destinés à la route du Niger et dont 99 949.51 francs ont été effectivement utilisés. En 1914, 105 533.49 francs ont été utilisés toujours dans la construction de la route du Niger sur un crédit de 150 000 francs mis à la disposition du Dahomey par le Budget général.

Entre 1919 et 1920, un crédit de 32 000 francs, dont 10 000 francs provenant du Budget général, a été accordé au cercle de Savalou pour achever la construction de la route Savalou-Savè[1]. En 1922, en dehors des dépenses d'entretien supportées par le Budget local, de gros travaux ont été effectués pour la construction de ponts définitifs sur les routes intercoloniales, sur un crédit de 30 000 francs du Budget général délégué pour cette année[2].

---

[1] ANB, Série K10-1, Colonie du Dahomey, Télégramme officiel n° 1398 du Lieutenant-gouverneur au Commandant de cercle de Savalou, Porto-Novo, le 26 octobre 1920.

[2] *Compte définitif des recettes et des dépenses du Budget général Exercice 1922.*

En 1923, le gouvernement général a accordé un crédit de 100 000 francs pour les routes intercoloniales dahoméennes. Le Directeur du Service Automobile chargé de la gestion des routes intercoloniales du Moyen et du Haut-Dahomey a réparti cette somme de la sorte :

- route de l'Ouest :

✓ cercle de Savalou : 10 000 francs pour la construction d'ouvrages d'art sous la direction du chef du Service Automobile ;

✓ cercle de Djougou : 25 000 francs pour la construction d'ouvrages d'art et de chaussée.

- route de l'Est :

✓ élargissement de la route de Diho (km 7) à Tchaourou (km 106) : 50 000 francs ;

✓ construction d'ouvrages d'art entre le km 75 et Tchaourou (km 106) : 15 000 francs[1].

Pour la reconstruction du pont du Couffo évoquée plus haut et estimée à 480 000 francs y compris le coût des travaux de démolition (20 000 francs), une première délégation de crédit de 200 000 francs au chapitre 27 du Budget général est accordée au Dahomey, le 8 mars 1935. Lesdits travaux ont duré cinq mois (octobre 1935 à février 1936).

En 1938, la construction du pont du Zou par l'entreprise Jacquot a été financée par le Budget général qui a mis à la disposition du Dahomey un crédit d'un million inscrit sur l'exercice 1938[2].

En somme, le Budget général finançait surtout l'entretien des routes intercoloniales suivantes : Togo-Nigeria, Godomey-Malanville et Tchaourou-Porga. Toutes les autres pistes étaient entretenues par les fonds du Budget local. De même, il a contribué à la construction du pont de Porto-Novo, comme cela est indiqué plus haut.

En dehors de la contribution des différents budgets, le financement des infrastructures routières était également assuré par les fonds d'emprunt.

3.1.3. Le financement par les fonds d'emprunt

On ne saurait parler du financement des réalisations d'infrastructures dans les colonies françaises jusqu'à la Seconde Guerre mondiale en faisant abstraction des fonds d'emprunt. En effet, jusqu'en 1946, l'équipement des territoires avait été poursuivi, tantôt sur les disponibilités des caisses de réserve, tantôt (et particulièrement) sur les fonds d'emprunt, parfois en combinant les deux procédures financières. L'emprunt avait donc été l'un des moyens privilégiés ayant servi à l'équipement du Dahomey.

[1] ANB, Série K8-4, Colonie du Dahomey, Service Automobile Niger-Dahomey, Correspondance n° 7 A du Directeur du Service Automobile au Gouverneur du Dahomey, Savè, le 7 janvier 1923.

[2] ANB, série K4-4, Bordereau récapitulatif des états fournis par le résident adjoint du Sô-Ouémé en vue du remboursement de ses avances, SD.

Le projet qui aboutit aux grandes lois sur l'emprunt du 22 février et du 10 juillet 1931 autorisant les emprunts garantis par l'État avait été déposé en 1929 par le Ministre des Colonies, André Maginot[1]. Ce projet avait été conçu sur la base de l'euphorie des années 1920 qui, ayant touché la métropole, n'épargna guère les colonies. En effet, comme nous l'avions déjà mentionné plus haut, au lendemain de la Première Guerre mondiale, la France avait senti la nécessité de "mettre en valeur" ses colonies pour accroître leur rentabilité. Cette "mise en valeur" devait passer par l'amélioration des infrastructures de transport.

Mais le lancement de ces emprunts tomba dans la période de dépression consécutive à la crise économique de 1929 où on observa l'effondrement des budgets coloniaux. Néanmoins, les fonds d'emprunt ont permis au Dahomey de financer des travaux de construction d'infrastructures sanitaires et de voies de communication. Sur ce dernier point, puisque c'est ce qui nous intéresse, les fonds d'emprunts ont permis de reprendre les travaux du chemin de fer central-dahoméen, le 1er avril 1933 pour le prolonger jusqu'à Parakou, trois ans plus tard. Ces fonds ont également permis de financer la construction du pont de Porto-Novo et d'acquérir du matériel mécanique pour les TP (une auto-patrol Caterpillar, un tracteur et une niveleuse).

En 1939, deux ponts ont été construits, l'un sur le Toué pour un montant de 203 350 francs et l'autre sur l'Ouémé pour un coût de 97 500 francs[2]. Les deux ponts étaient situés sur la route Tchaourou-Natitingou.

En somme, l'usage de l'emprunt comme source de financement des réalisations d'infrastructures routières fut de courte durée. En effet, avec la vague de réformes mises en œuvre par la France au lendemain de la Seconde Guerre mondiale, l'emprunt n'avait plus droit de cité comme moyen de financement utilisé dans les colonies. Citons ici les arguments utilisés par Gaston Monnerville, le rapporteur de la loi devant l'Assemblée nationale, pour défendre la suspension des emprunts :

> Nous y avons renoncé pour la raison que les emprunts sont trop onéreux. Il suffit pour s'en apercevoir d'évaluer la charge que constitue leur amortissement pour des pays comme l'AOF et l'AEF par exemple, et de considérer qu'un emprunt de 5% à cinquante ans coûte trois fois plus cher qu'il ne rapporte[3].

Tout s'est passé comme si la France venait juste de s'apercevoir que l'emprunt était ruineux pour les colonies. Il faut plutôt remarquer qu'elle en était venue là parce qu'un nouveau plan de financement était déjà élaboré. Il

---

[1] Il fut, pour la deuxième fois, Ministre des Colonies, du 11 novembre 1928 au 3 novembre 1929.

[2] ANB, Série K4-3, Gouvernement général de l'AOF, Inspection générale des travaux publics, *Rapport d'ensemble sur le fonctionnement des services des travaux publics du Groupe durant la période s'étendant entre les sessions du Conseil de Gouvernement des années 1938 et 1939.*

[3] J. Suret-Canale, *Afrique noire. De la colonisation aux indépendances 1945-1960*, Paris, Éditions sociales, 1972, p. 102. Les propos ici rapportés ont été tenus à l'Assemblée nationale, à la séance du 5 avril 1946.

s'agit du FIDES auquel nous nous intéresserons amplement dans la suite de la présente étude. Mais avant d'y arriver, examinons d'abord la contribution humaine aux travaux de réalisation d'infrastructures de transport au Dahomey.

3.2. Le régime du travail forcé et la main-d'œuvre rémunérée

Les contribuables colonisés ont concouru à la réalisation des infrastructures de transport, non seulement par la participation financière directe, mais également par la force physique, dans le cadre du travail forcé légalisé dans les colonies françaises jusqu'à la fin de la Seconde Guerre mondiale.

3.2.1. Le travail forcé au service de la route

Le travail forcé a revêtu deux formes : les prestations et la main-d'œuvre pénitentiaire dite main-d'œuvre pénale.

3.2.1.1. Les prestations

La prestation est une forme de travail forcé que le colonisateur a instaurée en AOF, d'abord de façon illégale (à partir de 1910) [1], puisqu'elle n'était, au départ, régie par aucun texte. Le Ministre des Colonies a, dans une lettre en date du 31 octobre 1912, attiré l'attention du Gouverneur général de l'AOF sur cet état de fait. Ce dernier prit, le 25 novembre 1912, un arrêté pour réglementer le régime des prestations en AOF. Cet arrêté stipule que « tous les indigènes de sexe masculin adultes et viables, à l'exception des vieillards, militaires, garde-cercles, préposés de douane, gardes forestiers, y sont assujettis »[2]. Dans l'esprit du gouvernement français, la prestation devrait être considérée comme un impôt en nature exigé des sujets français. Quant aux citoyens, ils s'en acquittaient en numéraire[3]. Dans la réalité,

> la prestation a consisté à réclamer aux contribuables, en plus de l'acquittement de leurs impôts versés généralement en espèces, un nombre défini de jours de travail au profit des chantiers publics d'intérêt local. De ce fait, il s'agit simplement d'une des réponses à la question de la main-d'œuvre dans les colonies où le travail salarié libre est faiblement développé[4].

S'inscrivant dans la logique du gouvernement général, le Lieutenant-gouverneur du Dahomey prit, le 3 septembre 1913, un arrêté local réglementant les prestations au Dahomey. Les textes ont prévu que ces

---

[1] cf. ANB, Série K10-4, Gouvernement général de l'AOF, Service des Affaires politiques, administratives et économiques, Correspondance n° 38 du Gouverneur général de l'AOF au Gouverneur du Dahomey, Dakar, le 27 janvier 1910.

[2] B. Fall, *Le travail forcé en Afrique occidentale française (1900-1945)*, Paris, Karthala, 2000, p. 202.

[3] *Ibid.*, p. 201.

[4] *Ibid.*

prestations devaient épargner les périodes de culture ou de cueillette et ne pouvaient se faire à plus de 5 km du village du prestataire, le cas échéant, une ration devait être payée à ce dernier. De même, les prestataires avaient parfois une légère rémunération lorsqu'ils étaient sollicités au-delà de leur nombre réglementaire de journées de travail[1]. Au Dahomey, cette rémunération variait entre 0.5 et 1.5 franc selon les cercles. En outre, il était permis à certains habitants des centres urbains disposant de moyens de racheter leur prestation à des montants qui ont varié au fil du temps et d'un cercle à un autre. En 1922 par exemple, les rachats se présentaient de la façon suivante :

Tableau n° 12 : Les rachats de prestation en 1922

Cercles et centres urbains	Taux de rachat	Nombre de journées dues
Abomey (y compris le centre urbain de Bohicon)	0.75	12
Allada (y compris le centre urbain d'Allada)	1	7
Atacora	0.5	8
Borgou	0.75	8
Cotonou (y compris le centre urbain de Cotonou)	1.5	7
Djougou	0.75	8
Grand-Popo (y compris le centre urbain de Grand-Popo)	1.5	8
Holli-Kétou	1	6
Mono (y compris Athiémé)	1.5	8
Moyen-Niger	0.5	8
Ouidah (y compris le centre urbain de Ouidah)	1.5	6
Porto-Novo (y compris le centre urbain de Porto-Novo)	1.5	6
Savalou (y compris le centre urbain de Savalou)	0.5	10
Savè	0.5	10
Zagnanado	1.25	10

Source : *JOD n° 17* du 1er septembre 1921, p. 325

Les chefs locaux étaient associés à la mobilisation de cette main-d'œuvre. C'est le cas de Zomahoun et de Gbaguidi sollicités pour en fournir à l'occasion de la réfection de la route Dassa-Zoumè-Savalou. Cette pratique était généralisée par le pouvoir colonial dans les fédérations, puisque parlant du Sénégal, Babacar Fall a écrit que « l'Administration utilisait judicieusement l'autorité des chefs en faisant du recrutement et de l'envoi des prestataires "une affaire purement indigène" »[2].

Le nombre de journées de prestations variait d'une colonie à l'autre. En 1914, au Dahomey, les prestataires étaient astreints à huit journées de travail

[1] ANB, Série K10-1, Colonie du Dahomey, Correspondance n° 4596 du Gouverneur au Commandant de cercle de Savalou, Porto-Novo, le 24 décembre 1919.
[2] B. Fall, *op. cit.*, 2000, p. 208.

par an, à raison de deux par trimestre et il n'était point permis d'exiger plus d'eux[1]. De 1930 à 1936, ce nombre de jours de travail a été porté à dix, avant de retomber à six, avec l'arrivée du Front Populaire au pouvoir en France. Les prestations permettaient de suppléer l'insuffisance des moyens financiers.

Dans l'AOF d'une façon générale, les prestataires s'occupaient surtout de la construction et de l'entretien des pistes et routes, mais également de l'entretien des terrains d'aviation. Dans cette fédération, comme l'a rappelé le Gouverneur général, Jules Carde, cité par A. Houémavo Grimaud, « on constate, de 1923 à 1928, à côté d'un montant de dépenses réelles de 56 millions environ, un emploi de journées de prestations qui représentent une dépense de 258 millions. On a pu ainsi aménager et entretenir en Afrique-Occidentale française en six ans, quelques 32 000 km de routes pour une dépense moyenne de 10 000 francs par km »[2].

Le cas du Dahomey était donc à l'image de celui de la fédération. Ainsi, en 1932 par exemple, la main-d'œuvre prestataire a été programmée de la façon suivante au Dahomey : sur un nombre total de journées de prestations de 3 330 000, environ 1 600 000 soit la moitié ont été affectées à l'entretien des routes et pistes, 163 000 soit 1/20 à la construction de routes nouvelles, 200 000 soit 1/16 à la construction ou l'entretien des marchés, campements ou caravansérails, 60 000 soit 1/50 à la construction et l'entretien des puits et 730 000 soit ¼ aux menus travaux d'assainissement et d'hygiène, 310 000 journées constituent la réserve pour imprévus. Et d'après les prévisions des administrateurs, on peut compter le rachat de 115 000 journées[3].

Si on prend le cas particulier du cercle d'Allada, entre 1919 et 1934, 80% des journées de prestations ont été attribués aux travaux routiers, ce qui traduit l'importance accordée aux routes par les autorités, le reste étant réservé pour les travaux de construction de marchés, de puits et de plantations-modèles[4]. Dans les autres cercles, le même schéma de répartition des tâches aux prestataires se présente. C'est le cas par exemple du cercle de Holli-Kétou, précisément de la subdivision de Sakété dont le chef a écrit ce qui suit au sujet des prestations : « Autrefois, la main-d'œuvre prestataire était employée à de nombreuses fins dont les principales étaient la construction et l'entretien des routes, des marchés, des campements, etc. »[5]. On peut également évoquer l'exemple du cercle d'Abomey dont le *Plan de campagne* de l'année 1916 a prévu environ 100 000 journées de prestation pour l'entretien des routes,

---

[1] ANB, Série K10-1, Colonie du Dahomey, Cercle de Savalou, *Plan de campagne pour les prestations*, Année 1914 et Correspondance du Lieutenant-gouverneur au Commandant de cercle de Savalou, Porto-Novo, le 27 février 1914.

[2] A. Houémavo Grimaud, *op. cit.*, 1984, p.68.

[3] ANB, série K5-3, *Rapport du Chef du bureau des affaires politiques au Gouverneur*, avril 1932.

[4] A. Houémavo Grimaud, *op. cit.*, 1984, p. 61.

[5] ANB, Série K1-3, Colonie du Dahomey, Cercle de Holli-Kétou, Subdivision de Sakété, *Programme des travaux*, Année 1939.

pistes et ponts et une main-d'œuvre rétribuée pour les travaux d'entretien effectués à plus de 5 km du domicile des prestataires[1].

Si au départ, les prestations n'étaient utilisées que pour les travaux d'intérêt local tandis que les voies de grande communication étaient entretenues par des équipes rétribuées comme le confirme un télégramme officiel adressé par le Gouverneur Fourn au Commandant de cercle de Kandi en 1918[2] pour rapporter une décision du gouvernement général, l'emploi de la main-d'œuvre prestataire a fini par s'étendre aux travaux de construction de pistes d'intérêt général. Cette nouveauté a été introduite par l'arrêté local n° 1532 du 29 octobre 1930. Le cas de la route Pobè-Kétou dont l'empierrement, à partir de 1935, a été initié avec la main-d'œuvre prestataire, avant que le service technique ne parachève les travaux[3], peut être ici cité à titre d'illustration. On pourrait multiplier *ad libitum* les exemples de routes réalisées avec la main-d'œuvre prestataire.

Pour la construction des routes, les tâches des prestataires consistaient à désherber toute la plateforme indiquée par le tracé sur toute la longueur du tronçon attribué. Ils devaient dessoucher tous les arbres situés sur la piste, écraser les termitières, combler les creux et niveler les élévations. Au moment de la construction de la route Savalou-Savè en 1919 par exemple, 8 620 journées[4] de prestations avaient été utilisées pour le débroussement du tracé de ladite route[5]. Pour exécuter ces travaux, les prestataires n'avaient, au mieux, pour outils que les machettes, haches, pelles de terrassiers, pioches, barres à mines, massettes de cantonnier, masses de carrier, dames, pics, coupe-coupe et paniers[6].

Travailleurs non rémunérés, sauf lorsqu'ils sont envoyés à plus de 5 km de leur village d'origine, auquel cas ils ont droit à une ration[7], les prestataires

[1] ANB, Série K7-7, Gouvernement général de l'AOF, Colonie du Dahomey, Cercle d'Abomey, *Plan de campagne 1916*, Abomey, le 18 février 1916.

[2] ANB, série K7-3, Télégramme officiel n° 2191 du Gouverneur au Commandant de cercle de Kandi, Porto-Novo, le 8 octobre 1918.

[3] ANB, série K4-1, Télégramme Lettre Officielle du lieutenant-gouverneur au Commandant de cercle de Porto-Novo, 24 juin 1935.

[4] Il est à préciser que ces journées ont été gaspillées puisque l'itinéraire de la voie a été, par la suite, changée.

[5] ANB, Série Série K10-1, Colonie du Dahomey, Cercle de Savalou, Correspondance n° 1166 du Commandant de cercle de Savalou au Lieutenant-gouverneur, Savalou, le 30 décembre 1919.

[6] B. Fall, *op. cit.*, 2000, p. 208 et ANB, Série K12-1, Colonie du Dahomey, Télégramme officiel n° 1131 du Lieutenant-gouverneur au Commandant de cercle de Djougou, Porto-Novo, le 7 juin 1919 et Cercle de Djougou, Correspondance n° 226 du Commandant de cercle au Lieutenant-gouverneur, Djougou, le 28 juillet 1919 et autres correspondances.

[7] Sur ce point, plusieurs sources sont unanimes pour dire que cette ration venait rarement, obligeant les prestataires à se prendre eux-mêmes en charge. Ceci montre qu'entre les prescriptions des textes et les pratiques réelles du terrain, le fossé était très large. En effet, les moyens effectivement mis à la disposition des administrateurs suffisaient à peine. Même le Gouverneur Fourn l'a ouvertement reconnu dans sa lettre n° 556 du 31 mars 1922 relative à la

étaient enclins à déserter les chantiers ou à se dérober tout simplement à la réquisition pour les raisons ci-après : les sévices et les punitions infligés aux hommes, les besoins agricoles, c'est-à-dire la préparation des champs ou la récolte[1]. C'est dire que les prestataires travaillaient dans des conditions exécrables ; ils étaient malmenés et faisaient les durs travaux routiers avec l'outillage rudimentaire présenté plus haut. Ils étaient logés dans des abris sommaires, sans toilettes ni installation pour le lavage du linge, où étaient entassés hommes, femmes et parfois même des enfants[2]. Lisons à cet effet ce qu'a écrit le Chef de la subdivision de Sakété en 1939 :

> Sous l'œil vigilant d'un garde plus ou moins initié à ce genre de travaux, une cohue d'hommes, de femmes et d'enfants travaillaient avec, pour la plupart du temps, des moyens primitifs. Les crédits insuffisants par ailleurs, ne permettaient pas très souvent aux commandants de cercle de payer aux prestataires l'intégralité du montant de leur ration ou même de se procurer les outils indispensables[3].

Ces propos sont confirmés par J. Suret-Canale :

> [...] dans les colonies françaises, on ne se préoccupe guère des moyens : les chefs étant requis pour construire ou aménager la route suivant les instructions reçues, à eux de se débrouiller. Les hommes se dérobant ou étant déjà requis pour d'autres corvées, les femmes et les enfants étaient couramment employés à ces travaux. Point d'outillage : pelles et pioches étaient un luxe que les rigueurs du budget ne permettaient point. Les seuls instruments utilisés étaient les mains nues et les paniers de feuilles tressés par les requis eux-mêmes[4].

Le cas de Ouidah est très illustratif des dérobades et des désertions. En 1926, les difficultés rencontrées pour les prestations dans cette ville et la manière dont le Commandant de cercle a voulu les régler ont amené le Chef de la colonie à adresser au Commandant concerné, une correspondance pour lui faire les observations suivantes :

> Je profite de cette circonstance pour vous rappeler que la prestation est une obligation individuelle et qu'il est difficile de rendre responsables les chefs de quartiers de toutes les abstentions que vous pouvez constater dans l'accomplissement de cette obligation.
>
> À Ouidah, notamment, où l'obéissance aux chefs de quartiers n'est pas effective, j'estime qu'il serait impolitique de sévir contre les chefs dans les quartiers où la prestation ne serait pas accomplie.

---

circulation automobile où il disait, s'adressant aux commandants de cercle : « Je connais les difficultés considérables auxquelles vous vous heurtez pour l'établissement de ponts durables avec les faibles crédits et les moyens de fortune dont vous avez jusqu'ici disposé. ».

[1] ANB, Série K10-1, Colonie du Dahomey, Cercle de Savalou, Télégramme du Commandant de cercle au Lieutenant-gouverneur, Savalou, le 24 décembre 1912.

[2] A. Houémavo Grimaud, *op. cit.*, 1984, p. 66.

[3] ANB, Série K1-3, Colonie du Dahomey, Cercle de Holli-Kétou, Subdivision de Sakété, *Programme des travaux*, Année 1939.

[4] J. Suret-Canale, *op. cit.*, 1964, p. 266.

> Mais vous devez exiger de ces auxiliaires, rétribués sur le Budget local, qu'ils vous signalent individuellement tous ceux qui font des difficultés pour répondre aux convocations qui leur sont faites pour l'exécution des prestations.
> [...] Vous disposez à ce moment de la sanction administrative pour forcer à l'obéissance ceux qui ne veulent pas s'exécuter [...][1].

Cependant, il est également arrivé que des prestataires se soient adonnés avec joie et détermination à leur travail. C'est le cas des prestataires des villages d'Idigny, d'Isselou et d'Illikimoun dans le cercle de Holli-Kétou, au moment de la construction de la route Kétou-Savè. À en croire le Commandant de cercle lui-même fort surpris, les villageois, se disant que cette route allait amener la prospérité chez eux, se sont mis au travail avec enthousiasme. La détermination était telle que certains villageois installés dans la partie nigériane depuis longtemps étaient revenus prêter main-forte à leurs frères sur le chantier. L'administration n'eut alors aucune peine à maintenir sur le chantier la quarantaine de prestataires suffisant pour ces travaux[2].

Dans tous les cas, à partir de 1937, les critiques du régime des prestations devinrent de plus en plus acerbes. En effet, en cette année, le Service des Travaux publics du Dahomey, à travers une note émise, a tout simplement conclu que la main-d'œuvre prestataire, quoique permettant de réduire les dépenses, n'était pas celle qui correspondait le mieux aux travaux auxquels on la destinait. Et ceci pour plusieurs raisons : l'inexpérience des prestataires, la nécessité de renouveler les contingents tous les dix jours et le manque de populations dans certaines régions du nord de la colonie. Le service a alors suggéré que comme cela s'est fait en France, les prestations en nature ne concernent plus guère que l'entretien de quelques chemins ruraux ou d'intérêt commun. Dans ces conditions, le petit entretien serait assuré par des cantonniers répartis tout le long des routes, sous la direction de chefs cantonniers ; quant au gros entretien et aux grosses réparations, ils seraient confiés à des équipes de salariés recrutés pour toute la durée des chantiers correspondants.

Ce dernier système fit ses preuves lors de l'exécution en 1935 des travaux d'aménagement de la traversée du Niger à Malanville, par la route intercoloniale de l'Est ; ces travaux, conditionnés par la brièveté des basses eaux du fleuve, ont pu être menés à bien grâce à la continuité des chantiers et l'expérience des travailleurs engagés par contrat pour la durée des travaux : l'emploi de la main-d'œuvre prestataire n'eût pas permis leur achèvement avant les crues. Il faut insister sur le fait que la substitution de la main-d'œuvre salariée à la main-d'œuvre prestataire se traduira par une augmentation des

---

[1] ANB, série K5-7, Correspondance n° 255 A.P. du Gouverneur à l'Administrateur commandant le cercle de Ouidah, le 25 septembre 1926.
[2] ANB, Série K13-1, Colonie du Dahomey, Cercle de Holli-Kétou, Correspondance n° 692 du Commandant de cercle au Lieutenant-gouverneur, Pobè, le 5 novembre 1931.

dépenses. En contrepartie, la meilleure exécution du travail et sa plus grande rapidité permettront de faire plus de travail et de le faire mieux. D'autre part, les journées de prestation rendues ainsi disponibles pourront être employées dans chaque village à des travaux intéressant directement celui-ci[1].

Toujours en 1937, sous l'impulsion du Gouverneur général de l'AOF, de Coppet, un autre pourfendeur du régime des prestations qui a fait de la suppression de ce régime un combat personnel, les prestations ont été suspendues et rachetées[2] par la taxe additionnelle dès le 1er janvier 1938. La taxe additionnelle en question est le produit d'une augmentation de l'impôt de capitation. Ceci permit l'achat d'un outillage mécanique et l'embauche de cantonniers et de manœuvres sur la base du travail salarié libre. Mais au départ, cette réforme n'a pas été bien vue par tout le monde. C'est ce que montrent ces propos du Chef de la subdivision de Sakété : « Supprimer d'un coup de plume ce qui a toujours existé, c'est aller, à mon sens, très vite en besogne. Pour bien faire, on aurait dû procéder par étapes »[3].

La deuxième forme de travail forcé concernait l'utilisation des détenus : la main-d'œuvre pénitentiaire dite main-d'œuvre pénale.

3.2.1.2. La main-d'œuvre pénitentiaire

La difficulté à mobiliser la main-d'œuvre prestataire dans certaines régions du Dahomey a conduit le colonisateur à recourir aux prisonniers pour la réalisation de certains travaux routiers. Au moment où il fallait construire la route Ouidah-Ouidah plage en 1912, Ouidah étant réputé l'un des cercles où il est extrêmement difficile de recruter de la main-d'œuvre prestataire (les travailleurs attendent d'être rémunérés sinon ils désertent)[4], le Commandant de cercle dut demander au Gouverneur la mise à sa disposition d'une quinzaine de prisonniers à faire envoyer de Cotonou ou Porto-Novo[5].

Lorsque les mêmes problèmes de mobilisation de la main-d'œuvre se posèrent à l'occasion de la reconstruction du grand pont sur le Mono à Grand-Popo en 1920, le Commandant de cercle dut obvier à la situation en sollicitant la main-d'œuvre pénitentiaire[6].

---

[1] ANB, Série K1-1, Gouvernement général de l'AOF, Service des Travaux publics, *Note sur l'organisation et le fonctionnement du Service des Travaux publics au Dahomey*, Cotonou, le 27 mars 1937.

[2] ANB, série K5-2, TLO n° 2109 du Lieutenant-gouverneur p. i. au Chef du Service des Travaux publics, Porto-Novo, le 18 mai 1937.

[3] ANB, Série K1-3, Cercle du Holli-Kétou, Subdivision de Sakété, *Programme des travaux*, Année 1939.

[4] ANB, série K6-2, Dahomey et Dépendances, Cercle de Ouidah, *Rapport sur les travaux pendant le mois d'août 1903*, Ouidah, septembre 1903.

[5] ANB, Série K10-2, Colonie du Dahomey, Cercle de Ouidah, Correspondance n° 781 du Commandant de cercle au Gouverneur du Dahomey, Ouidah, le 2 octobre 1912.

[6] ANB, Série K9-1, Colonie du Dahomey, Cercle de Grand-Popo, Correspondance n° 432 du Commandant de cercle au Lieutenant-gouverneur, Grand-Popo, le 25 juin 1920.

Si le régime du travail forcé était exploité à fond par les autorités coloniales sous la forme de prestations et de la main-d'œuvre pénitentiaire, dans le cadre des travaux routiers, force était de constater qu'il existait quand même une catégorie de travailleurs régulièrement rémunérés.

3.2.2. La main-d'œuvre rémunérée ou les manœuvres

L'ampleur de certains travaux et le risque de ne pas avoir de la main-d'œuvre disponible pour les exécuter gratuitement amenaient parfois les autorités coloniales, même sous le régime des prestations, à recourir carrément à une main-d'œuvre rémunérée sur les fonds de financement des travaux. C'était le cas des travaux de la route de l'Ouest entre Djougou et Bassila, en 1919, où le Commandant de cercle de Djougou a proposé le recrutement de travailleurs qui seront payés à 0.20 franc par jour. Avec une estimation de 60 000 journées, la dépense totale pour le paiement de la main-d'œuvre pourrait s'élever à 12 000 francs[1]. Dans sa réponse à l'Administrateur de Djougou, le Gouverneur a estimé insuffisante la somme de 0.20 franc proposée pour le salaire des ouvriers. Il a revu cela à la hausse, la portant plutôt à 0.40 franc[2].

En réalité, la pratique qui consiste à utiliser des manœuvres existait dans certaines régions de la colonie. Mais elle n'a été généralisée qu'après la suspension des prestations.

Les manœuvres dahoméens n'hésitaient pas à se mettre en grève pour faire des revendications. C'est ce qui est arrivé avec l'entrepreneur Jacquot sur le chantier de reconstruction du pont sur le Zou en 1938[3]. En effet, pour la conduite des travaux, l'entrepreneur Jacquot fut obligé de solliciter les services d'ouvriers locaux originaires du cercle d'Abomey. Ces derniers, embauchés entre le 22 et le 25 mars 1938, n'ont pas hésité à se mettre en grève et à quitter le chantier, le 31 mars, alors que l'on s'apprêtait à exécuter la mise en place du béton de la première tranche de la fondation de la culée. Il fallut attendre jusqu'au lendemain pour qu'une quarantaine parmi les manœuvres grévistes revinssent sur le chantier. Deux mobiles auraient été à l'origine de ce mouvement de débrayage qui entraîna un retard dans l'exécution du projet. D'abord, les manœuvres, ayant mal compris les clauses du contrat qui les liait à l'entreprise et qui prévoyait de leur payer une partie de leur solde le 3 avril, ont cru qu'ils ne devaient toucher qu'à la fin du mois ; ce qu'ils n'ont guère voulu accepter. Le deuxième motif tient au fait que les manœuvres recrutés à Abomey et payés à 3 francs réclamaient d'avoir la même rétribution que d'autres manœuvres du même chantier payés à 5 francs. L'entrepreneur a

---

[1] ANB, Série K12-1, Correspondance n° 187 du Commandant de cercle de Djougou au Gouverneur, Djougou, le 21 juin 1919.

[2] ANB, Série K12-1, Correspondance n° 1434 du Gouverneur au Commandant de cercle de Djougou, Porto-Novo, le 16 juillet 1919.

[3] Le premier projet de construction de ce pont remonte à 1912.

expliqué cette disparité par le fait qu'elle avait déplacé à Abomey une quarantaine de manœuvres qui travaillaient pour lui depuis longtemps à Cotonou et étaient payés à ce taux. Selon lui, il était donc logique qu'à défaut de leur faire une augmentation, qu'il leur maintienne au moins le même salaire[1].

En 1943, un phénomène similaire s'est produit à l'occasion des travaux sur le quatrième secteur Cotonou-Porto-Novo de la piste Togo-Nigeria. En effet, estimant que le délai de leur recrutement est arrivé à expiration, les manœuvres travaillant sur ce chantier ont refusé le travail et ont simplement quitté le chantier[2].

Bref, ces faits montrent que les Dahoméens n'ont pas toujours subi avec résignation les abus des colonisateurs. Même sous ce régime où la répression était la règle, les colonisés arrivaient néanmoins à soulever la tête pour manifester leurs mécontentement et désapprobation.

En 1944, le Chef du Service des Travaux publics souhaita que le Gouverneur demandât aux chefs de villages riverains de la route Cotonou-Porto-Novo de fournir, sur la demande directe des chefs de secteurs routiers, des manœuvres adultes nécessaires d'une part aux travaux d'entretien importants durant la période des pluies et d'autre part aux travaux d'amélioration correspondant à la dotation de 500 000 francs du Budget local. Une telle mesure est sollicitée à cause des difficultés d'embauche dans la région[3].

La main-d'œuvre utilisée pour la construction du pont de Porto-Novo a été une main-d'œuvre rémunérée. Son effectif variait en fonction du rythme d'arrivée des matériaux de la France. Ce nombre s'élevait en moyenne à 300 manœuvres dont 45 ouvriers spécialisés. L'organisation du chantier était comparable à la pratique métropolitaine. En fait, il a surtout été question, partout où cela a été possible, d'un travail à la tâche établi avec prime au rendement. Et à en croire, le rapport de l'entreprise : « La Direction de l'Entreprise se fait un devoir d'ajouter que la main-d'œuvre qu'elle a trouvée à la Colonie, quoique peu familiarisée avec les travaux réalisés, s'est montrée à la hauteur de la tâche »[4], la main-d'œuvre locale a été laborieuse.

S'il est vrai que la réalisation des infrastructures routières a été presque entièrement financée par le contribuable colonisé jusqu'à la fin de la Seconde

---

[1] ANB, Série K8-4, Colonie du Dahomey, Service des Travaux publics, *Rapport de l'Ingénieur principal chargé de la direction des travaux de reconstruction du pont sur le Zou*, Cotonou, le 4 avril 1938.

[2] ANB, Série K10-3, Colonie du Dahomey, Service des Travaux publics, *Télégramme-lettre n° 487 TP* du Chef du Service des Travaux publics au Commandant de cercle de Porto-Novo, Cotonou, le 1er septembre 1943.

[3] ANB, Série K10-2, Colonie du Dahomey, Service des Travaux publics, TLO n° 269 du Chef du Service des Travaux publics au Gouverneur, Cotonou, le 27 juin 1944.

[4] ANB, Série K12-4, Schneider et Cie, *Le pont de Porto-Novo (Dahomey)*, Porto-Novo, Imprimerie-Librairie Silva, 1938, p. 8.

Guerre mondiale, il est également incontestable que ces travaux se sont effectués sous la direction des autorités coloniales. D'où la question de savoir les motifs qui ont sous-tendu cette politique du pouvoir colonial consistant à doter le Dahomey du réseau routier comme celui étudié jusque-là.

3.3. Un réseau routier au service de la métropole

Les routes du Dahomey étaient tracées d'abord pour servir les intérêts exclusifs de la métropole. Il ne s'agissait pas d'un réseau destiné à créer des liaisons entre les points du territoire ou entre les centres urbains et les campagnes, comme c'est souvent le cas dans les pays occidentaux. Au contraire, l'ossature de ce réseau routier montre surtout des liaisons nord-sud devant permettre de drainer les produits de l'intérieur vers le wharf et, en retour, de diffuser à l'intérieur les produits finis provenant de la métropole. Des motifs d'abord économiques et ensuite des considérations politiques ont ainsi sous-tendu la constitution de ce réseau routier. Viennent en dernier ressort quelques raisons sociales.

3.3.1. Des routes pour soutenir l'économie de traite

Dans la colonie du Dahomey comme dans les autres colonies françaises, les routes étaient construites d'abord pour satisfaire les préoccupations économiques de la métropole, dans le cas d'espèce pour soutenir l'économie de traite.

3.3.1.1. Desservir les zones productrices et les marchés

> Il est également nécessaire d'assurer la possibilité d'une circulation lourde à des conditions aussi peu onéreuses que possible pour faciliter les échanges commerciaux. Un réseau routier bien tracé et bien construit constitue donc un instrument économique de premier ordre [...]. Un tel réseau est seul capable d'assurer un développement du trafic automobile, signe certain de l'activité économique.
>
> Une bonne route capable d'assurer un trafic important sans usure exagérée du matériel permet des économies considérables à la tonne kilométrique transportée, par rapport à une piste établie à l'avancement dans des conditions défectueuses[1].

Ainsi s'exprimait en 1932, le Ministre des Colonies, Paul Reynaud, dans une circulaire destinée aux gouverneurs généraux, gouverneurs et commissaires de la République, pour montrer la nécessité quasi impérieuse de doter les colonies d'un réseau routier adéquat.

Le colonisateur ne s'installa pas au Dahomey pour la simple envie de le faire. Ce sont des mobiles économiques, la recherche du *Lebensraum*,

---

[1] ANB, Série K22, Circulaire n° 207 adressée par le Ministre des Colonies aux gouverneurs généraux, gouverneurs et commissaires de la République, Paris, le 16 février 1932.

l'« espace vital »[1] où il va puiser facilement et presque gratuitement[2] toutes les ressources dont il a besoin pour son propre épanouissement. C'est la réalité que traduit le concept de colonie d'exploitation qu'était le Dahomey. La France prit pied au Dahomey d'abord pour tirer profit de la riche palmeraie de ce pays depuis que les produits du palmier à huile étaient devenus des matières premières stratégiques et de haute importance[3]. Ainsi, les produits du palmier à huile du Dahomey (surtout l'huile de palme et les palmistes) et bien d'autres matières premières devaient être acheminés vers la France, transformés et revendus au Dahomey sous forme de produits finis, avec d'autres denrées également : c'est l'économie de traite dont les principaux acteurs furent les maisons de commerce et quelques traitants particuliers autochtones comme étrangers.

Selon le géographe Jean Dresch, théoricien et critique du système de l'économie de traite, cité par Elikia M'Bokolo, « la traite consiste donc à rassembler et drainer vers les ports les produits du pays qui sont exportés bruts, à répartir en échange les produits fabriqués »[4]. Dans ce système, le colonisateur imposait les cultures en fonction de ses besoins : là où ces produits existaient déjà, il exigeait un accroissement de la production ; là où les produits voulus n'étaient pas cultivés, il les imposait aux agriculteurs grâce au système des cultures obligatoires ou plus simplement par l'intermédiaire de l'impôt qui contraignait le producteur à entrer dans le circuit de l'économie monétarisée[5].

Au Dahomey fut donc exigé un accroissement de la production du palmier à huile, une plante abondamment cultivée bien avant l'intervention coloniale française. L'économie de traite, un nouveau type d'économie ayant émergé à la suite du démantèlement de l'économie domestique précoloniale, ne pouvait se mettre en marche sans des infrastructures de communication plus importantes que les simples pistes et sentiers. C'est ce que traduit à merveille cette affirmation extraite d'un document anonyme intitulé *Note sur l'organisation et le fonctionnement du Service des Travaux publics au Dahomey* :

> Pour que les produits dahoméens : huile de palme et palmistes, café, coton, arachides, kapok, karité, ricin puissent se vendre aux meilleures conditions pour le producteur, il est nécessaire de réduire au minimum le prix de

---

[1] Cette expression forgée par les Allemands traduit mieux que toute autre la réalité que recouvre le phénomène colonial.

[2] C'est la notion d'économie de prédation qui a précédé celle de l'économie de traite.

[3] Lire pour plus de détails l'excellent article "Marseille choisit de sacrifier le roi : la part du marché dans la chute de Gbêhanzin (1875-1898)" de S. Sotindjo paru dans *Imo-Irikisi n°1*, juillet 2009, La revue des Humanistes du Bénin, Faculté des Lettres, Arts et Sciences Humaines.

[4] E. M'Bokolo, *Afrique noire. Histoire et civilisations*, Tome II *XIXe-XXe siècles*, Paris, Hatier, 1992, p. 364.

[5] *Ibid.*

transport de ces produits, donc de posséder un réseau ferroviaire et routier excellent[1].

Mieux, on lit dans *Le Dahomey*, un document publié à l'occasion de l'exposition coloniale internationale de 1931, ce qui suit :

> Le problème routier et ferroviaire domine toute l'économie des pays neufs ; de la solution qui lui est donnée dépend leur développement. L'intensification de la production ne peut, en effet, se concevoir sans voies de communication permettant l'acheminement facile et rapide des produits vers les ports d'embarquement[2].

De ces différentes citations, il ressort clairement que la mission première des voies de communication ouvertes par le colonisateur est de desservir les zones productrices et les marchés. Ceci revient à dire que selon l'idéologie coloniale, une région qui n'a rien à apporter au colonisateur n'était pas censée bénéficier de routes. De ce point de vue, trois principaux axes commerciaux régionaux ont été identifiés au Dahomey. Le premier dessert le bassin de l'Est qui embrasse, sur la rive gauche de l'Ouémé, toute la zone frontalière du Nigeria, avec Zagnanado, Kétou, Pobè, Adjohoun, Sakété, Porto-Novo, le chef-lieu de la colonie comme principaux centres. Cet axe offre à l'activité des commerçants, des coloniaux et des agriculteurs d'immenses palmeraies, des champs de maïs, de manioc, d'arachides, etc. En tant que zone productrice importante, cette région est traversée, non seulement par une voie ferrée, l'Est-dahoméen[3], mais également par de nombreuses routes aboutissant toutes à Cotonou, donc au wharf, à partir de Porto-Novo. C'est le cas de la route Porto-Novo-Cotonou (une partie de la piste intercoloniale Togo-Nigeria) qui a mission de drainer les produits de la riche région de l'Ouémé vers le point d'exportation, le wharf. À cette artère se joint la route Porto-Novo-Sakété desservant l'un des greniers de la colonie en maïs. C'est la raison pour laquelle le trafic des camions y était intense et particulièrement en période de traite de maïs. La route Porto-Novo-Sakété se prolonge jusqu'à Kétou et même Savè, charriant toutes les productions des localités traversées vers le wharf.

L'importance évidente de la route Porto-Novo-Sakété-Pobè-Kétou tant au point de vue économique que politique a conduit les autorités coloniales à vite penser à son empierrement. En effet, le seul tronçon Pobè-Kétou (9 m de plateforme, dont 6 m de chaussée empierrée) sert à l'évacuation, en 1932, de 14 000 t de maïs, 2 000 t de coton, entre autres. Cette route est indispensable au point de vue économique, ce d'autant plus que le projet de prolongement du rail sur Kétou a été abandonné[4]. En clair, cette route permettait de drainer sur Pobè les produits de la région de Kétou et même de la zone anglaise

---

[1] ANB, Série K1-1, *Note sur l'organisation et le fonctionnement du Service des Travaux publics au Dahomey*, Cotonou, le 27 janvier 1937.

[2] Exposition coloniale internationale de 1931, Gouvernement général de l'AOF, *Le Dahomey*, Paris, Société d'éditions géographiques, maritimes et coloniales, 1931, pp. 84-85.

[3] Construite entre 1905 et 1913, cette ligne a une longueur totale de 81 km.

[4] ANB, série K5-3, Correspondance du Commandant de cercle de Holli-Kétou au Gouverneur, Pobè, le 25 octobre 1932.

limitrophe qui n'a guère de débouché[1]. Dans la même aire, il y a la route Irocogny[2]-Idigny dont le but est de desservir le marché d'Idigny et par cela, drainer les produits de toute cette région, Illikimoun et Isselou compris.

Il y a aussi la route Adjohoun-Affamè-Bonou-Ouinhi-Zagnanado en terrain inondé de juillet à novembre, mais qui enregistre un trafic assez important en saison sèche. Cette route part de Porto-Novo, en passant par Dangbo : c'est le tronçon Porto-Novo-Dangbo-Adjohoun (35 km) qui a une largeur de chaussée variant entre 6 et 7 mètres et est ouvert à une circulation dense durant toute l'année. Mais cette voie permet surtout de desservir les marchés d'Adjohoun et d'Azowlissè où se concentrent de nombreuses denrées produites dans cette riche vallée, puisque le trafic y est particulièrement important le jour d'animation de ces marchés.

Le deuxième axe dessert le bassin du centre qui est le fruit de la fusion du nord-ouest et du nord-est de la colonie dont l'ensemble de la production converge vers Dassa-Zoumè. Ces régions sont sillonnées par deux routes intercoloniales : la route de l'Est et la route de l'Ouest qui traversent des régions riches en produits divers : karité (beurre et amandes), néré, kapok, peaux, coton, arachides, sésame, sisal, volaille (coqs, poules, canards, pintades, pigeons, etc.), cochons, moutons, brebis, chèvres, cabris, transportés par les soins du Service Automobile pour l'exportation. Les deux voies se joignent à Dassa-Zoumè pour former la grande route qui dessert tout le centre du Dahomey et qui descend vers Cotonou, la cité-réceptacle ou plutôt la ville de transit. Ces deux routes intercoloniales font également du Dahomey l'exutoire naturel des colonies du Niger et de la Haute-Volta qui y font transiter leurs marchandises en direction de la métropole. La route de l'Ouest a également mission de desservir les zones frontalières voisines du Togo, très peuplées, au bénéfice du commerce. Depuis 1930 au moins, ces deux voies sont reliées par quelques transversales. Avec la construction de ces voies, le colonisateur a réalisé son vœu de soustraire le Haut-Dahomey du commerce intra-africain qui se faisait entre les pays du Soudan-nigérien, le Borgou et les régions de la moyenne Volta, de Gondja et de Salaga en Gold Coast, pour réorienter les circuits commerciaux de l'intérieur vers l'océan au sud[3].

Le Commandant de cercle de Savè a souhaité dès 1916, relier le « gros centre de Ouèssè » à la route du Niger par l'intermédiaire d'une ancienne route de 4 m de large et longue de 20 km qu'il fallait juste améliorer et rendre automobilisable, afin de désenclaver la région de Ouèssè qui est la plus peuplée du cercle de Savè et aussi la plus riche en produits (karité, coton et plus tard du ricin). Ceci permettrait au Service Automobile d'y trouver un

---

[1] *Ibid.*

[2] Localité actuellement connue sous le nom de Obatédo sur la route Kétou-Illara.

[3] E. F. Atadé, *Puissance publique et politique de transport au Dahomey (1946-1975)*, Mémoire de maîtrise en Histoire, Université nationale du Bénin, Abomey-Calavi, 2000, p. 25.

important fret[1]. Une preuve supplémentaire que les routes coloniales ciblaient bien les zones à desservir.

Dans le cercle de Savalou, précisément dans la subdivision de Savè[2], des pistes ont été réalisées dans le canton de Kilibo pour l'évacuation de produits comme le ricin, les arachides, le tabac. Dans le cercle de Djougou, la voie dite "chaussée de la Kara" assurait l'évacuation des produits, notamment le ricin vers le sud.

Le troisième axe dessert le bassin de l'Ouest qui englobe une partie du cercle d'Abomey (Aplahoué) et le dépasse même vers le Nord, au-delà d'Agouna, tout le bassin du Mono, une partie du cercle de Ouidah. Le point d'aboutissement de cet axe est Grand-Popo. De nombreuses routes traversent ces régions au fort potentiel agricole : le palmier à huile, le manioc, le maïs... constituent des denrées abondamment produites dans lesdites régions. C'est le cas de la transversale Aplahoué-Abomey-Bohicon-Zagnanado-Kétou qui, dans le Mono, descend jusqu'à Comè. Le bassin de l'Ouest est également relié à Cotonou par la piste intercoloniale Togo-Nigeria. Ceci vient confirmer que le réseau était branché sur le wharf de Cotonou. Il était, par conséquent, extraverti, c'est-à-dire tourné vers l'Europe, notamment la France. Ce réseau routier ne saurait donc servir autant les intérêts de la colonie que le clamaient les autorités coloniales.

---

1 ANB, Série K11-2, Colonie du Dahomey, Cercle de Savè, Correspondance n° 83 du Commandant de cercle au Gouverneur, Savè, le 29 avril 1916.

2 Savè a cessé d'être un cercle pour devenir une subdivision du cercle de Savalou, après la réforme territoriale mise en œuvre à la suite des difficultés liées à la crise économique de 1929, et qui a réduit le nombre total de cercles dans la colonie.

<u>Croquis cartographique n° 1</u> : La palmeraie dans le Bas-Dahomey

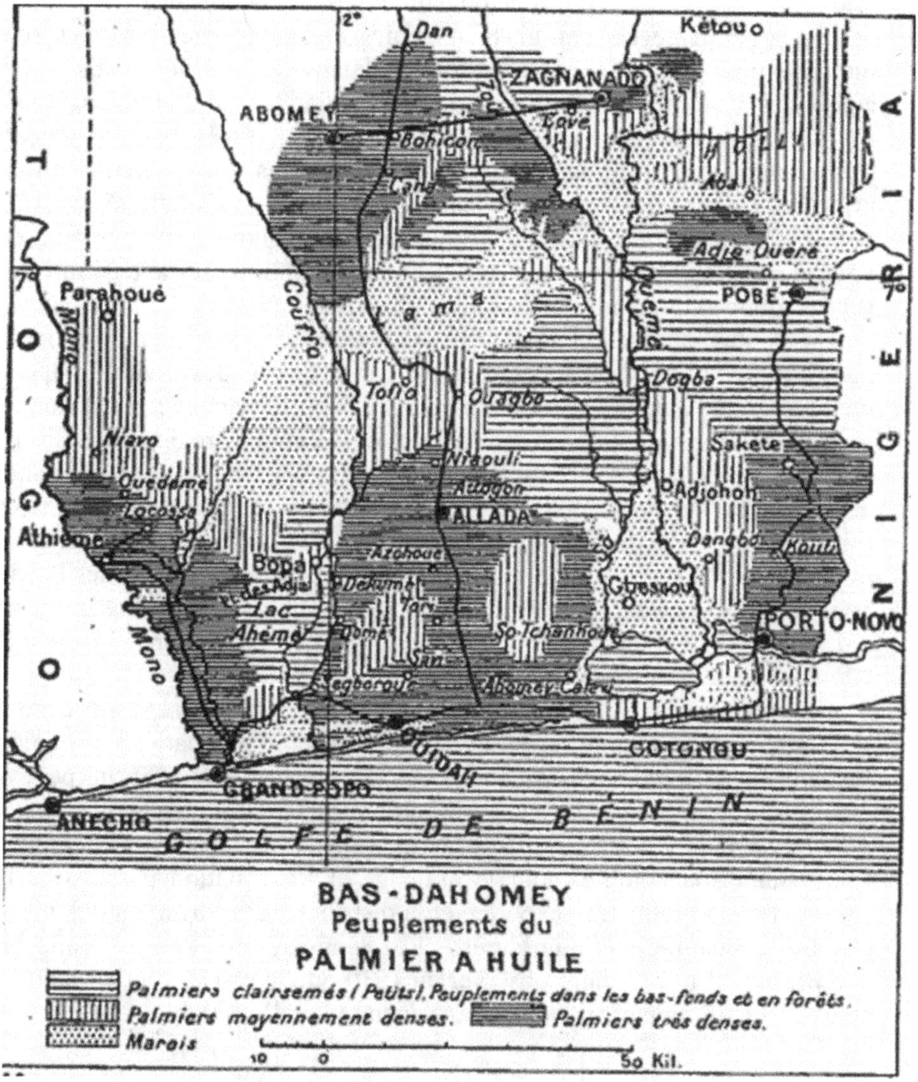

Source : J. F. Reste, *Le Dahomey. Réalisations et perspectives d'avenir*, Paris, Publications du Comité de l'Afrique française, 1934, p. 84.

L'observation de ce croquis permet de tirer des conclusions sans équivoque : les principales régions desservies par les voies de communication, aussi bien la route que le rail sont les bassins palmifères. On y distingue nettement quatre grandes zones de palmeraies très denses : le Sud-Est, de Porto-Novo, le chef-lieu de la colonie jusqu'à la latitude de Sakété et puis dans le périmètre d'Adja-Ouèrè ; il y a ensuite la région d'Abomey, Bohicon jusqu'à Dan et Zagnanado ; c'est aussi le cas de la zone comprise entre

Abomey-Calavi et Niaouli, jusqu'à Sègbohoué et Dékanmè ; enfin, l'extrême Sud-Ouest est la quatrième zone de palmeraies très denses. En 1945, tous ces bassins sont desservis par plusieurs voies de communication : des routes intercoloniales (Togo-Nigeria, Cotonou-Malanville), de nombreuses routes coloniales et toutes les branches du chemin de fer (le Central dahoméen, l'ABZ[1], l'Est-dahoméen et l'Ouest-dahoméen). Ces voies de communication traversent aussi des bassins palmifères secondaires qui jouxtent les quatre principaux dont nous venons de parler. Les routes ont ainsi été construites pour l'évacuation de cette production de palmier à huile. On comprend donc pourquoi le Bas-Dahomey, le paradis du palmier à huile sur le territoire, avait la plus grande concentration de routes du territoire.

Des routes innervaient également les régions où s'animaient d'importants marchés. La route Aplahoué-Abomey par exemple desservait l'important marché d'Azovè et était reliée au marché de Tchikpé par une route de moindre importance, mais également carrossable, desservant la région de Lalo. Il en est de même de la route reliant Bopa à la région des Sahouè. Le Commandant de cercle du Mono a privilégié cette route qui, selon lui, « favoriserait certainement le développement économique de cette région et donnerait une importance plus grande au marché de Bopa, lieu de rendez-vous des Pedah et Sahouè qui y apportent les produits du pays »[2]. C'est aussi le cas de la route qui reliait le marché d'Azovè, le plus gros de la région d'Aplahoué à Klouékamè et qui a été refaite depuis 1919[3].

Cependant, l'essentiel des routes du Dahomey était branché sur Cotonou, ville devenue le nœud, le carrefour des voies de communication de la colonie. Et dans sa contexture, le réseau routier dahoméen traduit, on ne peut plus clairement, l'intention affichée du colonisateur de relier entre eux les principaux points côtiers puis ces derniers avec les localités principales de l'intérieur de la colonie, pour le drainage et l'évacuation par le wharf de Cotonou de la production exportée et la distribution, à travers la colonie, des produits manufacturés importés. Le Gouverneur Reste avait alors complètement tort de faire observer en 1930 que le réseau routier dahoméen avait été établi un peu au hasard, sans aucun plan d'ensemble[4].

---

[1] Il s'agit de la ligne Abomey-Bohicon-Zagnanado, démantelée à partir de 1946.

[2] ANB, Série K3-7, Colonie du Dahomey, Cercle du Mono, Correspondance du Commandant de cercle au Lieutenant-gouverneur, 5 septembre 1910

[3] ANB, Série K5-1, Colonie du Dahomey, Cercle du Mono, Correspondance n° 133 du Commandant de cercle au Gouverneur, Athiémé, le 10 septembre 1919.

[4] *JOD n° 22* du 15 novembre 1930, p. 642.

Croquis cartographique n° 2 : Courants d'évacuation des produits au Dahomey

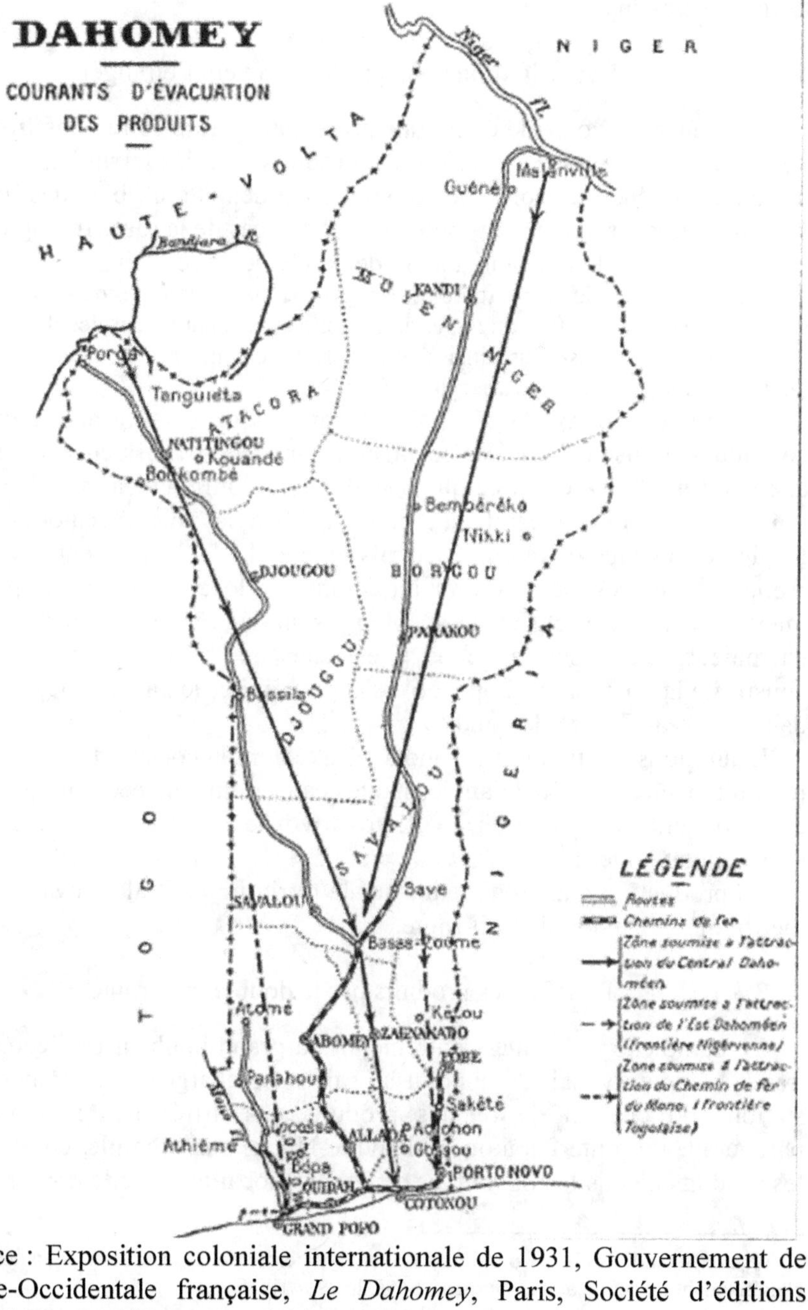

Source : Exposition coloniale internationale de 1931, Gouvernement de l'Afrique-Occidentale française, *Le Dahomey*, Paris, Société d'éditions géographiques, maritimes et coloniales, 1931, p. 85.

Si les routes avaient pour mission de desservir les zones productrices et les marchés, c'était aussi pour éviter l'évasion de la production locale vers les territoires voisins.

3.3.1.2. Éviter la fuite de la production vers l'étranger

L'absence de voies de communication dans certaines régions frontalières de la colonie entraînait l'évasion des produits vers les territoires voisins, ce qui était nuisible à l'économie coloniale. Au demeurant, bien des routes ont été réalisées pour pallier ce problème. C'est le cas de la route Irocogny-Idigny au sujet de laquelle le Commandant de cercle de Savè écrivait :

> Si nous ne la faisions pas, toute cette région ne manquerait pas de subir l'attraction de Méko, centre important du Nigeria, qui est desservi par un service d'automobiles, et peut-être arriverons-nous ainsi à fixer définitivement chez nous cette population dont l'attitude n'a fait que varier jusqu'à présent[1].

La région d'Aplahoué par exemple qui avait, au départ, des communications difficiles avec la côte était sous l'influence du territoire allemand du Togo. C'est ce qui a amené le colonisateur à rattacher par une voie cette région au cercle d'Abomey. C'est la voie Aplahoué-Abomey-Bohicon-Zagnanado-Kétou. L'établissement de la liaison entre Lonkly et Abomey était destiné à fournir au commerce local l'igname, le piment, le maïs, les calebasses et surtout le coton jusque-là (1919) dirigés chaque année en majeure partie sur le Togo[2]. C'est dans une logique similaire qu'a été construite la voie Grand-Popo-Lokossa pour éviter le passage des oléagineux dahoméens au Togo allemand.

Examinons enfin la route Tohouè-Kraké dont la construction a permis à la région d'aspirer, sauf pendant les hautes eaux, à une vie économique normale et de ramener en direction de Porto-Novo des produits qui, très souvent, passaient au Nigeria[3].

La production ainsi maintenue sur le territoire était alors évacuée vers la métropole par le doublet rail-route.

3.3.1.3. Évacuer les produits par le doublet rail-route

Le complexe rail-route s'entremêlait au grand bonheur de l'économie de traite. La route venait en appoint au rail et se chargeait de drainer vers les stations du chemin de fer les produits des différentes régions qu'elle parcourait. La route Parakou-Malanville-Niger, par exemple, convoyait tous les produits depuis le Niger et les différentes localités qu'elle traverse jusqu'à

---

[1] Voir ANB, Série K11-2, Colonie du Dahomey, Cercle de Savè, Correspondance n° 83 du Commandant de cercle au Gouverneur, Savè, le 29 avril 1916.

[2] ANB, Série K5-1, Colonie du Dahomey, Cercle du Mono, Correspondance n° 133 du Commandant de cercle au Gouverneur, Athiémé, le 10 septembre 1919.

[3] ANB, série K5-7, Chef de la subdivision Banlieue, *Notice économique route Tohouè-Kraké*, Porto-Novo, le 16 mai 1953.

Parakou où le train prenait le relais jusqu'au wharf. C'est par le même circuit que les produits métropolitains débarqués au wharf rejoignent le Niger (alcool sous diverses formes : gin, rhum, vin, les tissus, etc.).

De même, la route de l'Ouest par Savalou rejoignait le rail à Dassa-Zoumè. Après que l'essentiel du trafic de cette route a été détourné de Savalou vers Tchaourou, c'était toujours pour rejoindre le rail. Les produits du nord-ouest dahoméen, de la Haute-Volta et du nord Togo étaient alors acheminés par ce canal vers le rail pour la destination finale du wharf cotonois. Il n'est plus à rappeler que la mission essentielle du Service Automobile était d'ailleurs d'assurer la coordination entre le rail et la route dans le Haut et le Moyen Dahomey. On constate que cette coordination a été hautement bénéfique pour l'économie de traite. En témoignent ces chiffres qui traduisent l'évolution des tonnages de produits exportés par le wharf : en 1927, le Dahomey a exporté 48 249 tonnes d'amandes de palme contre 26 371 en 1913 et 18 226 tonnes d'huile de palme en 1927 contre 7 971 en 1913[1]. Ces chiffres sont éloquents, car, ils n'ont pas été obtenus sans le concours de la route. La route a suffisamment contribué à l'essor du trafic du wharf et donc au commerce extérieur dahoméen. À défaut de chiffres précis sur l'ensemble du trafic routier concernant le transport de marchandises, on peut se contenter des données du wharf pour apprécier la complémentarité rail-route dans l'évacuation des produits dahoméens. Le tableau ci-après expose les données relatives au trafic du wharf de Cotonou entre 1935 et 1945.

Tableau n° 13 : Trafic du wharf en tonnage et en indices (1935-1945)

1938 = 100

Années	Importations	Exportations	Trafic	Trafic en indices
1935	29 020	65 630	94 650	72
1936	46 376	87 414	133 790	102
1937	50 782	90 728	141 510	108
1938	37 732	93 152	130 884	100
1939	41 289	109 478	150 767	115
1940	13 975	56 994	70 969	54
1941	13 937	85 443	99 380	76
1942	14 455	66 246	80 701	62
1943	13 464	51 878	65 342	50
1944	20 495	51 920	72 415	55
1945	15 489	50 922	66 411	51

Source : E. F. Atadé, *op. cit.*, 2000, p. 23.

[1] E. F. Atadé, *op. cit.*, 2000, p. 22.

Nous constatons que le trafic a connu une croissance jusqu'au déclenchement de la Seconde Guerre mondiale qui a agi négativement sur son essor. La période de croissance (1935- 1939) correspond justement au moment où les infrastructures de transport (rail, routes et wharf) étaient en plein développement avec la mise en œuvre du plan de mise en valeur d'après-guerre. L'amélioration de ces infrastructures a subséquemment entraîné un essor du trafic, après avoir favorisé l'extension des maisons de commerce dont les premières se sont installées depuis le XIXe siècle pour la traite des produits du palmier à huile. En effet, les maisons de commerce parmi lesquelles Victor Regis, Fabre, Lasnier, Daumas et Lartigue ont été les premières à s'installer sur le territoire, précisément à Ouidah, Agouè, Grand-Popo, et plus tard à Porto-Novo. L'ouverture du wharf les attira à Cotonou, en même temps que l'installation de nouvelles maisons s'intéressant à bien d'autres activités, en dehors de la traite des produits du palmier à huile. C'est le cas de Mante, Layet de Gascaud, Armandon, John Holt, Swansea et bien d'autres encore parmi lesquelles certaines s'établirent à Porto-Novo. En 1927 par exemple, on dénombrait au Dahomey cinq maisons de commerce anglaises et vingt-six françaises[1]. Au fur et à mesure que les voies de communication s'amélioraient dans la colonie, les maisons de commerce ouvraient des succursales à l'intérieur pour se rapprocher davantage des lieux de production de ce qu'elles exportaient. La route a donc joué un rôle-clé dans l'extension des maisons de commerce installées au Dahomey.

Au-delà de son importance économique, la route joua aussi un éminent rôle politique et social dans cette colonie du Dahomey.

3.3.2. Des mobiles socio-politiques

Les routes permettaient au colonisateur de toucher les coins les plus reculés de la colonie afin d'y exercer sa mainmise. Mais quelques routes étaient tracées dans le seul but de désenclaver des régions afin de sortir leurs populations de l'isolement.

3.3.2.1. La nécessité de mieux contrôler la colonie

« Les routes constituent un des principaux facteurs de l'expansion coloniale. Des liaisons rapides et sûres sont indispensables pour permettre une bonne administration »[2]. Cette affirmation du Ministre français des Colonies traduit fort bien l'importance politique des infrastructures routières. En effet, le colonisateur avait besoin d'accéder à tous les points de la colonie pour asseoir sa domination. Surtout qu'au tout début de la colonisation, il y avait beaucoup de zones insoumises.

---

[1] A. Houémavo Grimaud, *op. cit.*, 1984, p. 164.

[2] ANB, Série K22, Circulaire n° 207 adressée par le Ministre des Colonies aux gouverneurs généraux, gouverneurs et commissaires de la République, Paris, le 16 février 1932.

Il est vrai que la reddition de Béhanzin en janvier 1894 consacra la victoire française sur le Danxomè et eut comme conséquence directe la création, le 22 juin 1894, de la colonie du "Dahomey et dépendances", une entité politique qui s'est progressivement étendue jusqu'au fleuve Niger. Mais il est aussi vrai que tout ce territoire ne s'est pas laissé subjuguer de la même manière et à la même période. En effet, des soulèvements ont été observés chez les Holli en 1915, à Sèmèrè en janvier 1916, chez les Baatombou sous la conduite de Bio Guerra en septembre 1916, dans l'Atacora avec Kaba en 1917, chez les Sahouè, à Hêtin-Sota en 1919. Des troupes étaient alors envoyées dans ces régions pour des opérations de "pacification". Ces troupes empruntèrent des routes. Les routes permirent alors au colonisateur d'être présent dans tous les coins du territoire et d'y étendre effectivement sa domination. Les administrateurs coloniaux étaient présents dans les localités les plus insoupçonnables de la colonie, ce qui les mettait en contact permanent avec les populations qu'ils administraient. D'ailleurs ces « fonctionnaires de brousse » avaient pour mission d'utiliser la main-d'œuvre prestataire pour tracer autant que faire se pouvait des pistes. Et ils l'ont fait puisqu'au départ, le tracé des pistes au Dahomey a d'abord été leur œuvre avant que les services compétents comme le Service des Travaux publics ne prennent le relais.

En un mot, la puissance colonisatrice perçut très tôt l'importance des infrastructures de transport, en l'occurrence les routes, pour assurer sa mainmise sur le territoire qu'elle avait assujetti. Aussi fera-t-elle feu de tout bois pour doter le Dahomey de ces routes indispensables pour elle. Mais il n'y avait pas que les motifs économiques ou politiques qui guidaient le colonisateur dans la construction des routes.

3.3.2.2. Les raisons sociales

Il est arrivé que le pouvoir colonial favorise la construction de routes ne présentant pas d'intérêt économique ou politique, mais destinées à améliorer les conditions sociales des colonisés. Il ne s'agit point-là de philanthropie de la part du colonisateur, tant s'en faut. Ces rares réalisations à caractère social visent surtout à placer le colonisé dans une bonne disposition d'esprit afin de mieux l'exploiter à d'autres fins.

Dans le cercle de Porto-Novo par exemple, suivant un inventaire réalisé par l'administration coloniale sur les voies de communication, pendant que la route Cotonou-Porto-Novo-Sakété-Pobè, vers le Nord a une importance économique notée à 20/20, une importance politique à 20/20 et une importance stratégique également à 20/20, et la route Sakété-Ifangni-Igolo est notée à 18/20 quant à son importance économique, 15/20 pour l'importance politique et 20/20 pour l'importance stratégique – pour nous limiter à ces deux exemples –, une route comme celle de Zounta à Katagon est notée à 9/20 pour l'importance économique, 8/20 pour l'importance politique et 8/20 pour l'importance stratégique, et la circulation y est peu importante. Cette route sert simplement à désenclaver les régions concernées. C'est aussi le cas des routes Banigbé-Gblogblo, Gblogblo-Kouti, Dangbo-Hêtin, Hêtin-Dèkin, chacune notée à 8/20 pour les trois catégories[1]. Le trafic y est aussi très faible.

Dans le cercle de Djougou, la piste dite "chaussée de la Kara" a aussi pour objet d'assurer en toute saison la circulation entre Dompago-Sèmèrè et Alédjo-Pénéssoulou (évitant un détour par Bodi-Djougou), et consiste en un radier submersible franchissant la rivière Kara. Elle intéresse directement les populations des cantons de Sèmèrè, Dompago, Alédjo et leurs relations avec le nord Togo.

L'essentiel de ces routes à vocation sociale fut construit pour satisfaire une demande directe des populations locales. La collectivité villageoise de Kraké a, par exemple, adressé au Gouverneur une correspondance pour solliciter le concours de l'administration en vue de la création d'une piste automobilisable reliant Tohouè à Kraké (4,3 km). La population s'est montrée prête à participer en numéraire (200 000 F mobilisés par la société indigène de prévoyance de Porto-Novo Banlieue) et en nature, à travers la main-d'œuvre[2]. De la même manière, les populations ont longtemps réclamé la construction de la route Ouidah-Sègbohouè, avant que le Commandant de cercle de Ouidah n'en parle au Gouverneur dans sa correspondance du 1er décembre 1909 dans laquelle il précisait qu'un crédit de 375 F allait suffire pour faire le travail[3].

La route constitue donc un véritable outil de brassage des peuples, des populations. C'est ce que confirme cette affirmation : « La route est toujours, dans les pays neufs, créatrice d'un type social nouveau ; en facilitant les courants commerciaux, elle provoque des contacts plus fréquents, des relations plus suivies, des échanges d'idées »[4]. On peut également lire, pour renforcer l'idée, cette affirmation, certes exagérée, mais détenant tout de même une part de vérité :

> À notre arrivée dans le pays [...], le Sud et le Nord Dahomey formaient, sinon administrativement du moins en fait, deux pays distincts ayant peu de relations l'un avec l'autre et vivant dans un isolement fâcheux du double point de vue politique et économique[5].
>
> [...] Aujourd'hui, une évolution très nette se poursuit ; les hommes de races différentes entrent plus volontiers en relations. Il se fait un brassage entre

[1] ANB, série K10-4, Inventaire des voies de communication et pistes du cercle de Porto-Novo (Circulaire n° 0275 APA du 18 octobre 1941).

[2] ANB, série K5-7, Correspondance du président de la société indigène de prévoyance de Porto-Novo Banlieue au Gouverneur, Porto-Novo, le 6 juin 1953.

[3] ANB, série K6-2, Correspondance du Commandant de cercle de Ouidah au Gouverneur du Dahomey et Dépendances, Ouidah, le 1er décembre 1909.

[4] Gouvernement Général de l'Afrique occidentale Française, Exposition coloniale internationale de 1931, *Le Dahomey*, Paris, Société d'Éditions géographiques, 1931, p. 52.

[5] Il est indubitable que ces propos sont gorgés de préjugés racistes et sont largement hyperboliques. En effet, il est aujourd'hui connu que s'il n'y avait pas de relations chaleureuses entre le nord et le sud du territoire, il est également reconnu que ce n'était pas le mur absolu entre les peuples. Puisqu'au plus fort de la traite des Noirs par exemple, des marchands *haoussa* ou *bariba* allaient vendre des esclaves aux *Danxomènou*.

les divers groupes ethniques. Le progrès économique transforme le pays. Cette transformation, provoquée en grande partie par l'effort considérable réalisé dans l'aménagement des voies de communication, a pour résultat de faire disparaître l'isolement des populations, de mélanger les tribus et de substituer à des groupements de race des groupes de territoires ayant des intérêts économiques identiques et poursuivant les mêmes buts[1].

C'est dans le même ordre d'idées que s'inscrivent ces propos du Gouverneur Reste à l'occasion de l'inauguration de la route Cotonou-Porto-Novo le 10 novembre 1930 : « Les routes, porteuses de peuples, unissent et maintiennent. Elles conditionnent le progrès économique et social »[2].

En effet, en désenclavant des régions, les routes les sortent de l'isolement, créant ainsi des contacts faciles entre des populations qui vivaient alors chacune de leur côté. Ce faisant, les routes leur font prendre davantage conscience de leur appartenance à un même territoire. De ce point de vue, la route devient un outil de renforcement des liens entre les populations.

Il convient de retenir, à la fin de cette première partie de l'étude, qu'entre 1913 et 1945, le réseau routier du Dahomey colonial était déjà mis en place. La volonté de mieux asseoir sa domination sur ces terres nouvellement conquises, aux fins de les exploiter au mieux de ses intérêts, avait amené le colonisateur à tracer – bien souvent sur la base de routes existant avant son arrivée sur le territoire – des voies permettant une liaison entre les chefs-lieux de cercle et les principales localités, particulièrement les zones de production.

Pour réaliser ces infrastructures routières dont aucune n'était bitumée jusqu'en 1945 – au mieux, les plus importantes étaient empierrées – la puissance colonisatrice s'est appuyée sur les emprunts, le Budget local, les caisses de réserve, alimentés par les contribuables colonisés eux-mêmes à travers divers impôts et taxes institués. La maigreur de ces moyens financiers était suppléée par le travail forcé utilisé à fond pour la réalisation des routes et pistes dans toute l'AOF et l'AEF. Ceci revient à dire que toute l'infrastructure érigée dans les colonies jusqu'en 1945 était réalisée sur financement des colonies elles-mêmes, conformément aux prescriptions de la loi de finances de 1900.

Au lendemain de la Seconde Guerre mondiale, l'introduction d'une nouvelle loi de finances entraîna un changement dans la politique économique de la France dans ses colonies, avec pour conséquence, une modernisation des infrastructures de transport dont les routes. Nous nous sommes intéressé à ces questions dans la seconde partie de cette étude.

---

[1] Gouvernement Général de l'Afrique Occidentale Française, Exposition coloniale internationale de 1931, *op. cit.*, 1931, p. 52.
[2] *JOD n° 21* du 1er novembre 1930, p. 640.

DEUXIÈME PARTIE

LES ROUTES AU DAHOMEY/BÉNIN, DU FIDES A LA FIN DU RÉGIME RÉVOLUTIONNAIRE (1946-1990)

CHAPITRE 4 : INVESTISSEMENTS DU FIDES DANS LE SOUS-SECTEUR ROUTIER (1946-1960)

Au lendemain de la Seconde Guerre mondiale, la France a été obligée d'abandonner son ancienne politique économique qui lui faisait éviter soigneusement tout investissement dans ses colonies, au profit d'une nouvelle politique définie par la loi de finances du 30 avril 1946. Le Fonds d'investissement et de développement économique et social des Territoires d'Outre-Mer (FIDES)[1] fut donc institué pour permettre à l'État français de mettre à la disposition de son empire colonial des crédits à des conditions beaucoup plus avantageuses que les emprunts qui ruinaient les budgets locaux. Dans ce cadre, le secteur routier dahoméen a bénéficié d'importants investissements, comparaison faite avec la situation qui prévalait auparavant. Ces investissements ont permis au Dahomey d'assurer la modernisation de son réseau routier, en enregistrant, au lendemain de la Seconde Guerre mondiale, ses premières routes bitumées. Mais, en réalité, la France fut le plus gros bénéficiaire des investissements du FIDES, à travers ses sociétés et tout le dispositif financier mis en place.

4.1. Nouvelle politique d'investissement de la France

La prise d'une nouvelle loi de finances en 1946 engendra la mise en place du FIDES et de la Caisse centrale de la France d'Outre-Mer (CCFOM), et un accroissement des investissements dans les infrastructures routières.

4.1.1. La loi de finances du 30 avril 1946 : les raisons du changement

La Seconde Guerre mondiale introduisit une nouvelle ère dans les relations internationales, notamment entre métropoles et colonies. En effet, la participation des Africains colonisés à la guerre aux côtés de leur métropole a entraîné l'écroulement du mythe de l'invincibilité de l'homme "blanc" aux yeux du Noir. Ce dernier a donc compris que le Blanc, son oppresseur, n'était rien moins qu'un homme, au même titre que lui et qu'il était temps de se battre pour se soustraire à la domination de son semblable.

Mieux, la Seconde Guerre mondiale favorisa l'émergence de deux superpuissances opposées au fait colonial pour des raisons différentes : l'Union soviétique qui, pour des raisons idéologiques, était franchement du côté des nationalistes, et les États-Unis dont le soutien apparent aux colonisés se manifestait au gré de leurs intérêts économiques. Dans le même temps, l'ONU, nouvellement créée, se révélait être la tribune par excellence de l'anticolonialisme où, s'arc-boutant au principe du « droit des peuples à disposer d'eux-mêmes », les leaders progressistes des États indépendants

[1] À ne pas confondre avec le Fonds d'investissement des départements d'Outre-Mer (FIDOM) destiné aux départements d'Outre-Mer.

s'employaient à dénoncer le colonialisme et à revendiquer l'émancipation des peuples encore sous le joug colonial. Au point où au plan géopolitique, deux camps se formèrent à l'ONU : le « bloc colonial » (France, Belgique, Pays-Bas, Royaume-Uni) opposé au « bloc anticolonial » formé des pays latino-américains comme Cuba, et arabo-asiatiques (Égypte, Inde, Indochine, Chine…) soutenus par l'Union soviétique[1]. Tout ceci se passait à un moment où le vent des indépendances soufflait déjà sur l'Asie et où le panafricanisme avait le vent en poupe et gagnait de plus en plus de leaders nationalistes africains. Les bases de la décolonisation étaient donc jetées ; les revendications indépendantistes agitaient de plus en plus les empires coloniaux[2]. Rien ne pouvait plus être comme avant. Les puissances coloniales s'étaient retrouvées le dos au mur. Elles devaient lâcher du lest ou perdre leur empire. L'impulsion fut donnée par le Royaume-Uni qui rénova le *Colonial Development and Welfare Fund* en 1940 et mit en place des organismes de contrôle des grandes firmes[3].

En France, c'est d'abord le gouvernement de Vichy qui a pris conscience de la nécessité de changer de politique. C'est dans cette même logique que le général de Gaulle prit, avant même la fin du conflit, l'initiative de la conférence de Brazzaville (1944) où, loin de toute idée d'indépendance, la France libre a tout de même prévu d'accorder une certaine marge de liberté aux colonies après la guerre et de participer directement aux investissements outre-mer. Cela a été codifié par la constitution d'octobre 1946 créant l'Union française et qui, effectivement, consacra une avancée par rapport à la situation antérieure. Au plan politique, de nouveaux organes de pouvoir furent mis en place entre les colonies et la métropole, et les colonisés étaient mieux associés que par le passé à la gestion des affaires de leur pays[4].

Au plan financier, la France a compris que le maintien de la politique du non-investissement dans les colonies appliquée jusque-là en raison de la loi de finances du 13 avril 1900 ne ferait que fragiliser davantage sa présence dans ses colonies en ces moments où elle a le plus grand besoin desdites colonies pour se remettre des meurtrissures de la guerre. La métropole a donc réalisé tout l'intérêt qu'elle avait à changer de politique afin de retarder toutes velléités indépendantistes de la part de ses colonisés. Il fallait investir dans la "mise en valeur" des colonies pour les garder et les exploiter le plus longtemps

---

[1] Pour plus de détails, consulter S. Bernstein et P. Milza, *Histoire du vingtième siècle 1939-1953*, tome 2 : *La guerre et la reconstruction*, Paris, Hatier, 1987, pp. 262-263.

[2] On a enregistré la proclamation unilatérale d'indépendance faite par l'Indonésie et le Vietnam en 1945 pour empêcher tout retour de leurs métropoles vaincues et chassées par le Japon pendant la guerre. L'Inde, quant à elle, était à la veille de son indépendance.

[3] S. Sotindjo, *Cotonou, l'explosion d'une capitale économique (1945-1985)*, thèse de doctorat d'Histoire, Université Paris 7 Denis Diderot, Paris, 1995, p. 50.

[4] Pour plus de détails sur ces aspects, lire S. Sotindjo, op. cit., 1995, p. 48. et S. C. Anignikin, *Les indépendances africaines cinquante ans après : Nouveau regard sur le processus de décolonisation en Afrique noire*, Cotonou, Éditions Christon, 2013, 167 p.

possible. C'est la raison pour laquelle une nouvelle loi de finances fut prise le 30 avril 1946, et se substitua à celle de 1900, et ceci presque parallèlement au plan Monnet, lui-même élaboré pour permettre la modernisation et l'équipement de la France d'après-guerre.

Ce changement de politique économique de la France, loin d'être un acte de philanthropie ou d'altruisme, a plutôt été dicté par ses intérêts supérieurs. La métropole n'avait pas le choix : elle devait agir ou subir. Surtout qu'à l'époque, les Américains qui avaient lancé le plan Marshall pour permettre la reconstruction des pays alliés détruits par la guerre exigeaient des métropoles un changement dans leur politique coloniale. Alors, pour bénéficier des 2.2 milliards de dollars américains soit environ 212 milliards de francs CFA[1], la France devait se plier à ces exigences américaines[2]. Les conditions étaient donc réunies pour qu'un nouveau dispositif financier soit mis en place par la France en faveur des colonies.

4.1.2. Un nouveau dispositif financier : FIDES et CCFOM

Le plan de mise en valeur des colonies adopté au lendemain de la Seconde Guerre mondiale (1946) n'était pas en réalité une innovation, puisqu'il y a eu le projet de mise en valeur inspiré du plan Sarraut (1921) et le projet Maginot (1931). Mais ces projets n'ont guère comblé les attentes à cause de leur financement. La métropole ne voulant pas investir dans ses colonies, conformément à la loi de finances alors en vigueur, s'est appesantie sur les caisses de réserve où étaient accumulés les excédents budgétaires, mais aussi, et surtout sur l'emprunt dont Gaston Monnerville même a reconnu l'inefficience. La nouvelle politique d'investissement qui s'est imposée à partir de 1946, ayant réglé le problème de source de financement de la mise en valeur, a prévu dans sa mise en œuvre, la création d'institutions nécessaires à l'attribution et à l'utilisation des ressources budgétaires en dehors des règles ordinaires dont le cadre annuel ne pouvait se prêter à la planification sur une longue période[3].

Deux décrets furent pris en l'espace de quelques semaines : le décret du 5 juillet 1946 qui organisa le FIDES et celui du 16 octobre 1946 organisant les budgets spéciaux par territoire ou groupes de territoires pour l'exécution des plans d'équipement et de développement.

Le FIDES était alimenté, d'une part par une dotation du budget métropolitain, dont le montant était fixé chaque année par la loi de finances, d'autre part par des contributions des territoires intéressés. En effet, en dehors des contributions budgétaires qui passent, entre autres, par le prélèvement sur les caisses de réserve ou sur d'autres caisses locales comme les caisses de

---

[1] Taux de change de 1948.

[2] S. Taho, *Étude critique des plans de développement économique et social du Dahomey-Bénin (1946-1992)*, Mémoire de maîtrise d'Histoire, Université d'Abomey-Calavi, 2011, p. 9.

[3] J. Suret-Canale, *op. cit.*, 1972, p. 103.

soutien des cours de certains produits d'exportation notamment, il y avait des avances à long terme (25 ans), consenties par la Caisse centrale de la France d'Outre-Mer (CCFOM), à faible taux d'intérêt, 1% en principe, 2.2% en fait, compte tenu de la « commission » prélevée pour ces opérations.

Un nouveau décret, celui du 3 juin 1949 répartissait le champ d'action du FIDES et en fixait les normes de financement, en distinguant une section générale alimentée en totalité sur fonds d'État (90% sur le budget, 10% d'avances à long terme de la CCFOM), et des sections d'Outre-Mer, alimentées à raison de 55% sur fonds d'État, et à raison de 45% par les budgets locaux, au besoin sur avances de la CCFOM, remboursables en 25 ans, à 2.2% d'intérêts, le début du remboursement pouvant être différé pendant une période maximum de 5 ans à partir du versement. Cependant, la contribution du trésor français aux sections d'Outre-Mer évolua *crescendo* avec le temps : 75 % de 1954 à 1956 et 100% par la suite, tout au moins pour la production et les équipements sociaux. La croissance de la contribution française coïncidait avec la baisse de la quote-part des budgets locaux : 45%, 25% et 15.6%[1].

En tenant compte de la provenance des ressources du FIDES, on voit clairement que c'est le budget français qui y contribue le plus. C'est ce qui a poussé certains auteurs franco-français, manifestement acquis à la cause de la colonisation, à affirmer que le FIDES avait consacré le passage de l'économie de traite à une "économie de don"[2]. Mais cette thèse a été balayée du revers de la main par des esprits plus objectifs qui ont réussi à démontrer que les entreprises françaises ont plus bénéficié du FIDES que les colonies, ses destinataires. Nous y reviendrons en montrant que l'exécution des plans FIDES a été une grosse opportunité pour la France notamment à travers ses entreprises. Mieux, comme dans le cas des fonds d'emprunts, « les crédits du FIDES devaient être obligatoirement utilisés à des achats en zone franc, sauf dérogations exceptionnelles (fournitures inexistantes sur le marché français) » [3]. Dans tous les cas, l'argent investi par le trésor français retournait toujours en France par plusieurs canaux.

La section générale finançait les activités intéressant l'ensemble des territoires (éventuellement à la fois la métropole et les territoires d'Outre-Mer) : instituts de recherche, sociétés d'État ou sociétés mixtes ayant une activité étendue à l'ensemble des territoires. Les sections d'Outre-Mer (à l'échelle fédérale jusqu'en 1955, à l'échelle territoriale par la suite) finançaient les réalisations et activités à caractère local.

Le FIDES était géré par un comité directeur présidé par le Ministre de la France d'Outre-Mer et dans lequel se trouvaient trois représentants des ministères intéressés, c'est-à-dire ceux de la France d'Outre-Mer, des Affaires

---

[1] S. Sotindjo, *op. cit.*, 1995, p. 54.

[2] *Ibid.*

[3] J. Suret-Canale, *Afrique noire de la colonisation aux indépendances 1945-1960*, Paris, 1972, p. 107.

économiques et des Finances, deux représentants des services du plan, le directeur de la CCFOM, quatre parlementaires, deux personnalités « techniques » (généralement représentants des monopoles privés) désignés conjointement par les ministres de la France d'Outre-Mer et de l'Économie nationale. Les représentants du parlement (au demeurant nommés par le ministre) étaient minoritaires et aucune représentation des territoires intéressés n'était prévue. Ce qui revient à dire que les colonisés à qui était destiné le FIDES n'étaient guère impliqués dans son mécanisme, un peu comme la Conférence de Berlin (15 novembre 1884-26 février 1885) a statué sur la situation des Africains en leur absence ou encore la Conférence de Brazzaville (30 janvier-8 février 1944) à laquelle aucun colonisé n'avait été convié.

Ce système, compliqué à dessein, permettait sous des prétextes techniques d'échapper à tout contrôle parlementaire et à tout contrôle public sérieux. Il instaurait l'arbitraire d'un petit groupe de technocrates et de représentants des monopoles privés (souvent interchangeables) qui pouvaient répartir d'énormes crédits par priorité en fonction des intérêts des grandes affaires qu'ils représentaient directement ou indirectement[1]. Autour du FIDES se constitua donc une oligarchie qui exerçait un contrôle absolu sur les crédits, en l'absence de tout contrôle, à telle enseigne que :

> Les assemblées locales se plaignaient amèrement de se voir déposséder de leurs attributions budgétaires, les contributions obligatoires aux budgets spéciaux alimentés par le FIDES leur étant imposées sans possibilité de discussion [...]. Même les gouverneurs s'offusquaient d'être placés devant le fait accompli de programmes intéressant leurs territoires, et à propos desquels ils n'avaient pas même été consultés[2] !

Juridiquement, le FIDES était un simple compte de la CCFOM chargée de l'exécution matérielle des opérations d'équipement et de modernisation des TOM[3].

La CCFOM est l'héritière de la Caisse centrale de la France libre créée à Londres par ordonnance du 2 décembre 1941 dans le but de financer les actions de la France libre. L'objectif premier de la Caisse centrale de la France libre consistait à réunir les ressources nécessaires à l'activité du Comité de Londres et de ses organes dans les territoires ralliés ; de même, elle devait servir d'institut d'émission pour l'AEF et le Cameroun où circulaient jusque-là les billets et monnaies émis par la banque de l'Afrique occidentale, demeurée sous le contrôle de Vichy.

C'est donc cette caisse centrale qui évolua pour devenir la CCFOM, rôle dans lequel elle devait conserver son attribut particulier d'institut d'émission dans les territoires naguère contrôlés par la France libre (AEF et Cameroun)

---

[1] *Ibid.*, p. 106.

[2] *Ibid.*

[3] L'action du FIDES et de la CCFOM concernait tout l'empire français hormis les DOM, eux-autres financés par le FIDOM.

et devenir en même temps une institution de crédit incorporée aux mécanismes du FIDES. C'est en 1944 que cette mutation s'opéra grâce à l'ordonnance du 2 février 1944 et plus tard, la loi du 30 avril 1946 qui organisèrent et redéfinirent les compétences de la CCFOM. Les dotations votées par le Parlement français pour le compte du FIDES transitaient par la CCFOM.

À côté du FIDES et de la CCFOM, il existait des organes de contrôle, eux aussi rattachés au ministère de la FOM : le conseil du plan de modernisation et de l'équipement créé en 1946 pour le suivi de l'exécution des plans, la commission d'études et de coordination du plan institué par le décret du 30 janvier 1950 en vue de coordonner les services du plan et en faire le bilan d'exécution.

L'action conjuguée du FIDES et de la CCFOM a permis de réaliser d'importants investissements dans les colonies, en l'occurrence au Dahomey, dans des proportions jamais atteintes jusque-là. Les infrastructures de transport en général et la route singulièrement absorbèrent une part importante desdits investissements.

4.1.3. D'importants investissements dans les infrastructures routières (1948-1957)

À l'origine, il avait été prévu de mettre en œuvre des plans décennaux dans l'exécution du FIDES pour la période 1947-1957. Mais le décret du 11 décembre 1951 ramena de 10 à 4 ans la durée du plan et substitua au plan décennal deux plans quadriennaux. Pour Suret-Canale (1972), le premier plan s'étendit sur la période 1949-1952 et le second sur celle allant de 1953 à 1957[1] ; Taho (2011) lui, fait remonter le premier plan de 1948 à 1952[2]. Ces deux découpages diffèrent de celui de Sotindjo (1995) plus conforme aux documents que nous avons consultés et pour qui les deux plans quadriennaux couvrent les périodes suivantes : 1947-1951 et 1953-1957, séparés par un plan intermédiaire (1951-1953)[3].

En raison de la mauvaise qualité des infrastructures de transport existant dans les colonies de façon générale, l'essentiel des fonds du premier plan FIDES (1er juillet 1947- 30 juin 1951) était dirigé vers ce secteur : 78 % du budget de l'AEF, 80 % du budget de l'AOF et plus de 65 % de celui du Dahomey[4]. Les infrastructures de transport ont donc été privilégiées au détriment de la production agricole à laquelle il n'a été accordé que 20 %. Le plan intermédiaire (1er juillet 1951-30 juin 1953) s'investit surtout dans l'achèvement des opérations commencées sous le premier plan. Quant au second plan (1er juillet 1953-30 juin 1957), il privilégia nettement la production agricole même si la part de l'infrastructure a toujours été non

[1] J. Suret-Canale, *op. cit.*, 1972, p. 115.
[2] S. Taho, *op. cit.*, 2011, p. 13.
[3] S. Sotindjo, *op. cit.*, 1995, p. 52.
[4] *Ibid.*

négligeable. Le troisième plan FIDES prévu pour la période allant de juillet 1957 à juin 1961 coïncida avec les indépendances et fut donc poursuivi par les nouveaux pays indépendants dans le cadre du Fonds d'Aide et de Coopération (FAC) et de la Caisse Centrale de Coopération Économique (CCCE)[1].

Au Dahomey, comme indiqué plus haut, le colonisateur n'avait réalisé que le strict minimum en termes d'infrastructures routières. En effet, le réseau routier dahoméen comportait en 1949, donc au tout début de la mise en œuvre du premier plan environ 5 210 km de routes et pistes non bitumées, utilisables par les véhicules automobiles et dont le Budget local et le Budget général finançaient l'entretien. En détail, il y avait 4 375 km de pistes d'intérêt local entretenues par le Budget local à travers les cercles ; 835 km de routes et pistes intercoloniales entretenues par le Budget général, à travers le Service des TP (route Togo-Nigeria longue de 185 km, route Parakou-Malanville longue de 320 km et route Tchaourou-Porga longue de 330 km). C'est au cours du dernier trimestre de l'année 1949 qu'il a été décidé de mettre à la charge du Budget général le secteur Cotonou-Abomey-Parakou de la route Cotonou-Malanville. Comparés à la population (1 400 000 habitants) et à la superficie du territoire (115 000 km^2), ces 5 210 km de routes et pistes donnent : 270 habitants pour 1 km de routes et pistes, 22 km^2 pour 1 km de routes et pistes.

Il y avait généralement des routes en terre de barre qui étaient difficilement praticables pendant la pluie[2]. Les routes les plus solides étaient celles qui étaient empierrées et elles n'étaient pas les plus nombreuses. Mieux, l'empierrement était une technique dépassée au moment où le colonisateur le pratiquait ici. Avec la Seconde Guerre mondiale, ce réseau routier déjà médiocre s'enfonça davantage dans la vétusté, faute d'entretien, toutes les énergies et ressources étant mobilisées pour la guerre.

Ainsi, la priorité revint aux infrastructures de transport et singulièrement les routes dans la ventilation des 9 915,6 millions de francs CFA courants[3] investis au Dahomey par le FIDES dans le cadre des deux plans. Les investissements cumulés par secteur donnent pour les deux premiers plans les chiffres suivants : agro-industrie : 2.1 milliards, soit 23% environ du total, infrastructures : 4.3 milliards, soit 48% et équipements sociaux : 2.6 milliards, soit environ 29% environ[4]. Sur les 4.3 milliards investis dans les infrastructures, les routes ont absorbé à elles seules au moins 3 274 millions

---

[1] Il s'agit respectivement des nouvelles appellations prises par le FIDES et la CCFOM, le 27 mars 1959 et le 31 décembre 1958, avec l'évolution introduite dans les colonies par le référendum du 28 septembre 1958.

[2] Pour cela, de nombreux arrêtés avaient été pris pour contrôler la circulation des véhicules après la pluie.

[3] Chiffres obtenus suivant des recoupements d'archives faits par S. Sotindjo, *op. cit.*, 1995, p. 260.

[4] S. Taho, *op. cit.*, 2011, p. 14.

de francs CFA[1], soit 76.14 % (dont près de 1 700 millions de francs CFA pour la route Togo-Nigeria, 1 130 millions de francs CFA pour la route Parakou-Malanville[2], 48 millions pour le bitumage de rues à Cotonou en 1956, non compris les 17 millions investis par le Fonds routier pour la réfection du pont de Cotonou[3]).

L'essentiel de ces investissements est entré dans sa phase de réalisation sur le terrain à partir de 1950. C'est pourquoi dans le *Rapport politique 1950,* il est écrit bien à propos : « L'année 1950 est placée sous le signe de la construction sous toutes ses formes économique et sociale. C'est l'année de démarrage des grands travaux d'équipement et de mise en valeur du territoire. »[4].

Avec ces investissements, le Dahomey connut une réelle modernisation de ses infrastructures routières et passa de l'étape des pistes en terre et des routes empierrées à celle des routes à revêtement bitumeux.

4.2. Des pistes en terre aux routes revêtues (1948-1960)

La mise en œuvre des plans FIDES permit au Dahomey d'avoir ses premières routes bitumées à partir de 1948. Bien entendu, cette modernisation des infrastructures a d'abord touché les routes les plus importantes et les plus stratégiques de la colonie.

4.2.1. Une modernisation des méthodes de travail

Les premières tentatives d'utilisation du bitume sur les routes dahoméennes remontent à la fin des années 1920. En effet, déjà en 1929, l'agence locale de la société Shell de l'Ouest Africain avait sollicité du Gouverneur du Dahomey la possibilité d'avoir une permission de donner une démonstration pratique des produits bitumeux pour la construction des routes[5].

Par ailleurs, en 1941, le Gouverneur du Dahomey avait exprimé la nécessité de mécaniser les chantiers de routes aux fins d'économiser d'une part la main-d'œuvre pour en laisser la plus grande partie possible à l'agriculture et à l'artisanat local, et d'autre part pour faire des routes plus

---

[1] Chiffres obtenus grâce à la somme de données tirées de S. Sotindjo, *op. cit.*, 1995, pp. 254-255.

[2] ANSOM, Carton 369, Dossier M22/128, FIDES, 2e série.

[3] Ces 17 millions ont été investis par le Fonds routier, une institution créée en 1953 en AOF et alimentée par une surtaxe de 6 francs CFA par litre d'essence et de gas-oil, ainsi que le produit des pénalités perçues.

[4] 200 Mi 1917 Série G Sous-série 2G 50-31 Bobine 786, Territoire du Dahomey, *Rapport politique 1950*, signé par le SG p.i. du Dahomey chargé de l'expédition des affaires courantes (R. P. Chimier).

[5] ANB, Série K11-4, Correspondance de la Société John Walkden & Co. Ltd African Merchants au Gouverneur du Dahomey, Porto-Novo, le 3 juillet 1929.

solides, capables de résister à un trafic intensif[1]. C'est donc dire que le besoin de modernisation non seulement des routes, mais aussi de la manière de les construire est antérieur aux plans FIDES. Une fois ces plans lancés, les grands travaux de construction routière ont été confiés aux grandes entreprises privées équipées, opérant dans le secteur des BTP. C'est le cas des Entreprises du Bénin qui, en 1949, disposait d'un parc de 19 camions et d'un gros matériel comprenant des bétonnières, des compresseurs, des grues, des pompes, des treuils à moteur, etc.[2].

Mieux, l'administration a décidé d'équiper le Service des TP pour le rendre apte à jouer son rôle dans l'exécution du vaste programme d'équipement et de modernisation de la colonie. Ce service a acquis en 1949 des engins mécaniques qu'il pouvait même louer aux entreprises. Il s'agit de : 4 motorgraders, 3 tracteurs à chenilles lourdes, 1 tracteur-grue, 2 scrapers, 2 équipements bulldozer, 2 rooters, 6 rouleaux de divers tonnages portant l'effectif à 18, 2 arroseuses et une pelle mécanique, etc.. Des ateliers sont construits pour assurer l'entretien et la réparation de ce matériel. Désormais, les outils rudimentaires comme les pelles, les pioches, les haches, les paniers et surtout l'énergie exclusivement humaine sont remplacés par des machines et engins appropriés, jusque-là inexistants en AOF, pour des routes beaucoup plus solides. Ceci est confirmé par J. Suret-Canale lorsqu'il dit : « Les principales pistes intercoloniales aménagées à main d'homme ont été refaites avec des engins mécaniques et en mettant en œuvre la technique nouvelle de la latérite compactée »[3]. Sur les routes concernées par cet effort d'amélioration, les ponceaux de bois, régulièrement emportés par les crues ou provoquant, par leur mauvais état, accidents et interruptions prolongées du trafic, ainsi qu'un certain nombre de bacs, souvent en panne et sujets à naufrages, ont été remplacés par des ponts en « dur », en charpente métallique ou en béton.

À ce travail était associé un personnel dorénavant spécialisé puisque recruté directement par les entreprises adjudicataires. La société "Les Entreprises du Bénin" par exemple employait 20 Européens pour 500 Africains en 1949. Par le passé, les chefs d'œuvre étaient les commandants de cercle qui, généralement, ne connaissaient pas grand-chose à la construction des routes et faisaient ce qu'ils pouvaient sous le contrôle du Service des Travaux publics. De ce point de vue, le FIDES introduisit quasiment une révolution dans la manière de réaliser les projets routiers au Dahomey. Puisque c'est avec les plans FIDES que le bitume fut introduit comme matériau de revêtement des chaussées, en lieu et place des pierres dans la colonie du Dahomey. De même, les études se faisaient convenablement avant

[1] ANB, Série K22-3, Colonie du Dahomey, Bureau des affaires politiques et administratives, Circulaire n° 275 du Gouverneur aux commandants de cercle, Porto-Novo, le 18 octobre 1941.
[2] ANP 200 Mi 1905 2G 49-50 Bobine 774, Dahomey, *Rapport économique 1949*.
[3] J. Suret-Canale, *op. cit.*, 1972, p. 181.

le lancement des travaux de construction. C'était la chasse gardée du Bureau central d'études pour les équipements d'outre-mer (BCEOM). Cependant, il arrivait aussi que cette tâche échût aux entreprises de construction routière elles-mêmes. À titre illustratif, pour son premier marché passé avec les TP, la Société coloniale d'entreprise (SOCOLE) était chargée de l'étude du projet d'aménagement de la section Porto-Novo-Nigeria de la route Togo-Nigeria et de la première session de la route Dahomey-Niger jusqu'à Kétou.

Ces nouveautés introduites dans la manière de construire les routes au Dahomey ont bénéficié à des axes bien choisis en fonction de leur importance économique.

4.2.2. Les principaux axes concernés

Le plan de modernisation et d'équipement de l'AOF approuvé par le Grand Conseil et soumis au comité directeur du FIDES a prévu la modernisation des principales artères d'intérêt économique par lesquelles s'effectue l'évacuation des produits locaux[1]. Donc l'objectif poursuivi par le FIDES n'est pas tant de tracer de nouvelles voies que d'améliorer celles qui existaient déjà. C'est pourquoi au Dahomey, les routes ci-après ont été ciblées.

4.2.2.1. La construction de la route fédérale n° 11 (Togo-Nigeria), 1948-1956

Le premier axe routier à bénéficier du FIDES pour son aménagement a été la route fédérale n° 11 (Togo-Nigeria), une route intercoloniale servant de trait d'union entre plusieurs colonies tant françaises que britanniques de la côte : du Nigeria à la Côte d'Ivoire en passant le Dahomey, le Togo et la Gold Coast. 185 km de cette route d'une largeur variant entre 5.10 m et 6 m (au lieu des 9 m de départ) traversent le territoire du Dahomey, depuis Hillacondji jusqu'à Igolo. Son bitumage effectué entre 1948, année de la mise à disposition des premiers fonds et 1956, a donc enjambé les deux premiers plans FIDES. Ces travaux de bitumage se firent secteur par secteur par deux entreprises : Hersent et la SOCOLE. Le premier à être bitumé fut le secteur Igolo-Cotonou dont les travaux, réalisés par la SOCOLE, furent bouclés en 1952. La section Porto-Novo-Cotonou de cette route fut réalisée à part et coûta 9 937 000 F le kilomètre (prix d'avril 1952)[2].

De 1952 à 1953, Hersent réalisa le bitumage des secteurs Cotonou-Ouidah et Comè-Sazué, suivi en 1954 par celui des tronçons Comè-Ouidah (exceptée la traversée de Ouidah) et Grand-Popo-frontière Togo, donc Hillacondji. À la date du 3 mai 1954, la section Agouè-frontière du Togo qui fait partie de la

---

[1] ANSOM Aix-en-Provence, *L'équipement de l'AOF. Aperçu des réalisations du FIDES au 1er juillet 1950.*

[2] ANP 200 Mi 2005 2 G 54-107 bob. 874, *Rapport sur l'activité des services 1954*, présenté par le Gouverneur Bonfils à l'Assemblée territoriale, Session budgétaire 1954.

route fédérale n° 11 (Togo-Nigeria) est bitumée et livrée à la circulation, alors qu'entre Agoué et Grand-Popo, les travaux sont en voie d'achèvement. À cette date, la route fédérale n° 11 est presque entièrement bitumée[1] ; mais elle ne le sera totalement qu'en 1955, à l'exclusion de trois tronçons totalisant en tout 450 m au maximum et dont le bitumage ne pouvait être envisagé à cause de l'affaissement des remblais à Guézin et à Godomey, et des travaux d'assainissement à Porto-Novo.

En 1953, les dépenses sur cette route qui traverse Cotonou sur 8 km s'élevaient à 1 376 millions de francs CFA. Un détail non exhaustif de ce coût donne ceci : le tronçon Cadjèhoun-Godomey coûta 8 912 000 francs (prix avril 1953) y compris les remblais en sable argileux pour élever la plate-forme suffisamment au-dessus de la nappe phréatique ; 6 120 000 francs (prix avril 1953) pour Godomey-Cococodji ; 5 850 000 francs (prix avril 1953) pour Cococodji-Ouidah ; 5 284 000 francs (prix avril 1954) pour Ouidah-Comè[2].

Les travaux financés par le FIDES sur cette route ont également concerné la construction à Guézin de deux ponts en béton armé de 40 et 50 m par la société Hersent. Le marché initial estimé à 59.5 millions a été réévalué à 81 millions[3] avant de se fixer finalement à 85 millions[4] à leur livraison à la circulation, le 15 mars 1953. Il y avait aussi le pont sur le Mono à Grand-Popo (confié à l'entreprise Coignet), une infrastructure de 225 m d'ouverture comprenant quatre travées métalliques de 51 m chacune à une seule voie et une travée centrale en béton armé de 20,75 m d'ouverture à deux voies pour permettre le croisement des véhicules. Le devis initial était de 98 millions. Mais une autre étude faite en tenant compte de modifications techniques et des variations économiques fit monter le coût final des travaux à 140 millions[5]. Il y avait enfin sur cette même route, le pont de 60 m d'ouverture sur la Sazué, constitué par une travée métallique à voie unique reposant sur des culées en béton armé fondées sur pieux. Les entreprises Hersent et Coignet se sont partagé le marché de réalisation de ce pont dont le coût se monte à 19 000 000 de francs[6]. Ce pont et celui du Mono sont les derniers à être achevés en septembre 1954 et ont été ouverts à la circulation en février 1955.

Quant au pont de Cotonou (actuel ancien pont)[7], long de 348 m pour 4.5 m de large, il a été réfectionné sur un financement du Fonds routier évalué à 17 millions de francs CFA, entre 1954 et 1955, pour le compte du deuxième plan.

---

1 ANB, série K5-6, Service des Travaux publics du Dahomey, *Rapport à Monsieur le Gouverneur en Conseil privé*, Porto-Novo, le 3 mai 1954.

2 ANP, *Rapport sur l'activité des services 1954*, présenté par le Gouverneur Bonfils à l'Assemblée territoriale, session budgétaire 1954. Cité par E. F. Atadé, *op. cit.*, 2000, p. 39.

3 ANSOM, TP 2e série Carton 385, Travaux publics du Dahomey, *Budget FIDES Exercice 1951-1952, Rapport semestriel au 30 juin 1952.*

4 ANP 200 Mi 1981 2G 53-91 bobine 850, p. 182.

5 ANP 200 Mi 1938 Série G s/s 2G 51-60 Bobine 807, *Rapport économique 1951.*

6 ANP 200 Mi 1981 2G 53-91 Bobine 850, p.183.

7 Le pont est mis en service en 1928.

En effet, avec cette largeur, ce pont mixte rail route ne permettait pas le croisement des véhicules. Il a donc fallu l'élargir à 5.75 m en ajoutant des consoles supplémentaires symétriques de part et d'autre de l'ouvrage.

L'ensemble des ponts de cette route coûta 318 millions de francs CFA investis dans le premier plan, exception faite des 17 millions de francs CFA libérés par le Fonds routier au titre du second plan pour la réfection du pont de Cotonou[1].

En somme, le financement de cette route a été assuré par le FIDES et pour une faible partie par le Budget général et le Fonds routier. Le détail se présente de la façon suivante, selon le *Rapport annuel 1955* produit par le Service des TP. Sur un coût total de la route s'élevant à 1 771 999 990 francs CFA, le FIDES a débloqué au titre des deux plans 1 685 499 990 francs CFA, soit 95 %, le Budget général, 38 000 000 francs CFA, soit 2 % et le Fonds routier, 48 500 000 francs CFA[2], soit 3 %. Le prix moyen de cette route longue de 185 km est alors un peu inférieur à 10 millions de francs le kilomètre, ce qui signifie que la réalisation de cette route a coûté cher, comparée à d'autres projets routiers. Pour s'en convaincre, lisons ces propos du Gouverneur Charles-Henri Bonfils (1951-1955) obligé de s'expliquer sur le coût élevé de ces travaux :

> Je précise qu'il s'agit de construction de route proprement dite, car ces prix diminuent dans de fortes proportions lorsqu'il existe déjà une infrastructure suffisante. Ainsi, sur la RF 7, entre Parakou et Malanville, grâce au travail effectué depuis près de 20 ans par le Service des TP, au titre d'entretien des routes fédérales, avec des moyens financiers chiffrés à 75 000 F le kilomètre, prix actuel, le bitumage de la route s'effectue à un prix moyen de 3.2 millions de francs au kilomètre (bitumage de 3.5 m de largeur seulement)[3], c'est-à-dire à 4.3 millions de francs en bitumant sur 6 m[4].

Il ressort des propos du Gouverneur que le coût élevé des travaux de réalisation de cette route est dû à l'état dans lequel cette infrastructure se trouvait avant le démarrage des travaux. C'étaient carrément des travaux de construction de route qui ont été effectués, comme si l'existant ne valait rien, à en croire le premier responsable de la colonie.

Les propos du Gouverneur Bonfils au sujet de la route Parakou-Malanville sont confirmés par un rapport du deuxième plan FIDES qui, après avoir décrit l'état médiocre des voies dahoméennes d'une façon générale, souligne : « Bien peu d'itinéraires échappent à ces critiques, mais il convient toutefois de signaler parmi ceux-ci l'axe Parakou-Malanville qui, grâce aux

---

[1] La contribution du Fonds routier est à inscrire dans l'apport interne du Dahomey au plan. Ce fonds a également financé la construction de rues dans la zone industrielle d'Akpakpa à hauteur de 10 millions en 1955-1956 et en partie les travaux d'aménagement de la route Togo-Nigeria.

[2] Service des Travaux publics, *Rapport annuel 1955*, Cotonou, le 21 novembre 1955, p. 15.

[3] La RF 11 a une plateforme de 9 m de large dont 5 sont bitumés.

[4] ANP 200 Mi 2005 2 G 54-107 bob. 874, *Rapport sur l'activité des services 1954*, présenté par le Gouverneur Bonfils à l'Assemblée territoriale, Session budgétaire 1954.

aménagements qu'il a reçus de façon presque ininterrompue depuis 1936, peut recevoir à juste titre le nom de route »[1].

Le coût global de la RF n° 11, reconnu par tous élevé, aurait été encore plus élevé, n'eût été la meilleure connaissance des matériaux routiers existant au Dahomey et leur utilisation judicieuse en fonction de la nature du sol et du souci d'économie. En effet, les différents essais et études qui se sont poursuivis pendant l'exécution des travaux depuis 1951, ont permis de mettre au point des techniques d'emploi des matériaux routiers existant au Dahomey : sable argileux, terre de barre, tout-venant argile-gravier, tout-venant latéritique.

Cependant, l'exécution de ces travaux sur la RF n° 11 dénote un manque de vision prospective. En effet, l'infrastructure a été réalisée en fonction de la faible circulation de l'époque. En 1950, sur le tronçon Cotonou-Porto-Novo de cette route, il y avait un trafic de 73 véhicules par jour[2]. La construction de la route Togo-Nigeria s'est donc réalisée sur la base d'une estimation de 100 véhicules par jour. Il n'est donc guère surprenant que peu de temps après, l'accroissement du trafic consécutif à l'amélioration de la voie[3] entraîne d'importantes dégradations sur plusieurs tronçons de cette route. Ceci rendit indispensables d'importants travaux de réparation et de renforcement de la route. Pour le tronçon Porto-Novo-Cotonou seul, ces travaux ont été évalués à 80 millions de francs et ont été exécutés entre la fin de l'année 1957 et mars 1958. Pour l'ensemble de la route large de 5.10 à 6 m par endroits, il a fallu prévoir environ 200 millions de francs, alors qu'on aurait pu dépenser 1 ou 2 millions de plus par kilomètre sur les tronçons au moment de la construction de la route. Mais la limitation des crédits FIDES ne l'a pas permis. Les sociétés Hersent, COLAS et Christophe-Togo ont assuré l'exécution de ces travaux de réparation.

Il faut tout de même reconnaître que des difficultés de deux ordres ont été rencontrées dans l'exécution de ces travaux : il y a d'abord la nature très peu favorable du sol constitué dans la plus grande partie de la route par du sable, entre le Togo et Porto-Novo et par de l'argile rouge (terre de barre) entre Porto-Novo et le Nigeria, avec de nombreux passages en terrains marécageux et inondables. Ensuite, il y a la rareté des matériaux de carrière, ce qui a posé le délicat problème de transport.

L'importance de cette route tient d'abord au fait qu'elle est une route intercoloniale, donc une route d'intérêt général. Mieux, en tant que route trans-côtière, elle est une transversale reliant l'est et l'ouest de la colonie du Dahomey, offrant la possibilité de charrier les produits des différentes régions

[1] ANSOM Carton 370 Dossier M22/130 FIDES, 2e série, Dahomey, 2e plan quadriennal 1953-1957.

[2] ANSOM Carton 369 FIDES, 2e série, Dos. M22/128, rapporté par S. Sotindjo, *op. cit.*, 2017, p. 234.

[3] Dès la fin des travaux en juin 1955, le trafic journalier était passé à 926 véhicules (S. Sotindjo, *op. cit.*, 2017, p. 234).

traversées vers le wharf de Cotonou. Par exemple, la région allant d'Adjarra jusqu'à Ifangni est une importante zone palmifère. En desservant ces localités où se trouve d'ailleurs une huilerie, l'huilerie d'Avrankou[1] située non loin de la RF n° 11, cette route constitue un couloir de drainage des produits du palmier à huile vers le wharf. La même zone est traversée par le rail. Donc la RF n° 11 y est parallèle au rail.

De même, la plupart des sociétés étrangères[2] qui se sont installées au Dahomey avec la création du FIDES ont érigé leur siège au bord de cette route, en allant de Cotonou à Porto-Novo. C'est le cas, par exemple, du garage Nègre.

4.2.2.2. La route fédérale n° 7 (Cotonou-Malanville)

Les travaux de bitumage de la route fédérale n° 7 ont été divisés en deux sections : la route Godomey-Allada et la route Parakou-Malanville.

- La route Godomey-Allada

Les études faites pour le bitumage de la RF 7 entre Godomey et Allada ont permis de lancer un appel d'offres pour le 30 septembre 1955. Évaluée à 200 millions, l'exécution des travaux a été confiée aux entreprises Hersent et COLAS pour un délai de 21 mois. Hersent a réalisé la chaussée et COLAS s'est chargé du revêtement.

Le Fonds routier contribua aux travaux sur cette voie puisque l'élargissement du remblai de Godomey fut financé par cette structure.

- L'aménagement de la route Parakou-Malanville (1949-1956)

En 1951, les études pour les routes Parakou-Malanville (320 km de long à une voie de 3.5 m de large) et Togo-Nigeria ont évalué à 1.4 milliard de francs[3] la somme nécessaire pour le bitumage de ces routes. Mais dans la réalité, cette somme était largement en deçà de ce qu'allaient coûter ces deux projets routiers. Si la route Togo-Nigeria à elle seule coûta environ 1.7 milliard, celle de Parakou à Malanville absorba la somme de 1.13 milliard de francs CFA. C'est dire que la route Dahomey-Niger ou Cotonou-Malanville continuait également d'être un objet de préoccupation pour le colonisateur. En dehors du secteur Cotonou-Allada de cette route, la grande artère Parakou-Malanville fut bitumée grâce aux investissements du FIDES.

Après l'appel d'offres lancé en janvier 1953, les travaux débutèrent en mai 1954 et furent exécutés à un rythme accéléré pendant la saison sèche 1954-1955. Le lot Parakou-Bembèrèkè est celui qui a été exécuté le plus rapidement. Cela se comprend aisément puisque ce lot était celui où les travaux ont été les moins importants. À la fin du mois d'octobre 1955, 95 km de couche de roulement, 92 km d'imprégnation, 87 km de bitumage (première couche)

[1] La construction de cette huilerie a débuté en 1947, et elle a été mise en service en 1952.
[2] Nous y reviendrons dans la suite de l'étude.
[3] ANP 200 Mi 1938 Série G s/s 2 G 51-60 Bobine 807, *Rapport économique 1951*.

avaient été réalisés et 48 km de route terminés. Le prix moyen, y compris la fourniture du bitume qui fait l'objet d'un marché séparé, s'élève à 2.5 millions de francs CFA le kilomètre.

Le deuxième lot est celui de Bembèrèkè-Kandi où les travaux ont dû être arrêtés par suite de l'exceptionnelle saison des pluies de l'année 1955, et il a fallu attendre la saison sèche avant qu'ils ne soient repris. À la fin du mois d'octobre 1955, 64 km de route étaient terminés. Le prix moyen du kilomètre de route, y compris la fourniture du bitume, s'élève à 3.1 millions de francs CFA environ.

Quant au troisième lot, celui de Kandi-Malanville, son marché a été notifié à l'entrepreneur près de six mois après ceux des deux premiers lots. À la fin du mois d'octobre 1955, l'entrepreneur n'avait réalisé que les remblais d'accès au Niger, 60 km de couche de roulement, 10 km d'imprégnation et de première couche gravillonnée. Si l'on excepte les remblais de la digue de Bodjécali et Malanville dont le coût est de 35 millions de francs CFA, le prix moyen du kilomètre est de l'ordre de 3.7 millions de francs CFA, y compris les petits ouvrages d'art dont l'exécution était déjà réalisée par la Compagnie du Génie sur les autres lots.

Une route aussi longue ne saurait être sans ouvrages d'art. Entre autres ponts de la route, nous avons celui de Padédarou, réalisé par les entreprises du Bénin et dont l'achèvement était effectif à la date du 30 juin 1949. Il s'agit d'un pont de 20 m d'ouverture en béton armé, avec une voie de 6 m.

Malgré tous ces investissements, la route Cotonou-Malanville n'a pas pu être entièrement bitumée. Le secteur Bohicon-Parakou était demeuré en terre de barre ; sur le secteur Parakou-Malanville, 15 km étaient laissés sans bitume, entre Kandi et Malanville. De même, la deuxième couche de bitume n'a pas pu être posée sur 80 km du même secteur. Certains documents parlent de toute la longueur de ce secteur ainsi bitumée sur plateforme légère, ce qui rend la voie inaccessible aux véhicules lourds pendant la saison des pluies. Il appert que le travail a été fait dans la précipitation, donc sans tous les soins qu'implique ce genre d'entreprise, surtout que la route en question était destinée à accueillir en grande partie des camions lourdement chargés. C'est la raison pour laquelle, déjà en 1958, alors même que les travaux n'étaient pas encore achevés, des réparations s'imposaient sur différents tronçons de la route Cotonou-Malanville, entre les PK 125 et 146[1] ; car des fissures y apparaissaient déjà et les arêtes ainsi que les accotements se dégradaient rapidement. Ces travaux de réparation se sont étendus sur plusieurs années.

Si elles ont absorbé la part la plus importante des investissements dans les infrastructures routières, les routes fédérales n°s 7 et 11 n'ont toutefois pas été les seules à être améliorées dans le cadre des plans FIDES.

---

[1] E. F. Atadé, *op. cit.*, 2000, p. 41.

4.2.2.3. Les autres routes

D'autres routes ont été également bitumées ou tout au moins améliorées, et d'autres ouvrages d'art réalisés dans la même période, grâce aux mêmes sources de financement. En 1949, en dehors du pont de Padédarou sur la route Parakou-Malanville, par exemple, quatre autres ponts ont été financés par le FIDES : les ponts de Perma, de Yéripao, de Sinaïciré et de Tiélé. Ces cinq ponts, tous achevés en 1949, ayant globalement coûté 62 millions de francs CFA.

On peut aussi mentionner la route Tchaourou-Porga (330 km) qui a ravi la vedette à l'ancienne route de l'Ouest Savalou-Djougou-Porga et dont les travaux, en 1950, ont coûté 10 675 000 francs CFA[1]. Sur cette route, les appuis de six ponts ont été réalisés pour un montant de 34 675 000 francs CFA[2].

De même, il y a la RF n° 307 (Abomey-Bohicon) dont les travaux de bitumage ont été confiés, après appel d'offres, à l'entreprise Hersent pour un montant de 30 millions de francs CFA en novembre 1955.

Par ailleurs, le Fonds routier a libéré un crédit de 45 millions de francs CFA pour l'exécution d'un pont de 48 m sur l'Alibori et en même temps, l'amélioration de la route sur laquelle se trouve ce pont, la route Banikoara-Kandi, qui était impraticable en saison des pluies en 1955. Pour ce qui est de la construction du pont, l'appel d'offres a été lancé au début de l'année 1955 et le marché, passé en mai 1955 pour la réalisation des culées. Le coût de l'ouvrage est de 18 millions de francs CFA non compris la fourniture de la travée métallique. Le reste du crédit a été affecté à l'amélioration de la route.

---

[1] ANP 200 Mi 1905 *Rapport économique* 2G 49-50 Bobine 774, FIDES, *État des réalisations FIDES au 1er novembre 1950.*

[2] *Ibid.*

Carte n° 5 : Vue d'ensemble des routes bitumées par le FIDES (1948-1960)

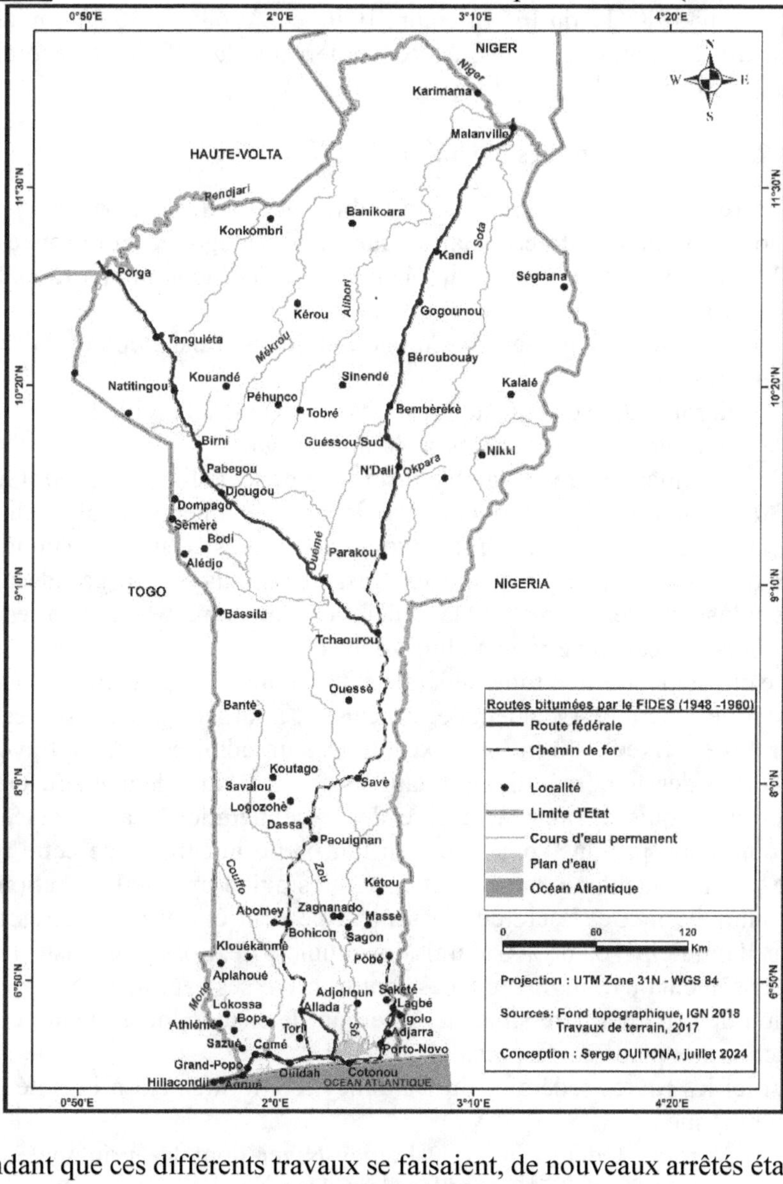

Pendant que ces différents travaux se faisaient, de nouveaux arrêtés étaient signés pour introduire une nouvelle classification des routes.

4.2.3. Une nouvelle classification des routes

Nous avons vu déjà dès le chapitre 1er de la présente étude que le classement des routes au Dahomey remonte à 1918. Depuis lors, plusieurs arrêtés ont été pris, aussi bien par les lieutenants-gouverneurs que par les gouverneurs généraux pour classer les routes. Durant les années 1940 et 1950, le classement des routes dahoméennes a suivi les normes fixées par les arrêtés généraux n° 1985 TP du 17 septembre 1940[1] et n° 9635 du 30 décembre 1953. Il y avait les routes fédérales, les routes territoriales d'intérêt général et les routes territoriales d'intérêt local.

4.2.3.1. Les routes fédérales

L'arrêté n° 1985 TP du 17 septembre 1940 définit dans une première catégorie les routes intercoloniales. Dans cette catégorie, on retrouve depuis 1932 trois routes déjà citées plus haut, mais que nous allons rappeler très rapidement :

- la côtière : Porto-Novo-Cotonou-Ouidah-Grand-Popo et liaison avec les colonies voisines ;
- la route du Nord : Cotonou-Dassa-Zoumè-Malanville ;
- la route de l'Ouest : Dassa-Zoumè-Porga.

Ce classement est resté valable jusqu'à la prise de l'arrêté général n° 9635 du 30 décembre 1953 qui changea les routes intercoloniales en routes fédérales. Les routes fédérales sont des voies d'intérêt économique, touristique ou stratégique destinées à assurer les liaisons à grande distance entre plusieurs territoires de la fédération ou entre ces territoires et les territoires français ou étrangers limitrophes.

Le classement d'une route fédérale est prononcé par délibération du Grand conseil de l'Afrique-Occidentale française. La largeur d'emprise des routes fédérales est fixée à 40 m. Des exceptions sont admises dans la traversée et aux sorties des agglomérations et dans les cas spéciaux, de manière à réserver les droits acquis existant à la date de la délibération. La traversée d'une agglomération par une route fédérale fait partie intégrante de cette route et reste soumise au même statut. Toutefois, s'il s'agit d'une agglomération érigée en commune mixte, l'acte de classement ne peut être pris qu'après avis du Conseil municipal ou de la Commission municipale. Lorsqu'il existe des plans de lotissement ou d'alignement des centres traversés par une route fédérale, la portion de cette dernière située à l'intérieur de chaque lotissement devra être rattachée aux plans correspondants.

Voici les routes fédérales du Dahomey, conformément à l'arrêté général susmentionné :

- la route fédérale n° 7 Dahomey-Niger dont les principales étapes sont : Cotonou-Parakou-Malanville-Gaya-Dosso ;
- la route fédérale n° 11 Togo-Nigeria qui va de la frontière du Togo à la frontière du Nigeria, en passant par Ouidah, Cotonou, Porto-Novo ;
- la route fédérale n° 12 Dahomey-Haute-Volta : Parakou-Bétérou-Djougou-Natitingou-Porga-Pama-Fada-N'Gourma.

---

[1] Ledit arrêté a déjà été cité plus haut.

Remarquons que la route fédérale n° 12 n'a pour point de départ ni Dassa-Zoumè ni Tchaourou, mais plutôt Parakou alors que la liaison était possible depuis Tchaourou, puisque la route Tchaourou-Porga avait été aménagée en 1950.

4.2.3.2. Les routes territoriales d'intérêt général

Pour ce qui est de la deuxième catégorie de routes, l'arrêté général n° 9635 du 30 décembre 1953 change l'appellation « routes coloniales d'intérêt général » en « routes territoriales d'intérêt général », mais en conservant exactement le même contenu. Les routes territoriales d'intérêt général ou tout simplement les routes d'intérêt général (RIG) sont alors définies dans l'arrêté n° 278 A.P.A. du 28 janvier 1953 rendant exécutoire la délibération n° 52-44 du 11 décembre 1952, de l'Assemblée territoriale du Dahomey, comme des voies de communication d'intérêt économique ou touristique destinées à assurer les liaisons à moyenne distance entre les principaux centres du territoire ou entre un des centres et un centre voisin d'un territoire limitrophe.

Les routes d'intérêt général au Dahomey en janvier 1953 sont les suivantes :

- RIG 1 : Comè-Athiémé-Aplahoué-Abomey-Bohicon-Kétou (230 km) ;
- RIG 2 : Dassa-Zoumè-Savalou-Bassila-Djougou (265 km) ;
- RIG 3 : Bétérou-Parakou-Nikki-Négansi (265 km) ;
- RIG 4 : Frontière Nigeria-Nikki-N'Dali-Samorou-Djougou-Ouaké-Togo (215 km) ;
- RIG 5 : Guessou Sud-Sinendé-Kouandé-Natitingou-Boukombé (270 km) ;
- RIG 6 : Tanguiéta-Datori-Togo (65 km) ;
- RIG 7 : Kandi-Banikoara (71 km) ;
- RIG 8 : Sakété-Pobè-Kétou (78 km).

L'ensemble des huit routes d'intérêt général totalise 1 459 km environ de longueur.

Le 14 mai 1954 fut pris l'arrêté local n° 1254 T.P. /A.P.A rendant exécutoire la délibération n° 54-8 du 22 avril 1954, de l'Assemblée territoriale du Dahomey, portant modification au classement des routes d'intérêt général. Selon cet arrêté, la RIG 2 : Dassa-Zoumè-Savalou-Bassila-Djougou se voit ajouter Logozohè avant Savalou, mais également Glazoué. Cette route devint ainsi la route Dassa-Zoumè-Logozohè-Savalou-Bassila-Djougou. De même, il fut créé une RIG n° 2 bis Logozohè-Glazoué.

Par ailleurs, le 30 décembre 1954 fut pris un autre arrêté, l'arrêté n° 3353 rendant exécutoire la délibération n° 54-29 du 14 décembre 1954, de l'Assemblée territoriale du Dahomey, portant classement de la route d'intérêt général n° 8 Sakété-Pobè-Kétou. Par cette délibération, l'origine de cette route est reportée de Sakété à l'embranchement sur la route fédérale n° 11 Togo-Nigeria et elle devient donc RF 11-Sakété-Pobè-Kétou.

Enfin, le 15 février 1957 fut pris l'arrêté local n° 524 A.P.A. rendant exécutoire la délibération n° 57-5 du 23 janvier 1957, de l'Assemblée territoriale. Cette délibération, qui abroge toutes les précédentes, procède au classement d'un grand nombre de routes. Ainsi, en plus des modifications connues par certains tronçons, le nombre des routes d'intérêt général passe de 8 à 10. Dans le détail, la RIG 1 devient Comè-Athiémé-Aplahoué-Abomey-Bohicon-Covè-Kétou-Irocogny-frontière Nigeria. Le terminus de ladite route n'est donc plus Kétou, mais il se prolonge jusqu'à la frontière avec le Nigeria. La RIG 3 suit désormais le parcours suivant : Parakou-Guinagourou-Pèrèrè-Daroupara-Nikki-Négansi, se trouvant ainsi amputée du tronçon Bétérou-Parakou. La RIG 4 s'arrête désormais à Djougou et ne se prolonge plus à Ouaké et à la frontière togolaise. La RIG 7 se prolonge désormais de Banikoara jusqu'à Djougou. Enfin, deux nouvelles routes s'ajoutent aux huit premières routes d'intérêt général. Il s'agit de l'ancienne route d'intérêt local Ouidah-Tori-Bossito-Allada et de la route Tchaourou-Alafiarou-Bétérou (Voir Carte n° 6).

Ces diverses modifications traduisent en général l'amélioration de la qualité des infrastructures conformément à la politique économique mise en place par la métropole. Pour prendre un exemple, nous savons que la RIG 2 modifiée le 14 mai 1954 traverse une région qui s'était, avant même la conquête, spécialisée dans la production du coton. Nous voulons parler des régions de Dassa-Zoumè, Djalloukou et Savalou, régions dans lesquelles se trouvent aussi Logozohè et Glazoué. L'administration coloniale commença à s'intéresser à la production cotonnière à partir de 1903 et se proposa de l'établir sur des bases rationnelles. Après quelques premières déceptions, la production s'améliora progressivement. Ceci était à l'avantage de la métropole dont les filatures dépendaient encore dans les années 1930 de l'étranger pour la fourniture de la matière première dont elles avaient besoin[1]. Élargir le réseau des routes et desservir le plus de localités possible dans une telle zone n'a rien de surprenant, quand on sait que la route contribue à l'augmentation de la production agricole.

En ce qui concerne les deux routes anciennement d'intérêt local qui ont été ajoutées aux huit premières routes d'intérêt général, ce changement de catégorie traduit une augmentation du trafic, ce qui en fait d'office des routes plus importantes et de meilleure qualité.

4.2.3.3. Les routes territoriales d'intérêt local

Il s'agit des voies de communication d'intérêt économique ou touristique destinées à desservir un centre et une région qui l'entourent ou à assurer la

[1] J. F. Reste, *op. cit.*, 1934, p. 131.

liaison entre deux centres voisins. En janvier 1953, il existait treize routes classées d'intérêt local au Dahomey :

- Togo-Aplahoué-Lalo-Tchikanhoui-Bopa-Comè ;
- Ouidah-Tori-Bossito-Allada (41 km) ;
- Tori-Bossito-Tori-Abomey-Calavi ;
- Abogomè-Adjohoun-Sakété (48 km) ;
- Abomey-Djidja-Agouna (59km) ;
- Bodi-Alédjo-Sèmèrè-Dompago-Kopargo (92 km) ;
- Birni-Kouandé (34 km) ;
- Taïacou-Boukombé (53 km) ;
- Tanguiéta-Tanougou (30 km) ;
- Kalalé-Bessakpérou-Béroubouay (88 km) ;
- Ségbana-Kandi (100 km) ;
- Djougou-Tébou-Péhunco-Kérou-Banikoara ;
- Porto-Novo-Adjarra (10 km).

Le 28 mai 1953 fut pris l'arrêté local n° 1275 rendant exécutoire la délibération n° 53-17 du 28 avril 1953, de l'Assemblée territoriale du Dahomey. Cet arrêté introduisit des modifications dans le réseau des routes classées d'intérêt local qui, à partir de cette date, s'est présenté ainsi qu'il suit :

- Frontière Togo-Aplahoué-Lalo ;
- Ouidah-Tori Bossito-Allada ;
- Tori Bossito-Tori-Abommey-Calavi ;
- Abogomè-Adjohoun-Sakété ;
- Abomey-Djidja-Agouna ;
- Bodi-Alédjo-Sèmèrè-Dompago-Kopargo ;
- Birni-Kouandé ;
- Taïacou-Boukombé ;
- Kalé-Bouka-Dunkassa ;
- Ségbana-Kandi ;
- Djougou-Tébou-Pehunco-Sayakrou-Guénossou-Kérou-Banikoara ;
- Tanguiéta-Tanougou ;
- Comè-Bopa-Tchikanhoui ;
- Béroubouay-Bessakpérou-Dunkassa ;
- Porto-Novo-Adjarra-Avrankou-Kouti-Takon ;
- Avrankou-Zounguè-Katagon ;
- Lokossa-Dogbo-Lalo ;
- Adjohoun-Affamè-Bonou-Dasso-Sagon-Covè.

L'arrêté local n° 524 A.P.A. du 15 février 1957 rendant exécutoire la délibération n° 57-5 du 23 janvier 1957, de l'Assemblée territoriale ne s'intéressa pas qu'aux routes d'intérêt général. Il augmenta sensiblement le nombre des routes d'intérêt local qui passa de 18 à 45, mais qu'il serait fastidieux d'énumérer ici. Ainsi se présentait donc la situation routière du Dahomey à la veille de son indépendance.

Carte n° 6 : Réseau routier du Dahomey à la veille de l'indépendance (1959)

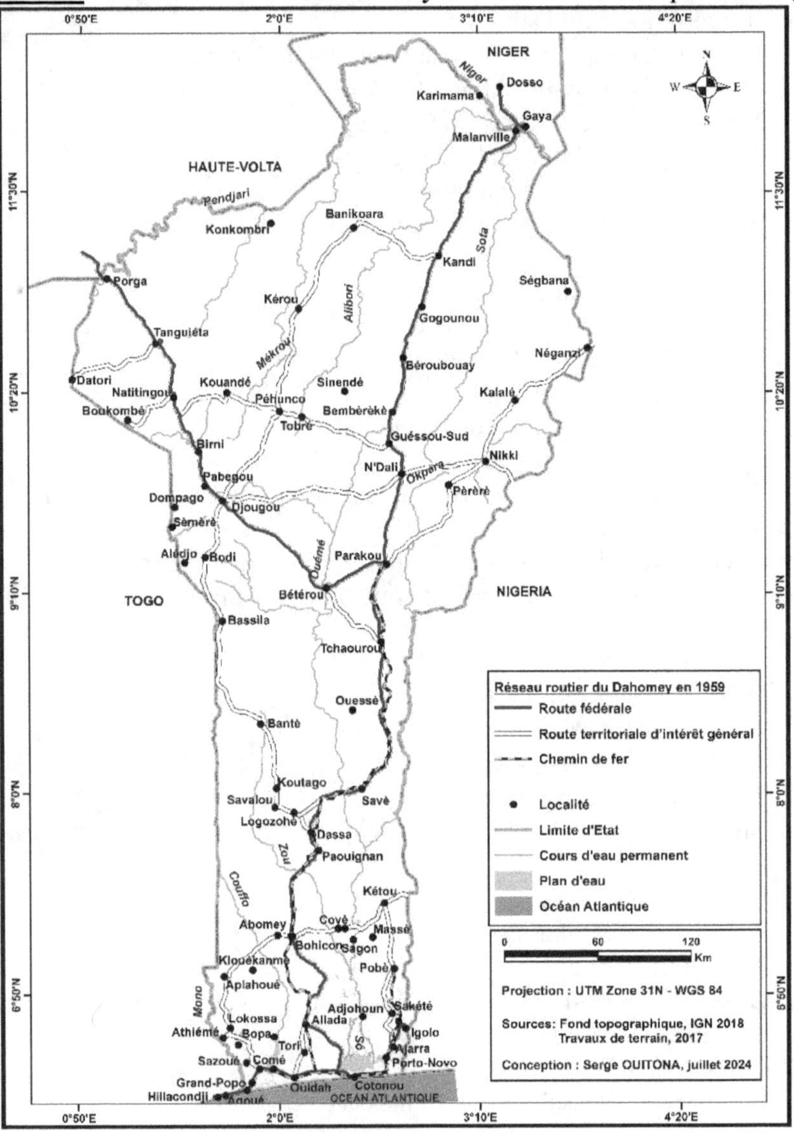

Les différents travaux routiers réalisés ont entraîné des conséquences mesurables à travers le volume du trafic et les chiffres du commerce extérieur.

4.3. Les réalisations routières au Dahomey (1948-1960) : la métropole, grande gagnante ?

L'amélioration des infrastructures routières dahoméennes dans le cadre des plans FIDES permit une meilleure mobilité au Dahomey qui s'est traduite par un trafic de plus en plus intense, avec un effet d'entraînement sur le commerce extérieur de la colonie. Mais à l'analyse, c'est la France elle-même qui a tiré les plus gros bénéfices des plans FIDES.

4.3.1. Intensification du trafic routier au Dahomey

Au 31 janvier 1931, circulaient au Dahomey : 290 voitures de tourisme, 285 camionnettes, 7 autocars, 480 camions d'un poids supérieur à 2 tonnes, soit un total de 1 062 véhicules[1]. En 1932, le comptage journalier révélait une moyenne de 50 voitures qui circulaient par jour sur les routes dahoméennes, en dehors des centres urbains comme Cotonou et Porto-Novo. Mais avec les travaux d'amélioration des voies sur financement FIDES, le trafic s'est sensiblement accru sur les routes dahoméennes, apportant la preuve de la croissance du nombre de véhicules alors utilisés dans la colonie. À ce propos, l'étude de E. F. Atadé montre qu'« en 1950, au début des travaux d'aménagement et de modernisation de la route fédérale n° 11, il y passait 73 véhicules par jour, en 1954 on en dénombrait 610 puis en 1955, 926 par jour »[2]. Un autre exemple assez évocateur de l'accroissement du nombre de véhicules : l'élargissement du pont de Cotonou entre 1954 et 1955 qui a permis une amélioration extrêmement sensible dans la circulation automobile (2 500 véhicules par jour)[3].

Prenons d'autres exemples, résultats de comptages de véhicules effectués en 1955, qui confirment tous l'accroissement du nombre de véhicules au Dahomey, puisque les résultats obtenus sont d'une façon générale largement au-dessus de la moyenne de 50 véhicules observés par exemple en 1932. La moyenne pour les douze tronçons (représentatifs du pays) dont les résultats ont servi à concevoir le tableau n° 14 ci-après, est de 292 véhicules environ par jour. Cet accroissement n'est que la conséquence évidente de l'amélioration des routes.

[1] ANP 200 Mi 1892 Série 2G 48-35 Bobine 761.
[2] E. F. Atadé, *op. cit.*, 2000, p. 49.
[3] Archives de la République du Sénégal, 2G 55-7, Service des TP, *Rapport annuel 1955*.

Tableau n° 14 : Résultats de quelques comptages de véhicules effectués en 1955

Routes	Tronçons de route	Nombre journalier de véhicules
Route fédérale n° 7	Godomey-Abomey-Calavi	200
	Abomey-Calavi-Bohicon	80-90
	Parakou-Malanville	60
Route fédérale n° 11	Togo-Grand-Popo	173
	Grand-Popo-Ouidah	193
	Ouidah-Godomey	357
	Godomey-Cotonou	605
	Cotonou-Porto-Novo	1 500
Route fédérale n° 307	Abomey-Bohicon	225
Route fédérale n° 12	Parakou-Djougou	30-40
	Djougou-Natitingou	40-50
	Natitingou-Tanguiéta	20-30

Source : L'auteur, sur la base des données de Archives de la République du Sénégal, 2G 55-7, Service des TP, *Rapport annuel* 1955.

Tableau n° 15 : Évolution du nombre de véhicules au Dahomey du 1er janvier 1954 au 31 décembre 1957

1954-1958 = 100

Dates	1er janvier 1954	1er juillet 1954	1er janvier 1955	1er juillet 1955	1er janvier 1956	31 décembre 1957	31 octobre 1958
Nombre de véhicules en service	2 512	2 855	3 290	3 797	4 220	5 505	6 996
Total véhicules en indices	60	69	79	91	101	132	168

Source : Archives de la République du Sénégal, 2 G 55-131, Service des TP, *Rapport annuel sur la circulation automobile dans le Dahomey Année 1955* et André Lemaire, "L'automobile au Dahomey'', In *Bulletin de de la Chambre de commerce du Dahomey..., ITOM*, n° 66, mai 1959, p. 309. et calculs faits par l'auteur.

Entre 1954 et 1958, soit en l'espace de quatre ans, le parc automobile dahoméen a connu une croissance sensible. Il suffit, pour s'en convaincre, de regarder l'évolution indiciaire du nombre de véhicules au cours de cette tranche chronologique. En effet, de 60, il est passé à 168, soit un peu moins du triple.

Les 5 505 véhicules dénombrés à la date du 31 décembre 1957 étaient ainsi répartis : 1 895 voitures particulières, 3 281 camionnettes et camions, 329 véhicules spéciaux[1]. Ce parc était relativement jeune, car 76.8 % des véhicules qui le composaient ont été mis en circulation depuis moins de sept ans, ce qui, du point de vue de l'âge, correspondait à la moyenne des États de l'ex-AOF, où l'on trouve pour l'ensemble 76 % des véhicules immatriculés depuis 1950[2]. Quant aux 6 996 véhicules issus du comptage du 31 octobre 1958, ils se décomposent de la manière suivante : 3 044 véhicules de tourisme, 3 413 véhicules utilitaires et 539 véhicules réformés[3].

Le nombre de véhicules circulant au Dahomey aurait pu être encore plus important, n'eût été la mise en place au début de l'année 1955 d'un service autocar Cotonou-Lomé qui faisait deux voyages par jour entre les deux villes et qui a entraîné la disparition des petits véhicules de transport en commun et de taxis six à huit places Porto-Novo-Cotonou-Lomé[4].

[1] A. Lemaire, "L'automobile au Dahomey", In *Bulletin de la Chambre de commerce du Dahomey*, n° spécial, mars 1958, "Cinquantenaire de la Chambre de commerce de Cotonou'', pp. 104-106.

[2] *Ibid.*

[3] *ITOM*, n° 66, mai 1959, p. 309.

[4] Archives de la République du Sénégal, 2 G 55-131, Service des TP, *Rapport annuel sur la circulation automobile dans le Dahomey Année 1955,* Cotonou, le 15 septembre 1956.

Malgré cette croissance continue du nombre de véhicules immatriculés et circulant au Dahomey, cette colonie était en retard par rapport à l'Afrique subsaharienne en général, quant au ratio véhicule/nombre d'habitants. En effet, si ce ratio était de 1 véhicule pour 139 habitants dans cette partie de l'Afrique en général, il était de 1 véhicule pour 315 habitants au Dahomey[1].

En termes de marques automobiles dominantes, la France a conservé une confortable avance avec 80 % du parc, très loin devant les États-Unis qui suivent avec 11 % ; viennent ensuite les véhicules de marques anglaises qui représentent 3 % du parc et les véhicules de provenances diverses représentant les 6 % restants[2].

L'essentiel des véhicules au Dahomey était concentré dans les deux cercles de Porto-Novo et de Cotonou qui avaient alors la plus forte densité de circulation (1 500 véhicules/jour en 1955). Ces deux cercles abritant les deux principales villes de la colonie (le chef-lieu, Porto-Novo, et le centre économique, Cotonou) sont traversés par l'axe Togo-Nigeria qui enregistrait cette forte densité de circulation. En définitive, les grandes villes avaient le trafic automobile le plus élevé. Cette augmentation du trafic automobile prouve que la population urbaine s'est accrue et est devenue plus prospère.

La croissance du nombre de véhicules circulant sur les routes dahoméennes est facilitée par le fait que l'amélioration de l'état des infrastructures dans le cadre des plans FIDES attira de nombreuses sociétés concessionnaires et de réparation automobile qui investirent alors le marché dahoméen. Parmi ces sociétés, les plus importantes, en 1950, étaient :

- le garage Nègre : en plein développement, il effectuait de très importantes ventes de véhicules, disposait de magasins de pièces détachées bien approvisionnés et s'occupait également du dépannage rapide ; il importait surtout des camions et voitures Citroën et mensuellement 100 à 150 caisses de pièces détachées. Mais en dehors de Citroën, la société Gaston Nègre représentait également les marques Panhard, Chevrolet et Buick. Elle s'adonnait aussi à l'importation des pneus. En 1949, il importa 750 pneus de voitures et camionnettes et 1 300 pneus pour camions. La vente de pièces détachées occupait une très large place dans l'activité de cette société[3] qui possédait de vastes ateliers de vente à Cotonou, le long de la route reliant cette ville à Porto-Novo ;
- le garage SCOA (Société commerciale de l'Ouest africain) : il s'occupait de la réparation des véhicules de son parc automobile et aussi des réparations pour les particuliers ; une partie technique vendait des moteurs Bernard et il importait aussi des moteurs industriels de petite puissance, essence ou Diesel, de 4 à 20 CV. Cette société représentait également les

[1] *Ibid.*
[2] *Ibid.*
[3] ANP 200 Mi 1905 2G 49-50 Bobine 774, Dahomey, *Rapport économique 1949.*

marques Peugeot, Chrysler, Wolkswagen et Austin dont elle assurait la diffusion à Cotonou et à l'intérieur du pays ;

- le garage CFAO (Compagnie française de l'Afrique occidentale) : construit en 1947, il comportait un équipement moderne et perfectionné : tour et perceuses électriques, poste de soudure automatique, etc.. Installé à Cotonou, l'établissement s'occupait de la réparation des automobiles, exécutait aussi de nombreux travaux de mécanique générale grâce aux nombreuses machines-outils en service. Deux mécaniciens européens étaient chargés de l'organisation et de la surveillance des réparations ; ils étaient secondés par 18 ouvriers et 17 apprentis dont la formation professionnelle était assurée par la compagnie au moyen de cours théoriques et de séances d'ajustage. L'outillage, très important, était à commande électrique individuelle, le courant étant fourni par un groupe électrogène de 17.5 KVA et un groupe auxiliaire de 5 KVA ;
- le garage Fernand Heraud : depuis le 1er juin 1950, la maison Renault a installé un service de vente au garage Heraud qui représentait cette marque. Ce garage disposait d'un atelier de réparation très actif ainsi que d'un magasin de pièces de rechange qui a pris de l'extension[1], pour les véhicules Renault, Citroën, Chevrolet Jeep, Peugeot, etc.. Il est, depuis 1937, concessionnaire de la régie Renault au Dahomey. Le garage a interrompu ses activités pendant la plus grande partie de l'année 1947. En 1949, cet établissement a importé 9 fourgonnettes de 300 kg, 14 camions de 2.5 tonnes, 39 camionnettes IT et 36 798 kg de pièces détachées et accessoires, tous de marque Renault[2]. De sa filiale installée à Abidjan dès 1955, la Régie nationale des usines Renault a mis en place un réseau d'agences au Dahomey, précisément à Bohicon, Parakou, Kandi et une sous-agence à Porto-Novo ;
- le garage Georges Heraud à Cotonou était spécialisé dans la réparation des véhicules automobiles de marque Peugeot notamment. Mais il ne faisait pas d'importation ;
- la société Jonquet Pradès représentait Berliet, la société John Walkden représentait GMC, Pontiac, Bedford et Landrover.

L'installation de ces sociétés a aussi constitué une source de création d'emplois pour le Dahomey. En effet, le garage CFAO par exemple employait entre 1949 et 1950, 18 ouvriers (mécaniciens) recrutés sur place et en formait 17 supplémentaires. De cette façon, il y avait un transfert du savoir-faire aux apprenants dahoméens. Mais en définitive, le grand bénéficiaire demeure la métropole dont l'industrie automobile conquiert de nouveaux marchés. Pour combler la demande de ces nouveaux marchés, les sociétés de fabrication automobile sont obligées d'accroître leur production ; ce qui implique

---

[1] ANP-200 Mi 1921 2G 50-58 Bobine 790, *Rapport économique annuel 1950*, 203 p. et 200 Mi 1892 Série 2G 48-33 Bobine 761, *Rapport économique 1948*, signé du Gouverneur à Porto-Novo, le 13 juillet 1949.

[2] ANP 200 Mi 1905 2G 49-50 Bobine 774, Dahomey, *Rapport économique 1949.*

l'augmentation de la main-d'œuvre dans ces sociétés, donc la création de nouveaux emplois pour les Français, aussi bien en métropole que dans les colonies. De ce point de vue, les plans FIDES sont pratiquement une application de la loi des « 80 et 20 % »[1], à l'avantage de la métropole.

L'augmentation du nombre de véhicules a pour conséquence directe une évacuation plus aisée des produits.

4.3.2. Contribution à l'essor du commerce extérieur

En 1948, le Service Automobile a transporté près de 9 700 tonnes de marchandises contre 8 700 tonnes en 1947, soit une augmentation de 11.49 %[2]. L'existence du réseau routier, devenu complémentaire au chemin de fer, rendit possible entre 1954 et 1956 "l'opération Hirondelle" qui a consisté en une évacuation par le wharf de Cotonou, en lieu et place du port de Lagos, d'une partie de la production d'arachides des régions orientales et centrales du Niger, puis de la localité de Dosso. En effet, à part le Sud-Ouest du Niger qui était plus proche du wharf de Cotonou, les régions du centre et de l'Est faisaient transiter leurs marchandises par le Nigeria, non seulement à cause de la proximité, mais aussi en raison des conditions d'embarquement et de débarquement plus favorables à Lagos qui disposait, à l'époque déjà, d'un port en eau profonde pendant que Cotonou n'avait qu'un wharf.

Cependant, l'engorgement des *Nigerian Railways* entre Kano et Lagos en 1953-1954 posa au Niger de grosses difficultés d'exportation de sa production d'arachides via Lagos. Face à cette situation, l'administration française au Niger qui, depuis longtemps souhaitait qu'au moins une partie du transport Niger-Océan et vice-versa des arachides et d'autres marchandises soit assurée par une voie qu'elle contrôlait, afin de ne pas être totalement dépendante, profita de l'occasion pour instituer "l'opération Hirondelle". Cette opération permit de détourner sur Cotonou le trafic Niger-Nigeria, sans majoration des frais de transport puisqu'un mécanisme de subvention avait été mis en place sous forme d'une Caisse spéciale de compensation.

"L'opération Hirondelle", qui permit de tester l'efficacité du complexe rail-route reliant le Dahomey au Niger, assura l'acheminement vers Cotonou de 12 150 tonnes d'arachides en 1954-1955, 17 200 tonnes en 1955-1956 et 26 700 tonnes en 1956-1957[3].

---

[1] C'est-à-dire 80 % d'avantages pour la France contre seulement 20 % pour le Dahomey.

[2] 200 Mi 1892 Série 2G 48-33 Bobine 761, *Rapport économique 1948*, signé du Gouverneur à Porto-Novo, le 13 juillet 1949.

[3] E. F. Atadé, *op. cit.*, 2000, p. 50.

Tableau n° 16 : Étude comparée des différents services du réseau Bénin-Niger par le rail, la route et l'eau de 1945 à 1948 (part en % de chaque moyen de transport)

Tonnage de marchandises							**Nombre de voyageurs**						
Années	1945	1946	1947	1948	**Total général**	(%)	Années	1945	1946	1947	1948	**Total général**	(%)
Voie ferrée	63 422	90 485	74 482	85 590	**313 979**	87,40	Voie ferrée	485 029	810 483	533 455	838 376	**2 667 343**	94.47
Service Automobile	5 008	8 050	8 668	9 663	**31 389**	8,73	Service Automobile	7 138	14 468	63 486	63 818	**148 910**	5.27
Navigation	3 332	3 476	3 559	3 526	**13 893**	3,87	Navigation	1 383	2 352	2 173	1 335	**7 243**	0.26
Total	**71 762**	**102 011**	**86 709**	**98 779**	**359 261**	**100**	**Total**	**493 550**	**827 303**	**599 114**	**903 529**	**2 823 496**	**100**

Source : L'auteur, sur la base des données de ANP 200 Mi 1892 Série 2G 48-33 Bobine 761, *Rapport économique 1948*, signé du Gouverneur à Porto-Novo, le 13 juillet 1949.

Tableau n° 17 : Taux de croissance comparé des activités des différents services du réseau Bénin-Niger de 1945 à 1948

Années	Tonnage de marchandises						Nombre de voyageurs					
	Voie ferrée	TC* (%)	Service Automobile	TC	Navigation	TC	Voie ferrée	TC	Service Automobile	TC	Navigation	TC
1945	63 422		5 008		3 332		485 029		7 138		1 383	
1946	90 485	43	8 050	61	3 476	4	810 483	67	14 468	103	2 352	70
1947	74 482	-18	8 668	8	3 559	2	533 455	-34	63 486	339	2 173	-8
1948	85 590	15	9 663	11	3 526	-1	838 376	57	63 818	0.5	1 335	-38

Source : *Idem*

*TC : Taux de croissance

Le tableau n° 16 traduit une écrasante domination de la locomotive comme moyen de transport des personnes et des biens, à côté des voitures et des barques.

En revanche, le tableau n° 17 montre que de tous les services du Réseau Bénin-Niger, le Service Automobile a connu la croissance la plus significative, quant à son trafic-fret et à son trafic-passagers. Ceci traduit l'importance sans cesse grandissante que prenait le transport routier au Dahomey et annonce la victoire de la route sur le rail dans la concurrence entre les deux infrastructures de transport. De même, les chiffres du tableau n° 17 illustrent le fait que les routes venaient réellement en appui à la voie ferrée et contribuaient effectivement à une évacuation plus facile des différents produits. Dans tous les cas, on était très loin des 200 ou 300 tonnes de marchandises transportées au départ par le Service Automobile, et des résultats régressifs mis en relief par le tableau n° 1 de la présente étude. Puisque la circulation était devenue plus aisée, le transport aussi bien des personnes[1] que des marchandises est devenu plus facile, pour le grand bonheur des activités commerciales.

D'ailleurs, l'observation des chiffres du commerce extérieur du Dahomey pendant la période chronologique indiquée montre une progression continue, comme le confirme le tableau ci-après :

Tableau n° 18 : Évolution du trafic du wharf de Cotonou en tonnes et indices (1946-1959)

1948 = 100

Année	Importations	Exportations	Totaux	Indices
1946	32 047	34 574	66 621	61
1947	33 298	42 250	75 548	69
1948	37 183	72 583	109 766	100
1949	76 441	68 819	145 260	132
1950	67 763	78 964	146 727	134
1951	100 526	67 279	167 805	153
1952	86 014	65 053	151 067	138
1953	84 634	87 700	172 334	157
1954	114 465	96 167	210 632	192
1955	115 692	110 292	225 984	206
1956	135 599	120 979	256 578	234
1957	137 244	110 764	248 008	226
1958	130 559	134 060	264 619	241
1959	135 426	105 262	240 688	219

[1] Nous n'avons pas réussi à avoir des statistiques des voyageurs par la route au cours de la période.

Source : Chambre de Commerce du Dahomey, *Cinquantenaire de la Chambre de Commerce de Cotonou*, mars 1958, p. 64, cité par E. F. Atadé, *op. cit.*, 2000, p. 53.

Le tableau montre une évolution progressive très sensible (plus du double de l'indice de l'année de base, 1948[1]) du trafic du wharf de Cotonou, principale porte de sortie et d'entrée des produits du Dahomey. Le léger affaissement observé en 1952 par rapport à la tendance générale n'a rien changé à cette progression. Le volume des exportations et des importations du Dahomey s'est accru à la mesure de l'amélioration des infrastructures routières qui venaient en appoint au rail. Lorsqu'on considère la « colonne vertébrale » du réseau routier dahoméen qu'est la route du Niger, c'est elle qui se charge de charrier tous les produits du Nord-Dahomey vers Parakou, avant que le rail ne prenne le relais. L'amélioration de l'état de cette route (entre 1954 et 1955) et des autres, grâce au FIDES, y a augmenté le trafic – nous l'avions vu – ce qui a contribué à l'accroissement observé du trafic du wharf. On observe, en effet, que c'est à partir de 1954 que la croissance du trafic a triplé par rapport à l'année de base, 1946.

Qu'exportait réellement le Dahomey ? Et qu'importait-il ? Le Dahomey exportait principalement les produits du palmier à huile (amandes et huile de palme), les amandes et le beurre de karité, le coton, l'arachide, etc., en fait des matières premières utiles pour faire tourner l'industrie métropolitaine. Ces différents biens exportés étaient produits dans des régions traversées, à la fois, par le rail et la route. En retour, il importait, à des prix beaucoup plus élevés, surtout les biens de consommation issus de la transformation de ces matières premières. Cette évolution du commerce extérieur du Dahomey profitait d'abord à la France. Nous réaffirmons que la route au Dahomey était avant tout au service de l'économie de traite, donc de la métropole. Elle l'était, d'autant plus que la réalisation des travaux routiers était la chasse gardée des entreprises métropolitaines.

4.3.3. L'exécution des projets routiers : une manne pour les entreprises métropolitaines

Les entreprises françaises furent les grands bénéficiaires de la mise en œuvre des plans FIDES. Beaucoup parmi ces entreprises ne se sont d'ailleurs installées au Dahomey qu'à la faveur du FIDES. Nous avons réparti ces sociétés en deux grandes catégories : les grandes entreprises puis les petites et moyennes entreprises.

[1] Le choix de 1948 comme année de base se justifie par le fait que c'est au cours de cette année que la mise en œuvre des plans FIDES a effectivement débuté au Dahomey, avec le bitumage des premières routes.

4.3.3.1. Les grandes entreprises du secteur

La mise en œuvre du FIDES a entraîné l'arrivée au Dahomey, entre 1948 et 1950, de grandes entreprises métropolitaines du BTP venues s'ajouter aux deux de moindre envergure, mais plus anciennes dans la colonie qu'étaient les sociétés Herbelin et Jacquot & Jacquet, pour accroître la capacité des entreprises à absorber la somme des travaux à réaliser. Malgré les nouvelles arrivées, vu la quantité de travaux à exécuter, ces entreprises étaient près de la saturation par rapport aux moyens dont elles disposaient. En clair, il y avait pratiquement plus de travaux que la capacité des entreprises ne leur permettait d'assumer. Ceci est l'une des raisons pouvant expliquer la mauvaise qualité de certaines routes qu'elles ont livrées.

Au titre de ces entreprises, il y a la société Hersent, une entreprise fondée en 1860 par Hildevert Hersent, un ingénieur autodidacte qui a acquis rapidement une notoriété internationale grâce à sa maîtrise de la technique de l'air comprimé pour la réalisation de travaux de fondation en milieu fluvial ou marin : construction de ponts, de ports, travaux d'aménagement hydraulique. Elle devint une entreprise familiale lorsque le père fondateur associa en 1897 ses deux fils Jean-Baptiste et Georges. Ce sont eux qui donnèrent en 1904 le nom Hersent à l'entreprise qui devint en 1922 la "Société anonyme Hersent – Entreprises de travaux publics et maritimes".

À la faveur des fonds libérés par le FIDES, cette entreprise s'implanta au Dahomey en 1949 et installa ses bureaux, ateliers, garages et sa centrale électrique sur la route Cotonou-Porto-Novo PK 3. La société Hersent exécuta le projet de bitumage du tronçon Comè-ponts de Guézin de la route fédérale n° 11 (Togo-Nigeria) et du tronçon ponts de Guézin-Akoncamè[1], après avoir réalisé les études du secteur situé entre Porto-Novo et le Togo pour un montant de 45 500 000 F[2] (y compris les dépenses d'installation de l'entreprise). Elle remporta aussi le marché de bitumage de la route Parakou-Malanville. En 1954, la société Hersent faisait partie des entreprises contrôlées par le Service des Travaux publics du Dahomey.

En dehors de Hersent, la présence française au Dahomey était également matérialisée par la Société coloniale d'entreprise (SOCOLE) spécialisée dans les routes, le génie civil, les bâtiments. Également contrôlée par le Service des Travaux publics du Dahomey en 1954, la SOCOLE gagna plusieurs marchés passés avec les TP et les PTT. Le premier marché avec les TP chargeait cette entreprise de l'étude du projet d'aménagement de la section Porto-Novo-Nigeria de la route Togo-Nigeria pour un montant de 49 000 000 F[3] et de la première session de la route Dahomey-Niger jusqu'à Kétou. En application

---

[1] ANB, Série K5-6, Service des Travaux publics du Dahomey, *Rapport à Monsieur le Gouverneur en Conseil privé*, Porto-Novo, le 12 janvier 1954.

[2] ANP 200 Mi 1905 *Rapport économique* 2G 49-50 Bobine 774, FIDES, *État des réalisations au 1er novembre 1950.*

[3] *Ibid.*

d'un second marché, l'entreprise a exécuté le premier tronçon de cette route, Porto-Novo-Igolo[1]. La SOCOLE est installée à Cotonou, route de Porto-Novo PK 3 où elle a ses garages, magasins, ateliers, bureaux et logements. Cette société avait également un bureau à Porto-Novo. Elle employait au départ 10 Européens et 300 Africains[2]. Mais ce personnel augmenta sensiblement avec les marchés que la société gagnait. La SOCOLE a mis la clé sous la porte en juillet-août 1956.

L'entreprise "Constructions Coignet-Togo" encore appelée société Coignet, spécialisée dans la construction des ponts et bâtiments a reçu, le 8 février 1951, le marché de construction des appuis du pont sur le Mono (route fédérale n° 11). Coignet était également adjudicataire des travaux de la route Parakou-Malanville dont elle a réalisé les ouvrages d'art pendant que Hersent s'occupait du bitumage. Elle est également contrôlée par le Service des Travaux publics du Dahomey en 1954.

Parmi les plus grosses sociétés françaises présentes au Dahomey, il y avait aussi les Entreprises du Bénin (filiale Société Roudry). Cette société spécialisée dans les bâtiments, le génie civil, les adductions d'eau et contrôlée par le Service des Travaux publics du Dahomey en 1954, a assuré la construction de 3 ponts en maçonnerie, voie unique de 3 m sur la route Tchaourou-Porga, du pont en béton armé de 20 m d'ouverture évoqué plus haut sur la route Parakou-Malanville[3], selon le *Rapport économique de 1948*[4]. C'est une société anonyme au capital de 10 millions de francs CFA, créée en 1947 et ayant son siège social à Cotonou[5]. La société employait au départ 10 Européens (ce nombre passe à 20 en 1949) et 500 Africains. En 1949, les Entreprises du Bénin disposaient d'un parc de 19 camions et d'un gros matériel comprenant des bétonnières, des compresseurs, des grues, des pompes, des treuils à moteur, etc.[6].

L'entreprise Christophe-Togo, spécialisée dans les routes, précisément les terrassements ainsi que les revêtements bitumineux et également contrôlée par le Service des Travaux publics du Dahomey en 1954, figure également sur la liste des grandes sociétés françaises ayant conduit des travaux routiers dans le cadre des plans FIDES. Elle a, en effet, été sollicitée pour l'exécution de gros travaux de réparation sur le secteur Porto-Novo-Igolo de la RF 11, lesquels travaux ont été lancés en décembre 1957 pour une durée de 10 mois.

La dernière des grandes sociétés françaises spécialisées dans les travaux routiers à investir le marché dahoméen est justement celle qui battra le record de longévité sur ce territoire, puisque présente encore au Bénin au moment où

[1] ANP-200 Mi 1921, 2G 50-58, bobine 790, *Rapport économique annuel 1950.*
[2] ANP 200 Mi 1905 2G 49-50 Bobine 774, Dahomey, *Rapport économique 1949.*
[3] Ces quatre ouvrages d'art ont tous été achevés en 1949.
[4] ANP 200 Mi 1892 Série 2G 48-33 Bobine 761, Dahomey, *Rapport économique 1948*, signé du Gouverneur à Porto-Novo, le 13 juillet 1949.
[5] ANP-200 Mi 1921, 2G 50-58, bobine 790, *Rapport économique annuel 1950.*
[6] ANP 200 Mi 1905 2G 49-50 Bobine 774, Dahomey, *Rapport économique 1949.*

nous rédigeons ce travail. Il s'agit de COLAS, une entreprise fondée en 1929 par le pétrolier Shell et la Société générale d'entreprises (SGE) pour exploiter le brevet d'émulsion de bitume *Cold Asphalt*[1] mis au point au début des années 1920 par deux chimistes anglais, Hugh Alan Mackay et George Samuel Hay. Très rapidement, c'est-à-dire dès les années 1930, COLAS s'implante en Afrique du Nord, en Afrique de l'Ouest et aux Antilles. Ce n'est que dans les années 1950 que le Dahomey accueille cette société qui s'est particulièrement spécialisée dans les revêtements bitumineux et l'utilisation des produits spéciaux à base de bitume. Le premier marché gagné par la société COLAS est celui du revêtement de la chaussée Godomey-Allada (1955-1956) construite par Hersent. C'est le premier marché d'une longue liste qui continuera à s'allonger même après l'indépendance du Dahomey. Citons encore deux exemples : marché n° 84/57 pour l'exécution de grosses réparations entre Cotonou et Ouidah lancé en décembre 1957 pour un coût de 20 millions de francs CFA financé par le Budget général ; marchés 87/57 et 89/57 "Route Parakou-Malanville" ayant permis à la société de poursuivre en 1957 l'exécution des travaux qu'elle avait commencés en 1956 au titre des marchés de réparation de la couche de base exécutée par la SOCOLE et du marché d'amélioration et du bitumage du lot Kandi-Malanville. Le marché 89/57, évalué à 49 800 000 francs CFA, a été financé par le FIDES.

En raflant tous ces marchés, ces grosses sociétés avaient ravi la vedette aux deux plus petites qui existaient au Dahomey avant les plans FIDES.

4.3.3.2. Les petites et moyennes entreprises

À côté des grosses entreprises, il y en avait de moindre envergure. C'est par exemple le cas des Entreprises L. Herbelin. Spécialisée dans les bâtiments, il s'agit de la plus ancienne entreprise du Dahomey. En tant que telle, elle a gagné des marchés avant le FIDES, notamment la réfection du pont de Dassa-Zoumè en 1937. En 1949, Herbelin employait 11 Européens et 450 Africains et disposait d'un matériel composé de 11 véhicules dont 7 camions et 4 voitures de déplacement, 5 bétonnières et un compresseur[2]. Tout comme les autres, elle était également contrôlée par le Service des Travaux publics du Dahomey en 1954[3]. 90% des activités de cette entreprise s'exécutaient au Dahomey[4], ce qui donnait l'impression que cette société n'avait été créée que pour le Dahomey. En 1955, les Entreprises L. Herbelin cessèrent leurs activités au Dahomey.

Herbelin partageait le marché des travaux de routes, notamment la réalisation des ouvrages d'art avant les plans FIDES au Dahomey avec la société Jacquot & Jacquet. Cette dernière a, par exemple, gagné le marché de

[1] Le nom COLAS pris par la société est d'ailleurs issu de la contraction de *Cold Asphalt.*
[2] ANP 200 Mi 1905 2G 49-50 Bobine 774, Dahomey, *Rapport économique 1949*
[3] ANB, Série K7-2, Gouvernement du Dahomey, Travaux publics, *Rapport annuel 1955.*
[4] S. Sotindjo, *op. cit.*, 1995, p. 80.

reconstruction et d'allongement du pont sur le Zou, route d'Abomey à Zagnanado, exécuté en 1938[1].

En somme, les entreprises métropolitaines se sont "déversées" au Dahomey pour jouir de la manne financière du FIDES. C'est ce qui justifie que tous les marchés leur soient attribués systématiquement, soit par appel d'offres soit de gré à gré.

Cette politique de sélection d'entreprises françaises uniquement pour exécuter les travaux était une manière détournée de renvoyer en France une bonne partie des capitaux investis par le truchement du FIDES. Ce point de vue est confirmé par S. Sotindjo qui l'a décrit en ces termes :

> L'exécution des plans FIDES dans les TOM fut un puissant facteur d'expansion de l'économie française. En effet, la France réserva, au cours de leur déroulement, le monopole absolu du vaste marché Outre-Mer aux bureaux d'études de ses architectes-urbanistes, à ses industriels pour la vente des biens d'équipement nécessaires et aux filiales tropicales des entreprises-mères métropolitaines de BTP pour l'exécution des opérations. Par ce mécanisme, l'essentiel des crédits libérés retournait dans le pays donateur, la métropole. Il n'y a presque pas eu de transfert de technologie ou de savoir-faire dans les pays bénéficiaires dont les autochtones furent surtout employés comme manœuvres[2].

L'idéal pour nous aurait été de parvenir à quantifier la marge bénéficiaire de ces entreprises adjudicataires de marchés de construction d'infrastructures routières. Mais les informations disponibles ne permettent guère de satisfaire cette attente. Ce qui est évident, c'est que c'était des opportunités de lucre pour ces entreprises qui n'étaient pas du tout prêtes à céder la moindre part de leur marché à des sociétés étrangères. Mieux, le nombre de ces entreprises suffisait à peine pour couvrir la masse de travaux à exécuter. C'était donc pour elles une période de grande occupation et *ipso facto* d'importantes rentrées de devises.

Cette forte présence des entreprises françaises continua de se faire sentir pendant la première décennie qui suivit l'indépendance du Dahomey acquise en 1960. La rupture avec le système colonialiste espérée par les populations n'a pas eu lieu. Dans la politique des transports, comme dans tous les autres secteurs de l'économie, l'héritage colonial a été soigneusement entretenu.

---

[1] ANB, Série K8-2, Colonie du Dahomey, Service des Travaux publics, *Rapport du Chef du Service des Travaux publics*, Cotonou, le 19 juillet 1938.

[2] S. Sotindjo, *op. cit.*, 1995, p. 279.

CHAPITRE 5 : LE SOUS-SECTEUR ROUTIER DE 1960 À 1972 : ÉVOLUTION ET IMPORTANCE

L'indépendance du Dahomey, à l'instar de celle des autres pays francophones d'Afrique subsaharienne, n'a pas été une rupture avec le legs colonial. Pour les populations dahoméennes, c'était la désillusion totale, d'autant plus que l'élite politique semblait plus préoccupée par ses intérêts particuliers que par le développement économique et social du jeune État. Dans ces conditions, les tensions sociales ne tardèrent pas à donner lieu à une forte instabilité politique. Ce contexte ne permit guère au pays de disposer d'assez de ressources propres pour réaliser tous les investissements nécessaires à l'amélioration, l'extension et l'entretien de son réseau routier, malgré l'importance de celui-ci pour le développement économique. Le Dahomey devait compter sur les ressources extérieures pour réaliser en partie ces investissements.

5.1. Un contexte socio-politique et économique peu favorable

Les douze premières années d'indépendance du Dahomey ont été tumultueuses. Au plan économique, la forte présence de l'ancienne métropole qui continuait de contrôler les principaux rouages de l'économie du pays ne facilita point la tâche aux élites politiques elles-mêmes embourbées dans de sempiternelles querelles d'intérêts. Empêtrés dans ces querelles, les gouvernants ne semblaient se préoccuper que très peu de la condition de vie des populations qui ne cessait de se dégrader, engendrant de fortes tensions sociales.

5.1.1. Un legs colonial aggravé par le jeu des intérêts personnels

Le processus de décolonisation, tel qu'il s'est déroulé au Dahomey comme dans l'ensemble des colonies françaises d'Afrique subsaharienne, portait les germes d'un maintien du nouvel État sous la dépendance de l'ancienne métropole. Aussi, les structures créées par le pouvoir colonial ont-elles tout simplement, sous l'État indépendant, changé de dénomination, conservant tous leurs attributs. C'est le cas du FIDES simplement rebaptisé Fonds d'aide et de coopération (FAC), de la CCFOM devenue Caisse centrale de coopération économique (CCCE)[1], du gouverneur transmué en ambassadeur de France près le Dahomey.

Dans la réalité, les accords de coopération que les nouveaux États ont signés avec l'ancienne métropole au lendemain des indépendances (entre 1960

[1] C'est à la suite du référendum du 28 septembre 1958 que l'ordonnance du 30 décembre 1958 transforma la CCFOM en CCCE. Une nouvelle fois, cette institution a été rebaptisée par le décret n° 92-1176 du 30 octobre 1992, Caisse française de développement (CFD). Cette nouvelle dénomination est portée par l'institution jusqu'au 17 avril 1998 où le décret n° 98-294 transforma la Caisse en une agence, l'Agence française de développement (AFD).

et 1961) constituent « une obstruction à la souveraineté des États africains, au processus de démocratisation des États africains, et à leur décollage économique »[1]. L'auteur, G. Biyogo, poursuit son analyse, en montrant que ces accords ont été

> pensés sur mesure par le général de Gaulle et son homme d'ombre, le fameux Jacques Foccart, au profit exclusif de la partie française, en lésant de ce fait considérablement la partie africaine, et à la vérité, en la dépouillant jusqu'à lui dénier le principe de propriété à l'égard de ses propres richesses forestières, minières, pétrolières et naturelles[2].

En réalité, la colonisation avait tout simplement cédé la place au néocolonialisme. Ainsi, au plan économique, tous les secteurs vitaux de l'économie nationale étaient restés sous le contrôle des sociétés étrangères, particulièrement les sociétés métropolitaines. Pour illustrer nos propos, nous nous appuierons sur quelques exemples. Dans le sous-secteur agricole qui occupait environ 80 % de la population active, l'encadrement des paysans était assuré par la Société d'assistance technique et de conseils (SATEC) ainsi que le Bureau pour le développement de la production agricole (BDPA) ; la Compagnie africaine industrielle du tabac (CAITA) contrôlait la commercialisation du tabac tandis que la Compagnie française pour le développement des fibres textiles (CFDT) régnait sur le coton. Le sous-secteur commercial était, quant à lui, dominé par des sociétés françaises comme la Compagnie française de l'Afrique de l'ouest (CFAO), la Société commerciale de l'ouest africain (SCOA), Gaston Nègre, à côté desquelles il y avait des sociétés anglaises comme John Walkden, John Holt, etc.. Même dans les banques et finances, on note la forte présence française à travers des sociétés comme la Banque internationale de l'Afrique occidentale (BIAO), la Banque nationale de Paris (BNP). Enfin, dans le secteur industriel rabougri, les quelques unités de première transformation existantes appartenaient aussi aux groupes étrangers.

Toutes les conditions de la dépendance économique du Dahomey étaient donc réunies, car ayant peu de ressources naturelles, les revenus du pays étaient limités aux seuls taxes et impôts auxquels se dérobaient d'ailleurs les sociétés étrangères opérant sur le territoire[3], lesquels taxes et impôts s'ajoutaient aux recettes d'exportation de matières premières, en l'occurrence, les produits du palmier à huile.

---

[1] G. Biyogo, *Déconstruire les accords de coopération franco-africains*, vol. 1 *Par-delà l'unilatéralisme et l'interventionnisme économique, politique et militaire*, Paris, L'Harmattan, 2011, p. 7.

[2] *Ibid.*, pp. 15-16.

[3] L'une des preuves de cette dérobade des sociétés étrangères installées au Dahomey se trouve dans le discours-programme prononcé, le 30 novembre 1972, par Mathieu Kérékou qui soulignait la nécessité de récupérer les manques à gagner de l'État, entre autres, en contraignant « les sociétés privées à payer dans les meilleurs délais toutes les arriérées d'impôts qu'elles doivent à l'État. ».

En clair, ces sociétés ne créaient presque aucune richesse au Dahomey. C'est ce que confirment ces propos de Justin Tomètin Ahomadégbé, vice-président du Dahomey en 1965, lorsqu'il déclarait que les sociétés étrangères alors installées au Dahomey

> n'y investissent pratiquement rien, rapatrient leurs bénéfices à mesure qu'elles les réalisent et limitent volontairement leur chiffre d'affaires. Les capitaux extérieurs privés fuient le Dahomey ou ne consentent à y venir qu'à des conditions exorbitantes : les risques pour eux sont trop grands, et les perspectives de gain trop aléatoires. En effet, le lourd passif de l'État, le marasme économique, les menaces d'une faillite financière imminente, tous ces éléments sont connus des capitalistes étrangers et les incitent à fuir[1].

Les difficultés de trésorerie obligeaient alors le Dahomey à recourir à la politique de la main tendue, même pour les dépenses de fonctionnement comme les salaires des fonctionnaires, et pour tenter de combler le déficit chronique de son budget. Ce déficit a évolué de la façon suivante : 1960 : 200 millions de francs CFA ; 1961 : 1 100 millions ; 1962 : 591 millions ; 1963 : 240 millions (cf. *Marchés tropicaux et méditerranéens*, n° 1025, 3 juillet 1965, p. 1661) ; 1964 : 673, 8 millions ; et 1965 : 1 268 millions de francs CFA (cf. R. Minakpo, *Problèmes économiques et instabilité politique au Dahomey (1960-1972)*, p. 60 cité par S. Taho, *op. cit.*, 2011, p. 36).

Mais pourrait-il en être autrement lorsque l'élite dahoméenne, avec en tête les leaders des trois grands "partis politiques", Hubert K. Maga du Rassemblement Démocratique Dahoméen (RDD), Justin T. Ahomadégbé de l'Union Démocratique Dahoméenne (UDD) et Sourou Migan Apithy du Parti Républicain du Dahomey (PRD) qui ont tous opté pour le "oui" au référendum du 28 septembre 1958, ne se sentait pas prête pour l'indépendance ? Besoin est-il encore de rappeler la fameuse boutade de l'UDD : « Vous êtes incapables de fabriquer une aiguille et vous voulez être indépendants » ?

Cette élite n'avait donc aucune alternative à offrir pour sortir du cercle vicieux de la dépendance, puisqu'elle n'avait aucun projet pour assumer la souveraineté nationale nouvellement acquise[2]. C'est pourquoi nous avons tout lieu d'affirmer avec Paulin Hountondji que « l'indépendance a été imposée en 1960 à des dirigeants locaux qui n'en avaient que faire » [3]. Dès lors, on

---

[1] *Marchés tropicaux et méditerranéens*, n° 1025, 3 juillet 1965, p. 1661.

[2] Ce qui est curieux, c'est que près de 40 ans après l'indépendance, cette ancienne élite est restée dans sa logique. C'est ce que montrent ces propos de Justin T. Ahomadégbé recueillis par Éphrem Quenum en 1997, à l'occasion des 25 ans de la révolution du 26 octobre 1972 : « Aujourd'hui, je reste encore convaincu que l'indépendance est venue trop tôt en 1960. Il fallait que la France nous apprenne d'abord une bonne gestion des affaires du pays, à améliorer l'état de nos infrastructures, les routes, les ponts, les écoles, les hôpitaux… Nous n'étions pas préparés » (www.illassa-benoit.over-blog.com, 30 juillet 2010, consulté le 20 juin 2018). Quelle naïveté politique !

[3] P. Hountondji, "Construire l'autosuffisance. L'économie béninoise d'hier à demain", In P. Hountondji (dir.), *Le Bénin, d'hier à demain*, Paris, L'Harmattan, 2000, p. 181.

comprend aisément toute la difficulté des gouvernements successifs à investir dans les infrastructures de transport, en l'occurrence, les routes. Mais avant d'y venir, voyons d'abord les conséquences sociales des difficultés économiques et financières de ce Dahomey des années 1960 et début 1970.

5.1.2. De fortes tensions sociales

Les difficultés économiques et financières du Dahomey nouvellement indépendant ont tôt fait d'émousser la ferveur des populations qui avaient abordé cette nouvelle ère, chargées d'espoir. Très vite, cet espoir s'est évaporé, cédant la place à un grand désarroi et une profonde déception. Alors que la grande masse de la population dahoméenne plaçait dans l'élite politique sa confiance, quant à l'amélioration de sa condition de vie[1], cette question était loin d'être la priorité de ces politiciens avides d'intrigues, de compromis et même de compromissions pour satisfaire leurs intérêts personnels.

En effet, les conditions de vie des populations se sont dégradées au fil des années. Le plus dur à supporter pour elles, ce sont les mesures d'abattement de salaire (10 % puis 25 %) et la majoration des impôts, notamment sous le régime du Président Émile Derlin Zinsou (17 juillet 1968 – 10 décembre 1969), alors allusivement appelé « Président-gouverneur ». En 1965 par exemple, la situation budgétaire du Dahomey a été aggravée par une série de rapatriements des fonctionnaires dahoméens d'autres pays africains comme la Côte d'Ivoire, le Niger, le Gabon, le Congo Brazzaville, qu'il fallait intégrer à la fonction publique dahoméenne à effectif déjà reconnu pléthorique. Ainsi, en juillet 1965, le gouvernement, acculé, a dû prendre des mesures d'abattement de 25 % des salaires en plus de nombreuses autres mesures d'austérité : suppression du paiement des logements des fonctionnaires dahoméens ; réduction des véhicules administratifs à des usages strictement officiels, tous les fonctionnaires devant désormais se rendre à leur service par leurs propres moyens. De même, la taxe civique d'investissement qui touchait uniquement les salaires au-dessus de 20 000 francs CFA/mois a été réduite de 5 % à 2 % et appliquée à tous les salaires ou traitements perçus au Dahomey. Comme on pouvait s'y attendre, ces mesures entraînèrent une levée de boucliers de la part des syndicats qui déclenchèrent des mouvements de grève le 5 juillet 1965.

Pendant que le peuple, y compris la masse des travailleurs, végétait dans une misère crasse, la classe politique se délectait, utilisant la politique comme un moyen d'enrichissement rapide. L'injustice sociale était à son paroxysme et a entraîné des tensions sociales qui se sont traduites par l'organisation de vastes mouvements populaires sous la houlette des travailleurs. C'est le cas des manifestations d'octobre 1963 qui ont entraîné, le 28 octobre de la même

---

[1] Pour plus de détails sur cet aspect des choses, lire M. Ahanhanzo-Glèlè, *Naissance d'un État noir*, Paris, Librairie générale de droit et de jurisprudence Pichon et Durand-Auzias, 1969, p. 311.

année, la chute du régime du Parti Dahoméen de l'Unité (PDU) de Hubert K. Maga. C'était le début d'une grande instabilité politique.

5.1.3. Un profond malaise politique

Le Dahomey, en tant que néo-colonie, arrimait sa politique extérieure à celle de la France qui, grâce aux accords de coopération, avait toute la latitude de s'immiscer de façon permanente dans les affaires intérieures du nouvel État.

Les intrigues politiques entre Dahoméens, les leaders des trois "partis politiques" et leurs alliés ont créé un profond malaise dans le pays. Au lieu de s'intéresser aux questions de développement économique et social de leur pays, les dirigeants du Dahomey ont préféré entretenir des querelles sans fin et s'entre-déchirer tout le temps. Ces différends politiques ont alors pris le pas sur les défis de développement qui devraient normalement être au centre des débats. C'est d'ailleurs ce qui a justifié les tensions sociales. Ces tensions sociales ont été, à la fois, une cause et une conséquence du malaise politique. C'est la raison pour laquelle, le pays s'est illustré par sa grande instabilité politique. En effet, de 1963 à 1972, le Dahomey a enregistré cinq coups d'État réussis.

Pendant que l'élite dahoméenne s'empêtrait dans des querelles byzantines, le réseau routier dont dépendait pourtant l'économie du pays, déjà dominé par les voies de terre, donc facilement dégradables, se détériorait davantage, faute d'entretien.

5.2. Une économie fortement tributaire des transports routiers

Dans tous les pays, les transports sont au cœur de la croissance économique en faisant partie de l'armature physique du développement ; les routes occupent une place importante dans cette armature[1]. Le Dahomey, qui plus est, un pays à économie dominée, ne disposant pas d'infrastructures aéroportuaires, ferroviaires ou de navigation fluvio-lagunaire conséquentes, ne faisait pas exception à cette règle.

---

[1] Dans l'article "Les transports routiers en France" publié par M. Wolkowitsch aux pages 99 à 112 de *Annales de géographie*, n° 336, de l'année 1954, on peut lire ceci : « Le rôle des transports routiers s'accroît en France depuis les lendemains de la Première Guerre mondiale ; le monopole de fait dont les compagnies ferroviaires jouissaient depuis soixante-dix ans est battu en brèche : l'exclusivité du transport des marchandises échappe au rail ; le trafic routier voyage, dont la naissance est antérieure à 1914, changeant de nature, d'appoint qu'il était, devient concurrent. Le développement, lent de 1914 à 1926, s'accélère vers 1930 : la route assure une masse importante des échanges [...] ».

5.2.1. La route : principale infrastructure de transports des personnes et des biens

Dans sa politique de transport au Dahomey comme ailleurs en Afrique noire, le colonisateur français a mis l'accent sur la route au détriment du chemin de fer ou même du transport par voie d'eau. Malgré cela, le chemin de fer a, pendant longtemps, tenu la dragée haute à la route. En témoignent l'évolution des chiffres du trafic-voyageurs par voie ferrée qui sont passés de 700 000 passagers en 1948 à 1.6 million de passagers en 1963.

Mais au cours de ces années 1960, la route a commencé à assumer sa primauté sur le rail dont le trafic s'est mis à décliner. La concurrence routière s'est faite plus vive et le trafic-voyageurs par voie ferrée s'est mis à décroître régulièrement notamment sur les lignes de la banlieue côtière (Cf. *ITOM*, n° 179, octobre 1968). C'est la raison pour laquelle les consultants de deux bureaux d'étude canadiens (ND Lea & Associates et Lamarre Valois International Ltd.) ayant effectué une étude sur les transports terrestres au Dahomey entre 1969 et 1971, sur financement du Programme des Nations Unies pour le Développement (PNUD), ont recommandé la fermeture pure et simple des deux voies ferrées côtières. Car leurs travaux ont montré qu'à moins d'être subventionnées, ces lignes ne pourraient pas soutenir la concurrence des transports routiers et contribueraient au déficit de l'exploitation de l'Organisation Commune Dahomey-Niger des chemins de fer et des transports (OCDN).

La concurrence devenait donc de plus en plus favorable à la route qui s'imposait alors comme la principale infrastructure de transport, se donnant un rôle prépondérant dans l'économie du nouvel État. En 1969, à titre illustratif, les routes ont, selon la Banque mondiale, assuré plus de 60 % du trafic-marchandises et près de 90 % du trafic-passagers[1] au Dahomey, le reste étant acheminé par voie ferrée. Autant dire simplement qu'en cette année déjà, c'est-à-dire 1969, la route était sortie victorieuse de cette concurrence avec son sempiternel rival qu'est le rail. Et la situation ira s'aggravant, au point où la route finira par évincer totalement le rail.

Les routes du tiers méridional du territoire dahoméen portent la plus grande partie du trafic. Ceci est confirmé par le document *Évaluation du deuxième projet routier. Dahomey*, publié par la Banque mondiale, le 7 mai 1973 et dans lequel on peut lire ceci :

> En 1969, les deux tiers du volume global du fret intérieur acheminé par route – environ 900 000 tonnes (145 millions de tonnes-km) – ont emprunté cette partie du réseau. Sur les routes principales rayonnant autour de

---

[1] Banque internationale pour la reconstruction et le développement, Société financière internationale, Association internationale de développement, *Rapport n° 3a-DA, Évaluation du deuxième projet routier. Dahomey*, 7 mai 1973, p. 3. et International Development Association, *Report and recommendation of the president to the executive directors on a proposed credit to Dahomey for a second highway project*, 1973, p. 4.

Cotonou, la circulation atteint 1 000 véhicules par jour. Par contre, au nord de Bohicon, les seules routes où le trafic soit relativement important (de 70 à 200 véhicules par jour) sont les routes Bohicon-Dassa-Zoumè et Parakou-Malanville[1].

Principale infrastructure de transport, la route générait aussi des revenus directs pour l'État, à travers les différents taxes et impôts payés par ses usagers et qui constituent une source importante de devises pour le trésor public. En dehors de la surtaxe sur les carburants perçue par le Fonds routier, il y avait la taxe ordinaire sur les carburants qui s'élevait à 24 francs CFA par litre d'essence et à 14 francs CFA par litre de carburant pour moteurs Diesel. Il y avait également les taxes[2] à l'importation et les taxes intérieures sur les véhicules qui étaient très élevées et représentaient une part importante du prix d'achat de ces derniers. C'est ainsi que tous les camions lourds étaient grevés de droits et de taxes représentant 29 % de leur valeur s'ils provenaient de la Communauté économique européenne (CEE) et 43 % de leur valeur lorsqu'ils venaient d'autres pays. Les voitures de tourisme étaient encore plus lourdement taxées, de 57 à 85 % de leur valeur.

Au cours de la période 1965-1971, ces différents taxes et impôts ont rapporté en moyenne 1.4 milliard de francs CFA[3] à l'État par an. Le montant de ces recettes qui sont affectées au Budget général de l'État, hormis la surtaxe sur les carburants versée au Fonds routier, a dépassé le total des dépenses consacrées aux routes pendant la même période[4]. Cela signifie en termes clairs que les transports routiers fournissent des ressources substantielles à l'État qui, en retour, n'investit pas ce qu'il faut dans les infrastructures routières pour continuer à en bénéficier pleinement.

Pays très faiblement industrialisé, le Dahomey a une économie fondée sur l'agriculture en particulier et le secteur primaire en général[5]. Pour une pareille économie, les routes, en l'occurrence, les pistes de desserte rurales, sont d'une importance capitale. En effet, les centres ruraux de production ont besoin de pistes qui puissent les rattacher aux centres urbains et aux différents marchés sur lesquels leur production doit être vendue. De cette façon, les pistes de desserte rurales sont les moyens les plus simples pouvant désenclaver ces lieux de production. La répartition du travail dans un État veut que la production agricole, donc les activités du secteur primaire, se fasse dans les milieux ruraux, les centres urbains étant surtout le siège des secteurs secondaire et tertiaire. Et c'est le raccordement entre les deux, c'est-à-dire la

---

[1] Banque internationale pour la reconstruction et le développement, Société financière internationale, Association internationale de développement, *Rapport n° 3a-DA, op.cit.*, 7 mai 1973, p. 10.

[2] Nous aborderons plus loin la question des taxes perçues par le Dahomey en sa qualité de pays de transit auprès du Niger.

[3] Banque internationale pour la reconstruction et le développement, Société financière internationale, Association internationale de développement, *op. cit*, 7 mai 1973, p. 13.

[4] Nous y reviendrons dans la suite de l'étude.

[5] Près de 80 % de la population active au Dahomey opéraient dans ce secteur.

ville et la campagne qui permet le bon développement des activités économiques. La campagne apporte à la ville les matières premières. En retour, la ville, tout en étant un débouché pour les produits bruts, pourvoit la campagne en biens manufacturés qu'elle ne produit pas. C'est donc ce mécanisme qui permet à l'industrie des villes d'avoir les matières premières à transformer. De ce fait, l'essor de l'économie béninoise qui doit passer par l'agriculture, la base de cette économie, dépend du bon état du réseau routier et particulièrement des pistes de desserte rurales. Car en définitive, de la communication entre ces pistes et les routes principales dépend l'écoulement des produits agricoles et par ricochet l'épanouissement de l'activité pour le grand bonheur de l'économie.

C'est pourquoi en 1972, au titre du financement d'un programme de développement de la culture du coton (projet cotonnier du Zou-Borgou)[1], la Banque mondiale, à travers l'Association internationale de développement (AID), a accordé au Dahomey un crédit (307-DA) d'un montant de 6.1 millions de dollars américains[2] dont 630 000 dollars[3] étaient destinés à l'amélioration d'environ 630 km de routes de desserte à vocation agricole. Car, l'amélioration des pistes de desserte facilite l'écoulement de la production, encourageant les producteurs à produire davantage. L'accroissement de la production de cultures commerciales profite directement aux producteurs, puisqu'il augmente leur niveau de vie, si les prix aux producteurs sont rémunérateurs.

En réalité, le mauvais état du réseau routier entraîne des conséquences fâcheuses pour l'économie :

- l'isolement des zones rurales et la perte d'une bonne partie de la production qui pourrit avec le temps, faute de voie d'écoulement ;
- la baisse de la production agricole : c'est une conséquence logique de la première ;
- le renchérissement des produits sur le marché par le mécanisme du report du coût de la production sur les consommateurs. En effet, le mauvais état des pistes induit la hausse des coûts de roulement des véhicules qui, à son tour, entraîne l'augmentation des tarifs kilométriques pour les produits, d'où leur cherté sur le marché pour les consommateurs ;

---

[1] Le coton allait, dès 1975, évincer le palmier à huile en tant que culture-vedette d'exportation du Dahomey, compte tenu de la forte demande du produit sur le marché international. Ceci justifie ces investissements de la Banque mondiale pour le développement de la culture du coton.

[2] Convertis en franc CFA, conformément au taux de change de l'époque selon lequel 1 dollar US = 230 francs CFA, les 6.1 millions de dollars équivalent à 1 403 000 000 de francs CFA environ et les 630 000 dollars à 144 900 000 francs CFA.

[3] Banque internationale pour la reconstruction et le développement, Société financière internationale, Association internationale de développement, *Rapport n° 3a-DA, Évaluation du deuxième projet routier. Dahomey*, 7 mai 1973, p. 1.

- les conséquences deviennent même sociales puisque le producteur se retrouve à la fin avec des dettes ;
- la disponibilité permanente d'un excédent de main-d'œuvre agricole non exploitée qui finit par entraîner l'exode rural avec son cortège de conséquences (dépeuplement des campagnes, baisse de la production agricole, disette dans les lieux de départ, et accroissement des vices, de l'insécurité dans les lieux d'accueil).

De l'agriculture au commerce, il n'y a qu'un pas, puisque le producteur est appelé à vendre sa récolte. Là encore, les routes ont toute leur place à chacune des étapes. En effet, il faut des pistes de desserte pour l'acheminement des produits du champ au marché du village et ensuite des marchés ruraux aux marchés primaires de collecte. De ces derniers marchés, les produits parviennent aux marchés régionaux plus importants, encore appelés marchés secondaires de regroupement et qui constituent de véritables nœuds de regroupement des denrées agricoles. Ces marchés régionaux constituent l'avant-dernière étape dans le processus de commercialisation des produits issus des champs, puisque c'est à partir desdits marchés que ces produits sont acheminés vers les marchés terminaux de concentration des grands centres de consommation ou d'exportation que constituent les villes[1]. Cet ensemble de marchés que traversent les produits de champs est appelé réseau de marchés.

Au regard de ce qui précède, le Dahomey avait tout intérêt à maintenir dans le meilleur état possible son réseau routier surtout que les transports routiers constituent l'un des sous-secteurs à fort potentiel d'emplois.

5.2.2. Un des secteurs pourvoyeurs d'emplois

Le sous-secteur routier génère une pluralité d'emplois, accompagnant ainsi les dirigeants dans leurs actions pour réfréner le chômage. Les emplois directs concernent les conducteurs de véhicules. L'agrandissement du parc automobile national donne du travail à un nombre sans cesse croissant d'artisans comme les mécaniciens auto, les soudeurs, les électriciens, les vulcanisateurs, bref un large éventail de prestataires de services auxquels les conducteurs font appel pour les questions d'entretien ou de réparation. Ce sont les emplois indirects générés par les transports routiers. C'est dans cette même catégorie des emplois indirects qu'il faut ranger les tenanciers de boutiques de vente de pièces détachées dont le nombre augmente au rythme de l'agrandissement du parc automobile. En effet, si le marché des pièces détachées était au départ contrôlé par les sociétés étrangères notamment françaises décrites, des particuliers nationaux ont progressivement commencé à investir le secteur.

---

[1] Pour plus de détails sur cet aspect, lire P. Adjibi, *Réseau routier et échanges commerciaux dans le sud du département du Couffo*, Mémoire de Maîtrise en Géographie, Université d'Abomey-Calavi, Bénin, 2009, pp. 30-31.

Par ailleurs, au-delà des avantages que présente pour la collectivité l'accès plus facile aux services sociaux et administratifs dans les zones où la construction et l'entretien des routes sont basés sur la main-d'œuvre, la communauté locale profite directement des avantages monétaires liés à l'emploi. Les gains issus de ces emplois permettent aux ménages de cultivateurs de se procurer des outils agricoles plus performants, toute chose susceptible d'influer directement sur la croissance agricole.

D'un autre point de vue, la "voie dahoméenne" est le plus proche débouché du Niger sur l'Océan Atlantique.

5.2.3. La vocation de transit : la "Voie dahoméenne"

La position géographique du Dahomey faisait de ce territoire depuis l'époque coloniale un pays de transit en direction du Niger et même de la Haute-Volta. Cette fonction de pays de transit s'est confirmée après l'indépendance. Ainsi, l'axe de transport qui était, de loin, le plus important du pays en ce début des années 1960 était évidemment la "Voie dahoméenne"[1], véritable complexe rail-route traversant longitudinalement le pays sur une distance totale de 758 km. Il est composé du port autonome de Cotonou, une ligne de chemin de fer doublée d'une route, de ce port jusqu'à Parakou et la route, de Parakou à Malanville et la frontière nigérienne.

La "Voie dahoméenne" constitue le principal débouché sur l'océan, c'est-à-dire la voie d'accès la plus courte et la moins coûteuse pour le Niger[2] (principalement sa région sud-ouest qui se trouve être la plus peuplée et la plus économiquement active du pays) qui, faut-il le rappeler, est un pays enclavé. Ce pays faisait transiter entre 1969 et 1971 par le Dahomey, 45 % de son trafic extérieur total, soit 80 % de ses importations de pétrole, environ 50 % de ses importations générales et 30 % de ses exportations de produits agricoles. En termes de valeurs absolues, ce trafic est estimé en 1971 à 162 000 tonnes ainsi réparties : 116 000 tonnes d'importations générales et d'importations de produits pétroliers et 46 000 tonnes d'exportations de produits agricoles, principalement à base d'arachide et de coton. Les importations nigériennes par le Dahomey ont augmenté à un rythme régulier de 5 à 7 % l'an, alors que les exportations progressaient plus lentement[3]. Le trafic de transit nigérien

---

[1] Banque internationale pour la reconstruction et le développement, Société financière internationale, Association internationale de développement, *Rapport n° 3a-DA, Évaluation du deuxième projet routier. Dahomey*, 7 mai 1973, p. 3.

[2] En dehors de la "Voie dahoméenne", le Niger a deux autres accès à l'océan : la voie passant par le Nigeria et qui relie, par route et par rail, les régions centrales et orientales aux ports nigérians (principalement Lagos) ; la voie passant par la Côte d'Ivoire et qui relie la région occidentale du Niger à Abidjan via Ouagadougou, également par route et par rail.

[3] Banque internationale pour la reconstruction et le développement, Société financière internationale, Association internationale de développement, *Rapport n° 3a-DA, Évaluation du deuxième projet routier. Dahomey*, 7 mai 1973, pp. 3-4.

représentait environ 25 % de l'activité totale du port de Cotonou et plus de 60 %[1] du trafic de marchandises des chemins de fer du Dahomey.

La proportion des exportations des arachides acheminées par le Dahomey est passée de 20 % en 1966 à plus de 35 % en 1968-1969 pour se stabiliser à 30 % en 1970-1971. Cette évolution tient au fait que la voie dahoméenne a bénéficié du manque de capacité de l'itinéraire nigérian, en raison de la guerre du Biafra qui venait de déchirer le Nigeria. Cette guerre civile avait fait du Dahomey le marché-relais du Nigeria. En 1972, la route Parakou-Malanville enregistrait approximativement un trafic de 120 véhicules par jour, dont environ 45 camions-remorques et citernes lourds transportant des marchandises nigériennes en transit. Ces camions-remorques et citernes lourds représentaient environ 70 %[2] du tonnage total porté par cette route.

Cette fonction de pays de transit est très importante pour l'économie dahoméenne. Car, elle confère au Dahomey des entrées non négligeables de devises. Dans les années 1960 et au début des années 1970, les paiements bruts correspondant à toutes les prestations de services rendues nécessaires par le trafic de transit étaient estimés à 2 milliards de francs CFA[3] par an. Les dépenses en devises qu'impliquaient ces prestations de services correspondaient approximativement à 45 % des recettes totales, ce qui permettait au Dahomey d'encaisser des recettes nettes d'environ 1.1 milliard de francs CFA chaque année (soit environ 10 % de ses recettes d'exportations annuelles), par le truchement de ce trafic de transit seulement.

C'est pour rendre plus efficace ce rôle de transit basé sur le complexe rail-route que fut créée, le 5 juillet 1959 par le Dahomey et le Niger, l'Organisation commune Dahomey-Niger des chemins de fer et des transports (OCDN). En plus de sa mission principale qui consistait à exploiter et gérer les chemins de fer dahoméens, cet organisme autonome reprit une fonction auparavant dévolue au Service Automobile[4] : organiser les transports routiers entre Parakou et le Niger[5]. Entre 1967 et 1971, le taux de croissance annuel moyen du trafic de marchandises enregistré par l'OCDN a été de 9 %[6] environ. En 1971 précisément, 250 000 tonnes de marchandises ont été transportées ; sur ce total, 162 000 tonnes[7], soit 65 % étaient constitués de marchandises nigériennes en transit.

---

[1] *Ibid.*, p. 4.

[2] *Ibid.*, p. 23.

[3] *Ibid.*, p. 27.

[4] L'OCDN ne fit pas long feu dans le transport routier, puisque ce volet de son activité a été supprimé en janvier 1960 (Cf. *Bulletin de l'Afrique noire*, n° 289 du 25 juillet 1963).

[5] Il était, au départ, prévu que le rail se prolongerait jusqu'au Niger. Mais puisque ce projet ne fut jamais concrétisé, la route, objet de notre étude, prend le relais de Parakou jusqu'au Niger, confirmant que c'est effectivement la principale infrastructure de transports au Dahomey.

[6] Banque internationale pour la reconstruction et le développement, *op. cit.*, 1973, p. 4.

[7] *Ibid.*

Pour ce qui était du volet routier de l'activité de l'OCDN, il concernait le transport des marchandises de Parakou au Niger par la route. Ne possédant pas un parc de camions, l'organisation affrétait ces derniers auprès de plusieurs sociétés dahoméennes et nigériennes. Au moment des récoltes, l'OCDN exploitait ces camions de façon rationnelle sur un circuit triangulaire entre Parakou, Niamey et Maradi, afin d'éviter les retours à vide et profiter ainsi de leur capacité de transport de la manière la plus rentable possible.

De tout ce qui précède, il ressort que, de 1960 à 1972, les routes ont joué un rôle de premier plan dans l'économie dahoméenne. Pour cela, l'État dahoméen avait tout lieu d'améliorer son réseau routier et de l'entretenir. Mais ayant de sérieuses difficultés de trésorerie, le jeune État ne pouvait compter que sur l'appui financier étranger pour réaliser ses projets routiers.

5.3. La dépendance de l'aide extérieure pour l'entretien et l'amélioration du réseau

Entre 1960 et 1972, le réseau routier dahoméen n'a pas bénéficié de l'entretien dont il avait besoin pour être dans un bon état. Entre autres raisons pouvant expliquer cet état de choses, la faiblesse des ressources internes qui obligeait le jeune État à se tourner vers l'aide extérieure.

5.3.1. L'état des routes de 1960 à 1972

Les autorités politiques dahoméennes, en prenant le pouvoir avec l'accession du pays à l'indépendance en 1960, étaient conscientes de la place combien importante de la route dans le développement économique et social du pays. Car la route permet d'assurer :

- d'une façon continue le contact avec tous les administrés ;
- la liaison permanente entre les différents centres de production et les centres urbains ainsi que l'évacuation vers le port de Cotonou de tous les produits ;
- les liaisons vers l'extérieur par les grands axes inter-États, dans le but d'harmoniser la politique des transports au niveau régional puis international.

C'est pourquoi, tout juste un an après la proclamation de l'indépendance, le Président de la République, Hubert K. Maga, a jugé utile de prendre un décret pour classer les routes dahoméennes qui, jusque-là, étaient toujours sous la couverture des arrêtés de la période coloniale. Il s'agit du décret n° 433 PR/MTPTPT du 5 octobre 1962 portant classement des voies d'intérêt économique, touristique ou stratégique. Il distingue trois catégories de routes :

- les routes nationales inter-États (RNIE), largeur d'emprise : 40 m ;
- les routes nationales (RN), largeur d'emprise : 30 m ;
- les routes départementales, largeur d'emprise : 20 m.

Tableau n° 19 : Le réseau routier dahoméen en 1962

Catégorie	*Route ou tronçon de route*	*Longueur en km*
RNIE	Route Togo-Nigeria	176
	Route Godomey-Parakou-Malanville	729
	Route Dassa-Zoumè-Savalou-Djougou-Natitingou-Porga	456
	Route Togo-Aplahoué-Abomey-Bohicon-Kétou-Nigeria	155
	Route Togo-Doumè-Tchetti-Savalou-Logozohè-Savè-Oke Owo-Nigeria	106
	Route Togo-Dompago-Djougou-Bétérou-Parakou-Pèrèrè-Nikki-Nigeria	296
	Route Haute-Volta (vers Diapaga) -Kérémou-Banikoara-Kandi-Warandji-Ségbana-Nigeria	222
	Sous-total 1	**2 140**
RN	RN 1: Ouidah-Tori-Bossito-Allada	35
	RN 2 : Comè-Athiémé-Lokossa-Aplahoué	77
	RN 3 : Oké-Agonsa-Sakété-Pobè-Kétou	79
	RN 4 : Abogomè-Adjohoun-Affamè-Bonou-Dasso-Sagon-Covè	91
	RN 5: Tchaourou-Alafiarou-Bétérou	54
	RN 6 : Djougou-N'Dali-Nikki	182
	RN 7 : Guessou-Sud-Kouandé-Natitingou-Boukombé-Korontière	225
	RN 8 : Djougou-Péhounco-Banikoara	212
	RN 9 : Tanguiéta-Taïacou-Datori-Togo	67
	RN 10 : Nikki-Négansi-Ségbana	148
	RN 11: Porto-Novo-Adjarra-Avrankou	8
	Sous-total 2	**1 178**
	Total général	**3 318**

Source : L'auteur, sur la base des informations du décret n° 433 PR/MTPTPT du 5 octobre 1962

De toutes ces routes, il y avait deux axes importants, les mêmes qu'au cours de la période coloniale :

- une route côtière faisant partie de la liaison Lagos-Abidjan, bitumée sur toute sa longueur (176 km) et sur 6 m de largeur : c'est la RNIE Togo-Nigeria ;
- une route remontant vers le Nord, de Cotonou via Abomey-Calavi, Bohicon, Abomey, Dassa-Zoumè, Savè, Tchaourou. De Dassa-Zoumà, un embranchement va vers Djougou, Natitingou, tandis que l'axe principal se poursuit en direction de Parakou, Bembèrèkè et Malanville.

Le reste est un réseau de pistes et de routes en terre, en plus ou moins bon état. Cet ensemble totalisait une longueur de 5 200 km, dont près de 3 500 km de routes classées (3 318 km), soit 64 % du total. Tout en gardant la même ossature, ce réseau s'agrandit un peu en 1965, passant de 5 200 km à 6 000 km, avec 637 km seulement de routes bitumées (soit 11 % de la longueur totale des routes), le tout dans un état défectueux[1]. En 1971, le Dahomey totalisait 6 810 km de routes dont seulement 676 km sont bitumés (10 % du total), tandis que les 6 134 km (90 %) restants étaient, soit en terre soit en gravier. Nous présentons le détail du réseau routier dahoméen en 1971 dans le tableau ci-après :

Tableau n° 20 : Réseau routier dahoméen en 1971 (en km)

Réseau des routes classées	Routes bitumées	Pourcentage par rapport au total (%)	Routes en gravier ou en terre	Pourcentage par rapport au total (%)	Total	Pourcent age total (%)
RNIE	627	29	1 567	71	2 194	100
RN	49	4	1 167	96	1 216	100
Routes départementales			1 100	100	1 100	100
Total du réseau des routes classées	**676**	**15**	**3 834**	**85**	**4 510**	**100**
Réseau des routes non classées	**00**	**00**	**2 300**	**100**	**2 300**	**100**
Total	**676**	**10**	**6 134**	**90**	**6 810**	**100**

Source : Banque internationale pour la reconstruction et le développement, *op. cit.*, 1973, p. 31

Les données du tableau révèlent clairement qu'en 1971, seulement 10 % de l'ensemble des routes dahoméennes (réseaux des routes classées et non classées) étaient bitumés. Lorsqu'on considère seulement le réseau classé, nous n'avons que 15 % des routes qui soient bitumés. De même, sur une longueur totale de 2 194 km sur laquelle s'étendent les routes nationales inter-États, il n'y a que 627 km qui soient bitumés, ce qui correspond à un pourcentage de 29 %. Quant aux routes nationales, elles totalisent une longueur de 1 216 km, dont 49 km bitumés, soit un pourcentage de 4 %.

De l'analyse de ces chiffres, il ressort que les gouvernants dahoméens, pendant la première décennie d'indépendance, n'ont point concentré leurs efforts sur l'entretien du réseau routier dont l'état n'a pas connu une évolution qualitative significative par rapport à la période de mise en œuvre des plans FIDES. En effet, s'il est vrai que des investissements ont été faits[2], surtout pour remettre en état les grands axes existant déjà sous la colonisation, l'entretien qui devait accompagner ces réalisations pour que les investissements ne soient pas perdus n'a pas suivi. Ainsi, le réseau routier dahoméen se retrouvait dans un état de dégradation avancée qui empêchait parfois la circulation sur certains axes en période de pluie. Les exemples de

[1] S. Taho, *op. cit.*, 2011, p. 60.

[2] On examinera ces investissements dans la suite de l'étude.

routes se trouvant dans une situation de forte dégradation étaient légion, surtout parmi les routes de desserte rurales littéralement laissées pour compte.

On comprend alors aisément la pertinence des conclusions de l'étude menée de 1969 à 1971 sur les transports terrestres au Dahomey par deux bureaux d'étude canadiens (ND Lea & Associates et Lamarre Valois International Ltd.) sur financement du Programme des Nations Unies pour le Développement (PNUD). En effet, ladite étude a indiqué « qu'il était impératif d'améliorer l'entretien routier si l'on voulait que les nombreuses routes de construction rudimentaire, mais d'importance économique réelle continuent à constituer des voies de transport sûres et efficaces. »[1]. Cette étude a permis de repérer plusieurs tronçons de routes bitumées dont la réfection s'imposait de toute urgence. Le plus important de ces tronçons était celui qui relie Parakou, tête de ligne du réseau ferroviaire, à Malanville, à la frontière du Niger. Cette route est, en effet, la principale voie de transport du Nord du Dahomey pour le commerce intérieur et constitue, en outre, un élément de liaison rail/route entre le Niger et le port dahoméen de Cotonou qui est le débouché le plus important pour la région sud-ouest du Niger, pays sans littoral. L'étude a attiré l'attention des autorités dahoméennes sur la nécessité d'intervenir pour empêcher que cette route se dégrade davantage. Car une plus grande dégradation de la route Parakou-Malanville induirait une hausse des coûts de transport, ce qui pourrait amener le Niger à emprunter d'autres itinéraires, jusque-là, plus onéreux. D'autres tronçons de la partie méridionale de la même route (Cotonou-Bohicon) étaient, au cours de la même période, dans un état tel que leur réfection était nécessaire.

En dehors de cette route, on peut évoquer le cas de la section Porto-Novo-Igolo de la route Togo-Nigeria qui, en 1972, était fortement dégradée. De même, les transversales ci-après, faisant partie d'axes inter-États, nécessitaient d'importants travaux d'amélioration :

- Togo Nuadja-Aplahoué-Abomey-Kétou-Illara-Nigeria : c'est une route praticable uniquement en saison sèche. Seul le tronçon Aplahoué-Zagnanado est praticable en toutes saisons ;
- Atakpamè (Togo)-Doumè-Tchetti-Savalou-Logozohè-Glazoué-Savè-Oké Owo (Nigeria) : c'est une route à améliorer sur la moitié du parcours ;
- Kétao (Togo)-Djougou-Parakou-Nikki-Chikanda (Nigeria) : cette route est également à améliorer pour être praticable ;
- Haute-Volta-Kérémou-Banikoara-Kandi-Ségbana-Nigeria : cette route reste coupée à la hauteur de la Sota pendant la saison des pluies.

Cet état des routes se justifie, comme nous l'avons évoqué, par le fait que les questions d'entretien ont été reléguées au second plan. En effet, en 1959,

[1] Banque internationale pour la reconstruction et le développement, Société financière internationale, Association internationale de développement, *Rapport n° 3a-DA, Évaluation du deuxième projet routier. Dahomey*, 7 mai 1973, p. i.

le Dahomey a créé le Fonds routier, structure ayant reçu pour mission de collecter des fonds destinés à l'entretien périodique des routes, aux grosses réparations et à des constructions de nouvelles routes, compte tenu de l'importance du trafic. Mais force a été de constater que durant les dix premières années de l'indépendance du Dahomey, le Fonds routier a été détourné de son objectif initial[1], puisque ses ressources n'ont servi qu'à renflouer les caisses de l'État mises à mal par les difficultés financières et à financer d'autres activités qui ne sont normalement pas de son ressort. À titre illustratif, en 1962, le Fonds routier a financé pour un montant de 44 millions de francs CFA l'assainissement et l'aménagement des nouveaux quartiers de Cotonou. Ce n'est qu'à partir de 1970 que la structure a progressivement repris son rôle[2].

Dans ces conditions, on ne saurait s'étonner de l'état de dégradation de la plupart des routes dahoméennes. Faute d'entretien, malgré les ressources importantes générées par les transports routiers pour l'État, les investissements initiaux effectués pour réaliser les infrastructures sont devenus des fonds perdus puisqu'il faut tout recommencer par la suite.

Le tableau ci-après résume les principaux travaux exécutés sur le réseau routier dahoméen de 1960 à 1972 pour que ce réseau présente le visage que nous venons de décrire :

[1] P. A. Quenum, *L'efficacité des routes de desserte rurales dans l'économie béninoise*, Mémoire de maîtrise ès-Sciences économiques, Faculté des Sciences Juridiques, Économiques et Politiques, Université Nationale du Bénin, Abomey-Calavi, 1982, p. 6.

[2] C'est le décret n° 70-23/D/MEF/DB du 14 février 1970 portant création d'un Fonds routier qui a rétabli ledit fonds dans son rôle. Ce décret a été, quelques années plus tard, abrogé par un autre : le décret n° 84-98 du 20 février 1984 portant création, organisation et fonctionnement du Fonds routier.

Tableau n° 21 : Principaux travaux routiers exécutés entre 1960 et 1970

Année d'exécution	Nature des travaux	Société adjudicataire	Coût (en millions de francs CFA)	Source de financement
1959-1960	Réparation et entretien de la RNIE n° 11[1] entre les PK 10 et 60.700	Société Christophe-Togo	83[2]	Budget national
	Aménagement de la route d'accès au pont de Malanville/ revêtement de la route	Régie des TP	5.8[3]	-
		Colas	2.5[4]	-
1960	Exécution d'une chaussée bitumée sur la route Porto-Novo-Adjarra	Colas	29[5]	Fonds routier
1961-1962	Réparation de la route Togo-Nigeria (RNIE n° 11)		7	FAC
	Aménagement de la route Bembèrèkè-Kandi		21	FAC
	Aménagement de la route Sakété-Pobè-Kétou		7	FAC

[1] Il s'agit bien de la RNIE Togo-Nigeria. En 1960, le Dahomey indépendant n'ayant pas encore pris d'arrêté de classement des routes, c'est le classement fait par l'arrêté général n° 9635 du 30 décembre 1953 qui est resté en vigueur, à la différence des changements d'appellation propre au système colonial. Par exemple, les routes anciennement appelées routes fédérales sont devenues des routes nationales inter-États et les routes d'intérêt général, des routes nationales. Mais les numéros affectés à ces routes sont restés inchangés jusqu'à la prise du décret n° 433 PR/MTPTPT du 5 octobre 1962.

[2] Le montant exact est de 83 548 388 francs CFA (Cf. ITOM, n° 91, juin 1961, p. 483).

[3] Chiffre exact : 5 849 947 francs CFA (Cf. ITOM, n° 75, février 1960, p. 130).

[4] Chiffre exact : 2 551 878 francs CFA (Cf. ITOM, n° 75, février 1960, p. 130).

[5] Le montant exact est de 29 312 341 francs CFA (Cf. *ITOM*, n° 91, juin 1961, p. 483). Ces travaux, démarrés le 8 janvier 1960, furent achevés le 8 mars 1960.

	Aménagement et bitumage de la route Allada-Bohicon[1] (achevé 1962)	Société Christophe (PK 57.290 Allada au PK 91.500 Sèhouè)	254[2]	Fonds d'investissement national
		Colas et Hersent de façon conjointe (PK 91.500 Sèhouè au PK 133.867 Bohicon)	265[3]	Fonds d'investissement national
1962	Réfection RNIE n° 11		4	-
	Entretien de la RNIE n° 7 entre Parakou et Malanville[4]	Colas	12[5]	Budget national
	Étude pour la construction d'un nouveau pont à Cotonou[6]		15	FAC
1962-1963	Construction de la route de desserte du littoral à l'ouest de Cotonou	Hersent	55	-
	Réfection de la route inter-États n° 11 dans la région de Takon	Colas et Entreprises du Bénin	19	-

[1] Après ce bitumage, il ne restait plus que le tronçon Bohicon-Parakou pour que la route Godomey-Malanville soit entièrement bitumée.
[2] Le montant exact est de 254 486 229 francs CFA (Cf. ITOM, n° 91, juin 1961, p. 483). L'exécution du revêtement bitumineux est sous-traitée à Colas.
[3] Le montant exact est de 265 561 050 francs CFA (Cf. ITOM, n° 91, juin 1961, p. 483).
[4] Les observations faites à la note de bas de page n° 349 sont également valables ici.
[5] Montant exact : 12 499 329 francs CFA (Cf. ITOM, n° 91, juin 1961, p. 483).
[6] Le vieux pont ne répondait plus au trafic qui atteignait près de 5 000 véhicules par jour (*ITOM*, n° 103, juin 1962).

	Construction d'un pont en béton armé entre Perma et Natitingou	Entreprise congolaise NET	3.5	-
1963-1964	Aménagement de la route Parakou-Malanville	Colas	23	-
	Aménagement de la route Godomey-Malanville	Colas	28	-
	Construction d'un pont à Sè		5	-
1964	Étude des accès et appuis de 5 ponts métalliques dans le Nord-Dahomey		5	BCEOM
	Modernisation et bitumage de la route Allada-Bohicon	Hersent, Christophe et Colas	680	-
	Remise à neuf de la route Cotonou-Porto-Novo	Hersent et Colas	156	-
1965	Bitumage axe Comè-Dogbo Achèvement bitumage Allada-Bohicon		750	-
1968	Réparations sommaires et renforcement des routes Comè-Lokossa-Dogbo et Cotonou Hilla-Condji		43.5	Fonds européen de développement (FED)
1968-1969	Réparation et renforcement de		695[1]	-

[1] 695 387 064 francs CFA, 98 km (ITOM, n° 198, mai 1970, pp. 385-388).

	la section Hilla-Condji-Cotonou de la RNIE Togo-Nigeria			
1969-1970	Réparation des appuis du pont de Cotonou	Entreprises du Bénin (entreprise exécutante) Bureau d'études : BCEOM	50	FAC
	Renforcement et renouvellement du tapis dans quelques sections de la route Parakou-Malanville		140	FAC
	Rechargements généraux et construction d'ouvrages d'art sur l'axe Dassa-Zoumè-Porga		36.5	FAC
	Renforcement de la route Cotonou-Hilla-Condji		317	FED
1970	Programme quadriennal d'amélioration de l'entretien routier et préparation de la remise en état de la route Parakou-Malanville et de deux tronçons de la route Cotonou-Bohicon		805[1]	AID

Source : L'auteur, sur la base de la compilation des données des numéros de 1960 à 1972 de ITOM, ANSOM, Carton 113 F 54/42 FIDES 2e série ;

[1] Nous avons converti le montant originel de 3.5 millions USD en franc CFA suivant le taux de conversion en vigueur à l'époque : 1 USD = 230 francs CFA. Ce crédit (215-DA) est accordé dans le cadre d'un projet comprenant un programme quadriennal d'amélioration de l'entretien routier et la préparation des projets d'exécution relatifs à la remise en état de la route Parakou-Malanville et de deux tronçons (d'une longueur totale de 20 km) de la route Cotonou-Bohicon.

République du Dahomey, *Aspects économiques*, numéro spécial, 1972, pp. 56-57.

Ce tableau appelle quelques observations et commentaires. La première observation concerne la fréquence des travaux de réparation effectués sur les routes Togo-Nigeria et Cotonou-Malanville ainsi que les fortes sommes qui y sont consacrées.

Les raisons des travaux de réparation de 1968-1969 sur la route Togo-Nigeria sont surtout liées aux pluies exceptionnelles de 1968 qui ont entraîné l'envahissement de certaines sections de cette route par les eaux qui les ont sérieusement dégradées. En effet, « elles ont imbibé pendant plusieurs semaines les couches portantes de la route, détruit la chaussée aux endroits inondés, et causé des déformations supérieures aux tolérances admises sur d'autres sections »[1]. Les travaux de réparation ont donc consisté en la construction de douze ouvrages supplémentaires d'assainissement terminés en 1969, en plus du remblai au-dessus de ces ouvrages et des travaux de reprise des parties dégradées, entrepris en 1970. Le montant de l'ensemble de ces travaux est estimé à 695 387 064 francs CFA.

Cette route, l'un des deux grands axes du réseau routier dahoméen, est particulièrement importante, car elle relie la capitale du Dahomey, Porto-Novo, à celle du Nigeria à l'époque, Lagos. Mieux, elle se dirige, du côté nigérian vers Ibadan et traverse, du côté dahoméen, la ville de Cotonou, entre autres, avant de se prolonger sur le Togo et le Ghana. Cette route est donc empruntée par un grand nombre de poids lourds, ce qui favorise sa dégradation rapide, surtout qu'elle n'a pas été redimensionnée en fonction du trafic devenu plus intense, depuis son bitumage réalisé entre 1948 et 1956. À cela s'ajoute le fait que le revêtement même était de mauvaise qualité et que la circulation s'est chaque fois poursuivie même pendant les inondations[2].

La route Cotonou-Malanville, l'autre grand axe, est tout aussi vitale puisqu'elle relie, non seulement le Nord-Dahomey, mais aussi et surtout le Sud-Ouest du Niger au port de Cotonou. C'est donc une route demeurée hautement stratégique depuis l'époque coloniale. C'est pourquoi pendant que l'étude financée par le PNUD entre 1969 et 1971, et déjà évoquée plus haut, était en cours, la Banque mondiale a mis le crédit de 805 millions de francs CFA à la disposition du Dahomey pour l'amélioration et l'entretien de la route Cotonou-Malanville.

Ces routes sont, certes, importantes, mais les investissements qu'elles ont absorbés à elles seules, au détriment surtout des routes de desserte rurales confirment l'abandon de ces dernières et par conséquent, le maintien du legs colonial pour le renforcement de l'économie de traite, une économie extravertie, au service des intérêts étrangers, en l'occurrence, français. Ceci,

[1] ITOM, n° 201, août 1970, p. 682.
[2] *Ibid.*

ajouté à d'autres motifs, nous amène à donner raison à P. Hountondji, R. Mongbo et A. Houéssou lorsqu'ils écrivent ceci : « Le nouvel État indépendant ne s'est pas contenté, pendant ces douze années, de subir l'extraversion ; il l'a activement prise en charge et développée [...] »[1]

Le tableau met également en lumière le monopole français sur les marchés d'exécution des projets routiers.

En définitive, il est à retenir qu'après l'indépendance du Dahomey, tout était à faire, tout semblait urgent. Dressant le bilan d'une année de travail au Ministère des Travaux Publics, des Postes et Télécommunications par exemple, le mensuel *ITOM* a trouvé que ce ministère a connu « une activité des plus intenses »[2] allant dans le sens de la poursuite des travaux amorcés depuis les années 1950 et qui étaient encore en cours : aménagements routiers, construction de bâtiments et autres infrastructures comme les hôpitaux, le port, le prolongement de la piste d'atterrissage de l'aéroport de Cotonou, de 1 500 à 1 800 m, le palais de justice, le palais de la présidence, l'école des infirmiers et infirmières de Cotonou, les travaux d'adduction d'eau, etc.. La tâche était immense, certes. Mais certains travaux étaient prioritaires par rapport à d'autres. Parmi les grandes priorités, il y avait bien sûr les infrastructures de communication comme les routes qui n'ont malheureusement pas bénéficié de toute l'attention et des moyens qu'il fallait. Les pistes de desserte rurales, facteurs de stimulation de la production agricole dans une économie basée sur l'agriculture, ont proprement été ignorées. La faiblesse des sommes investies dans l'entretien routier illustre clairement le peu d'intérêt que les autorités dahoméennes accordaient aux infrastructures routières qui, pourtant, assuraient l'essentiel des transports, tant des biens que des personnes. En effet en 1968, 152 millions de francs CFA ont été dépensés pour l'entretien routier ; cette somme passa à 190 millions, avant de se retrouver à 280 millions l'année suivante[3]. Néanmoins, force est de constater que la faiblesse des ressources internes en était pour beaucoup dans cet état de choses.

5.3.2. La faiblesse des ressources et investissements internes

Le Fonds routier était la principale structure de l'État dahoméen, chargée de s'occuper de l'entretien du réseau routier existant, et dans une certaine mesure, de la construction de nouvelles infrastructures routières. Cette structure tirait ses ressources des taxes sur les produits pétroliers (carburants et lubrifiants)[4]. Les recettes du Fonds routier étant limitées, elles sont naturellement insuffisantes pour couvrir les besoins.

---

[1] P. Hountondji, *op. cit.*, 2000, p. 192.

[2] *ITOM*, n° 92, juillet 1961, p. 542.

[3] République du Dahomey, *Aspects économiques*, numéro spécial, 1972, p. 57.

[4] Il s'agit d'une surtaxe sur les carburants d'un montant de 4 francs CFA par litre au cours des années 1960 et début 1970. En 1971, le produit de cette surtaxe s'est élevé à 1.1 millions de US

Pire, les ressources intérieures, déjà insuffisantes, s'amenuisent avec le temps. Ainsi en 1959, 257 millions de francs CFA étaient mis à la disposition des Travaux Publics pour l'entretien de 1 658 km de routes, soit 155 000 francs CFA/km environ. En 1965, cette somme a diminué, passant à 230 millions de francs CFA[1], pendant que le kilométrage de routes à entretenir a plus que doublé, et est passé à 3 421 km, ce qui correspond à 67 232 francs CFA/km.

La faiblesse des ressources internes handicape sérieusement la réalisation des plans de développement du pays. Examinons à cet effet les trois plans de développement[2] mis en œuvre au Dahomey entre 1960 et 1972. Le premier plan du Dahomey indépendant est le plan quadriennal (1962-1965) approuvé par l'Assemblée nationale le 31 décembre 1961 et dont la mise en application a commencé le 1er janvier 1962. Ce plan d'un montant prévisionnel de 30 milliards de francs CFA accordait 30 %[3] de ce montant aux infrastructures qui regroupaient les voies de communication, les installations portuaires et aéroportuaires ainsi que les prospections géologiques, cependant que l'agriculture et l'industrie, donc les secteurs directement productifs avaient respectivement 40 % et 10 %.

Dans la réalisation du plan, aucun accent particulier n'a été mis sur le réseau routier, puisqu'il a été jugé « suffisant »[4] par ledit plan, en dépit de l'impraticabilité de certaines pistes de desserte et même de certaines routes inter-États en saison pluvieuse. L'essentiel des réalisations de ce plan en termes d'infrastructures routières, comme l'expose le tableau n° 21, a consisté en des travaux de réparations des routes Cotonou-Malanville, Togo-Nigeria, la construction d'un pont en béton armé, le bitumage de la route Allada-Bohicon et de l'axe Comè-Dogbo, etc.. La réalisation majeure à mettre sur le compte de ce premier plan de développement du Dahomey indépendant a été la construction du port autonome de Cotonou dont le démarrage des travaux lui est, du reste, antérieur[5].

Au terme de ce premier plan qui n'apporta pas grand-chose au sous-secteur routier dahoméen jugé déjà « suffisant » avec 6 000 km de routes dans un état pourtant globalement défectueux, fut mis en route le plan quinquennal 1966-1970 qui prévoit 4 475 millions de francs CFA pour l'infrastructure routière

---

Dollars (cf. Banque internationale pour la reconstruction et le développement, Société financière internationale, Association internationale de développement, *Rapport n° 3a-DA, Évaluation du deuxième projet routier. Dahomey*, 7 mai 1973, p. 13.).

[1] P. A. Quenum, *op. cit.*, 1982, p. 11.

[2] Le premier est le plan quadriennal (1962-1965), le second est le plan quinquennal (1966-1970) et le troisième est le plan intérimaire (1971-1972). Pour plus de détails, lire S. A. Taho, *Étude critique des plans de développement économique et social du Dahomey-Bénin (1946-1992)*, Mémoire de maîtrise en Histoire, Université d'Abomey-Calavi, 2010-2011, 154 p.

[3] S. A. Taho, *op. cit.*, 2011, p. 23.

[4] *Ibid.*, p. 30.

[5] La pose de la première pierre a été effectuée le 23 octobre 1959 et l'inauguration du port a eu lieu le 1er août 1965.

dont 2 725 millions[1] pour la remise en état des routes bitumées. Le but de ce plan était clair pour le sous-secteur :

- remettre en état les routes bitumées et renouveler systématiquement les tapis d'usure ;
- recharger régulièrement les routes en terre grâce à une augmentation importante des crédits d'entretien courant ;
- améliorer les routes en terre par la construction d'ouvrages définitifs.

Sur les 4 475 millions de francs CFA réservés aux infrastructures routières, 3 075 millions[2] d'aide extérieure, soit environ 69 %, étaient espérés. Sur le coût total estimé du plan, 75 % sont attendus de l'extérieur[3]. Face à cette réalité, un constat se dégage de lui-même : les bonnes intentions sont surtout demeurées lettres mortes, en raison des difficultés de mobilisation des fonds[4]. Ainsi, le programme concernant les routes bitumées n'a été que partiellement réalisé tandis que les prévisions relatives aux routes en terre sont tout simplement demeurées à l'étape des bonnes intentions, faute de financement. Les travaux réalisés se limitent :

- à la réfection de la route Cotonou-Hilla-Condji après les inondations de 1968 ;
- au renforcement de certaines sections et au renouvellement du tapis (sur 20 km) de la route Parakou-Malanville en 1969-1970 après la saison des pluies de 1968 ; coût 140 millions (90 millions en 1969 et 50 millions en 1970)[5] ;
- au bitumage de la route Comè-Dogbo en 1969-1970 ; coût : 617 millions en 1969 et 28 millions en 1970 ;
- à la réfection de la route Dassa-Zoumè-Porga ;
- la réfection de la route N'Dali-Nikki-Yassikira (Nigeria).

L'ensemble de ces travaux coûtèrent 1 862 millions de francs CFA[6] contre une prévision de 4 475 millions, soit moins de la moitié des prévisions.

Sur cette somme mobilisée (1 862 millions), 183 millions, soit 9.8 % ont été dépensés dans les études évidemment confiées aux experts originaires des pays pourvoyeurs des fonds[7].

Comme d'habitude, le constat de la non-atteinte des objectifs effectué, un nouveau plan a été proposé, dans l'urgence, par le Conseil présidentiel, un peu pour combler le vide laissé par la fin du plan quinquennal : c'est le plan

---

[1] Ce plan prévoit comme le précédent 30 % des intentions d'investissements au secteur des infrastructures sur le total des 35 200 millions francs CFA qu'il doit mobiliser.

[2] *Bulletin de l'Afrique noire (BAN)*, n° 645 du 19 mai 1971.

[3] S. A. Taho, *op. cit.*, 2011, p. 62.

[4] Sur une évaluation globale de 35 200 millions de francs CFA, 23 248 799 410 francs CFA (cf. S. A. Taho, p. 69), soit environ 66 % des prévisions, ont pu être effectivement mobilisés et investis. Sur cette somme mobilisée, les ressources internes n'ont été que de 4.5 milliards de francs CFA (*Industries et travaux d'Outre-Mer*, n° 158, janvier 1967).

[5] E. F. Atadé, *op. cit.*, 2000, p. 63.

[6] S. A. Taho, *op. cit.*, 2011, p. 68.

[7] *Ibid.*, p. 75.

intérimaire de développement 1971-1972 adopté en conseil des ministres, le 3 novembre 1971.

D'un montant de près de 40 milliards, précisément 39 679 millions de francs CFA[1] selon les estimations, ce plan a prévu 7 401 millions de francs CFA (soit 19 % du montant total à investir) pour les infrastructures économiques parmi lesquelles les infrastructures routières auxquelles sont dévolus 3 285 millions. La plus grosse part est réservée au développement industriel et commercial avec 20 176 millions (51 %) ; le secteur social et administratif a eu 6 946 millions (17 %) tandis qu'au développement rural ont été attribués 5 156 millions (13 %). Son financement dépendait comme dans les cas précédents des ressources extérieures. Or après toutes les tractations menées par les autorités dahoméennes, elles n'ont réussi à mobiliser de l'extérieur que 7 953 400 000 francs CFA, selon les calculs de Taho, 2011 : 83, soit moins du tiers des espérances. Néanmoins des réalisations non négligeables (en fonction du contexte politique et des moyens disponibles) ont été faites au point de vue des infrastructures routières. En effet, toutes les opérations de bitumage de routes retenues dans le plan précédent furent terminées[2]. Il s'agit des routes Hilla-Condji-Cotonou terminée en 1971 grâce à un financement du FED, Cotonou-Porto-Novo, Godomey-Bohicon, Porto-Novo-Igolo (FED), Parakou-Malanville. Seule la réfection de la route en terre Djougou-Banikoara accusa du retard. Les nouveaux projets exécutés portent sur les routes Bassila-Djougou, Natitingou-Tanguiéta, Pobè-Kétou (FED).

---

[1] *ITOM*, n° 219, février 1972.

[2] E. F. Atadé, *op. cit.*, 2000, pp. 65-66.

Tableau n° 22 : Travaux routiers exécutés en 1971 (plan intérimaire)

Axes routiers	Prévisions 1971 (en millions de francs CFA)		Réalisations 1971 (en millions de francs CFA)		Taux de réalisation (en %)
Projets anciens	Études	Travaux	Études	Travaux	
Hilla-Condji-Cotonou	317	317	5	300	48
Cotonou-Porto-Novo		125		80	64
Porto-Novo-Igolo	38			38	100
Godomey-Bohicon	130			130	100
Djougou-Banikoara		48		5	10
Projets nouveaux					
Bassila-Djougou		12		3	100
Natitingou-Tanguiéta		42		3	100
Pobè-Kétou		Non prévu		1.5	100
Allada-Ouidah		Non prévu		1.5	100
Natitingou-Péhunco		5			
Total	485	549	5	562	Plus de la moitié réalisée

Source : République du Dahomey, *Bilan d'exécution du plan intérimaire (année 1971)*, Cotonou, 1972, p. 65, cité par E. F. Atadé, *op. cit.*, 2000, p. 67.

La faiblesse des ressources internes a eu un impact négatif sur l'atteinte des objectifs que se sont fixés les responsables politiques dahoméennes en termes d'infrastructures routières. Pour combler le vide, le pays était obligé de solliciter l'aide extérieure.

5.3.3. L'intervention de l'aide extérieure

Le Dahomey des années 1960 au début des années 1970 se débattait dans un marasme économique et dans une instabilité politique qui ne lui permettaient de s'occuper ni de l'entretien ni de l'amélioration de son réseau routier sur lequel reposait pourtant son économie. La faiblesse de l'épargne intérieure n'arrangeait rien à cette situation. Le pays ne pouvait donc que recourir à l'aide extérieure pour financer l'entretien de ses routes. Cette aide provenait aussi bien de certains États partenaires que des institutions financières internationales.

En tête de liste des États partenaires, il y avait naturellement l'ancienne métropole, la France qui a financé plusieurs projets routiers, notamment à travers le FAC (cf. tableau 25). Les États-Unis également, à travers l'Agence des États-Unis pour le développement international (USAID), ont en 1972 appuyé le Dahomey avec 8 millions de dollars, ce qui équivaut à presque 38 % de la somme totale à investir dans le cadre du second projet routier entre le Dahomey et la Banque mondiale[1].

En dehors des États, il y avait les institutions financières. C'est dans cette catégorie que nous rangeons le Fonds européen de développement (FED), un partenaire majeur qui a financé beaucoup de projets routiers au Dahomey. Le tableau n° 21 expose quelques projets financés par le FED. Nous pouvons mentionner ici que l'aide extérieure pour le compte du plan quinquennal 1966-1970, chiffrée à 1 752 millions de francs CFA, est venue, pour l'essentiel, du FED. En effet, le Fonds a mis à la disposition du Dahomey la somme de 1 453 millions de francs CFA dont 617 millions pour la route Comè-Dogbo et 836 millions pour Cotonou-Hillacondji. Les 299 millions restant ont été pourvus par le FAC, à raison de 90 millions pour la route Parakou-Malanville, 150 millions pour les routes Godomey-Malanville et Dassa-Zoumè-Porga et 59 millions pour le pont de Cotonou[2].

Hormis le FED, une institution financière européenne, le Dahomey bénéficiait aussi du soutien de certaines institutions financières internationales pour ses investissements en infrastructures routières. Parmi celles-ci, il y a la Banque mondiale à travers l'une de ses structures : l'Association internationale de développement (AID) qui a, entre autres, financé pour le compte du plan quinquennal 1966-1970 les études préalables à la construction de routes à hauteur de 139.8 millions de francs CFA sur un total de 182.8 millions[3].

C'est en 1969 que la coopération entre le Dahomey et le Programme des Nations Unies pour le Développement (PNUD) s'est, pour la première fois, étendue au domaine des transports à travers l'étude réalisée dans le pays entre 1969 et 1971. À la suite de cette étude révélatrice du manque d'entretien des routes dahoméennes, le groupe Banque mondiale, à travers l'Association Internationale de Développement (AID), a décidé d'investir pour la première fois dans un projet routier au Dahomey. Il s'agit de l'octroi, en 1970, d'un crédit (215-DA) de 3.5 millions de dollars[4] déjà évoqués.

---

[1] Ce projet a été évalué à 21.1 millions de dollars dont 11.8 millions ont été pourvus par l'AID, soit environ 56 % de l'investissement total. L'USAID ayant débloqué 8 millions soit 38 %, le reste, c'est-à-dire 1.3 millions équivalant à 6 % du total a été fourni par l'État dahoméen (cf. Banque internationale pour la reconstruction et le développement, *op. cit.*, 1973, p. ii).

[2] *BAN*, n° 645 du 19 mai 1971, p. 13054.

[3] *Ibid.*

[4] *Ibid.*

En 1972 furent signés les accords du second projet routier entre le Dahomey et la Banque mondiale. Il porte sur la réfection des mêmes routes que le premier projet (la route Parakou-Malanville (320 km) et deux tronçons, d'une longueur totale de 20 km, de la route Cotonou-Bohicon). Cependant, ce deuxième projet bénéficia d'une assistance technique et d'un apport de matériaux supplémentaires par rapport au premier. Il a été évalué à 21.1 millions de dollars dont 11.8 millions ont été pourvus par l'AID, soit environ 56 % de l'investissement total ; le reste des fonds a été mis, comme indiqué plus haut, à disposition par l'USAID et l'État dahoméen.

Au cours de la même année, la Banque mondiale a encore consenti un autre prêt touchant directement le secteur des transports au Dahomey. Il s'agit du crédit de l'AID (307-DA) accordé pour le financement d'un programme de développement de la culture du coton. Ce crédit d'un montant de 6.1 millions de dollars destinait 630 000 dollars[1] à l'amélioration d'environ 600 km de routes de desserte à vocation agricole.

Bref, l'aide extérieure a été déterminante dans la gestion des infrastructures routières au Dahomey entre 1960 et 1972. Sans ladite aide, le Dahomey aurait sûrement perdu sa place de pays de transit pour le Niger, puisque le réseau routier aurait été dans un état plus dégradé que ce que nous avons décrit plus haut. C'est d'ailleurs sur la recommandation de l'étude commanditée par le PNUD entre 1969-1971 que le Dahomey a créé, en 1970, la Direction des transports terrestres (DTT) pour une coordination de la politique de transports par l'État[2]. Jusque-là, l'État dahoméen n'exerçait qu'une influence directe très limitée sur les politiques des transports et sur leur fonctionnement. Cette direction s'est également vue confier la responsabilité de l'immatriculation des véhicules, la délivrance des permis de conduire, etc..

Pour réagir contre la dépendance financière du Dahomey vis-à-vis de l'extérieur, le régime militaro-marxiste qui a pris les rênes du pouvoir avec le coup d'État du 26 octobre 1972 a fait l'option de tourner dos à l'aide extérieure pour compter d'abord sur les ressources propres au Dahomey.

[1] Banque internationale pour la reconstruction et le développement, *op. cit.,* 1973, p. 1.
[2] *Ibid.*, pp. 7-8.

Chapitre 6 : La route sous le GMR-PRPB (1972-1990) : grandes réalisations et impact

Dans le secteur des transports et précisément le sous-secteur routier, le régime mis en place à la suite du coup d'État du 26 octobre 1972 s'est fixé de nobles objectifs qu'il a tenté d'atteindre en augmentant sensiblement, par rapport au passé, les investissements dans ce sous-secteur. Au bilan, même si les réalisations n'ont pas été à la hauteur des ambitions exprimées, elles ont néanmoins influencé la vie socio-économique du pays.

6.1. Développement et modernisation du réseau routier : les bonnes intentions du GMR-PRPB

En accédant au pouvoir, le 26 octobre 1972, le Gouvernement militaire révolutionnaire (GMR) a annoncé, dans deux grands discours, des actions pour manifester un changement de cap dans la politique économique jusque-là mise en œuvre au Dahomey. Dans le sous-secteur routier, il s'est fixé des objectifs nobles qu'il a essayé vaille que vaille d'atteindre en augmentant les investissements dans ce sous-secteur.

6.1.1. Le discours-programme et le discours d'orientation nationale : deux discours de rupture (1972-1974)

Le 26 octobre 1972, le Dahomey fit une nouvelle fois parler de lui dans le monde entier. En effet, ce petit pays d'Afrique occidentale, peuplé d'à peine 3 millions d'habitants à l'époque, venait de connaître son cinquième coup d'État réussi en l'espace de douze années d'indépendance. De jeunes officiers venaient de renverser le régime – pour le moins curieux et étrange, même si ce type de régime n'est point une innovation dahoméenne – du Conseil présidentiel opportunément appelé « monstre à trois têtes » et qui dirigeait le pays depuis le 7 mai 1970. À l'installation du gouvernement militaire révolutionnaire (GMR) présidé par le chef de bataillon, Mathieu Kérékou, on était loin de penser que le Dahomey était en train de tourner définitivement la page de l'instabilité politique chronique qui lui a fait mériter la très évocatrice appellation d'« enfant malade de l'Afrique », jusqu'à la date du 30 novembre 1972 où fut prononcé le célèbre discours-programme. Mais la proclamation du 26 octobre, diffusée à la radio nationale, marquait déjà la différence par rapport à celles qui avaient suivi les précédents coups d'État, tant elle reprenait et traduisait le sentiment général dans l'opinion publique[1].

En effet, le discours-programme, fruit des travaux de la Commission spéciale des organisations démocratiques chargée de rédiger un programme de gouvernement au nouveau pouvoir, semblait marquer une véritable rupture

---

[1] Pour plus de détails, lire A. Sylvain Akindès, *Essai d'histoire du temps présent au Bénin postcolonial. Problématique d'un engagement politique*, Tome II *1972-1990 L'équipée révolutionnaire*, Bibliothèque nationale du Bénin, 2017, p. 25.

avec l'ordre ancien. Dès les premières phrases qui posent le diagnostic des maux dont souffrait le Dahomey, le ton était donné :

> La caractéristique fondamentale et la source première de l'arriération de notre pays est la domination étrangère. L'histoire de cette domination est celle de l'oppression politique, de l'exploitation économique, de l'aliénation culturelle, de l'épanouissement de contradictions inter-régionales et inter-tribales[1].

Et la volonté de rupture avec l'ordre ancien est exprimée sans équivoque, en ces termes : « Mais c'est aussi l'histoire de la longue lutte du peuple militant de notre pays qui, le 26 octobre 1972, marque une rupture radicale avec le passé et amorce une politique nouvelle d'indépendance nationale dont la base et la finalité restent ses intérêts et sa personnalité »[2].

Le ton s'est davantage durci, deux ans après ce discours. En effet, le 30 novembre 1974 à Goho, lieu emblématique choisi à dessein, Mathieu Kérékou prononça le deuxième discours majeur depuis son accession au pouvoir, le 26 octobre 1972 : le discours d'orientation nationale qui fit basculer le Dahomey dans le camp des pays socialistes en pleine guerre froide. En effet, après avoir dressé un véritable réquisitoire contre « l'idéologie coloniale et néo-coloniale », sur fond de rappels historiques, Mathieu Kérékou a solennellement proclamé que le Dahomey a officiellement opté pour le socialisme :

> Nous déclarons que la seule voie de développement historiquement juste pour le peuple dahoméen est la voie socialiste de développement et que c'est dans cette voie que la Révolution dahoméenne s'engage irréversiblement pour compter du 30 novembre 1974. Car nous savons que hors de cette voie, il n'y a aucune possibilité pour le Dahomey d'un développement rapide dans la dignité et l'indépendance nationale[3].

Ainsi, parmi les huit tâches définies comme des urgences à gérer, celle-ci retient particulièrement l'attention :

> Organiser et diriger l'édification de l'économie nationale à la lumière des principes et lois du socialisme scientifique et cela, en comptant d'abord sur nos propres forces, sur nos ressources et sur l'initiative créatrice des larges masses laborieuses qu'il nous faut libérer définitivement de toutes les formes d'oppression politique, d'exploitation économique et d'aliénation culturelle[4].

Ce discours s'inscrit donc dans la logique de la politique nouvelle d'indépendance nationale annoncée par le précédent discours et insiste sur la nécessité de la mise en œuvre d'une stratégie de développement autocentrée,

---

[1] Discours-programme du 30 novembre 1972, mis en ligne, le 27/10/2014 sur le site : www.bonjourctnwordpress.com et consulté par nous, le 18/09/2015.

[2] *Ibid.*

[3] Discours d'orientation nationale, In République Populaire du Bénin, Parti de la Révolution Populaire du Bénin, *Formation Patriotique, Idéologique et Prémilitaire généralisée. Programmes et Documents de Travail*, Cotonou, ONEPI, 1983, p. 15.

[4] *Ibid.*, p. 16.

c'est-à-dire la volonté de compter d'abord sur ses propres ressources et de se soustraire à toute domination étrangère.

Si tous les secteurs de la vie nationale ont été pris en compte dans le discours-programme qui a décliné les grandes lignes des actions à mener pour un renouveau économique et social au Dahomey, le discours d'orientation est venu tracer le cadre idéologique dans lequel toutes ces actions doivent être circonscrites. Et en termes d'actions majeures à mettre en œuvre, le sous-secteur des transports et en l'occurrence les transports routiers n'étaient pas laissés pour compte.

6.1.2. Les objectifs du gouvernement dans le sous-secteur routier

Le discours-programme a clairement reconnu l'importance du réseau routier et du chemin de fer pour l'essor économique du pays, notamment à travers l'épanouissement du commerce. Aussi est-il clairement indiqué dans ce discours comme actions phares à mener pour l'essor du commerce dahoméen :

- le développement du réseau[1] ferroviaire national, son prolongement jusqu'à nos frontières ;
- le développement et la modernisation de notre réseau routier.

Ce deuxième objectif-action a été, par la suite, décliné en quatre grands axes :

- réaliser un réseau dense de communication entre districts et communes ;
- désenclaver les régions isolées du pays ;
- mettre en place les infrastructures permettant d'assurer le transport des personnes et des biens entre différentes provinces et différents districts ;
- développer les grands axes routiers reliant notre pays aux pays voisins.

Ces axes clairement définis montrent l'intention du régime d'aller au-delà de l'ossature routière laissée par le colonisateur et qui desservait presque exclusivement les régions productrices de cultures de rente, laquelle ossature n'a point été remise en cause pendant les douze premières années d'indépendance du pays. La volonté de désenclaver toutes les régions du pays était nettement affichée au grand bonheur de l'agriculture, car le gouvernement ambitionnait d'accroître la production vivrière en vue de réduire la dépendance du pays vis-à-vis des denrées alimentaires importées ; dans le même temps, la volonté de développer davantage les cultures de rente surtout le coton, le palmier à huile ainsi que l'arachide était exprimée sans fard. Derrière cette volonté se cachait l'ambition d'améliorer les revenus des petits exploitants, en même temps que les recettes d'exportation du pays.

---

[1] Les chemins de fer dahoméens n'ont jamais constitué un réseau, puisqu'il n'y avait que le Central dahoméen, l'Est et l'Ouest dahoméens. Aujourd'hui, le chemin de fer fonctionne à peine et certaines lignes ont même été purement et simplement démantelées.

La poursuite de ces objectifs fixés par le GMR-PRPB devait induire un accroissement conséquent des investissements dans le sous-secteur routier. Et c'est ce qui s'est passé dans la réalité.

6.1.3. Une augmentation des investissements routiers

Le régime du GMR-PRPB qui portait de grandes ambitions pour le sous-secteur des transports et en l'occurrence celui du transport routier y favorisa, par conséquent, une forte croissance des investissements. En effet, les dépenses routières réalisées au Dahomey entre 1970 et 1975 ont triplé pour atteindre 2.7 milliards de francs CFA[1]. Mieux, la construction par le Nigeria d'une liaison côtière avec Lagos, les décaissements de l'AID et de l'USAID pour la route Parakou-Malanville, dans le cadre du deuxième projet routier, ont principalement entraîné, en 1976, le doublement de ces investissements déjà triplés.

Le budget annuel d'entretien est passé de 421 millions en 1973 à 1.3 milliard de francs CFA[2] en 1982 par exemple. Il est à observer un décalage entre le montant du budget annuel d'entretien fourni par les soins des services gouvernementaux (421 millions en 1973) et celui qui est donné par la Banque mondiale (402 millions en 1973 comme l'indique le tableau ci-après). Nous avons donc maintenu les deux chiffres puisque n'ayant pas pu avoir accès à une troisième source qui aurait pu nous permettre de pencher pour l'un ou pour l'autre.

Les dépenses générales d'infrastructures (moyens de communication et de transports) doublent à partir de 1978-1980[3].

[1] Banque mondiale, *Évaluation d'un projet de routes de desserte. République populaire du Bénin*, 10 mai 1977, p. 7.

[2] *Bénin. 10 ans de révolution (1972-1982)*, p. 99.

[3] T. Houédété, "Les politiques économiques", In P. Hountondji (dir.), *Le Bénin d'hier à demain*, Paris, L'Harmattan, 2000, p. 35.

Tableau n° 23 : Dépenses de construction et d'entretien des routes, de 1973 à 1979 (en millions de francs CFA)

	1973	1974	1975	1976	1977	1978	1979
Entretien[1]	402	401	404	427	448	625	629
Construction	724	1 973	2 276	2 168	3 299	2 648	5 048
Solde pour réserve	-	-	88	57	-	-	-
Total financement	**1 126**	**2 374**	**2 768**	**2 652**	**3 747**	**3 273**	**5 677**
Taux annuel de croissance		11.1	16.6	-4.2	41.3	-12.6	73.4
Financement local dont :	**561**	**674**	**793**	**654**	**828**	**1 297**	**1 642**
Taxe carburant	250	223	243	252	258	327	281
Budget ordinaire	159	273	309	244	366	332	366
Allocation budgétaire spéciale	104	104	241	158	198	495	530
Solde prélevé sur réserve	48	74	-	-	6	143	465
Aide étrangère dont :	**565**	**1 700**	**1 975**	**1 998**	**2 919**	**1 976**	**4 035**
AID	149	657	636	1 198	2 071	508	1 639[2]
FED	106	608	827	500[3]	670[4]	1 004[5]	1 339[6]
Nigeria	225	-	-	-	-	-	-
USAID	-	429	504	300[7]	141[8]	353	661
FAD	-	-	-	-	37	4	385
BAD	-	-	-	-	-	107	11
Autres	85	6	8	-	-	-	-

Source : Banque mondiale, *République Populaire du Bénin. Deuxième projet de routes de desserte. Rapport d'évaluation*, 1er décembre 1980, p. 15.

[1] Y compris les coûts ordinaires d'administration et de personnel.
[2] Y compris les projets financés avec d'autres organismes.
[3] Répartition estimée d'après le total du financement pendant la période.
[4] *Id.*
[5] *Id.*
[6] *Id.*
[7] *Id.*
[8] *Id.*

Graphique n° 5 : Étude comparée des ressources nationales et de l'aide étrangère dans les investissements routiers (1973-1979)

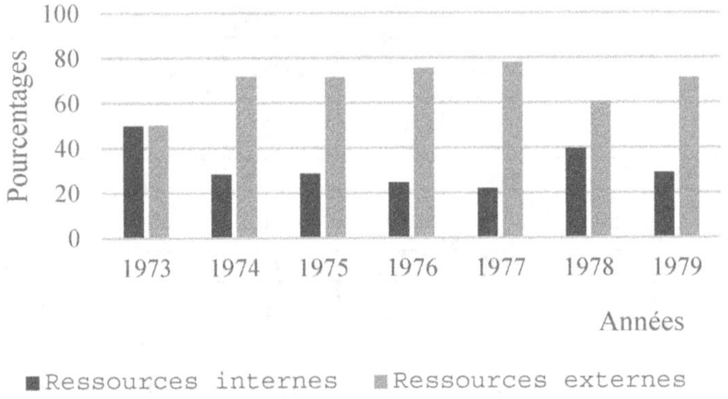

Source : Calculs de l'auteur, sur la base des données du tableau n° 23

Une remarque se fait aisément à la lecture du tableau n° 23 : il s'agit de la disparition de la France pendant cette période (1973-1979) de la liste des bailleurs de fonds du Bénin. Ceci se justifie par les relations mitigées que le régime du GMR-PRPB entretenait à l'époque avec l'ancienne métropole, à la suite du rapprochement du Bénin des pays de l'Est. Mais malgré cette absence de la France, les investissements totaux effectués dans les infrastructures routières (entretien et construction) connurent une forte croissance au fil des années, passant d'un taux de croissance de 11.1 % en 1974 à 73.4 % en 1979, mais avec un affaissement en 1976 et 1978. De même, les chiffres traduisent une nette propension du régime à privilégier les nouvelles constructions de routes (cf. tableau n° 23).

Dans cette croissance des investissements routiers, la part de l'aide étrangère n'a cessé d'augmenter ; elle était supérieure aux deux tiers sur toute la période, sauf en 1973 (50.2 %) et 1978 (60.4 %), pendant que la contribution propre de l'État béninois n'a dépassé le tiers du total investi qu'en 1973 (49.8 %) et 1978, soit 39.6 % (graphique n° 5). En moyenne, sur les sept ans (1973-1979), l'aide étrangère a couvert 68.3 % des investissements contre 31.7 % pour le financement local. Ceci entre en contradiction flagrante avec le discours de l'époque relayé à grand renfort médiatique et qui martelait le slogan « Comptons d'abord sur nos propres forces, nos propres ressources ». Ce discours tirait sa légitimité de la Politique nouvelle d'indépendance nationale qui, à l'analyse, ne s'était pas entièrement traduite dans les faits. En effet, le GMR-PRPB n'avait manifestement pas les moyens de sa politique. En dehors de l'exemple spécifique des investissements routiers, pour le premier plan d'État, le plan triennal 1978-1981, les besoins totaux d'investissements s'élevaient à 243.9 milliards de francs CFA[1]. Mais en réalité, l'État béninois n'était même pas en mesure de mobiliser la moitié de cette somme. En clair, 72.88 % des ressources à mobiliser devaient provenir de l'extérieur et les 27.12 % à mobiliser localement étaient incertains[2]. D'ailleurs, le plan disait clairement ceci :

> L'équilibre financier, c'est-à-dire la pleine réalisation du premier Plan d'État, pourra être obtenu si, et seulement si la mobilisation des ressources externes atteint le niveau fixé. Il faut remarquer que, si tel n'était pas le cas, le plan serait remis en cause jusque dans les équilibres sectoriels qu'il veut instaurer[3].

Au lieu d'une diminution de l'assistance extérieure, elle s'est plutôt accrue au fil des années, comme le montrent bien T. Houédété et le tableau n° 23. En effet, selon les données fournies par T. Houédété, cette assistance financière de l'étranger est passée de 0.6 milliard en 1970 à 25.07 milliards de francs CFA en 1979. C'est vrai qu'entre-temps, les recettes et dépenses sont respectivement passées de 11.4 et 10.2 milliards de francs CFA en 1970 à 28.67 et 24.38 milliards de francs CFA[4] en 1979. Mais comparativement, on se rend compte que les recettes et dépenses ont un peu plus que doublé alors que l'assistance étrangère est multipliée pratiquement par 42 ; l'écart est considérable et ce résultat est quelque peu en déphasage avec les déclarations de Goho selon lesquelles, le pays devait se soustraire de la domination étrangère pour compter d'abord sur ses propres forces.

C'est dire qu'entre les déclarations de bonnes intentions du gouvernement et la mise en œuvre de ces intentions, tout ne se passa pas de façon harmonieuse.

6.2. Des réalisations en deçà des ambitions exprimées (1972-1990)

Le régime du GMR-PRPB, dans ses déclarations, s'est montré très ambitieux en termes d'infrastructures routières à réaliser et devant permettre, non seulement de relier districts et communes, provinces et districts, mais également le Bénin aux pays voisins, tout en désenclavant les régions isolées du territoire national. Finalement, des efforts ont été effectués ; cela est indéniable. Mais les objectifs n'ont pas été entièrement atteints.

6.2.1. L'amélioration des pistes de desserte rurales

Les douze premières années d'indépendance du Dahomey marquées par les intrigues, la stagnation ou la régression économique n'ont pas permis d'étendre convenablement le réseau routier du pays. Ainsi, à l'avènement du

---

[1] Finalement, le pays n'a pu mobiliser que 59 % de cette somme, soit 143.9 milliards de francs CFA.

[2] T. Houédété, *op. cit.*, 2000, p. 29.

[3] *Ibid.*

[4] *Ibid.*, p. 36.

GMR, le constat fait était que : « l'insuffisance des services de transport dans les zones de cultures existantes et potentielles constitue l'une des principales contraintes qui pèsent sur le développement agricole »[1]. Le pouvoir du 26 octobre 1972 a donc hérité d'un réseau de routes tertiaires et de pistes non classées dans un état de dégradation poussée, conséquence évidente de l'abandon de ces routes pendant les années 1960. La forte dégradation de ces pistes a limité les possibilités d'accès aux régions agricoles et empêché la mise en valeur de nouvelles zones. En effet, un grand nombre parmi les pistes devient tout simplement impraticable en saison pluvieuse ; certaines sont carrément des sentiers difficilement praticables par les voitures. L'insuffisance et le mauvais état des pistes de desserte rurales constituent donc un réel problème pour le réseau routier dahoméen. Différentes études réalisées sur ce réseau routier soulignent d'ailleurs cela. À ce titre, l'étude financée par le PNUD sur les transports terrestres au Dahomey montre que les réseaux routiers primaire et secondaire répondaient globalement aux besoins du pays ; ainsi, les nécessités pour ces catégories de routes portent juste sur des améliorations, des remises en état et surtout la question de l'entretien, véritable goulot d'étranglement bloquant le développement harmonieux du réseau routier béninois.

Le réseau de 3 500 km de pistes à vocation agricole, puisque desservant les centres ruraux, lieux par excellence de production agricole, est celui qui présente d'importantes lacunes. Dans certains cas, les routes sont impraticables en raison de la dégradation des remblais provoquée soit par des défauts de construction, soit par le manque d'entretien, soit par les deux. Les pistes carrossables, là où il en existe, deviennent souvent inutilisables pendant les phases critiques de la plantation et des livraisons d'intrants agricoles, et leur fréquentation donne généralement lieu, le reste de l'année à des frais élevés d'exploitation des véhicules. Tout ceci occasionne une perte de 30 à 40 % de la production totale des grains et de 25 à 30 %[2] pour celle des tubercules.

Les zones de production étant enclavées, c'est le développement de l'agriculture qui est alors réfréné.

C'est pour toutes ces raisons que les deux premiers objectifs du GMR – qui ambitionne de "révolutionner" l'agriculture – dans le sous-secteur routier visent cette catégorie de routes[3]. Car les résultats médiocres jusque-là obtenus dans le secteur primaire où l'agriculture, dans ces années 1970 encore, employait 70 %[4] de la population active dahoméenne, mais ne fournissait

---

[1] Banque mondiale, *Évaluation d'un projet de routes de desserte. République populaire du Bénin*, 10 mai 1977, p. 1.

[2] *Bénin. 10 ans de révolution (1972-1982)*, p. 99.

[3] En 1976, les routes de desserte enregistraient un nombre de véhicules journaliers variant entre 2 et 40. La plupart de ces véhicules sont des camions de 7 à 10 tonnes qui assurent le transport des principales denrées agricoles ; il y a ensuite des camionnettes de 1.5 à 2 tonnes et des "taxis brousse" pour les voyageurs et les petits transports.

[4] Données de 1976.

qu'environ le tiers du PNB[1], sont en partie imputables à l'impraticabilité des routes de desserte.

Pour corriger tout cela et constituer un réseau de pistes rurales praticables toute l'année, un programme de construction, d'amélioration et d'entretien de pistes de desserte à vocation agricole a été conçu. L'objectif est de créer des voies aux normes ci-après :

- emprise : 8 à 10 m ;
- plateforme : 6 m ;
- chaussée : 4 m (où cela est nécessaire) ;
- épaisseur de gravier : 10 à 20 cm ;
- drainage : fossés latéraux, gués et buses (ponts au cas où la taille du cours d'eau ou le volume de trafic les rendent nécessaires).

Le gouvernement, n'ayant pas les moyens de mettre en œuvre ce programme sur fonds propres, a négocié et obtenu des crédits de l'AID, du FED et du Fonds d'Équipement des Nations Unies (FENU). Ainsi, de 1973[2] à 1975, soit en deux ans, 425 km de pistes rurales ont été construits dans le cadre du projet cotonnier Zou-Borgou sur financement de l'AID, comme l'indique le tableau ci-après :

Tableau n° 24 : Les pistes du projet cotonnier Zou-Borgou

Pistes	Longueur en km
Banikoara- Arbonga	9
Banikoara-Arabenou	8
Bankoto-Kokie	4
Founagou-Arbonga	15.5
Ségbana-Kalalé	85
Liboussou-Ouarandji	4
Ouarandji-Sokotindji	6
Glazoué-Aklampa	32.8
Logozohè-Aklampa	38.7
Tchetti-Kokondji	26.8
Savalou-Kokondji	24.1
Abomey-Tchetti	89
Kokoro-Ouèssè	25
Guene-Karimama	34
Togon-Gbedaro	15
Savalou-Monkpa	6.5
Djalouka-Djalouba	2
Total	425.4

Source : Banque mondiale, *Évaluation d'un projet de routes de desserte. République populaire du Bénin*, 10 mai 1977, p. 32.

[1] Cet état de choses se justifie, entre autres, par le fait que seulement 10 % des terres cultivables étaient exploités, et traduit la nécessité qui se signalait à accroître la productivité de la main-d'œuvre dans le secteur.

[2] L'accord a été signé en mai 1972. Mais la quête d'un directeur de projet qui ait la bénédiction du principal bailleur de fonds qu'est l'AID en retarda la mise en œuvre jusqu'en avril 1973.

Le même organisme, c'est-à-dire l'AID, a financé en juin 1977 à hauteur de 5.5 millions de dollars américains (crédit 717-BEN) un autre projet : le premier projet de pistes de desserte rurales réalisé sur financement de l'AID au Bénin[1].

L'exécution de ce projet a entraîné la création au sein de la Direction des routes et des ponts, de la Division des routes de desserte rurales (DRDR), venue canaliser toutes les actions menées dans le sens de l'amélioration de cette catégorie de routes. Les travaux relatifs à ce projet, en raison de la lourdeur des procédures administratives, n'ont effectivement démarré qu'en janvier 1979, sur la base d'un programme triennal. Ils devraient porter sur la construction et l'amélioration, au bout de trois ans, d'environ 845 km de pistes de desserte (y compris un minimum de 160 km de routes pour le projet cotonnier Zou-Borgou, et l'entretien ultérieur de ces routes), de même que l'entretien des 425 km de pistes de desserte rurales déjà améliorées dans le cadre du projet cotonnier. Mais, en définitive, le kilométrage de pistes que le projet a voulu reconstruire ou améliorer ne dépassa guère 722 km comme le montre le tableau ci-après.

Tableau n° 25 : Kilométrage de pistes à améliorer par province par le premier projet de routes de desserte, et populations desservies

Province	Kilométrage de pistes	%	Population desservie (habitants)
Atacora	234	32	91 500
Borgou	136	19	21 400
Zou	196	27	28 200
Ouémé	50	7	18 600
Atlantique	25	4	8 000
Mono	81	11	34 500
Total	**722**	**100**	**202 200**

Source : Calculs de l'auteur, sur la base des données de Banque mondiale, *Évaluation d'un projet de routes de desserte. République populaire du Bénin*, 10 mai 1977, Annexe 5, Tableau 1.

Le total de 722 km de pistes comporte 562 km de pistes nouvelles auxquelles s'ajoutent 160 km de pistes du projet Zou-Borgou. Le tableau montre clairement que ce premier projet de routes de desserte était d'abord conçu pour trois provinces sur les six que comptait le pays : l'Atacora, le Zou et le Borgou qui, à elles trois totalisaient 78 % du total de pistes à améliorer contre 22 % pour les trois provinces du sud. La volonté de desservir le bassin cotonnier apparaît clairement dans ce projet qui n'est que la suite logique du projet cotonnier Zou-Borgou.

---

[1] Les pistes construites dans le cadre du projet cotonnier Zou-Borgou ne sont pas prises en compte.

Mais l'objectif de l'amélioration et de l'entretien de ces 722 km de pistes ne fut pas atteint à la fin du projet, le 30 septembre 1981. Les réalisations ne dépassèrent guère 300 km au moment où tout le crédit fut consommé. Entre autres raisons qui entraînèrent cette situation, il y avait la dévaluation du dollar qui passa de 245 francs CFA lors de l'évaluation à 210 francs CFA en 1979, induisant une perte d'environ 192 millions de francs CFA[1], l'équivalent d'environ 1 million de dollars au projet.

À la suite de ce premier projet, un autre démarre en février 1981, grâce à un accord de crédit négocié avec l'AID en novembre 1980 (crédit 1090-BEN). Sur un total de 8.7 millions de dollars à investir, l'Association a débloqué 7 millions, laissant le reste, c'est-à-dire 1.7 million de dollars aux soins de l'État béninois[2].

Ce deuxième projet visait à construire en tout 700 km de routes de desserte rurales : 400 km de routes hautement prioritaires, conformément à la vision du gouvernement, et 300 km nécessaires au déroulement normal du deuxième projet de développement agricole du Borgou. Ceci, dans le but, non seulement de favoriser la croissance de la production agricole, mais aussi d'influencer positivement la vie de 175 000 ruraux qui pourront bénéficier d'un meilleur accès aux services administratifs et sociaux et se trouveront alors mieux intégrés dans la communauté régionale et nationale.

À la clôture du projet, le 30 juin 1984, les résultats atteints étaient meilleurs que ceux du premier projet et la DRDR, créée au cours du précédent projet, avait gagné en performance, devenant ainsi l'un des organismes les plus efficaces du gouvernement. Le taux de rentabilité économique global pour les deux projets a été estimé à 30 %, soit au-dessus des estimations faites lors de l'évaluation[3].

Le 29 mai 1984, le crédit 1485-BEN a été approuvé pour un montant de 5.7 millions de droits de tirage spéciaux (DTS), ce qui équivalait à peu près à 7.2 millions de dollars[4]. C'était le troisième projet de routes de desserte rurales dont l'exécution a démarré en janvier 1985 et qui comprenait : un programme triennal de construction de 840 km de routes rurales et, à titre d'expérience pilote, des pistes non améliorées ; l'entretien de 2 000 km de routes rurales ; une assistance technique et de la formation.

En définitive, les trois projets de routes de desserte rurales ont permis à l'État béninois de rompre avec la politique de marginalisation systématique de ces routes appliquée pendant la première décennie qui a suivi l'indépendance du pays. Même si les objectifs visés par ces différents projets n'ont pas été, à chaque fois, complètement atteints, on constate tout de même

---

[1] Banque mondiale, *République populaire du Bénin. Deuxième projet de routes de desserte. Rapport d'évaluation*, 1er décembre 1980, p. 10.

[2] *Ibid.*, p. 24.

[3] Banque mondiale, *op. cit.*, 1987, p. 68.

[4] Nous avons effectué le calcul sur la base de l'équivalence faite par la Banque mondiale à la page 68 du même document (Banque mondiale, *op. cit.*, 1987, p. 68).

que des pistes, autrefois impraticables, ont été sorties de cet état, au grand bonheur des populations desservies. Mais l'action de l'État ne s'est pas limitée aux pistes de desserte rurales : les routes principales et secondaires ont aussi été visées.

6.2.2. Les routes principales et secondaires

Il s'agit des routes nationales inter-États et des routes nationales. Leur aménagement dans le cadre des actions du GMR-PRPB correspond à la concrétisation des deux derniers objectifs qui découlent du discours-programme. La politique de développement de ces grands axes visait à permettre au Bénin de « tirer le maximum de profit de sa position de pays de transit pour les pays enclavés du Sahel »[1]. Cette politique voulait également favoriser l'accroissement des échanges commerciaux, en particulier avec les pays voisins. Ainsi, inscrivant ses actions à la suite de celles qui ont été menées par les régimes précédents, le gouvernement du Président Mathieu Kérékou renforça certaines routes déjà bitumées et en bituma de nouvelles. Dans ce sens, il a bénéficié du soutien d'institutions financières internationales comme la Banque mondiale avec laquelle furent conclus quatre grands projets routiers auxquels s'ajoute un grand projet de remise en état et d'entretien des infrastructures de transport (sous-secteurs portuaire et routier). Trois des quatre projets exclusivement routiers ont été entièrement exécutés sous le régime du GMR-PRPB. Le premier, conclu en 1970, a enjambé deux régimes : celui du Conseil présidentiel et celui du GMR, puisqu'il a été exécuté entre 1971 et 1974. D'un montant de 3.5 millions de dollars (crédit 215-DA), il a été entièrement consacré à la modernisation, ainsi qu'à l'entretien du réseau des routes principales et secondaires. Ce projet a été couronné de succès et le taux de rentabilité économique calculé après son achèvement dépassait 42 %, soit largement au-dessus des prévisions de 30 % établies lors de l'évaluation.

En 1973 intervint le deuxième projet routier financé par la Banque mondiale au Dahomey. Il concerne un crédit (415-DA) de 11.8 millions de dollars américains auxquels fut ajouté, le 10 mars 1976, un montant supplémentaire de 9 millions de dollars. Les objectifs de ce projet essentiellement orienté vers la route Cotonou-Malanville étaient suffisamment clairs : remettre en état tout le secteur Parakou-Malanville[2] et deux tronçons d'une longueur totale de 20 km du secteur Cotonou-Bohicon ; mettre en place

---

[1] *Bénin. 10 ans de révolution (1972-1982)*, p. 97.

[2] L'importance du trafic sur cette route, surtout les poids lourds qui font l'aller-retour entre le Bénin et le Niger, l'a exposée à de fortes dégradations depuis 1958 où il a fallu renouveler le tapis sur 185 km et faire de nombreux autres travaux de réfection par la suite. Malgré tout cela, les études exécutées par le bureau d'études Dorsch A. G. sollicité dans le cadre du premier projet routier ont révélé que la couche de base et la couche de fondation de cette route avaient subi une dégradation beaucoup plus grave qu'on ne pensait. La conclusion a alors été sans équivoque : remettre tout simplement la route en état sur toute sa longueur. C'est ce qui montre la pertinence de ce deuxième projet routier.

des services de consultants pour la surveillance de ces deux travaux ; enfin, élargir le programme actuel d'entretien routier au moyen d'une assistance technique renforcée et d'un matériel supplémentaire[1].

À l'achèvement du projet, le 15 mai 1977, ces objectifs n'ont pas été entièrement atteints : la largeur de la route s'est révélée insuffisante pour une circulation supérieure aux prévisions, et le renforcement des institutions n'a guère avancé. La moyenne pondérée du taux de rentabilité économique, au moment de la réévaluation, était de 16 % par rapport à l'estimation de 13 % lors de l'évaluation[2].

Tableau n° 26 : Réseau routier béninois en 1976 (en km et en %)

Routes	Bitumées	En terre	Total	%
Nationales inter-États	662	1 461	2 123	29.5
Nationales	97	1 131	1 228	17
Pistes rurales	00	3 549	3 549	49.3
Voirie urbaine	00	300	300	4.2
Total	759 ou 10.5 %	6 441 ou 89.5 %	7 200 ou 100 %	100

Source : L'auteur, sur la base des données de Banque mondiale, *op. cit.*, 10 mai 1977, p. 24.

Le tableau n° 26 montre avec une grande clarté que le réseau routier béninois est fortement dominé par les pistes rurales qui couvrent près de la moitié de sa longueur totale ; les routes nationales inter-États (RNIE) constituent moins du tiers de l'ensemble, tandis que les routes nationales (RN) n'en atteignent même pas le quart. La voirie urbaine, concentrée dans les villes, occupe la portion congrue.

Le même tableau démontre, par ailleurs, qu'au cours de la période concernée, la portion de routes bitumées était insignifiante (10.5 %), à côté des routes en terre (89.5 %) ; ce qui affecte le niveau de service de ces routes étant donné que beaucoup parmi elles deviennent impraticables pendant la saison des pluies.

Un troisième projet routier fut conclu toujours avec la Banque mondiale, dans le cadre du crédit 746-BEN approuvé le 8 novembre 1977 pour un montant de 10 millions de dollars. Clôturé le 30 juin 1983, le projet a donné un taux de rentabilité économique estimé à 122 %, pour ce qui est de l'aspect construction. Mais dans l'ensemble, ses résultats furent plutôt modestes en raison, « notamment des lenteurs de l'administration, d'une capacité d'absorption limitée en matière d'assistance technique et des prestations peu

[1] Banque internationale pour la reconstruction et le développement, *op. cit.*, 1973, p. 15.

[2] Banque mondiale, *op. cit.*, 1987, p. 67.

satisfaisantes d'un entrepreneur », selon l'évaluation faite par la Banque mondiale elle-même[1].

Avant même la clôture de ce troisième projet, la Banque mondiale et le gouvernement béninois s'étaient déjà entendus sur les clauses d'un quatrième projet. En effet, le 14 mai 1981, le crédit 1142-BEN a été approuvé pour un montant de 11.3 millions de dollars. À son achèvement, le 31 décembre 1987, le projet avait globalement rempli sa mission qui se résumait en ces points-clés : continuer le programme de remise en état des routes revêtues et en gravier ; améliorer l'organisation des procédures administratives de la Direction des routes et ouvrages d'art ; former le personnel béninois aux tâches d'entretien ; instituer des programmes de contrôle de la limite de charge à l'essieu et de sécurité routière.

De 1987 à 1993, il y a eu la mise en œuvre d'un grand projet de remise en état et d'entretien[2] des infrastructures de transport. D'un coût de 70.5 millions de dollars, ce projet a été cofinancé par le FED (23 millions), l'AID (19.5 millions), le Fonds Africain de Développement (FAD) : 8.6 millions, l'État béninois (4.8 millions), la Banque Ouest-Africaine de Développement (BOAD) : 6.2 millions, la Banque Islamique de Développement (BID) : 4.6 millions, la CCCE (2.4 millions) et le FAC (1.4 million)[3].

Ce projet visait à : remettre en état et entretenir les infrastructures de transport prioritaires dans les sous-secteurs portuaire et routier ; renforcer les institutions chargées de l'entretien des routes, de la planification des transports, de la gestion portuaire et de la manutention du fret ; accroître la participation du secteur privé à l'entretien routier par la réduction des travaux en régie ; améliorer le recouvrement des coûts et le financement de l'entretien.

Pour atteindre ces objectifs, il a été élaboré un programme de remise en état et d'entretien routier qui comprenait :

- le renouvellement de la couche de roulement de 439 km de routes revêtues : la route Parakou-Malanville (317 km), la section Porto-Novo-Pobè (61 km)[4] et la section Comè-Zoungbonou-Lokossa-Dogbo (61 km) ;
- le reprofilage et le rechargement de 1 000 km environ de routes non revêtues : remise en état de 409 km de routes principales en gravier, à forte

---

[1] *Ibid.*, p. 68.

[2] Le projet a concerné seulement la remise en état et l'entretien périodique du réseau prioritaire, c'est-à-dire celui qui enregistre plus de 50 véhicules par jour. Le réseau à faible trafic (moins de 50 véhicules par jour) n'était donc pas concerné.

[3] Banque mondiale, *République Populaire du Bénin. Projet de remise en état et d'entretien des infrastructures de transport. Rapport d'évaluation.* 30 avril 1987, p. iii.

[4] Cette route dessert, comme nous l'avions indiqué dans la première partie, l'un des greniers du Bénin, mais achemine aussi une bonne partie du trafic du Nigeria. C'est pourquoi le trafic y est relativement important. En effet, les comptages officiels font état de 2 800 véhicules par jour (2 650 véhicules légers et 150 poids lourds) ; chiffres rejetés par le consultant de la Banque mondiale pour le compte du Projet de remise en état et d'entretien des infrastructures de transport de 1987. Pour ce dernier, le nombre de véhicules ne dépassait guère 1 000 (dont 200 poids lourds) entre Porto-Novo et Sakété et tournait autour de 900 pour le tronçon Sakété-Pobè.

circulation et ayant un besoin urgent de réparation, et rechargement de 593 km du réseau routier non revêtu pour rattraper le retard dans l'entretien périodique de ce réseau ;

- l'achat d'équipement d'entretien routier, de pièces de rechange et d'outils pour l'entretien de l'équipement ;
- la construction/réparation des installations de la Direction des routes et ouvrages d'art (DROA) ;
- les services de consultants pour la supervision des travaux de réfection.

Un autre programme relevant du même projet comprenait au plan routier[1] :

- de l'assistance technique à la Direction des études et de la planification (DEP) pour la formulation d'une politique sectorielle de transport ;
- de l'assistance technique à la Direction des routes et ouvrages d'art pour la réorganisation du système d'entretien routier et la réorganisation du Service du matériel des travaux publics (SMTP) ;
- de la formation à l'entretien des routes et de l'équipement.

Tableau n° 27 : Liste des routes non revêtues à remettre en état et à recharger (projet 1987-1993)

Tronçons à remettre en état	
Itinéraire	Longueur (km)
Adjohoun-Ouinhi-Kpédékpo	65
Bétérou-Tchaourou	53.9
Kandi-Ségbana	94.6
Kouandé-Péhunco	87
N'dali-Bori	35.8
Péhunco-Kérou	72.7
Total	409
Tronçons à recharger	
Itinéraire	Longueur (km)
Akpro-Missérété-Adjohoun	24.2
Bétérou-Parakou	63.5
Boukoumbé-Natitingou	41.7
Djougou-Bétérou	71
Djougou-Natitingou	78.3
Djougou-Péhunco	71.6
Fobouré-Guessou-Sud	30
Kandi-Banikoara	69.8
Logozohè-Glazoué	17.7
Savalou-Okoutaoussé	87.5
Savalou-Tchetti	37.8
Total	593.1
Total général	1 002.1

Source : Banque mondiale, *op. cit.*, 1987, p. 35.

[1] Nous ne tenons pas compte de ce qui se rapporte au sous-secteur portuaire.

De façon concrète, cette collaboration entre le gouvernement béninois et les institutions internationales a permis de faire les réalisations dont les deux tableaux ci-après dressent le bilan entre 1973 et 1990.

Tableau n° 28 : Routes bitumées ou renforcées de 1973 à 1982

Période d'exécution des travaux	Routes ou tronçons de routes concernées	Longueur (en km)
1973-1975	Porto-Novo-Pobè	66
1974-1977	Parakou-Malanville	317
1977-1978	Sèmè-Klaké	10
1978-1981	Bohicon-Dassa-Savalou	110
1978-1982	Godomey-Bohicon-Abomey	108
1979-1982	Dogbo-Azovè-Tohoun-Abomey	75
1979-1982	Hillacondji-Cotonou-Igolo	160
Total		846

Source : L'auteur, sur la base des données tirées de *Bénin. 10 ans de révolution (1972-1982)*, p. 97.

Le tableau n° 28 montre que le choix des routes bitumées ou renforcées pendant cette décennie n'est pas le fruit du hasard. Pour aller au cas par cas, la route Porto-Novo-Pobè était déjà une route importante depuis la période coloniale, au point où le colonisateur l'avait empierrée. Cette route permettait de charrier toute la production céréalière de la région du pays nago (Pobè-Adja-Ouèrè-Kétou) réputé être l'un des greniers du Dahomey en tant que grand producteur de maïs et de manioc, entre autres. Après l'accession du pays à l'indépendance, cette région n'a point perdu cette caractéristique, raison pour laquelle cette route d'évacuation a été aménagée en 1961-1962, du moins sur le secteur Sakété-Pobè-Kétou. Le régime révolutionnaire a donc tressé la nouvelle corde au bout de l'ancienne en reliant carrément Porto-Novo à Pobè par le bitume, afin que la route puisse jouer le rôle que le rail (le tramway) ne jouait pas assez.

La route Parakou-Malanville fait partie de la colonne vertébrale du réseau routier béninois. Cette route se dégrade très vite parce qu'elle faisait partie des voies les plus sollicitées par les camions chargés de marchandises ramenées du Sud par les locomotives ou destinées aux trains, en provenance des pays de l'hinterland, notamment le Niger. En clair, cette route draine tous les produits de l'hinterland vers le port et distribue les produits importés. Il était donc normal que le gouvernement béninois l'inscrivît dans ses priorités, surtout qu'elle lui permettait d'atteindre l'un des objectifs-clés rappelés plus haut, à savoir : « tirer le maximum de profit de sa position de pays de transit pour les pays enclavés du Sahel ». La section Godomey-Bohicon appartient aussi à cette route.

La route Hillacondji-Cotonou-Igolo est le deuxième axe le plus important du pays depuis la période coloniale et elle sert de trait d'union entre le Bénin et ses voisins de l'Est et de l'Ouest, c'est-à-dire le Nigeria et le Togo. Le renforcement de cette voie dont le bitumage remonte à l'époque des plans FIDES (1948-1956) entre en harmonie avec la vision du gouvernement béninois de développer les échanges commerciaux avec les pays voisins. C'est cette même logique qui a conduit au bitumage de la route Sèmè-Klaké qui facilite la liaison avec le Nigeria, grand voisin et important partenaire économique du Bénin.

Le tronçon Dogbo-Azovè-Tohoun-Abomey fait partie des liaisons Est-Ouest pour favoriser les relations, non seulement entre les provinces du Bénin, mais aussi avec les États voisins. En effet, le secteur Azovè-Abomey est un tronçon de la RNIE Togo-Aplahoué-Abomey-Bohicon-Kétou-Nigeria. Avec le bitumage de ce tronçon, le GMR-PRPB avait posé un acte à forte connotation symbolique et de haute portée économique et sociale. En effet, c'était la première fois qu'un gouvernement décidait de rompre avec le sens nord-sud du réseau routier tracé par le colonisateur afin de permettre une liaison est-ouest par une route bitumée pour le développement des activités économiques et le brassage des populations. C'est la même logique qui a conduit au bitumage de l'axe Glazoué-Savè, un tronçon de la RNIE 5, une autre transversale (Tableau n° 29).

L'axe Bohicon-Dassa-Savalou est un secteur de la RNIE Dassa-Savalou-Djougou-Natitingou-Porga.

On voit, à travers ces réalisations, la volonté du gouvernement d'améliorer la praticabilité des RNIE en vue de faire profiter au Bénin des avantages de sa situation géographique de pays de transit. La même logique présida aux travaux de routes dont le point est fait dans le tableau n° 29 ci-après.

<u>Tableau n° 29</u> : Point des réalisations d'infrastructures routières de 1982 à 1990 (en francs CFA), hormis les ouvrages d'art

Période	Titre du projet	Coût (francs CFA)		Source de financement
		Travaux	Contrôle	
1982-1983	Aménagement et bitumage de la route Pobè-Kétou (43 km)	2 658 651 239 (travaux + contrôle non compris réclamation)		Prêt BAD et FAD
1986-1988	Aménagement et bitumage de la route Dassa-Glazoué-Savè (55 km) + bretelle de la sucrerie de Savè (11 km)	4 418 328 878	269 046 130	Subvention FED
1986	Aménagement et bitumage de la route Savè-Parakou (160 km)	6 546 702 749	307 550 000	Prêt BOAD, BADEA, BAD, CAA, Fonds CEDEAO
1986-1988	Améliorations ponctuelles de la route Parakou-Djougou-Natitingou-Porga (reconstruction et réparation de ponts), 322 km	974 601 754	108 619 481	Subvention FED
1987-1988	Réhabilitation de la route Bohicon-Dassa-Savalou	1 585 181 683	91 817 000	Subvention FED
1988-1990	Réhabilitation de la route Comè-Lokossa-Dogbo	2 077 118 674	189 650 943	Subvention FED
1989	Réhabilitation de la route Parakou-Malanville	4 674 346 343	328 465 920	Subvention FED
1990	Réhabilitation de la route Porto-Novo-Pobè	1 784 564 230	230 541 380	Prêt BAD, CAA

Source : E. C. R. Lantokpodé, *Le financement des infrastructures routières au Bénin de 1980 à 1990*, Mémoire de fin de formation du cycle I à l'École Nationale d'Administration, Université Nationale du Bénin, Abomey-Calavi, 1990, pp. 61-62.

Le tableau n° 29 indique la réhabilitation de trois routes pourtant mentionnées par le tableau n° 28 : la route Bohicon-Dassa-Savalou sur laquelle des travaux avaient été effectués entre 1978 et 1981, la route Parakou-Malanville réaménagée entre 1974 et 1977 et la route Porto-Novo-Pobè bitumée entre 1973 et 1975. Le besoin de réhabiliter ces routes, 15 ans après les derniers travaux pour Porto-Novo-Pobè, 12 ans pour Parakou-Malanville et 6 ans pour Bohicon-Dassa-Savalou, pourrait s'expliquer par plusieurs raisons parmi lesquelles : la forte sollicitation de ces routes, la qualité douteuse des travaux exécutés et/ou le manque d'entretien. D'abord, nous savons que dans l'ordre normal d'exécution de ces travaux, l'entreprise chargée du contrôle doit être différente de celle qui les a réalisés. Or bien des fois, les deux ont été confondues dans l'exécution des projets routiers[1]. Ceci

[1] Propos recueillis auprès d'un cadre de l'administration publique ayant longtemps travaillé avec la représentation de l'Union européenne.

ne constitue point un gage de qualité. Mieux, quand on sait que l'exécution des projets dans nos pays en général constitue des occasions de lucre pour certaines personnes, généralement de hauts responsables capables de toutes sortes de prévarications pour s'enrichir, on ne saurait être étonné qu'à la fin, la qualité des travaux livrés soit sujette à caution. Ceci est d'autant plus vrai qu'on sait aujourd'hui que beaucoup de cadres qui étaient aux affaires pendant la période révolutionnaire n'ont pas été vertueux dans la gestion qu'ils ont faite du pays.

Ensuite, nous savons que dans les conditions normales où la route est appuyée par d'autres infrastructures de transport comme le rail pour le transport des produits pondéreux, la durée de vie de la couche de roulement d'une route bitumée est d'au moins 20 ans lorsque l'entretien courant (quotidien) et périodique (tous les 7 ans) est bien effectué. Donc on ne saurait envisager en de pareilles conditions la réhabilitation d'une route bien entretenue avant 20 ans. Or c'est précisément ce qui s'observe dans le cas présent ; ceci démontre que la route, principale infrastructure de transport des personnes et des biens, au grand dam du rail, est en souffrance au Bénin depuis qu'elle est sortie victorieuse de la concurrence qui oppose les deux moyens de transport. Cette souffrance est aggravée par l'insuffisance de l'entretien.

Néanmoins, avec ces différentes interventions, le réseau routier béninois comptait, en 1986, environ 7 500 km[1] de routes dont près de 1 000 km sont revêtus (13.33 %), 4 000 km (53.33 %) sont des routes graveleuses et des routes de desserte améliorées ; le reste (2500 km soit 33.34 %) concerne des pistes rurales simples.

On ne saurait réaliser des travaux de construction et d'amélioration de routes en faisant abstraction des ouvrages d'art, partie intégrante desdites routes. C'est dire donc que bien des ponts ont été construits ou réhabilités.

6.2.3. Les ouvrages d'art

Un certain nombre de ponts ont été construits sous le régime du GMR-PRPB, tant sur les routes principales et secondaires que sur les routes de desserte rurales. Le tableau suivant fait le point de ces réalisations.

---

[1] Banque mondiale, *République Populaire du Bénin. Projet de remise en état et d'entretien des infrastructures de transport. Rapport d'évaluation.* 30 avril 1987, p. 2.

Tableau n° 30 : Les ouvrages d'art construits de 1972 à 1989

Période d'exécution des travaux	Ouvrages concernés	Longueur (en m)
1972	Pont sur l'Alibori à Kargui (route Guéné-Karimama)	77
1972-1973	Pont sur la Sota (route Kandi-Ségbana)	120
1973-1974	Pont sur le Zou à Ahlan (route Bohicon-Kétou)	208
1977-1979	2e pont de Cotonou	345
1978-1979	Pont sur la Pendjari à Porga	100
1979	Pont sur la Mékrou sur la route Kérou-Firou	60
1980-1983	2e pont de Porto-Novo et voies d'accès	329.2
1982-1983	Pont de Djègbadji	25
1984-1986	Ponts sur le Mono et la Sazué et voies d'accès (y compris poste de péage)	-
1986-1988	Nouveau pont de Malanville-Gaya sur le fleuve Niger	-
1988-1989	5 ponts sur la route Djougou-N'Dali	-

Source : L'auteur, sur la base des données de *Bénin. 10 ans de révolution (1972-1982)*, p. 97. ; E. C. R. Lantokpodé, *op. cit.*, 1990, pp. 61-62 et S. Sotindjo, *Cotonou. L'explosion d'une capitale économique*, Paris, L'Harmattan, 2009, p. 191.

À toutes ces nouvelles constructions s'ajoute la réfection de l'ancien pont de Cotonou, de 1979 à 1981 pour un montant de 1 milliard de francs CFA, financé par la BAD (S. Sotindjo, *op. cit.*, 2009, p. 191).

En somme, il ressort clairement de ce parcours que le régime du GMR-PRPB a su marquer son temps à travers ses réalisations en termes d'infrastructures routières, même si l'essentiel a été fait sur ressources extérieures, et en dépit de l'entretien souvent défaillant ou encore de la qualité parfois douteuse. L'augmentation graduelle des investissements dans ce sous-secteur administre la preuve de l'importance accordée à la route par le régime du GMR-PRPB. Mieux, le bitumage des transversales a été initié par ce même régime : il y a d'abord eu la route Dogbo-Azovè-Tohoun-Abomey bitumée entre 1979 et 1982, ensuite, le tronçon Glazoué-Savè, un secteur de la RNIE 5, bitumé entre 1986 et 1988.

Cependant, l'insuffisance des ressources propres et la dépendance chronique vis-à-vis de l'aide extérieure ont empêché le régime d'atteindre ses objectifs ambitieux de départ. Alors, toutes les régions isolées du territoire national n'ont pas été, comme prévu, désenclavées. On peut citer l'exemple de la province de l'Atacora qui était faiblement désenclavée. Les routes nationales inter-États n'ont pas pu être toutes bitumées. C'est le cas de la RNIE 7 qui, partant du Burkina Faso (région de Diapaga), joint le Nigeria via Kérémou, Banikoara, Kandi, Warandji, Ségbana. Jusqu'à la fin du régime, le ministère en charge du transport routier n'arrivait à garantir la praticabilité que de la moitié du réseau routier en terre qu'il avait sous sa tutelle[1].

Même si les objectifs de départ n'ont pas été entièrement atteints, un effort d'amélioration et de renforcement du réseau routier a été effectivement consenti par le régime du GMR-PRPB. La question qu'on pourrait légitimement se poser est de savoir quel a été l'impact socio-économique de ce renforcement du réseau routier.

6.3. Renforcement du réseau routier : pour quel impact ?

Malgré l'importance de leur rôle, les progrès des transports, en l'occurrence les transports routiers, ne sont pas suffisants à eux seuls pour induire le développement économique et social d'un pays ; même si « la mobilité a une action contagieuse qui permet d'atteindre facilement les autres objectifs »[2]. On sait que dans un État souverain, la route assure trois catégories de fonctions essentielles :

- la fonction de transport à distance : il s'agit essentiellement de transports de marchandises entre zones d'économie complémentaire, c'est-à-dire entre zones de production et zones de consommation ;
- la fonction de collecte et de diffusion : c'est le complément et le prolongement nécessaire de la précédente, qui permet le contact direct entre les populations productrices et un moyen d'échange entre elles ou avec l'extérieur ;
- la fonction de liaison humaine et sociale : source d'échanges effectifs, culturels, sociaux, politiques et administratifs, elle est, en définitive, un des moteurs principaux du développement, non seulement par le bien-être apporté aux populations, mais par la prise de conscience de besoins nouveaux et de moyens de les satisfaire[3].

---

[1] République du Bénin, Ministère des Travaux Publics et des Transports, *Document préparatoire à la deuxième table ronde sectorielle sur la stratégie des transports. Rapport de synthèse*, janvier 1996, p. 10.

[2] W. Owen, *Transports et développement*, Les édition internationales, 1970, p. 9, cité par P. Tossou et G. Dovonou, *Le rôle du transport dans le développement économique et social : cas de la Trans-Bénin*, Mémoire de maîtrise ès-Sciences économiques, Université nationale du Bénin, Abomey-Calavi, 1983, p. 2.

[3] UNESCO, *Routes dans les pays en voie de développement. Construction et entretien. Conditions économiques et techniques*, SD, p. 5.

L'impact de l'amélioration du réseau routier dans tous les secteurs d'activités et sur le plan social est ici examiné au regard de ces trois fonctions de la route.

6.3.1. Impact sur l'agriculture et l'industrie

Les efforts d'amélioration des infrastructures routières consentis par le pouvoir public se firent rapidement sentir sur l'évolution des activités agricoles et industrielles.

6.3.1.1. Des résultats agricoles encourageants

L'économie béninoise, des années 1970, est basée sur l'agriculture qui occupe environ 70 à 80 % de la population active du pays, fournit 30 % du PIB, 90 %[1] des recettes d'exportation avec des produits-phares comme les dérivés du palmier à huile (environ le tiers de la valeur des exportations) suivi du coton et des arachides. L'inexistence d'autres richesses naturelles conforte l'agriculture dans son rôle de base de l'économie béninoise.

Ainsi, les différents projets routiers exécutés pour améliorer l'état, tant des pistes rurales que des routes principales et secondaires visaient, entre autres, l'amélioration des performances agricoles du pays. En effet, le désenclavement des zones de production a favorisé la distribution des intrants agricoles et des services de vulgarisation aux exploitants. De même, l'évacuation des récoltes est devenue plus aisée, limitant les pertes qui maintenaient les producteurs dans la spirale de la dette. Par exemple, l'amélioration des conditions de transport a permis de réduire le montant des pertes sur certaines denrées périssables comme les tomates dans le Sud du Bénin.

Toutes ces réalisations eurent pour conséquence l'accroissement de la production et l'augmentation des revenus des producteurs. Cependant, cet accroissement de la production ne concerna point la production exportée du palmier à huile alors progressivement évincée par le coton.

Le déclin du palmier à huile dans les recettes commerciales a coïncidé avec la période où le régime du GMR-PRPB accordait clairement une meilleure attention aux cultures vivrières au détriment des cultures de rente autrefois privilégiées. En effet, comme l'a rappelé D. Awo, la logique qui sous-tendait la politique agricole de ce régime était : « Nourrir d'abord correctement les populations des campagnes et des villes avant de penser à ce qu'il faut vendre à l'extérieur »[2].

---

[1] Banque mondiale, *Évaluation d'un projet de routes de desserte. République populaire du Bénin*, 10 mai 1977, p. i.

[2] D. Awo, *Problématique du développement agricole au Dahomey/Bénin de 1960 à 2010*, Thèse de doctorat unique en Histoire, Université d'Abomey-Calavi, 2014, p. 217.

1972 = 100

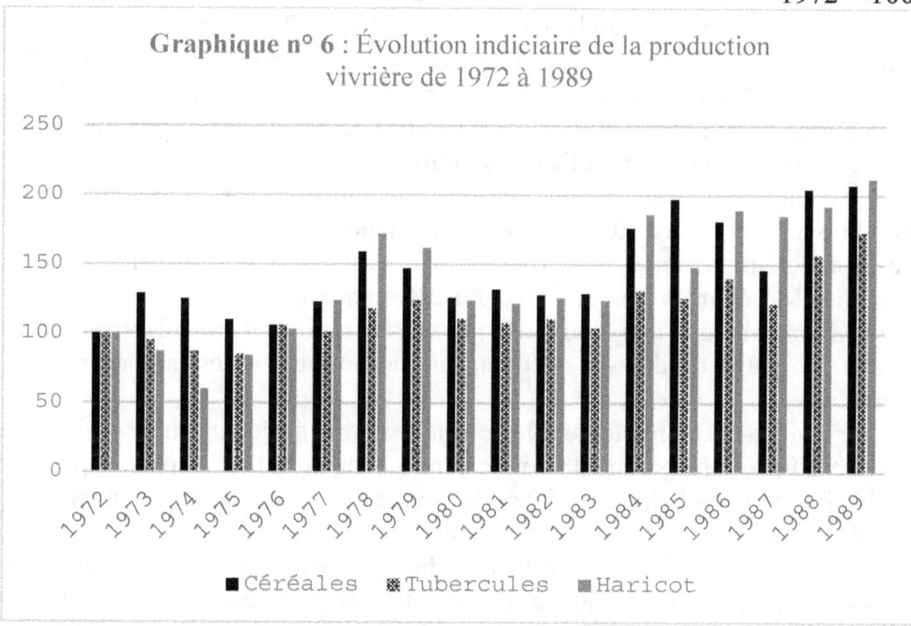

Graphique n° 6 : Évolution indiciaire de la production vivrière de 1972 à 1989

Céréales : maïs, riz, sorgho, petit mil
Tubercules : manioc, igname, taro.
Source : L'auteur, sur la base des données de Ministère du Développement Rural (MDR), Direction de l'Analyse, de la Prévision et de la Synthèse (DAPS), Section des Statistiques (SS), *Les principales cultures de la République du Bénin.*

En observant le graphique ci-dessus, on constate qu'après la période de trois ans allant de 1973 à 1975 où seule la production céréalière a connu une croissance, la production vivrière s'est globalement accrue sous le régime du GMR-PRPB. La quantité de céréales produite a même doublé en 1988 et 1989, par rapport à 1972. La production de haricot a aussi été doublée en 1989, pendant que les tubercules connurent, de leur côté, une très forte croissance. Ce mouvement de croissance aurait pu être plus fort sans un certain nombre de facteurs inhibants comme les aléas climatiques qui, entrant en jeu, se sont traduits dans la période par la raréfaction des pluies dans le Bas-Bénin. La création, par les grands commerçants, au cours de la campagne 1976-1977, d'une pénurie artificielle de produits alimentaires dans les centres urbains à des fins spéculatives, ne milita pas non plus en faveur de l'atteinte des objectifs que s'est fixés le gouvernement, surtout pour ce qui était de la production céréalière.

Si la route a joué un rôle important dans cette augmentation de la production vivrière, la valorisation des prix de ces produits y contribua aussi fortement. En effet, selon Awo (2014 : 223), les indices de prix des produits vivriers ont augmenté en moyenne de 21.2% par an, contre 6.9 % pour ceux des produits de rente, pendant la décennie 1972-1982. Par conséquent, les producteurs, davantage fouettés par des prix rémunérateurs, s'adonnèrent à cœur joie à la production de cette catégorie de produits, reléguant les cultures d'exportation au second rang. Ceci d'autant plus que le vent de prospérité né de la hausse des cours mondiaux du pétrole, de l'uranium et du phosphate et qui soufflait sur la sous-région[1] entraîna une augmentation de la demande en produits vivriers entre 1977 et 1981. C'était alors une véritable aubaine pour les producteurs béninois qui exportèrent dans les pays voisins d'importantes quantités de denrées alimentaires. La croissance de la production agricole induisit, par ailleurs, un grand profit pour l'économie tout entière qui bénéficia d'une économie de devises découlant de la diminution des importations de céréales.

Le contexte régional favorable permit de maintenir le niveau de croissance de la production jusqu'en 1982 où le contre-choc pétrolier[2] frappa les pays de l'OPEP dont le Nigeria. Cependant, le mouvement ascendant reprit à partir de 1984 pour ne plus être interrompu jusqu'à la fin du régime.

L'idéal aurait été que la production du principal produit de rente du pays, le palmier à huile, croisse autant que les cultures vivrières. Mais le constat est que le désenclavement des zones de production ne profita guère au palmier à huile pendant la décennie 1972-1982. Cette culture a progressivement été supplantée par le coton. Plusieurs facteurs[3] n'ayant rien à voir avec les infrastructures routières ont été à la base de l'éviction du palmier à huile par le coton.

C'est dire donc que si le réseau routier a certes créé les conditions pour l'essor de l'agriculture béninoise, les infrastructures routières ne sont en réalité qu'un maillon de la chaîne économique. Beaucoup d'autres éléments entrent en ligne de compte, et la stratégie des transports, notamment les transports routiers, s'inscrit dans une politique d'ensemble. Car si les infrastructures de transport et, en l'occurrence, les routes sont incontestablement un des éléments moteurs du développement économique et social, conjuguer les efforts de leur amélioration avec ceux déployés dans d'autres domaines, c'est-à-dire réaliser ces infrastructures en harmonie avec les autres actions de développement, en sorte qu'elles ne se trouvent ni en retard ni trop en avance, est une tâche essentielle des responsables des pays en

[1] Pour plus de détails sur ces aspects, lire D. Awo, *op. cit.*, 2014, pp. 223-224.

[2] Le contre-choc pétrolier est l'expression utilisée pour désigner la baisse drastique du coût du baril de pétrole brut de 35 dollars en 1980 à 18 puis à 12 dollars respectivement en 1982 et en 1986.

[3] Déjà amplement abordés par D. Awo dans les pages 223 à 230 de sa thèse déjà citée dans cette étude, et par S. Sotindjo dans l'article intitulé "Gloire et déboires du palmier à huile au Dahomey/Bénin (1946-1995)" et paru dans S. Sotindjo, *Des aspects de l'histoire du Bénin (XVIe-début XXIe siècle)*, Éditions universitaires européennes, 2017, ces facteurs se résumeraient à de simples redites si nous les développions à nouveau dans la présente étude.

développement[1]. De ce point de vue, un minimum d'effort a été fait au Bénin. En effet, même si le réseau routier n'était pas dans l'état optimal où il devrait se trouver, il y a une convergence de vue pour dire qu'il était globalement satisfaisant. Le minimum nécessaire pour l'exécution des activités économiques et l'épanouissement économique du pays existait. Dans le même temps, des actions ont été menées entre 1972 et le milieu des années 1980 par la puissance publique, pour étoffer davantage le tissu industriel béninois. Et les infrastructures routières ont créé les conditions pour l'éclosion de la production industrielle.

6.3.1.2. Le réseau routier : un élément essentiel dans le fonctionnement des industries

La relation entre la route et l'industrie est plus serrée qu'elle n'apparaît à première vue. Examinons d'abord le cas général avant de nous pencher sur l'exemple particulier du Bénin qui nous intéresse. En règle générale, en dehors du fait qu'elles s'installent généralement à proximité des matières premières, les industries s'implantent aussi près des infrastructures de transport : les ports, les voies ferrées et les routes. En effet, le coût de transport et l'attraction exercée par les infrastructures de transport sont des facteurs importants dans l'installation des industries. Wolkowitsch (1973 : 239) affirme que « la route exerce sur l'industrie une attraction difficile à saisir dans les pays développés où le réseau est dense, plus apparente dans les pays du Tiers Monde où l'infrastructure routière limitée attire les usines en l'absence du réseau ferré ». Des Antilles à Madagascar, de Cuba à l'Afrique occidentale, les exemples d'usines liées à la route sont innombrables[2]. On observe que beaucoup d'États africains offrent hors de leur port et du chemin de fer qui le dessert un grand nombre de points d'industrialisation indépendants de la voie ferrée et plutôt liés à la route. On peut citer l'exemple de la Mauritanie où la production des mines de cuivre de Akjout est acheminée par route jusqu'au port de Nouakchott, sur 270 km. Les industries portuaires elles-mêmes comptent beaucoup plus sur la route que sur le chemin de fer pour la redistribution de la production au sein du pays[3].

M. Wolkowitsch montre que même en Europe, les usines se sont progressivement éloignées des chemins de fer au profit de la route, avec l'accroissement de la capacité des camions qui a induit une baisse du prix de revient du transport par route. On comprend donc pourquoi un nombre sans cesse croissant d'industriels ont fait reposer le fonctionnement de leurs établissements totalement ou partiellement sur l'utilisation du camion. Un des exemples marquants qu'on peut évoquer, dans ce sens, est le cas de Michelin

---

[1] UNESCO, *Routes dans les pays en voie de développement. Construction et entretien. Conditions économiques et techniques*, SD, p. 1.
[2] M. Wolkowitsch, *op. cit.*, 1973, p. 239.
[3] *Ibid.*, p. 240.

qui livrait ses pneus par la route depuis longtemps[1]. Toujours en France, les fabricants de vêtements et de bonneterie n'ont pas attendu les théories sur l'aménagement du territoire pour disséminer dans de petites villes et même dans de simples bourgs des ateliers de 50 à 200 ouvrières souvent recrutées parmi la jeunesse rurale. Les camions acheminaient les tissus (la matière première) vers les usines et assuraient le transport des articles fabriqués vers les entrepôts en vue du conditionnement et de l'expédition. On pourrait également évoquer le cas des sociétés Dierig dans la Souabe agricole et Boussac dans les Vosges et le Berry qui faisaient reposer leur activité sur la circulation routière, beaucoup d'établissements étant éloignés de toute voie ferrée[2].

Ces différents exemples, choisis aussi bien dans les pays avancés que dans les pays en développement, montrent à suffisance l'existence de liens étroits entre le réseau routier et l'essor des activités industrielles. Or dans l'État marxiste béninois qui a reconnu l'agriculture comme la base de son économie et l'industrie comme son moteur, nous avons montré qu'un certain effort a été consenti pour l'amélioration de la couverture du pays par les routes. La question est de savoir comment ce réseau routier a influencé l'industrie. Pour y répondre, intéressons-nous d'abord aux installations industrielles réalisées sous le régime révolutionnaire.

Le GMR-PRPB a tôt compris la nécessité de développer le tissu industriel pour la transformation sur place des matières premières. Il y a eu la création d'une usine de fabrication de matériels agricoles : la Coopérative béninoise de matériel agricole (COBEMAG) mise en place en 1975, dont l'atelier principal était installé à Parakou, et d'une usine de production d'engrais. Il s'agit-là d'usines destinées à améliorer les conditions de production agricole. Nous n'allons pas nous y attarder. En revanche, nous focaliserons notre attention sur les usines de transformation des matières premières.

C'est le cas de la Société nationale pour l'industrie des corps gras (SONICOG) créée en 1975 en remplacement de la SNAHDA et qui s'occupa, dès lors, de la gestion de toute la filière palmier à huile. La SONICOG se chargeait de l'exploitation des huileries et de toutes les autres usines de corps gras appartenant à l'État pour approvisionner les populations en savons de toilette et de lessive, en crèmes de beauté, en beurre, en huiles alimentaires et même en aliments de bétails[3]. Pour assurer sa mission, la société avait sous son contrôle les trois huileries fonctionnelles héritées de la colonisation (Avrankou, Gbada et Ahozon) qui cumulaient une capacité totale de production de 34 tonnes de régimes par heure, l'huilerie de palmistes de Cotonou capable de transformer 40 000 tonnes de palmistes en huile de

---

[1] *Ibid.*
[2] *Ibid.*
[3] D. Awo, *op. cit.*, 2014, p. 192.

palmistes et en tourteaux par an, une savonnerie à Gbokou (Porto-Novo), une huilerie à Agonvy (Ikpinlè), des usines à Houin-Agamè et Hinvi, entre autres.

La matière première exploitée dans ces installations, les produits du palmier à huile, provenait des palmeraies traditionnelles estimées à 400 000 hectares dont 250 000 hectares étaient exploitables[1] et des palmeraies sélectionnées dont la superficie était estimée à 26 521 hectares[2]. Parmi les produits de la SONICOG, deux savons étaient devenus très populaires : Palmida et Cob.

L'ensemble du réseau routier du pays était au service de cette distribution de la production de savons. Mieux, en amont, c'est le même réseau routier (RNIE 1 Hillacondji-Igolo et plusieurs routes nationales), mais aussi le rail (Est-dahoméen et Ouest-dahoméen) qui permettait d'acheminer par camions ou par locomotives les régimes de palme, des lieux de production (provinces de l'Ouémé, de l'Atlantique et du Mono, surtout) vers les usines d'où sortaient les différents produits cités parmi lesquels, le savon. Les routes ont donc joué un rôle important dans le fonctionnement des différentes usines de la SONICOG. Il en a aussi été ainsi des autres installations industrielles que le régime dirigé par le Président Mathieu Kérékou a mises en place ou a nationalisées.

Nous pouvons évoquer le cas de la Société béninoise de textile (SOBETEX) issue en 1975 de l'augmentation des parts de l'État dans l'Industrie cotonnière du Dahomey (ICODA). De 13.3 % au départ, la part de l'État béninois bondit à 49 % en 1975 dans cette société dont la production annuelle passa de 12 millions de mètres de tissus en 1968 à 16.5 millions en 1975[3]. Au meilleur de sa forme, la SOBETEX produisait jusqu'à 21 762 425 mètres de tissus en 1981-1982[4]. Les infrastructures routières (RNIE 1, RNIE 2 notamment) étaient au centre de la distribution de cette production tant sur le marché national que dans les pays de la sous-région et même au-delà : Nigeria, Togo, Côte d'Ivoire, Cameroun, République centrafricaine, Congo, pays où étaient écoulés entre 70 et 75 % de la production[5]. La position de cette usine située à côté de la RNIE 1 qui sert de trait d'union entre le Bénin, le Nigeria, le Togo, voire la Côte d'Ivoire, facilite cette distribution.

Point n'est besoin de multiplier les exemples pour montrer la contribution du réseau routier à l'essor du secteur secondaire. Que ce soit la Société des ciments d'Onigbolo (SCO), la Société sucrière de Savè (SSS), toutes deux co-financées par le Bénin et le Nigeria en 1975, la Béninoise issue de la transformation en société étatique de la Société de Brasserie du Dahomey (SOBRADO) en 1975, la Société nationale des ciments (SONACI) et la Société des industries textiles (SITEX), fruit de la coopération sino-béninoise,

---

[1] *Ibid.*, p. 193.
[2] *Ibid.*
[3] *Ibid.*, p. 198.
[4] *Ibid.*, p. 199.
[5] *Ibid.*

respectivement créées en 1976 et 1987, pour ne citer que ces exemples, les infrastructures routières existantes jouaient un rôle de premier plan dans le fonctionnement des industries béninoises. D'ailleurs, la situation géographique de plusieurs installations industrielles au Bénin qui, très souvent, se positionnent au bord d'importantes voies de circulation traduit à merveille l'attrait exercé par les infrastructures de transport et en l'occurrence la route sur l'industrie.

Pour revenir aux quelques cas évoqués plus haut, la Société des ciments d'Onigbolo (SCO) est, par exemple, implantée à Onigbolo, au bord de la route Pobè-Kétou, un secteur de la RN 3 Oké-Agonsa-Sakété-Pobè-Kétou, aménagé et bitumé entre 1982 et 1983. Ce positionnement de l'usine facilite la distribution de la production par cette route, à l'intérieur de tout le pays, par des camions. Le bitumage de cette route était d'ailleurs en appui à la mise en place du complexe industriel d'Onigbolo.

C'est pratiquement la même situation qu'on observe avec la Société nationale des ciments (SONACI) installée à Sèkandji, au bord de la RNIE 1, juste à environ 6 km de la Béninoise, la société de brasseries. Ces deux industries sont séparées par la zone industrielle d'Akpakpa qui est, par conséquent traversée par la RNIE 1.

La Société sucrière de Savè (SSS) ne déroge pas à cette règle puisqu'une bretelle longue de 11 km a été réalisée entre 1986 et 1988 pour la rattacher à la route Dassa-Glazoué-Savè.

La Société des industries textiles (SITEX), quant à elle, est située dans une rue rattachée à la RN 2 : Comè-Athiémé-Lokossa-Aplahoué dont le secteur Comè-Lokossa-Dogbo est réhabilité entre 1988 et 1990, soit juste après la mise en place de l'usine en 1987.

De ces différents exemples examinés, il ressort que l'existence des routes, même non bitumées, favorise l'implantation des usines. Une fois ces usines installées, leur fonctionnement normal exige généralement la modernisation des routes au bord desquelles elles sont implantées. Il y a donc une interaction entre route et industrie : la route attire l'industrie et l'industrie favorise l'amélioration de la route. C'est la raison pour laquelle la plupart des routes desservant les installations industrielles que nous avons mentionnées ont été réaménagées ou bitumées après l'implantation de ces usines. Des exemples cités, seule la RNIE a été réaménagée et bitumée avant l'installation des usines qui la bordent parce que les interventions étaient permanentes sur cette route depuis la mise en œuvre des plans FIDES.

Les exemples foisonnent et on pourrait les multiplier à volonté pour mettre en relief le lien permanent d'interdépendance entre route et industrie. L'espace destiné à accueillir la Zone franche industrielle n'est-il pas au bord de la route Sèmè-Kraké ? Autant dire tout simplement que sans route, il n'y a pas d'activités économiques. Ceci nous permet de déboucher sur la contribution de la route à l'essor des activités du secteur tertiaire.

6.3.2. Le secteur tertiaire

Les transports routiers mêmes relèvent du secteur tertiaire. On comprend donc que ce secteur, à l'instar des deux autres, soit lui aussi fortement influencé par les routes. En effet, par les différentes taxes qu'il génère, le sous-secteur routier contribue puissamment au budget de l'État. De même, l'amélioration du réseau des routes induit une baisse des coûts de transports, agissant sur le coût final des produits ; le commerce est ainsi touché.

6.3.2.1. Les taxes sur les usagers de la route : une importante source de revenus pour l'État

Les usagers de la route sont soumis au paiement d'une diversité de taxes qui contribuent, non seulement à l'entretien des infrastructures, mais aussi et surtout au renflouement des caisses de l'État. En 1987, ces redevances ont été estimées à 6,5 milliards de FCFA (compte non tenu des recettes sur le trafic de transit) et proviennent principalement des taxes sur les carburants (5,4 milliards de FCFA)[1] ; les autres recettes sont tirées des droits de douane sur les véhicules et les pièces de rechange, des droits annuels d'immatriculation des véhicules et du produit de taxes spécifiques sur les denrées agricoles. Nous avions montré plus haut qu'une faible partie de ces recettes va effectivement dans l'entretien des routes, l'essentiel étant utilisé à d'autres fins. Le montant de ces redevances est allé *crescendo* au fil du temps et de l'élargissement du parc automobile. Le tableau suivant fait le point des principales redevances des usagers de la route en 1975.

Tableau n° 31 : Quelques exemples de taxes sur les usagers de la route en 1975

Taxes	**Millions de francs CFA**
Essence et fuel	560
Véhicules	400
Pneu et chambre à air	160
Pièces détachées	--
Cartes grises	760
Garantie de bon fonctionnement, permis de conduire, plaques minéralogiques	85
Total	1 965

Source : Banque mondiale, *Évaluation d'un projet de routes de desserte. République populaire du Bénin*, 10 mai 1977, p. 27.

[1] Banque mondiale, *op. cit.*, 1987, p. 9.

Le montant de ces taxes chiffré à 1 965 millions de francs CFA en 1975, comme le présente le tableau, passe à 6 500 millions de francs CFA[1] en 1987. Le montant des recettes faites en 1975 ne prend pas en compte les taxes sur les pièces détachées pas plus qu'il ne tient compte des fonds perçus sur le trafic de transit. Selon les estimations de la Direction des Ponts et Chaussées, si les taxes sur les pièces détachées avaient été prises en compte, le montant aurait atteint 2 à 2.5 milliards de francs CFA, sur un PIB total qui s'élevait à 1 808 694 556 USD constants[2]. L'accroissement du nombre de véhicules a entraîné une croissance de la consommation en carburant et subséquemment, une augmentation des différentes taxes afférentes aux transports routiers. Cette consommation a, selon les données fournies par la Banque mondiale, augmenté au rythme moyen de 4.5 % par an, entre 1970 et 1978. C'est donc les caisses de l'État qui en sont ressorties mieux garnies.

Le réseau routier exerça également une forte influence sur le commerce béninois.

6.3.2.2. La maîtrise du circuit commercial intérieur et extérieur

En dehors de l'OCBN (Organisation commune Bénin-Niger des chemins de fer et des transports) qui s'occupait du trafic ferroviaire ainsi que des gros transports routiers, le fret intérieur était assuré par de petits camionneurs alors sans grands moyens. Le gouvernement marxiste du Bénin avait volontairement limité l'octroi de licences aux acteurs privés dans le domaine des transports routiers puisque dans sa politique, des sociétés d'État devaient être créées pour assurer le service, tant du transport des personnes que de celui des biens parmi lesquels les denrées agricoles. Pour ce dernier type de transport, ces sociétés devaient être en liaison avec les centres d'action régionale pour le développement rural (CARDER). Dans la logique du gouvernement, les transporteurs privés ne devaient être sollicités, surtout pour le transport des produits et intrants agricoles, que lorsqu'il n'y avait pas de transport public. Pour ce faire, les transporteurs privés passaient des contrats avec le gouvernement ou le CARDER à des tarifs variant, non seulement selon le type de route, mais également la catégorie de véhicule. Pour un camion de 7 tonnes par exemple, les tarifs suivants étaient appliqués :

- routes bitumées : 13.75 francs CFA / tonne kilométrique ;
- routes en latérite, principales ou secondaires, en bon état : 22 francs CFA / tonne kilométrique ;

---

[1] *Ibid.*

[2] Université de Sherbrooke, Canada, Québec, Faculté des Lettres et Sciences Humaines, École de politique appliquée, *Perspective monde. Outil pédagogique des grandes tendances mondiales depuis 1945*, en ligne : http://perspective.usherbrooke.ca/bilan/servlet/BMTendanceStatPays?langue=fr&codePays=BEN&codeStat=NY.GDP.MKTP.KD&codeTheme=2. Consulté le 6 mai 2019.

- routes de desserte : 32 francs CFA / tonne kilométrique[1].

De ces chiffres, on déduit que plus la voie est en bon état, plus bas est le tarif ; ce qui diminue en aval le coût d'exploitation pour les conducteurs, a une incidence directe sur les coûts de production et conditionne les prix de vente, tant à l'intérieur qu'à l'extérieur du pays. En principe, l'amélioration du réseau routier devrait alors avoir, entre autres conséquences, l'épanouissement du commerce béninois.

Le régime du GMR-PRPB a mis en place un mécanisme pour s'adjuger le monopole du commerce. La première étape de ce mécanisme a été la création, en 1975, de nouvelles structures comme les Régies d'approvisionnement et de commercialisation (RAC) chargées d'œuvrer à la maîtrise du circuit commercial intérieur[2]. En effet, dans sa volonté de régler le problème de la faim et de parvenir à nourrir tous les Béninois, le régime a décidé d'utiliser les RAC, alors créées par province, pour quadriller toutes les zones de production, collecter les récoltes afin de répartir de façon relativement équitable les denrées alimentaires dans toutes les régions du pays. La mission des RAC pouvait se résumer en ces trois points :

- résoudre de façon globale le problème de la commercialisation et de la circulation des produits alimentaires des zones excédentaires vers les zones déficitaires ;
- lutter efficacement contre l'action néfaste des commerçants locaux qui, à la récolte, s'empressent d'acheter les produits à bas prix ;
- régler les difficultés de mise à disposition des populations des zones reculées, de certains produits manufacturés de grande consommation[3].

Ce dispositif, qui a fonctionné pendant trois ans, reposait sur les infrastructures routières surtout. Car, de la collecte primaire des récoltes dans les villages à leur acheminement dans les RAC, et des RAC[4] vers les zones de destination des denrées, les routes étaient au cœur du système. Mieux, c'était par les camions des centres d'action régionale pour le développement rural (CARDER), de la Société nationale pour la production agricole (SONAGRI), de la Société nationale de commercialisation et d'exportation du Bénin (SONACEB) et, dans une moindre mesure, les wagons de l'OCBN, que les produits manufacturés étaient acheminés dans les régions reculées.

Aux RAC succédèrent, en 1978, les Sociétés provinciales de commercialisation agricole (SOPROCA) avec des attributions plus étendues. Ces deux structures étaient chargées de contrôler la commercialisation des produits agricoles sur toute l'étendue du territoire, de façon à limiter l'action et le degré de nuisance des commerçants spéculateurs locaux alors taxés de

---

[1] Banque mondiale, *Évaluation d'un projet de routes de desserte. République populaire du Bénin*, 10 mai 1977, p. 5.

[2] D. Awo, *op. cit.*, 2014, p. 209.

[3] *Ibid.*, p. 210.

[4] Les RAC étaient généralement situées dans les chefs-lieux des provinces ou des districts.

« commerçants véreux ». Pour accomplir leur mission, ces structures prenaient, comme nous l'avions dit, appui sur le réseau routier, principale infrastructure de transport qui, en 1986, assurait le transport de 75 % des marchandises et 90 % des passagers.

Pendant que les RAC puis les SOPROCA s'occupaient de la commercialisation des produits agricoles à l'intérieur du pays, la SONACEB a été créée, en 1975, pour contrôler les circuits d'exportation, au détriment des entreprises étrangères, notamment françaises qui occupaient le terrain depuis la période coloniale. C'est également dans le but de créer les conditions pour l'essor des activités commerciales que le régime du GMR-PRPB a, plus que ses prédécesseurs, augmenté sensiblement les investissements dans le sous-secteur routier.

La SONACEB avait la mission d'exporter les produits agricoles à des prix rémunérateurs pour les producteurs et de faire, elle-même, des bénéfices devant permettre de renflouer les caisses de l'État. Mais le Bénin révolutionnaire n'exportait-il que des produits agricoles ?

6.3.2.3. Un réseau routier toujours au service de l'économie de traite

L'objectif du régime du GMR-PRPB était d'inverser la courbe de l'économie de traite en favorisant, pendant un certain temps, les cultures vivrières au détriment des cultures de rente. Mieux, la création d'industries de transformation des produits agricoles devait permettre au Bénin d'exporter, plus que par le passé, des produits manufacturés et donc, de rompre avec l'économie de traite qui confinait le pays dans l'exportation de produits bruts ou sommairement transformés. Mais dans la réalité, l'économie de traite a persisté. Pour nous en convaincre, voyons la structure du commerce extérieur du Bénin pendant la période.

Graphique n° 7 : Structure des exportations en (%) des valeurs

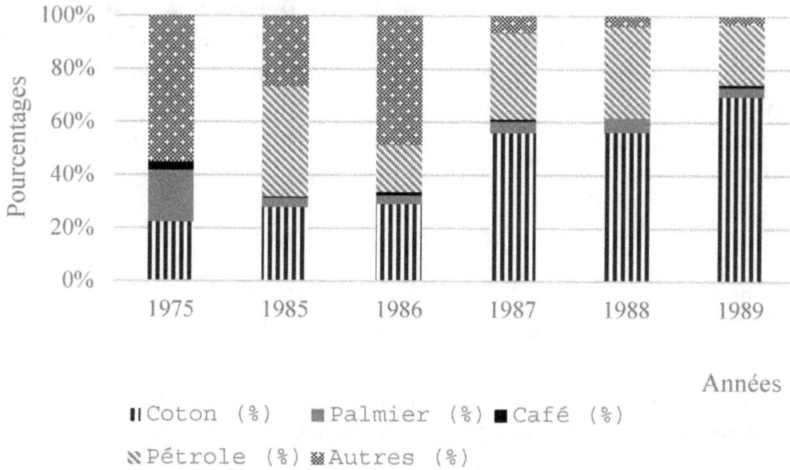

S. Sotindjo, "Gloire et déboires du palmier à huile au Dahomey/Bénin (1946-1995)", In *Des aspects de l'histoire du Bénin (XVI*[e]*-début XXI*[e] *siècle*, Éditions universitaires européennes, 2017, p. 134.

L'observation du graphique laisse voir quatre grands produits et groupes de produits : le coton (fibre et graine), le palmier à huile (huiles et tourteaux), le café et le pétrole brut à partir de 1985. Mais il y avait aussi d'autres produits qui pesaient relativement lourd dans l'ensemble des devises d'exportation entre 1975 et 1989.

De 1975 à 1989, on observe une croissance continue de la part du coton dans les recettes d'exportation béninoises. En effet, c'est à partir de 1975 que le coton a supplanté le palmier à huile jusqu'alors produit vedette des exportations au Bénin. On observe une continuité, parce que le Bénin est passé de la mono-exportation des produits du palmier à huile à celle du coton, conformément aux besoins du marché extérieur. C'est donc toujours en grande partie de l'agro-exportation, à laquelle s'est ajouté le pétrole brut à partir de 1985. Le palmier à huile est devenu marginal, pendant que le café a pratiquement disparu. L'économie de traite s'est tout simplement poursuivie et les infrastructures routières réalisées étaient alors à son service.

Puisque la route influence l'économie et qu'au cœur de l'économie se trouve l'*homo economicus*, c'est la société qui est ainsi impactée, et par relation de cause à effet, l'espace, le cadre géographique dans lequel il vit.

6.3.3. Routes, société et espace

La construction des routes joue un rôle fondamental dans le développement des relations humaines et la répartition de la population. L'amélioration des routes sous le régime du GMR-PRPB a contribué au développement social. En effet, elle a permis de sortir de l'isolement des populations autrefois enclavées, facilité leur accès aux services socio-sanitaires, tout en créant des opportunités d'emplois. Tout ceci agit sur l'espace habité qui est ainsi modifié, structuré.

6.3.3.1. Importance sociale du réseau routier

L'importance des routes au plan social se fait ressentir en deux points :

- L'accès aux services socio-sanitaires et l'amélioration des conditions de vie

L'aménagement et la construction de pistes de desserte ont permis de désenclaver bien des centres ruraux, sortant leurs populations de l'isolement et facilitant de la sorte leur accès aux idées et techniques nouvelles, toutes utiles pour l'amélioration de leur qualité de vie. Par exemple, avec les projets de routes de desserte financés par la Banque mondiale, la liaison Kétou-Adakplamè (12 km) difficile autrefois à cause de l'état de la piste (catégorie E donc presque impraticable) était devenue possible, tout comme la jonction entre Anandana et Tchoumi-Tchoumi (piste de catégorie D), localités pourtant séparées par 15 km seulement. Les routières permettent aussi aux populations d'avoir accès aux services socio-sanitaires. En effet, le passage de la route entraîne toujours l'installation des populations et par conséquent, la construction d'écoles, de centres de santé, etc. Et la mise en place de ces infrastructures est source d'amélioration des conditions de vie des populations qui arrivent à mieux se soigner et à s'instruire.

- La réduction du taux de chômage

L'amélioration du réseau routier constitua une source d'emplois et contribua à la réduction du taux de chômage au Bénin. Entre 1971 et 1980, le nombre d'emplois créés dans le secteur des transports a plus que doublé. Et c'est la route qui a le plus contribué à ces emplois avec 63 % du total des travailleurs (salariés et particuliers) du secteur des transports en général[1] pendant la période. C'est ce que montre à merveille le tableau ci-après.

---

[1] P. Tossou et G. Dovonou, *Le rôle du transport dans le développement économique et social : cas de la Trans-Bénin*, Mémoire de maîtrise ès-Sciences économiques, Université nationale du Bénin, Abomey-Calavi, 1983, p. 2.

Tableau n° 32 : Évolution comparée de la main-d'œuvre occupée par le secteur transport et le sous-secteur transport routier (1971-1980)

1971 = 100

Années	Nombre d'emplois total du secteur transport	Indices À	Nombre d'emplois du sous-secteur transport routier	Indices B	Indices des emplois du sous-secteur transport routier par rapport au secteur B-A
1971	11 561	100	6 932	100	0
1972	12 681	110	7 661	110	0
1973	13 930	120	8 467	122	2
1974	15 253	132	9 538	138	6
1975	16 683	144	10 342	149	5
1976	18 316	158	11 430	165	7
1977	20 000	173	12 632	182	9
1978	22 182	192	13 961	201	9
1979	24 385	211	15 430	223	12
1980	23 879	206	17 053	246	40
Total	178 870		113 446		

Source : L'auteur, sur la base des données de P. Tossou et G. Dovonou, *op. cit.*, 1983, pp. 21-22.

Graphique n° 8 : Évolution comparée de la main-d'oeuvre occupée par le sous-secteur routier par rapport à l'ensemble du secteur transport

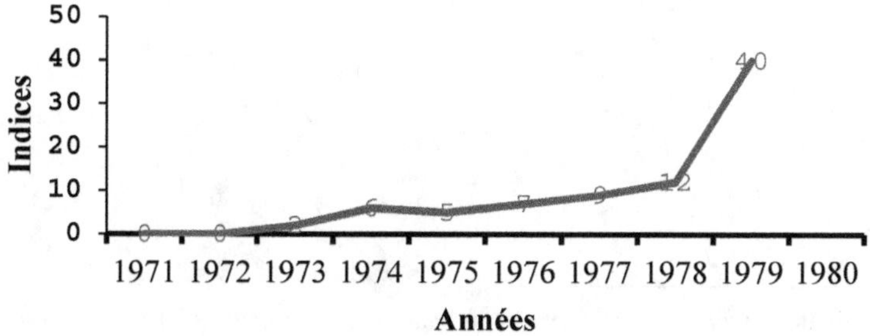

Source : Les données du tableau n° 32.

L'obtention des indices des emplois du sous-secteur routier par rapport aux indices de l'ensemble des emplois du secteur du transport en général découle de la soustraction des indices des emplois globaux de ceux des emplois routiers. Ainsi, la comparaison des deux variables (indices du total emplois du secteur transport et indices des emplois du sous-secteur routier) mise en relief par le graphique ci-dessus démontre la croissance plus rapide des emplois créés par le sous-secteur routier par rapport au total des emplois du secteur transport. L'axe des abscisses représentant l'évolution des emplois créés par le secteur du transport, la courbe en ligne qui se détache de cet axe, montre par son allure ascendante que le rythme de création d'emplois est plus fort et plus rapide dans le sous-secteur routier que celui des emplois créés par le secteur du transport en général.

Le mécanisme de création des emplois est simple : les chantiers routiers ouverts pendant la période emploient une main-d'œuvre ; à cela s'ajoute le monde des transporteurs (conducteurs de taxis et de camions) dont le nombre n'a cessé de s'accroître proportionnellement à l'élargissement du parc automobile, qui est lui-même une conséquence de l'amélioration de la qualité du réseau routier.

Le parc automobile béninois grandit à un rythme rapide. En 1970, le Dahomey comptait 11 000 véhicules dont 65 % de voitures de tourisme et camionnettes. En 1975, au moment où tous les véhicules devaient recevoir de nouvelles plaques, 12 000 véhicules[1] ont été, à nouveau immatriculés ; 1 000 véhicules supplémentaires se sont ajoutés, cinq ans plus tard, donc en 1980[2], portant le nombre total de véhicules à 13 000. En 1986, ce nombre est pratiquement doublé puisqu'on décomptait au Bénin 25 000 véhicules[3] dont 15 000 voitures privées, compte non tenu des engins à deux roues. Le parc automobile béninois a donc connu une croissance de 6 à 7 % entre 1979 et 1986.

Le détail de la composition du parc automobile, depuis 1967 jusqu'en 1975, se trouve dans le tableau ci-après :

[1] Banque mondiale, *Évaluation d'un projet de routes de desserte. République Populaire du Bénin*, 10 mai 1977, p. 5.
[2] Banque mondiale, *République Populaire du Bénin. Deuxième projet de routes de desserte. Rapport d'évaluation*, 1er décembre 1980, p. 12.
[3] Banque mondiale, *op. cit.* 1987, p. 3.

Tableau n° 33 : Évolution du parc automobile dahoméen de 1967 à 1975

1967 = 100

Année / Types de véhicules	1967	1970	1975	Total	%
Véhicules particuliers	6 953	7 011	7 800	21 764	64.87
Camions légers	2 679	2 662	2 880	8 221	24.50
Camions et remorques	896	981	1 080	2 957	8.81
Véhicules spéciaux	177	195	240	612	1.82
Total	10 705	10 849	12 000	33 554	100
Indices	100	101	112		

Source *:* L'auteur, sur la base des données de Banque mondiale, *Évaluation d'un projet de routes de desserte. République populaire du Bénin*, 10 mai 1977, p. 25.

Le tableau n° 33 traduit une évolution relativement importante du parc automobile, surtout grâce aux véhicules particuliers qui dominent largement ce parc et en constituent à eux seuls près de deux tiers, loin devant les camions légers n'atteignant même pas le tiers dudit parc. L'essentiel des véhicules composant le parc automobile était de marques françaises. En 1976, sur 2 395 véhicules importés par le Bénin, 1 581, soit 66 % étaient de fabrication française, 519, soit 21.6 % étaient de marques japonaises, 155, soit 6.4 % de marques allemandes (République fédérale d'Allemagne), 74, soit 3 % de marques britanniques et 50, soit 2 % de marques roumaines. En 1977, sur un total de 1 854 véhicules, la répartition suivant les pays d'origine se présente ainsi qu'il suit : France : 1 361 (73.4 %), Japon : 330 (17.8 %), République fédérale d'Allemagne : 117 (6.3 %), Grande-Bretagne : 43 (2.3 %)[1].

La croissance du nombre de véhicules entraîna l'augmentation du nombre des artisans pour l'entretien et la réparation de ces véhicules : mécaniciens, soudeurs, peintres, tôliers et bien d'autres corps de métiers. Certains parmi ces artisans ont tellement réussi leur vie qu'ils ont investi dans d'autres secteurs créateurs de richesses. C'est également le cas de quelques transporteurs et propriétaires de véhicules de transports qui ont construit un véritable empire dans le secteur.

Par ailleurs, la création de sociétés de transports, que ce soit privé ou semi-public a aussi été une source d'emplois. En effet, cela a non seulement induit

[1] *Marchés tropicaux et méditerranéens*, n° 1736, 16 février 1979.

l'engagement de conducteurs, mais aussi d'autres personnes pour assurer la gestion administrative des sociétés. Les mieux structurées parmi ces dernières étaient celles contrôlées par l'État. C'est le cas de la Société des transports routiers du Bénin (TRANS-BENIN), une entreprise mixte créée en 1977 et spécialisée dans le transport des marchandises tant à l'intérieur qu'à l'extérieur du pays ; et des entreprises provinciales chargées du transport des personnes : la Société des transports de l'Ouémé (Trans-Ouémé), la Société des transports du Mono (SOTRAMO), la Société des transports du Zou (SOTRAZ), la Société des transports de l'Atlantique (Trans-Atlantique), la Société des transports de l'Atacora (STA), la Société des transports du Borgou (STB), créées en 1975.

Malgré l'existence de ces sociétés contrôlées par l'État, les transporteurs privés sont parvenus à infiltrer le marché et à s'y tailler des parts importantes, surtout avec les résultats peu concluants des sociétés étatiques dans le secteur.

En 1985, le secteur des transports en général occupait environ 18 % de la population active et participait à hauteur de 7 %[1] à la constitution du PIB. Mais au-delà de tout ceci, la route contribue aussi à la mise en valeur de l'espace.

6.3.3.2. La mise en valeur de l'espace

M. Wolkowitsch écrit : « Le système de transport est un outil dans les mains de l'homme pour lui permettre la mise en valeur d'un espace donné. Mettre en valeur, c'est attribuer à chaque fraction de l'espace une fonction spécifique »[2]. Le système des transports et, en l'occurrence, les routes sont donc un véritable facteur de structuration et d'aménagement de l'espace. La construction de routes favorise l'installation des populations et tout ce que cela entraîne : construction de maisons, érection de marchés, d'infrastructures socio-sanitaires, électrification. Tout ceci induit une urbanisation croissante dont les origines remontent à la période coloniale. En effet, nous avions indiqué plus haut que depuis la période coloniale, les réalisations routières avaient déjà permis l'émergence de villes-carrefours comme Cotonou, Bohicon, Dassa-Zoumè, Parakou, Djougou. En plus de ces villes, il y en avait beaucoup d'autres : Porto-Novo, Pobè, Kétou, Abomey, Ouidah, Grand-Popo, Zagnanado, Savè, Nikki, Natitingou, etc. Les différents projets routiers mis en œuvre au fil des années contribuèrent à urbaniser davantage le Bénin. Tout ceci entraîne une modification ou un aménagement de l'espace et change l'aspect du paysage. La route apparaît donc comme un important facteur d'urbanisation. En observant l'évolution du bâti dense urbain et périurbain, on constate que l'occupation territoriale et donc les constructions se concentrent autour des routes essentiellement. Là où il n'y a pas de routes, il n'y a pas

---

[1] Banque mondiale, *République Populaire du Bénin. Projet de remise en état et d'entretien des infrastructures de transport. Rapport d'évaluation.* 30 avril 1987, p. 2.

[2] M. Wolkowitsch, *Géographie de transports*, Paris, Armand Colin, Collection U, 1973, p. 233.

d'occupation territoriale. La même remarque est valable lorsqu'on considère le réseau des marchés dans l'espace béninois. En effet, depuis la période précoloniale jusqu'à celle qui suit l'indépendance, les marchés sont toujours implantés aux abords des voies de communication, que ce soit la voie ferrée ou la route. Le constat est le même pour ce qui est de la localisation des lieux de culte qui s'agglutinent autour des routes.

Tout ceci confirme notre thèse selon laquelle la route est au cœur de l'urbanisation, donc de la mise en valeur de l'espace, car elle attire l'occupation avec tout ce que cela implique.

Dans ce processus d'urbanisation du Bénin, l'exemple de développement le plus frappant d'une ville demeure celui de Cotonou qui comptait environ 70 000 habitants en 1960, 327 595 en 1979 et 420 000[1] en 1983. Point n'est besoin de rappeler que depuis la période coloniale, Cotonou avait déjà acquis son statut de nœud des voies de communication, point de jonction de l'essentiel des routes et du "réseau" ferroviaire, porte océane du pays, avec d'abord le wharf puis le port.

Porto-Novo n'est pas restée en marge de ce processus d'urbanisation, même si Cotonou l'a progressivement dépouillée de tous ses attributs de capitale. Par exemple, N. Agossou évoque parmi les facteurs expliquant la dynamique d'urbanisation à Porto-Novo,

> l'organisation et la structuration des transports comme élément favorable à l'établissement humain dans les espaces périphériques de Porto-Novo, grâce à l'élargissement et à l'amélioration du réseau routier (Charles-Dominé, 2002), l'accès au marché des véhicules d'occasion « venus de France » et surtout la diffusion des *zemijan* (dans une ville dépourvue de moyens de transport en commun), ces deux modes de transport étant à leur tour fortement stimulés par les prix très modérés des produits pétroliers *kpayo*[2].

Par ailleurs, évoquant Zahavi (1974), auteur selon lequel « toute amélioration apportée aux réseaux de transport se traduit par des temps de parcours réduits susceptibles de contribuer à un allongement des distances parcourues », pour expliquer l'expansion urbaine, dans le cas d'espèce, à Porto-Novo, N. Agossou ajoute que « tout gain de temps a tendance à être réinvesti dans l'espace en termes de distance supplémentaire. Ainsi s'explique principalement l'expansion urbaine »[3].

Troisième et dernier exemple de ville que nous évoquons, c'est celui de Parakou qui a pris de l'importance, non seulement parce que la ville était, depuis 1936, le terminus du chemin de fer partant de Cotonou et donc le point

---

[1] C. Okou, "L'urbanisation face aux systèmes naturels : le cas de Cotonou", In *Les Cahiers d'Outre-Mer*, 1989, p. 428.

[2] N. Agossou, "Paradoxes de l'étalement urbain à Porto-Novo : dynamique démographique et économique vs dynamique foncière", In *Les Cahiers d'Outre-Mer. Revue de géographie de Bordeaux*, n° 256, octobre-décembre 2011, p. 476.

[3] *Ibid.*, p. 477.

de jonction entre le rail et la route de Malanville, mais également à cause des installations industrielles (textile, usine d'égrenage de coton, brasserie) qui y ont été implantées du fait de sa situation par rapport au réseau routier.

Le taux d'urbanisation du Bénin s'accrut et passa à 40 % environ[1], dans les années 1980, après la réforme administrative intervenue en 1978 et qui découpa le pays en 84 districts dont les chefs-lieux avaient été érigés en communes urbaines. Mais ce taux d'urbanisation fut ramené à 26.5 %[2] par l'INSAE qui s'est appuyé sur la taille de l'agglomération ainsi que l'existence d'un certain nombre d'infrastructures socio-économiques dont la majorité des villes béninoises n'étaient pas pourvues. Ces 26.5% correspondaient à une population de 883 685 personnes contre 2 447 525 pour la population rurale, soit 73.5 %[3].

L'urbanisation est généralement suivie de la spéculation foncière. En effet, certaines personnes acquièrent des parcelles dans des zones où la route n'est pas encore passée et les revendent cher après le passage de la route ; car le passage de la route entraîne bien souvent la viabilisation d'une zone avec l'installation d'autres infrastructures comme l'eau, l'électricité, etc. C'est ainsi qu'une parcelle acquise dans une zone non traversée par la route voit son prix flamber après le passage de la voie ; le prix de départ est parfois même décuplé. Bien des personnes vivent de ce commerce de la terre. Un parfait exemple de ce type de personne est le fondateur du quartier Fidjrossè à Cotonou, dont S. Sotindjo a parlé dans sa thèse[4]. On peut donc lire avec intérêt le développement fait sur la spéculation foncière dans cette thèse.

Au lendemain de la Seconde Guerre mondiale, les rapports entre les métropoles et leurs colonies ont été fondamentalement bouleversés par un certain nombre de facteurs qui acculaient au mur les pays colonialistes. La France dut rompre alors avec son ancienne politique économique qui lui faisait éviter soigneusement tout investissement dans ses colonies, au profit d'une nouvelle politique définie par la loi de finances du 30 avril 1946. Dans la réalité, la création du FIDES permit une modernisation des infrastructures en général et des routes en particulier dans les colonies. Dès 1948, le Dahomey eut ses premières routes bitumées, avec des conséquences positives comme l'intensification du trafic ou encore l'épanouissement du commerce extérieur de la colonie, et des avantages substantiels pour la métropole elle-même. Cela se comprend aisément, car dans le système colonial, toute action du colonisateur est d'abord pour ses propres intérêts, puisque l'essence de la colonisation, c'est l'exploitation du territoire dominé. La politique des

---

[1] Institut national de la statistique et de l'analyse économique (INSAE), Bureau central du recensement, *Deuxième recensement général de la population et de l'habitat*, février 1992, p. 36.

[2] *Ibid.*, p. 37.

[3] *Ibid.*, p. 39.

[4] S. D. Sotindjo, *op. cit.*, 1995, pp. 173-196.

transports mise en œuvre par la puissance colonisatrice au Dahomey est fortement imprégnée de cette idéologie.

L'alignement du Dahomey indépendant sur cette politique qui accorde une place de choix à la route au détriment du rail dans le transport des personnes et des biens, et renforce la dépendance du pays vis-à-vis des capitaux étrangers pour l'entretien et l'amélioration du réseau routier, est l'un des problèmes majeurs soulevés dans cette partie de l'étude. La volonté de rupture affichée par le régime du GMR-PRPB à son avènement en 1972 n'a pas été suffisante pour inverser la tendance. Tant et si bien que la route est restée au service de l'économie de traite, donc surtout des intérêts étrangers. Même sous le Renouveau démocratique introduite par la conférence des forces vives de la nation de février 1990, la donne ne changera pas fondamentalement.

TROISIÈME PARTIE

ROUTES, ÉCONOMIE ET SOCIÉTÉ SOUS LE RENOUVEAU DÉMOCRATIQUE (1990-2011)

Chapitre 7 : La conférence nationale de février 1990 : un nouveau départ pour la politique des transports

En 1990, avec la conférence des forces vives de la nation, un vent de réformes a soufflé sur tous les aspects de la vie politique et économique du Bénin. Le secteur des transports et en l'occurrence le sous-secteur des transports routiers n'a pas été négligé. Des actions précises avec des résultats relativement appréciables ont été menées.

7.1. Les grands axes de la politique des transports sous le Renouveau démocratique (1990-2011)

Depuis l'avènement du Renouveau démocratique, trois grandes stratégies ont été mises en œuvre dans le secteur des transports et ont contribué à le transformer sensiblement.

7.1.1. La stratégie de développement du secteur des transports (1993-1997)

Il s'agit de la première stratégie de transport déployée au Bénin après le passage du pays à l'ère du Renouveau démocratique. Sa mise en œuvre s'est traduite par une refonte de l'organisation administrative des structures en charge des transports.

7.1.1.1. Contexte politique et objectifs de la stratégie

Le régime du PRPB a fini par conduire le Bénin dans un précipice (effets conjugués de la crise économique des années 1980 et de la gestion économique désastreuse) d'où il ne tentera de sortir qu'en renonçant à l'idéologie marxiste (7 décembre 1989) pour le libéralisme économique et en organisant une conférence des forces vives de la nation en février 1990. Cette conférence permit au Bénin de passer, de manière pacifique, d'un régime autoritaire à la démocratie multipartite. Une documentation assez riche et variée[1] existe déjà sur cette conférence tenue à Cotonou, du 19 au 28 février 1990, soit quelques mois après la signature du premier programme d'ajustement structurel intervenue le 16 juin 1989.

C'est pourquoi nous nous bornerons à ne rappeler ici que les recommandations économiques qui en sont issues et leurs conséquences sur les transports et particulièrement les transports routiers, objet de notre étude. Confirmant le rejet du socialisme, la conférence nationale déclarée souveraine (25 février 1990) affirma le retour du Bénin au libéralisme, dans son acception politique et économique. Ainsi, toute la structure économique étatisée mise en place par le régime du PRPB devait être démolie, au profit d'une organisation

[1] Lire, entre autres, A. D. Adamon, *Le Renouveau démocratique au Bénin - La Conférence nationale des Forces Vives et la période de Transition*, Paris, L'Harmattan, 1995, 224 p., et R. Dossou, *L'audace, la vérité et l'espérance*, Cotonou, Éditions Ruisseaux d'Afrique, 2020, 255 p.

économique libérale. De façon concrète, la conférence a décidé, dans les secteurs primaire et secondaire, de reconduire l'agriculture dans le rôle de moteur de la croissance économique du pays, pendant que l'industrie assurera la transformation de la production agricole en vue de la satisfaction des besoins nationaux et sous-régionaux.

Dans le secteur tertiaire, il s'agissait d'abord d'assainir les finances publiques afin d'augmenter les recettes de l'État pour lui permettre d'accomplir sa mission de promoteur de la justice sociale par la distribution efficiente de la richesse nationale. Ensuite, il est prévu de réformer de façon radicale le système bancaire pour l'asseoir sur des bases saines avec des groupes privés extérieurs, afin qu'il inspire confiance. Par ailleurs, l'État doit se désengager des secteurs productifs pour être en conformité avec les exigences du programme d'ajustement structurel. Suivant la même logique, l'État doit céder totalement ou partiellement les actions qu'il détient dans le capital social (cas de la SONACOP), vendre les actifs, et privatiser la gestion des sociétés publiques ou les mettre en concession.

Dans leur application, l'ensemble de ces mesures a abouti à l'institution de la TVA (18 %), l'augmentation des recettes fiscales, des mesures de libéralisation de l'espace économique qui se sont traduites par la réduction des entreprises publiques, la restructuration effective du secteur bancaire et financier, la définition des politiques sectorielles, notamment dans les domaines de l'agriculture et des transports[1].

Après près d'une décennie de traversée du désert[2], il fallait donc mettre en œuvre un véritable plan de redressement économique et social du pays, dans le cadre des programmes d'ajustement structurel. Ainsi, en 1992, le Ministère en charge des Travaux Publics et des transports a subi une profonde réorganisation. Les questions routières relevaient alors de différents services :

- la Cellule de Programmation et de Coordination (CPC), une unité de programmation et de coordination. À ce titre, elle coordonne l'établissement de la programmation des investissements dans le secteur ; elle est l'interlocutrice du Ministère du Plan ;
- la Direction des Routes et Ouvrages d'art (DROA), chargée de la mise en œuvre du programme d'investissement retenu par le Ministère du Plan. Cette direction est également responsable de la programmation et de la mise en œuvre de l'entretien routier ;
- la Direction du Fonds Routier (DFR) assure la collecte des ressources destinées au financement de l'entretien courant et périodique du réseau routier ;

[1] Père I. Mensah, "Pour le souvenir de l'inédit de la conférence nationale de février 1990 à Cotonou ; la révolution pacifique du peuple béninois. La démocratie au Bénin, 25 ans après : acquis et défis'', SD, pp.8-9.

[2] Nous le disons ainsi en tenant compte du fait que la crise a commencé par frapper le Bénin de plein fouet à partir de 1982.

- la Direction du Matériel des Travaux Publics (DMTP) met à la disposition de la DROA les équipements nécessaires à l'exécution de ses tâches. Elle peut aussi être amenée à louer du matériel à des entreprises privées intervenant dans le domaine. Avant la réorganisation, la DMTP relevait de la DROA ;
- la Direction des Études Techniques (DET) a pour mission de réaliser toute étude liée au secteur routier, à la demande de la DROA ou pour le compte de structures privées ;
- le Centre National d'Essais et de Recherche des Travaux Publics (CNERTP) se charge de réaliser des études, des contrôles d'exécution, des expertises et de la recherche dans les domaines que voici : la construction, la réhabilitation et l'entretien des bâtiments, des ouvrages d'art ainsi que des infrastructures routières et, plus généralement, de transport[1].

C'est toujours dans le cadre de ce plan que le Ministère des Travaux Publics et des Transports (MTPT) en collaboration avec le Ministère du Plan et de la Restructuration Économique (MPRE) a entrepris en 1992 (un an après l'élection du nouveau Président de la République, Nicéphore Soglo) une série d'études ayant abouti à l'élaboration en octobre 1993 de la stratégie de développement du secteur des transports sur le quinquennat 1993-1997. Cette stratégie qui constitue un des principaux volets sectoriels du programme de stabilisation et d'ajustement structurel vise d'abord, pour l'ensemble du secteur, à relever le niveau de la qualité de service offerte par le système de transport afin d'assurer la mobilité des personnes et des biens dans des conditions de sécurité satisfaisantes. Ensuite, pour permettre au Bénin de mieux jouer son rôle de pays de transit, il faut consolider l'avantage comparatif de la voie béninoise[2] par une compétitivité plus accrue des différents acteurs de la chaîne de transports et la disparition des points de blocage dans un contexte d'égalisation des conditions de concurrence. Par ailleurs, le désenclavement des régions et la protection de leur environnement constituent une autre tâche essentielle attribuée à la stratégie. De même, il est prévu que l'État assure une maintenance correcte du patrimoine par un meilleur recouvrement des charges d'entretien auprès des usagers, une participation accrue de son budget et des taxes affectées. L'État et les entreprises publiques devront également se désengager progressivement des tâches d'exécution directe en développant la sous-traitance auprès des petites et moyennes entreprises (PME). Enfin, il faudra renforcer les capacités de l'administration et des entreprises du secteur en matière de planification de

[1] République du Bénin, Ministère des Travaux Publics et des Transports, *op. cit.*, janvier 1996, p. 8.
[2] Il s'agit du corridor béninois de transit vers ou provenant du Niger et d'autres pays.

choix des projets et de programmation, de gestion, de suivi et de contrôle des activités[1].

Le sous-secteur du transport terrestre a pratiquement les mêmes objectifs auxquels s'ajoute celui qui vise à harmoniser les conditions de concurrence entre le rail et la route. À travers ces objectifs, l'État béninois a voulu rétablir, dans le cadre de ce nouveau départ, le transport terrestre dont le transport routier dans ses réelles fonctions économiques et sociales. Et pour atteindre les objectifs, des réformes administratives ont été opérées.

7.1.1.2. Une kyrielle de nouveaux services pour la mise en œuvre de la stratégie

Pour atteindre ces objectifs, diverses actions ont été mises en œuvre. D'abord, un effort a été fait dans le sens de la planification, de la programmation et du suivi des travaux de routes. Ainsi, le Bureau de gestion routière (BGR), un des services opérationnels de la DROA (chargé de la collecte, de la saisie et du traitement des informations sur les caractéristiques physiques, l'état et la fréquentation (trafic) du réseau, pour permettre la préparation des programmes d'investissement et d'entretien du ressort de la CPC et de la DROA), a participé à l'établissement de la programmation de l'entretien périodique et de l'entretien courant sur le réseau en terre, par l'actualisation des données de base des modèles de calcul (module VOC d'HDM III) et des statistiques de trafics (campagnes de comptages routiers de 1993, 1994 et 1995).

Par ailleurs, dès le début de l'année 1993, la Sous-direction de l'entretien routier (S/DER), un autre service de la DROA chargé de l'entretien de l'ensemble du réseau routier a pris l'habitude d'élaborer des programmes de travaux cohérents pour chaque région, en utilisant autant que possible les données fournies par le BGR. Elle s'occupe de la mise en place des budgets sur la base d'évaluations exactes, de la dotation à temps des services régionaux (SROA) en moyens de réalisation. En outre, elle procède trimestriellement aux ajustements des programmes en fonction des ressources effectivement perçues par le Fonds routier et assure le contrôle trimestriel précis et assidu de l'exécution des programmes par des tournées sur le terrain.

De même, le MTPT travaillait en symbiose, d'une part avec le Ministère du Développement Rural (MDR) et d'autre part avec le Ministère de l'Environnement, de l'Habitat et de l'Urbanisme (MEHU). En effet, dans la nouvelle organisation de la gestion du réseau routier, le MTPT est responsable du réseau classé (tant interurbain qu'urbain) ainsi que des routes rurales. Mais le MDR n'était pas marginalisé, puisque les routes rurales avaient pour mission de contribuer au développement rural, ce qui relevait de la compétence directe de ce ministère. C'est d'ailleurs pour cela qu'en créant le

[1] République du Bénin, Ministère des Travaux Publics et des Transports, *op. cit.*, janvier 1996, pp. 25-26.

Conseil Technique National (CTN), cadre de concertation chargé de la coordination de l'ensemble des actions de développement et d'entretien des pistes rurales, le gouvernement y a associé les représentants de la DROA et ceux de la Direction du Génie Rural (DGR). Dans ladite organisation, le MEHU et les municipalités sous la responsabilité du Ministère de l'Intérieur, sont en charge des réseaux urbains secondaire et tertiaire.

Pour ce qui est du volet relatif au désengagement de l'État et des entreprises publiques, le MTPT a confié le cantonnage manuel à des entreprises (tâcherons) et des travaux de réhabilitation à des petites et moyennes entreprises. Par ailleurs, dans son plan quinquennal, la DROA a donné la priorité aux opérations d'entretien périodique sur tout le réseau routier (routes en terre comme routes revêtues). Cependant, la difficile mobilisation de ressources externes indispensables ne lui a pas permis de mettre en œuvre tout ce qui était prévu.

En dehors des réajustements effectués pour rendre plus opérationnel l'appareil administratif, de nombreuses routes ont été réaménagées. Dans ce sens, on peut retenir que l'axe Parakou-Malanville a été à nouveau bitumé pendant que Cotonou-Bohicon a été réhabilité. Ces axes ont été pris en compte dans les programmes annuels d'entretien courant de la DROA. À ce titre, ils ont bénéficié des opérations régulières de cantonnage assurées par des PME et de point-à-temps[1] effectués en régie. Les routes en terre dont la praticabilité a été améliorée font aussi l'objet d'un entretien courant régulier (reprofilage et point-à-temps mécanisé) et d'interventions ponctuelles sur le réseau de drainage (reprises d'ouvrages hydrauliques pour l'essentiel) inscrites annuellement au programme de la S/DER. Les pistes cotonnières du Borgou et du Zou ont également bénéficié de l'appui de la Caisse française de développement (CFD) pour leur amélioration. Environ 2 200 km de routes ont été ciblés par les travaux d'amélioration.

À la fin de la mise en œuvre de cette stratégie en 1997, un nouveau plan d'action a été conçu pour la période 1997-2001 : c'est le programme quinquennal d'investissements prioritaires. Le réaménagement de l'"autoroute" Cotonou-Porto-Novo, route stratégique, constitue la réalisation majeure de ce programme. Nous reviendrons plus loin sur cette route.

D'une façon globale, le réseau routier béninois a connu d'importantes améliorations depuis 1990. C'est pourquoi un nouveau décret de classification des routes a été pris par le Président Mathieu Kérékou en 2001. Il s'agit du décret n° 092-2001 du 20 février 2001 qui vient en remplacement de celui du 5 octobre 1962 et qui porte le linéaire de routes classées à 6 076 km ainsi réparti :

[1] Le point-à-temps est une technique qui répare la chaussée ponctuellement, là où elle a subi des dégradations comme des nids de poule. Lors d'une réparation au point-à-temps, l'ouvrier répand une émulsion de bitume et de gravillons. Cette technique permet un entretien de la surface de la chaussée en redonnant de l'étanchéité. Les réparations ne sont effectuées que sur des surfaces ponctuelles.

- les sept routes inter-États sont maintenues avec de nouveaux ajouts pour un linéaire total d'environ 2 178 km ;
- 10 anciennes routes nationales d'une longueur d'environ 1 247 km ;
- 29 nouvelles routes nationales d'une longueur de 2 651 km.

Tableau n° 34 : Le réseau routier classé béninois en 2001

Catégorie	Route ou tronçon de route	Longueur en km
RNIE	RNIE 1 : Hillacondji-Cotonou-Porto-Novo-Akpro-Misséreté-Zian-Igolo	176.532
	RNIE 1 bis : Porto-Novo-Avrankou-Igolo	27.441
	RNIE 1 ter : Sèmè-Kraké	9.769
	RNIE 2 : Godomey-Parakou-Malanville	729.037
	RNIE 3 : Dassa-Zoumè-Savalou-Djougou-Natitingou-Porga-Frontière Burkina Faso	456.329
	RNIE 4 : Frontière Togo-Aplahoué-Abomey-Bohicon-Kétou-Frontière Nigeria	155.082
	RNIE 5 : Frontière Togo-Doumè-Tchetti-Savalou + Logozohè-Glazoué et Savè-Oke Owo-Frontière Nigeria	106.058
	RNIE 6 : Frontière Togo-Dompago-Djougou-Bétérou-Parakou-Pèrèrè-Nikki-Tchikandou-Frontière Nigeria	295.864
	RNIE 7 : Frontière Burkina Faso (vers Diapaga) - Kérémou-Banikoara-Kandi-Warandji-Ségbana-Frontière Nigeria	221.780
	Sous-total 1	**2 177.892**
RN	RN 1: Ouidah-Tori-Bossito-Allada*	35.201
	RN 1 bis : Allada-Avakpa-Kpomassè-Ouidah	35
	RN 2 : Comè-Lokossa-Dévé-Aplahoué*	77.154
	RN 2 bis : Lokossa-Dogbo-Azovè*	39.498
	RN 2 ter : Zouhoué-Athiémé-Frontière Togo*	7.310
	RN 3 : Zian-Sakété-Pobè-Kétou*	80.626
	RN 4 : Akpro-Misséreté-Adjohoun-Affamè-Bonou-Dasso-Sagon-Covè*	91
	RN 5: Tchaourou-Alafiarou-Bétérou*	54.080
	RN 6 : Djougou-N'Dali-Nikki*	181.959
	RN 7 : Guessou-Sud-Kouandé-Natitingou et RNIE 3-Boukombé-Korontière*	225
	RN 8 : Djougou-Péhounco-Banikoara*	211.985
	RN 9 : Tanguiéta-Taïacou-Cobly-Datori-Frontière Togo*	67.350
	RN 10 : Nikki-Négansi-Ségbana*	147.673

RN 11: Pénéssoulou-Alédjo-Ouaké-Perma + Birni-Kouandé-Guilmaro-Brignamaro et Kérou-Firou-Kaobagou	267
RN 12 : Tiele-Matéri-Gouandé-Frontière Togo	43
RN 12 bis : Boukombé-Manta-Cobly-Matéri et Tayakou-Manta	97
RN 13 : Natitingou-Pepeyarkou-Kouarfa-Yarikou-Kotopounga	44.700
RN 13 bis : Pepeyarkou-Ouabou-Toukountouna	17.300
RN 14 : Fo-Bouré-Sinendé-Yarra-Béroubouay-Dunkassa-Kalalé	185
RN 14 bis : Tobré-Sinendé	38
RN 15 : Karimama-Guene et Bodjécali-Madécali-Kassa	93.500
RN 16 : Bembèrèkè-Bouanri-Biro-Pèrèrè	70
RN 16 bis : Ina-Gnonkourokari-Bouanri-Bouka-Dunkassa	84
RN 17 : Banikoara-Founougo-Kandérou	50
RN 17 bis : Gomparou-Founougo	18.620
RN 18 : Bassila-Kikele-Wari Maro-Woubérou	195
RN 19: Allada-Sè-Toffo-Akiza-Zogbodomè-Domè	75
RN 19 bis: Akiza-Kpoto-Sinwé Kpota	18
RN 20: Zogbodomè-Kinta-Agbangnizoun-Lissazoumè-Bohicon-Tindji-Zakpo-Koguede	72
RN 21: Dogbo-Lokossa-Lalo-Adjassagon-Agbangnizoun-Abomey-Djidja-Agouna-Tchetti et Doumè-Otola-Lougba-Bantè	201
RN 21 bis : Logozohè-Lahotan-Magoumi-Glazoué-Assanté Aklankpa-Bantè	124
RN 22 : Houègbo-Toffo-Tohou-Adoukandji-Lalo-Klouékanmè	56
RN 23 : Comè-Bopa-Houéyogbé-Zoungbonou	42
RN 23 bis : Bopa-Lobogo-Tozoumè-Dogbo-Toviklin-Klouékanmè-Adjahonmè	68.500
RN 24 : Zagnanado-Banamè-Paouignan et Ouissin-Tre-Dassa-Loule-Gnonkpingnon-Minifi-Zafe	98
RN 24 bis : Covè-Banamè	12
RN 24 ter : Loule-Ilema-Sokponta-RNIE 2	10
RN 25 : Dassa-Soclogbo-Bétékoukou-Okpa-Igbodja	46
RN 26 : Kétou-Idigny-Efèountè-Igbodja-Savè-Moka	102
RN 27 : Savè-Djegbe-Ouèssè-Vossa-Idadjo	70
RN 27 bis : Anseke-Ouèssè-Kilibo	50
RN 28 : Pobè-Adja Ouèrè-Ouinhi-Kpédékpo	38
RN 29 : Allada-Lissègazoun-Sègbèya-Tori-Bossito	39

RN 30 : Pahou-Tori-Bossito-Abomey-Calavi	40
RN 31: Misséssinto-Zinvié-Zè-Attogon	38
RN 31 bis : Tangbo-Zè	15.600
RN 32 : Allada-Togoudo-Govié-Tanta-Adjan	12
RN 32 bis : Sékou-Adjan-Zè-Agbata-Sèhouè	41
RN 33 : Akassato-Sô Ava	5
RN 34 : Aplahoué-Atome-Agondogoui	47
RN 35 : Azovè-Houégamè-Klouékanmè	22
RN 35 bis : Djakotomè-Houégamè-Toviklin-Lokogba	21
RN 36 : Wadon-Adjarra-Mèdédjonou-Porto-Novo	20
RN 36 bis : Adjarra-Akpro-Missérété	9
RN 37 : Adjohoun-Sakété-Gbokoutou	25
RN 38 : Katagon-Avrankou	9
RN 39 : Djèrègbé-Dja-Owodé	15
Sous-total 2	**3 898.056**
Total général	**6 075.948**

*Route appartenant à l'ancien réseau classé

Source : L'auteur, sur la base des informations du décret n° 2001-092 du 20 février 2001

À ces 6 076 km s'ajoutent 55 km de voirie urbaine à Cotonou et Porto-Novo et 11 000 km environ de pistes rurales dont 3 400 km entretenus chaque année, ce qui porte le réseau routier total entretenu du pays à 9 531 km sur un total global de 17 131 km de routes. Ce réseau routier est prioritairement orienté nord-sud.

Au programme quinquennal d'investissements prioritaires débuté sous le Président Nicéphore Soglo et achevé par Mathieu Kérékou naguère vomi par le peuple, mais revenu aux affaires en 1996, ont succédé deux autres : un pour la période 2002-2006, et l'autre pour la tranche chronologique allant de 2007 à 2011 (sous le premier mandat du Président Boni Yayi), avec également d'importantes réalisations dans le sous-secteur des transports routiers.

7.1.2. Le programme d'investissement 2002-2006 : un programme d'extension et de modernisation du réseau routier

Après l'élection présidentielle de 2001 qui a consacré le maintien au pouvoir du Président Mathieu Kérékou après son retour aux affaires en 1996, un nouveau programme d'investissement a été élaboré pour le quinquennat. Les transports et particulièrement les transports routiers ont eu une part non négligeable dans ce programme. En ce qui concerne les infrastructures routières, des actions ont été menées en vue de l'extension et de la modernisation du réseau, du renforcement des travaux d'entretien courant et périodique, de l'aménagement des pistes rurales notamment par la méthode HIMO (haute intensité de main-d'œuvre) qui implique une participation active des populations locales aux différents travaux.

De façon concrète, dans la catégorie des routes bitumées, il y a eu la réhabilitation de 320 km de routes, la construction de 192 km de nouvelles routes dont 10 km à double chaussée et la réalisation à Cotonou du troisième pont dit pont Konrad Adenauer inauguré le 10 décembre 2004. La construction de cet ouvrage d'art a été décidée en 1999 en raison de l'accroissement permanent du trafic sur les deux premiers ponts de la ville.

Fruit de la coopération bénino-allemande, ce pont a été entièrement financé par la KFW, à hauteur de 37.2 millions USD[1]. Présenté comme le pont le plus moderne du Bénin, l'ouvrage a une largeur de 22.5 m ; son profil en travers présente deux chaussées à trois voies unidirectionnelles (une voie rapide de 4.25 m de large, une voie lente de 4 m de large et une voie de 3 m pour les deux roues). Les deux chaussées sont isolées par un séparateur de type New Jersey.

Les voies d'accès au pont ont, elles aussi, été financées à hauteur de 83.62 % soit plus 8.5 milliards de francs CFA par l'Allemagne et à 16.38 %[2] par le Budget national. L'importance de cet ouvrage se traduit non seulement par le fait qu'il rend plus fluide la circulation à Cotonou, mais aussi par le fait qu'il améliore l'accès au port de Cotonou, poumon économique du pays et facilite la liaison entre Cotonou et Porto-Novo.

En ce qui concerne les pistes rurales, l'objectif de construction de 900 km de pistes sur toute l'étendue du territoire a été largement dépassé. Toutefois, les engagements pris sur financement du budget national n'ont pas été totalement respectés.

Quant au volet entretien courant et périodique du réseau existant, les ressources mises à disposition n'ont guère permis de réaliser tout ce qui était prévu. De même, le manque de matériel lourd a entravé le bon déroulement des travaux. L'appui des partenaires au développement, notamment l'Union européenne et la Coopération danoise DANIDA a permis de financer les travaux d'entretien périodique et d'aménagement de routes secondaires.

Au chapitre des réformes, la transformation de la DMTP en société d'économie mixte de location de matériels des travaux publics a été réalisée. Ainsi, la Société du matériel des travaux publics (SMTP), une société unipersonnelle a été créée, et ses organes de gestion sont installés en 2004. L'objectif poursuivi était de créer une structure fonctionnant sur des bases purement commerciales dans le respect des règles de concurrence avec les sociétés privées opérant dans la même filière.

Par ailleurs, pour une meilleure efficacité, la Direction nationale de l'entretien routier et des pistes rurales (DNERPR) et la Direction des grands projets routiers (DGPR) ont été fusionnées pour donner naissance à la Direction générale des travaux publics (DGTP) le 29 janvier 2004.

---

[1] https://www.batiweb.com/actualites/dernieres-depeches-afp/benin-inauguration-3eme-pont-de-cotonou-construit-par-l-allemagne-2004-12-15-2125, consulté le 20/11/2019.
[2] *Ibid.*

La fin de l'exécution de ce programme a permis la mise en œuvre d'un autre : la stratégie sectorielle des transports 2007-2011.

7.1.3. La stratégie sectorielle des transports 2007-2011 : un programme inspiré des orientations stratégiques de développement 2006-2011

Quelques mois après l'accession à la magistrature suprême de Boni Yayi, une stratégie sectorielle des transports a été élaborée pour la période 2007-2011. Inspirée du programme d'action du gouvernement visant à faire du Bénin un pays émergent, cette stratégie est bâtie sur six principaux axes.

7.1.3.1. Un programme de gouvernement basé sur six grandes orientations stratégiques

En 2006, au terme du second et dernier mandat du Président Mathieu Kérékou sous le Renouveau démocratique, le Bénin a connu une alternance à la tête de l'État, avec l'élection dans la liesse populaire de Boni Yayi en qui le peuple, fatigué de la vieille classe politique, voyait un homme nouveau. Le nouveau Président s'était fait le chantre du « changement » qui devait conduire le Bénin dans le rang des pays émergents. Pour atteindre ce but, un programme d'action du gouvernement intitulé « Orientations stratégiques de développement du Bénin 2006-2011. Le Bénin émergent » a été élaboré. Il se fondait sur un objectif global à deux volets. Le premier consistait à « créer et dynamiser des pôles de croissance et de développement », et le second visait à « réduire de façon significative la pauvreté »[1].

Pour atteindre cet objectif, six orientations stratégiques fondamentales ont été clairement définies. Il s'agit d'abord de reconstruire une administration au service de l'intérêt général et du développement du secteur privé ; ensuite, d'assainir le cadre macroéconomique et maintenir sa stabilité. La troisième orientation s'intéresse à la promotion du renouveau économique par la mise en place d'un environnement économique et institutionnel de norme internationale et la diversification de la production, en particulier dans le monde rural. Quant à la quatrième orientation, elle vise à développer les infrastructures de qualité, nécessaires à l'amélioration de la compétitivité et à l'accroissement des investissements privés. L'avant-dernière orientation concerne le renforcement du capital humain pour améliorer la productivité de l'économie nationale. Et enfin, la sixième vise à assurer un développement équilibré et durable de l'espace national, notamment le développement à la base[2].

De ces orientations stratégiques, deux axes concernent le secteur des transports : la mise en place des services de transport, la logistique et le commerce, et l'amélioration des infrastructures de transports. La stratégie

[1] République du Bénin, *Orientations stratégiques de développement du Bénin 2006-2011. Le Bénin émergent*, p. 7.
[2] *Ibid.*, p. 37.

sectorielle des transports 2007-2011 en est la résultante. Adoptée en août 2007, cette stratégie a été consolidée en décembre 2007 par l'insertion des indicateurs de suivi et d'impact. Quels sont les objectifs de la stratégie par rapport aux infrastructures et aux services de transports routiers ?

7.1.3.2. Objectifs et axes stratégiques des sous-secteurs des infrastructures et des services de transports routiers

- Sous-secteur des infrastructures routières

Dans le sous-secteur des infrastructures routières, cette stratégie se donne comme objectif global de développer et gérer le réseau d'infrastructures routières pour soutenir le développement économique et le bien-être social. Pour atteindre cet objectif global, les objectifs spécifiques ci-après sont visés : assurer la préservation du patrimoine routier ; développer le réseau national des routes et pistes ; améliorer la gestion du patrimoine routier.

L'ensemble de ces objectifs a permis de dégager huit axes stratégiques qui sont les pivots centraux autour desquels les activités/projets doivent être initiés pour une meilleure exploitation des atouts de ce sous-secteur. Le premier axe stratégique est celui de l'amélioration de l'entretien routier. En effet, la route est source de frais récurrents pour son entretien, et l'ignorance de cette réalité conduit généralement à une réhabilitation plus onéreuse. C'est pourquoi le réseau routier doit faire l'objet d'un entretien régulier et au moment opportun.

Le deuxième axe stratégique concerne la sauvegarde du patrimoine routier. Car les coûts d'expropriation et de libération d'emprise ainsi que ceux d'acquisition de matériaux locaux pour les travaux routiers constituent aujourd'hui des charges supplémentaires qui participent au renchérissement des coûts d'exécution des projets routiers. En outre, les actes d'incivisme et de vandalisme, de dégradation des infrastructures routières (présence des hydrocarbures sur la chaussée, accidents de circulation…) méritent d'être prévenus et corrigés afin de sauvegarder le patrimoine routier et de contribuer à la maîtrise des coûts dans le sous-secteur. De même, la stratégie prévoit de trouver une solution urgente au problème récurrent de la surcharge à l'essieu, une des sources de dégradation des routes.

Quant au troisième axe stratégique, il se rapporte au suivi et à la réhabilitation des ouvrages d'art et hydrauliques de franchissement des routes. En effet, on observe que la réhabilitation de ces ouvrages n'est pas systématique lors des travaux de construction et d'entretien routiers, ce qui engendre des coupures instantanées par rupture d'ouvrages vétustes sur certains axes, surtout ceux d'envergure nationale ou régionale. Ce constat appelle des actions stratégiques en termes de suivi régulier des ouvrages sur l'ensemble du réseau des routes et pistes et de leur reconstruction suivant l'état et le confort de sécurité face au trafic qu'ils drainent.

Le développement des infrastructures de transport rural constitue le quatrième axe sur lequel se fonde la stratégie. L'accès des populations rurales aux services socio-économiques de base comme les écoles, les marchés, les points d'eau, les centres de santé, ainsi que le désenclavement des zones frontalières constituent une priorité pour les pouvoirs publics. C'est la raison pour laquelle le développement des pistes rurales par les collectivités locales avec l'appui du gouvernement fait partie des actions retenues par cette stratégie des transports. Il est donc prévu de veiller à la mise en œuvre de la Stratégie de Transport Rural à travers les actions suivantes : l'aménagement et la préservation des pistes et autres infrastructures de transport rural ; la promotion des moyens intermédiaires de transport ; la mise en place et la sécurisation du mécanisme de financement de l'entretien des pistes ; le renforcement des capacités des communes à travers l'assistance à la planification, à l'organisation et à la gestion des travaux ainsi qu'à la formation du personnel ; et la mise en place du cadre institutionnel et du mécanisme de suivi-évaluation.

Le cinquième axe est celui de la réhabilitation, de la modernisation et de l'extension du réseau routier national. En effet, le manque d'entretien qui a caractérisé certaines routes par le passé a entraîné un niveau de dégradation si poussé que la seule solution qui s'impose, les concernant, est la réhabilitation pure et simple. Par ailleurs, le développement des activités productives et des échanges internationaux nécessite la mise en œuvre d'actions visant l'amélioration du niveau de service du réseau routier et entrant dans le cadre de la facilitation des transports et du transit routiers, à savoir : la réhabilitation des axes routiers revêtus ; la modernisation des routes à trafic élevé ou en forte croissance ; l'extension du réseau routier revêtu en privilégiant le réseau d'intégration régionale.

L'amélioration de la fluidité du trafic dans les traversées urbaines des grandes agglomérations constitue le sixième axe stratégique. En effet, cette amélioration vise d'abord la ville de Cotonou où la mise en œuvre d'un plan de circulation a été entamée, en attendant de s'étendre vers les autres grandes agglomérations.

L'avant-dernier axe se rapporte à la promotion du secteur privé local dans l'industrie routière. Il s'agit de renforcer la capacité d'exécution des entreprises privées intervenant dans le sous-secteur et de promouvoir leur développement afin d'améliorer leur performance dans l'entretien routier. Ceci se fera à travers le renforcement de l'assistance aux PME (amélioration de leurs capacités en matière de gestion, d'organisation et de conduite des chantiers, revitalisation des associations professionnelles…), et la prise de mesures incitatives pour le développement des PME locales (attribution de marchés pluriannuels, graduation de la taille des marchés…).

Enfin, le renforcement de la gestion des aspects environnementaux, sociaux et sécuritaires des projets routiers est le dernier axe stratégique dans le sous-secteur infrastructures routières. En effet, la nécessité de la protection de l'environnement demeure aujourd'hui une lutte dans laquelle doivent s'engager tous les acteurs du développement. Il en est de même de la sécurité routière qui devrait être prise en compte afin de minimiser les cas d'accidents dus à l'infrastructure. À ces préoccupations s'ajoutent les infections sexuellement transmissibles (IST), le VIH/SIDA et l'approche genre qui ne laissent indifférent aucun acteur. Dans le secteur des travaux publics, ces divers thèmes transversaux ne doivent pas être laissés pour compte. Et cela passe par le renforcement de la mise en œuvre des directives environnementales et sociales dans les projets routiers y compris l'entretien routier ; l'intégration de l'ingénierie de sécurité routière dans la conception et la construction routière, les audits de sécurité routière, etc. ; et enfin, l'amélioration de la sécurité sur le réseau routier existant (identification et élimination des points noirs, aménagement des ralentisseurs et des passages piétons à niveau ou dénivelés dans les traversées d'agglomérations, renforcement des signalisations verticales et horizontales, aménagement des voies piétonnes ou trottoirs, des voies et arrêts d'autobus, des aires de stationnement, etc.).

- Sous-secteur des services de transports routiers

Le sous-secteur des services de transports routiers a aussi ses objectifs et axes stratégiques. Ici, l'objectif global est de promouvoir des services de transport routier efficaces pour soutenir le développement économique et le bien-être social, en améliorant la qualité de l'offre des services de transport routier et les conditions de circulation et la sécurité routière.

Sept axes stratégiques sont prévus pour atteindre ces objectifs. Le premier est celui de la facilitation des transports et du transit routiers inter-États. En effet, la position géographique du Bénin en fait un pays de transit. Dans le but de mieux capter le trafic des pays de l'hinterland, une place privilégiée doit être accordée à l'allègement des procédures internes de contrôle et à la mise en œuvre du programme régional de facilitation des transports et du transit routiers inter-États. Ce programme prévoit le contrôle conjoint aux postes juxtaposés aux frontières ; la lutte contre les barrages routiers arbitraires et les rançonnements à travers la mise en place d'un observatoire des pratiques anormales ; la création de comités de facilitation (national et comités de corridors).

Au niveau national, la mise en œuvre de ce programme induit l'exécution de quelques actions phares. Il s'agit de la poursuite de la politique de mise en place des postes de contrôle juxtaposés aux frontières (installation des équipements complémentaires du poste de Sèmè-Kraké et construction des postes de Malanville, d'Hillacondji, de Porga, etc.) ; de l'actualisation du plan de contrôle routier conformément aux dispositions communautaires. De même, il est prévu la mise en place des comités de corridors et l'opérationnalisation du comité national de facilitation ; l'harmonisation des textes nationaux avec les dispositions communautaires prises dans le cadre de l'UEMOA et de la CEDEAO ; et enfin, la mise en place d'un dispositif permanent de lutte contre les barrages routiers arbitraires et les rançonnements.

Le deuxième axe se rapporte au renforcement de la réglementation de l'activité de transport routier. Il vise l'actualisation des textes régissant l'organisation et l'accès aux professions de transporteurs de marchandises et de voyageurs. Le troisième axe est en lien direct avec le deuxième puisqu'il concerne la réorganisation de la profession de transporteur routier. En effet, pour un développement harmonieux du sous-secteur des services de transport routier, la stratégie prévoit de créer les conditions d'émergence de véritables entreprises de transport routier tant de marchandises que de voyageurs. Par ailleurs, des dispositions doivent être prises pour l'actualisation des tarifs de transport afin d'assurer les conditions de rentabilisation de l'activité de transport routier.

Quant au quatrième pivot, il vise la gestion du fret routier. La gestion du fret comprend l'identification des centres générateurs de fret, le captage et la centralisation du fret, l'organisation transparente des conditions d'accès équitables aux transporteurs et le suivi du fret transporté.

Le cinquième axe est celui de l'amélioration des conditions de gestion du transport routier. Il prévoit la mise en œuvre d'actions spécifiques pour rendre plus dynamique la Direction générale des transports terrestres (DGTT), structure en charge du sous-secteur.

Le renforcement de la sécurité routière est au centre du sixième axe stratégique. En effet, au Bénin, malgré les améliorations de ces dernières années, le problème de sécurité routière continue d'être une préoccupation avec le développement du transport des véhicules à deux roues. Ainsi, en plus des actions à intégrer dans l'exécution des projets d'infrastructures routières, d'autres actions doivent être mises en œuvre pour consolider la prévention routière.

Le dernier axe stratégique concerne la gestion des aspects environnementaux et sociaux dans les activités de transport routier. Objectif récurrent aux activités de transport routier, il vise à protéger l'environnement, diminuer les nuisances et lutter contre la propagation du VIH/SIDA.

À l'arrivée, quel bilan peut-on faire de la mise en œuvre de la stratégie sectorielle des transports dans le sous-secteur routier ?

7.1.3.3. Dresser un bilan des actions de 2007 à 2011

L'examen de cette stratégie permet de se rendre compte que les cadres béninois ont mené une réflexion d'ensemble sur ce qu'il faut réellement faire pour améliorer non seulement la qualité du réseau routier du pays, mais aussi la qualité des services de transport offerts. De la mise en œuvre de la stratégie, on peut retenir qu'entre 2007 et 2011, le réseau routier béninois qui, en 2005 comptait un linéaire de 1 821 km de routes bitumées (pour 4 255 km de routes en terres, en ce qui concerne le réseau classé), soit 30 % de l'ensemble du réseau, passa à 2 221 km en 2010, soit une augmentation de 400 km[1]. Parmi les nouvelles routes bitumées, il y a les axes Djougou-N'Dali ; Kandi-Banikoara ; Comè-Houéyogbé ; Kétou-Illara. D'autres projets de bitumage en cours d'exécution en 2011, portent sur 500 km de routes ; ce qui élève le kilométrage total de routes bitumées à 900 km entre 2007 et 2011, pour un financement global de 500 milliards de francs CFA[2]. Ainsi, de façon globale, on est passé de 1 821 à 2 721 km de routes bitumées, ce qui représente 45 % du réseau classé. Les infrastructures routières de transit sont presque entièrement bitumées. Les deux corridors nord-sud, entre Cotonou et Niamey d'une part, et Ouagadougou, voire Bamako d'autre part, jouent bien leur rôle dans l'intégration régionale. L'axe côtier Togo-Nigeria est également bitumé. Le rapport de l'AICD sur le Bénin en 2010 montre que la densité du réseau routier classé du Bénin (75 km pour 1 000 km^2) est comparable à celle de la moyenne des pays à faible revenu qui est de 88 km pour 1 000 km^2. Mais elle ne fait que le tiers de la moyenne des pays à revenu intermédiaire de l'Afrique subsaharienne (278 km pour 1 000 km^2)[3].

L'un des travaux phares lancés au cours de la mise en œuvre de la stratégie a été la construction de l'échangeur de Godomey. D'un coût global estimé à 12 milliards de francs CFA[4], hormis le coût des expropriations et du déplacement des réseaux, les travaux de construction de cet échangeur, fruit de la coopération bénino-chinoise, ont été lancés par le Président Boni Yayi le 29 décembre 2008 pour une durée de 30 mois. Cet ouvrage, le premier de cette nature dans le réseau routier béninois, visait à résoudre, une fois pour toutes, les problèmes de saturation des voies d'accès ouest et de traversée de Cotonou. Les travaux ont été exécutés par la China Railway Shisiju Group Corporation.

La carte n° 7 ci-après présente le réseau routier du Bénin en 2010, en mettant en relief les routes revêtues et les routes non revêtues.

---

[1] *La Nation*, quotidien béninois d'informations du service public, numéro hors-série, février 2011, p. 43.

[2] *Ibid.*

[3] Africa Infrastructure Country Diagnostic (AICD), *Rapport pays. Infrastructure du Bénin : une perspective continentale*, juin 2011, p. 10.

[4] "Bénin : Construction de l'échangeur de Godomey - Boni Yayi a posé la première pierre", In L'Autre Quotidien, consulté sur le site https://fr.allafrica.com/stories/200808270619.html, le 20/11/2019.

Carte n° 7 : Réseau routier du Bénin en 2010 : routes revêtues et routes non revêtues

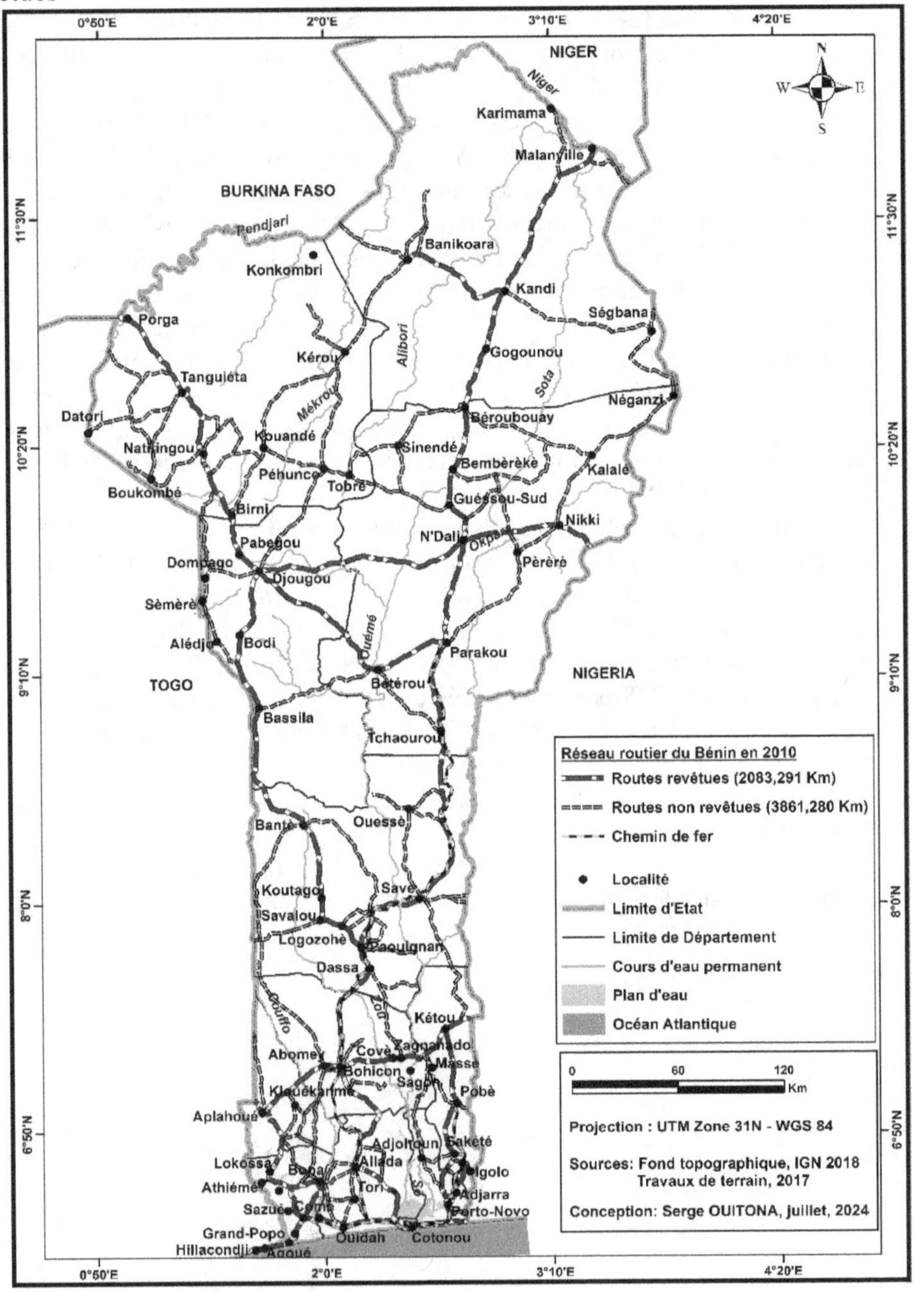

Source : Direction générale des travaux publics

L'observation de cette carte montre que les routes méridiennes (nord-sud) et la trans-côtière, sont pour l'essentiel, bitumées, ce qui n'est pas le cas des transversales. Cinquante ans après l'indépendance, le Bénin est donc loin d'avoir remis en cause le legs colonial en termes d'ossature routière. En revanche, le Fonds routier, structure de financement de l'entretien routier, a été restructuré pour une meilleure efficacité.

7.2. La restructuration du Fonds routier

Dans la stratégie globale mise en œuvre dans le secteur des transports et particulièrement le transport routier, la restructuration du Fonds routier a été un des points essentiels. À partir de 1992, avec l'amorce de la mise en œuvre des différentes réformes, les opérations d'entretien ont nettement progressé, même si la rareté des ressources pour financer ces opérations de façon adéquate est restée une équation difficile à résoudre. Car la principale ressource du Fonds routier qu'était la taxe sur les hydrocarbures s'effritait sérieusement, d'abord à cause des conséquences de la crise économique des années 1980, et ensuite en raison de l'importation massive du Nigeria de l'essence de contrebande qui échappe totalement à la fiscalité, mais qui couvre environ 80 %[1] de la consommation béninoise en carburants. Du coup, la part de la taxe sur les hydrocarbures dans la constitution des ressources du Fonds n'était plus que de 23 %. L'État, de son côté, ne versait que 60 %[2] de ce qu'il devait verser au Fonds routier pour s'occuper des questions d'entretien.

Des actions ont alors été menées pour accroître les revenus du Fonds routier. Deux nouvelles sources de revenus ont été introduites en 1995. Il y a d'abord les ressources provenant de la taxe de voirie qui ont été augmentées par la loi de finances de 1995, de 0.15 % à 0.85 % de la valeur CAF des marchandises exportées pour permettre l'accroissement des ressources annuelles du Fonds d'environ 650 millions de F. CFA (recettes estimées à 900 millions contre 250 millions précédemment)[3]. Ensuite, il y a eu l'extension du système de péage à l'ensemble du réseau national[4].

Toujours soucieux de rendre plus efficace le Fonds routier, le Chef de l'État, le général Mathieu Kérékou, a pris le décret n° 96-373 du 29 août 1996 portant approbation des Statuts du Fonds routier. Ce décret se substitue à ceux alors en vigueur jusque-là, à savoir : le décret n° 84-98 du 20 février 1984

---

[1] M. Bachabi et M. Niaty-Mouamba, "La concession des péages routiers au secteur privé : l'exemple du Bénin'', *In* A. Adolehoume (Eds.), *Sphère publique, sphère privée : quelle organisation, quels financements et quelles performances des transports en Afrique sub-saharienne ?* Actes du séminaire SITRASS 6, du 5 au 7 novembre 2001, Bamako (Mali), p. 214 (coll. SITRASS).

[2] *Ibid.*

[3] République du Bénin, Ministère des Travaux Publics et des Transports, *op. cit.*, janvier 1996, p. 44 et T. Glèlè, "Partenariat public-privé dans la gestion des activités de transport : bilan des réformes du projet sectoriel du Bénin'', *In* A. Adolehoume (Eds.), *Sphère publique, sphère privée : quelle organisation, quels financements et quelles performances des transports en Afrique sub-saharienne ?* Actes du séminaire SITRASS 6, du 5 au 7 novembre 2001, Bamako (Mali), p. 51 (coll. SITRASS).

[4] Nous reviendrons, avec plus de détails, sur ce point dans la suite de l'étude.

portant création, organisation et fonctionnement du Fonds routier et le décret n° 84-214 du 4 juin 1985 modifiant le précédent.

Ces nouveaux statuts indiquent clairement que le Fonds routier est une structure régie par le droit privé, dotée de l'autonomie financière, mais soumise à l'obligation de contrôle de l'État. De même, ils posent clairement que le Fonds routier est un instrument de la politique du gouvernement en matière de financement de l'entretien du réseau routier. À ce titre, il lui incombe, non seulement de financer les programmes d'entretien du réseau routier à charge du MTPT et certaines études, mais également de gérer les conventions de concession des postes de péage.

Pour accomplir cette mission, le Fonds routier dispose d'une multiplicité de sources de revenus :

- les ressources affectées, composées de la taxe de circulation sur les véhicules, du produit des prélèvements sur les hydrocarbures (essence super, essence ordinaire, huiles lourdes, gas-oil, etc.), de la taxe de voirie, de la taxe sur la valeur ajoutée perçue au cordon douanier, du produit des prélèvements sur les produits agricoles d'exportation et les produits miniers, etc. ;
- les ressources propres, constituées des redevances de concession des postes de péage et de pesage, des produits de placement ;
- les subventions de l'État[1] et des Collectivités locales, les concours extérieurs, les fonds de concours, les dons et les legs, les emprunts locaux (banques et autres établissements financiers), etc..

Ces nouveaux statuts prévoient que les modalités de reversement des ressources affectées seront définies par une convention à établir entre le Fonds routier et l'État. Cette convention, signée le 15 janvier 1999, confirme le Fonds routier dans ses prérogatives déjà définies dans ses statuts. Mieux, le gouvernement s'engage expressément à « mettre à la disposition du Fonds, les ressources nécessaires pour l'exécution de ses opérations suivant un échéancier convenu d'accord parties »[2]. En retour, le Fonds s'engage à « fournir au Gouvernement des justifications et détails pour chaque phase de travaux exécutés », et à « utiliser exclusivement les fonds mis à sa disposition pour l'exécution du programme annuel arrêté »[3].

Avec cette refonte du Fonds routier, le Bénin se met à jour par rapport aux réformes prônées par l'Initiative de gestion de la route (IGR)[4] pour régler le

---

[1] En 1997, 1998, 1999 et 2000, la contribution du Budget national aux ressources du Fonds Routier a été de 690 millions de francs CFA pour la première année et 745 millions de francs CFA pour les années suivantes (cf. T. Glèlè, *op. cit.*, 2001, p. 51).

[2] République du Bénin, *Convention entre le Gouvernement de la République du Bénin et le Fonds Routier*, 19 janvier 1999, article 6, alinéa 1er.

[3] *Ibid.*, article 7.

[4] En 1987, les pays africains, de concert avec la Commission économique des Nations Unies pour l'Afrique (CEA), la Banque mondiale et certains partenaires bilatéraux, ont mis en place le Programme de politiques de transport en Afrique subsaharienne (SSATP, en anglais), une structure chargée d'appuyer les politiques d'entretien routier pour assurer la préservation des

problème du déficit de financement de l'entretien routier. Ces réformes passent par le remplacement des Fonds routiers de « première génération » qui ont montré leurs limites par des Fonds routiers de « deuxième génération »[1]. Dans ce sens, le premier pays à avoir donné l'exemple est la Zambie où le nouveau type de Fonds routier a été créé en 1993.

En conséquence, les dispositions légales sont prises pour permettre un bon entretien du réseau routier. Mais à la pratique, tout se passe-t-il comme prévu ? Les textes adoptés sont-ils appliqués comme il se doit ? Un examen minutieux de l'état des infrastructures routières du pays nous permettra de nous faire une religion sur la question. C'est dire que le bon entretien ou non des infrastructures routières béninoises incombe au Fonds routier.

Nous pouvons d'ores et déjà mentionner l'étude menée en 2000 par A. Kumar[2] sur cinq pays ayant expérimenté les fonds routiers de « deuxième génération » (Bénin, Éthiopie, Ghana, Kenya et Zambie). Cette étude confirme, en effet, que des crédits supplémentaires ont pu être mobilisés – même s'ils sont toujours insuffisants[3] – pour l'entretien des routes et que les fonds routiers géraient généralement bien leurs ressources. Mais nous ne saurions répondre amplement à cette question sans examiner l'apport important des postes de péage et péage/pesage en termes de ressources indispensables au financement de l'entretien routier par le Fonds.

7.3. Les postes de péage : un nouvel instrument de la stratégie et son impact sur l'état du réseau

Auparavant utilisé uniquement sur la route de Grand-Popo, le système de péage a commencé à être généralisé à partir de 1995 sur toute l'étendue du territoire afin de mieux contribuer à l'entretien du réseau routier. Mais si cette contribution à l'entretien des infrastructures routières a été sensible, elle n'a pas été suffisante.

---

réseaux. Le SSATP est devenu opérationnel dans le cadre de composantes ou d'initiatives, dont l'Initiative d'entretien de la route (IER). C'est l'IER qui s'est muée en IGR en 1997.

[1] Programme de politiques de transport en Afrique subsaharienne (SSATP), *Gestion et financement des infrastructures de transport routier en Afrique*, Document d'analyse n° 4, Gestion et financement de la route, Série GFR, SD, p. 7.

[2] A. Kumar, *Assessment of selected road funds in Africa. Case study of Benin, Ethiopia, Ghana, Kenya and Zambia*, Document de travail du SSATP n° 51.

[3] Ils ne couvrent que 30 à 80 % des besoins d'entretien ; mais ceci constitue une nette progression par rapport aux 15 et 20 % qu'on observait avant les fonds routiers de la « deuxième génération » (Cf. K. Gwilliam et A. Kumar, How effective are second-generation road funds ? A preliminary appraisal, World Bank research observer, vol. 18, n° 1, 2003, cité par Programme de politiques de transport en Afrique subsaharienne (SSATP), *Gestion et financement des infrastructures de transport routier en Afrique*, Document d'analyse n° 4, Gestion et financement de la route, Série GFR, SD, p. 9).

7.3.1. La généralisation du système de péage

Les redevances de concession des postes de péage et de pesage constituent, en termes d'importance, la deuxième source de revenus pour le Fonds routier. Dans toutes les stratégies des transports mises en œuvre, la généralisation du système de péage a été perçue comme un outil de mobilisation de ressources à mettre à la disposition du Fonds routier pour l'entretien des routes. En effet, le MTPT a entrepris à partir de 1995 d'étendre sur le réseau national ce système de péage qui, auparavant, était limité aux ponts du Mono et de la Sazué depuis 1986 : le péage de Grand-Popo qui ne faisait pas du pesage, n'étant pas équipé pour cela. Le poste ne dispose que d'équipements de comptage. La mise en exploitation de ce premier poste de péage à partir de 1986 a permis le remboursement en dix ans (1996) des charges liées au prêt de la BOAD pour la construction de deux ouvrages d'art sur le Mono et la Sazué. En effet, la construction et l'exploitation dudit poste de péage étaient l'une des conditions indispensables au financement des ponts du Mono et de la Sazué dont la réalisation a été assurée par la KFW (subvention de la RFA) et par la BOAD (sur prêt).

Dès que la décision de la généralisation des postes de péage sur tout le réseau a été prise en 1995, la construction du poste de péage et de pesage de Diho, à la sortie nord de Savè, sur l'axe Savè-Parakou commença la même année, avec l'appui de la Caisse Française de Développement (CFD). Ce poste fut mis en service à partir de 1998.

Toujours en 1995, la CFD a également contribué à la réalisation de l'étude de la faisabilité de la généralisation du système à d'autres axes majeurs bitumés (Cotonou-Bohicon et Parakou-Malanville) ou en cours de bitumage (Parakou-Djougou et Djougou-Natitingou) a été réalisée. Les objectifs de cette politique de généralisation se résument en deux points essentiels :

- assurer la mise à contribution des usagers du réseau au financement de son entretien par l'instauration d'un système de perception des péages fiable en s'appuyant sur des concessionnaires privés ;
- mettre en place un système de contrôle des surcharges de véhicules lourds afin de limiter leurs effets de dégradation des chaussées et de réduire les coûts d'entretien du réseau.

Le choix des axes identifiés pour accueillir les postes de péage ne procède pas du hasard. En effet, la première condition, c'est que les routes en question doivent être revêtues ; ensuite, elles doivent offrir un niveau de service de bonne qualité (route nouvellement réhabilitée ou construite) et enfin, elles doivent enregistrer un trafic relativement important (2 000 véhicules/jour au moins) pour la rentabilité. Mais la répartition des postes sur le territoire doit être faite de façon à éviter un déséquilibre régional, un facteur qui a été source de tensions par le passé. Avec la réhabilitation de la route Cotonou-Porto-Novo, un poste de péage/pesage a été mis en place à Ekpè en 2003. Construit sur la route qui génère le plus de trafic au Bénin, ce poste de péage/pesage est, avec ses seize voies (six pour les poids lourds et dix pour les véhicules légers), le plus grand de tout le réseau routier béninois. Il y a eu aussi la construction des postes de péage/pesage de Kpédékpo sur la route Bohicon-Kétou (2005), d'Ahozon sur la route Pahou-Ouidah en complément des postes de Diho sur la route Savè-Parakou et de Grand-Popo sur la route Godomey-Hillacondji, de Sirarou sur la route Parakou-Malanville, du poste de péage de Kprèkètè sur la route Dassa-Savalou-Djougou (2006).

Au total, sept postes de péage et de péage/pesage étaient fonctionnels sur toute l'étendue du territoire en 2011 ; un (le poste péage de Houègbo) était en construction, et les travaux de construction du poste de Biro étaient en voie de démarrage.

La tarification appliquée aux postes, variant entre 150 F et 500 F, était déterminée sur la base :

- des études économiques réalisées sur la rentabilité de chacun des postes en fonction des investissements et selon le schéma directeur retenu ;
- de la capacité d'acceptabilité par les usagers des tarifs à appliquer aussi bien pour les véhicules légers que pour les poids lourds en fonction de leur profil et du poids total roulant ;
- du taux d'accroissement du péage en fonction du pouvoir de dégradation, de façon à décourager les surcharges.

Les recettes ainsi engrangées ont certes augmenté les ressources pour l'entretien du réseau routier, mais pas dans la proportion nécessaire pour un entretien adéquat.

7.3.2. Des recettes croissantes, mais insuffisantes pour un entretien correct

Les premiers postes de péage avaient été gérés par l'administration publique avec les tares et le manque de transparence qui la caractérisent en général. C'est ce que confirment M. Bachabi et M. Niaty-Mouamba par cette citation : « La gestion des premiers postes de péage a été confiée à des fonctionnaires de l'Administration qui, pendant des années, ont mis en place une exploitation caractérisée par le manque de transparence, la non-fiabilité des chiffres et des données et l'absence du contrôle efficace des opérations »[1].

C'est donc dans le but d'améliorer leurs rendements que le principe de l'attribution de la collecte des péages à des sociétés privées par appel d'offres a été retenu depuis 1996. Ainsi, les revenus de péage et/ou pesage sont répartis entre le concessionnaire et le Fonds routier sur la base d'un taux de loyer en constante progression. Mais là encore, tout ne fonctionne pas comme il se doit. En effet, dans le cahier des charges des concessionnaires, il est prévu un volet entretien des équipements et installations fixes concédés. Force est de constater que pendant longtemps il n'a existé aucune structure chargée du contrôle et du suivi des obligations des concessionnaires en matière d'entretien des équipements ; toute l'attention était portée sur la collecte des

[1] M. Bachabi et M. Niaty-Mouamba, *op. cit.*, 2001, p. 223.

fonds. Sur ce dernier élément, les résultats obtenus ont été plus encourageants que ceux que fournissait l'administration publique. Les tableaux ci-après présentent ces résultats de 1997 à 2011.

<u>Tableau n° 35</u> : Évolution des recettes des deux premiers postes (en milliers de francs CFA) de 1997 à 1999

1997 = 100

Années	1997	1998	1999
Produits des postes de Grand-Popo et de Diho	199 020	204 411	209 242
Indices	100	103	105

Source : M. Bachabi et M. Niaty-Mouamba, *op. cit.*, 2001, p. 222 et calculs faits par l'auteur.

<u>Tableau n° 36</u> : Évolution des recettes de tous les postes (en millions de francs CFA), de 2002 à 2009

2002-2009 = 100

V_0 = 1 692.1 125

Années	2002	2003	2004	2005	2006	2007	2008	2009
Produits de tous les postes de péage et de péage/pesage[1]	336.9	1 585.6	1 176.7	1 469.5	1 545.2	1 855.1	2 897.7	2 670.2
Indices	20	94	70	87	91	110	171	158

Source : Groupe de la Banque africaine de développement, *op. cit.*, octobre 2010, Annexe 7, et calculs faits par l'auteur.

On constate, en observant ces deux tableaux que les recettes de postes de péage et de péage/pesage ont timidement progressé jusqu'en 2006 puis franchement de 2007 à 2009, quand bien même les tarifs n'ont pas été revus à la hausse. C'est le fruit non seulement de l'extension du parc automobile béninois encouragée, entre autres, par l'amélioration des infrastructures routières (nous reviendrons plus loin sur cette question), mais également de la mise en exploitation de cinq autres postes de péage et péage/pesage. Et le grand avantage, c'est que les fonds collectés sont directement versés au Fonds routier sans transiter par le Trésor public.

Cependant, ces résultats auraient pu être plus consistants si le fonctionnement de ces postes de péage n'avait pas été pendant longtemps handicapé par le manque de compétence spécialisée (ressources humaines qualifiées) en équipements de péage et de pesage au sein de l'administration. Les conséquences de ce manque sont énormes et peuvent se résumer à la

[1] Nous n'avons pas tenu compte dans ce point des recettes de 40 millions de francs CFA qui alimentent par semestre un fonds de réserve et des 30 millions de francs CFA que le Fonds routier verse annuellement aux Collectivités locales pour bénéficier de tout leur soutien.

dégradation précoce des infrastructures de génie civil, aux pannes fréquentes des équipements automatiques, à la prédominance de l'exploitation des postes en mode manuel, ce qui met en doute certains résultats et données fournis par le concessionnaire.

Dans tous les cas, les ressources issues des différents postes de péage vont s'ajouter aux autres ressources du Fonds routier pour le financement de l'entretien du réseau.

En réalité, les travaux d'entretien d'un réseau routier (entretien courant et entretien périodique) sont aussi importants que la construction des routes elles-mêmes pour plusieurs raisons dont les principales sont la préservation du capital constitué par le réseau routier, la pérennisation du trafic en toutes saisons et la garantie d'un service de qualité et de confort pour un coût réduit aux usagers. Le manque d'entretien des routes entraîne des dépenses supplémentaires ; en d'autres termes, ce manque d'entretien équivaut à « un désinvestissement puisqu'il revient à sacrifier les investissements consentis antérieurement »[1].

Les tableaux ci-après font le bilan des investissements faits par le Fonds routier pour l'entretien des infrastructures routières du Bénin :

Tableau n° 37 : Dépenses d'entretien faites par le Fonds routier (en milliards de francs CFA), de 1997 à 2002

Années	**1997**	**1998**	**1999**	**2000**	**2001**	**2002**
Dépenses	1.68	1.44	4.63	6.22	4.39	9.9
Taux d'accroissement annuel moyen		-14.3	222	34.3	-29.4	126

Source : Groupe de la Banque africaine de développement, *op. cit.*, octobre 2010, Annexe 7, et calculs de l'auteur.

[1] C. Harrall et A. Faiz, *Road deterioration in developing countries – Causes and remedies*, World Bank Policy Study, 1988.

Tableau n° 38 : Dépenses d'entretien et de fonctionnement faites par le Fonds routier (en milliards de francs CFA), de 2003 à 2008

Années / Rubriques	2003	2004	2005	2006	2007	2008
Entretien dont :	**8.615**	**12.949**	**9.939**	**7.588**	**10.395**	**13.267**
Entretien courant	7.188	7.865	6.779	6.072	6.549	5.853
Entretien périodique	1.427	5.084	3.160	1.516	3.847	7.413
Fonctionnement et autres dépenses	**0.65**	**0.683**	**0.564**	**0.538**	**0.568**	**0.886**
Total	**9.265**	**13.632**	**10.503**	**8.126**	**10.963**	**14.153**
Taux d'accroissement annuel moyen		**47.1**	**-23**	**-22.6**	**35**	**29**

Source : L'auteur, sur la base des données du Fonds routier exposées dans Groupe de la Banque africaine de développement, *op. cit.*, octobre 2010, Annexe 7.

Tableau n° 39 : Contribution des postes de péage à l'ensemble des dépenses d'entretien effectuées par le Fonds routier (en millions de francs CFA et en %)

Années	2003	2004	2005	2006	2007	2008	2003-2008
Recettes des postes de péage et de péage/pesage	1 585.6	1 176.7	1 469.5	1 545.2	1 855.1	2 897.7	
Total des dépenses d'entretien	8 615	12 949	9 939	7 588	10 395	13 267	
Taux de couverture des dépenses par les recettes (%)	18	9	15	20	18	22*	17

* Il s'agit de chiffres arrondis.

Source : L'auteur, à partir des données des tableaux n°s 36 et 38.

La mesure de généralisation des postes de péage (associée aux autres mesures de modernisation du Fonds routier) a permis un accroissement important des ressources du Fonds routier qui a, au fil des ans, développé une meilleure capacité de financement des travaux d'entretien courant du réseau et d'une partie de l'entretien périodique des routes en terre (Voir tableaux 37 et 38). Le tableau n° 39 rend compte de la couverture de l'ensemble des dépenses d'entretien engagées par le Fonds routier entre 2003 et 2008, par les recettes des postes de péage et de péage/pesage. Le taux moyen de cette couverture est de 17 %. À cette contribution des recettes des péages s'ajoutent, entre autres, l'appui des bailleurs de fonds avec en tête de ligne, l'Union européenne dont l'apport est remarquable dans le financement de l'entretien routier, surtout l'entretien périodique.

Mais ces financements des travaux d'entretien réalisés par le Fonds routier ne couvrent en réalité qu'une partie des besoins : 66 % en 2003, 69 % en 2004, 50 %[1] en 2005 par exemple. Cette incapacité du Fonds routier à couvrir tous les besoins d'entretien du réseau routier s'explique comme évoqué plus haut non seulement par l'effritement de la taxe sur les hydrocarbures, en principe, première source de revenus du Fonds routier, à cause de la prédominance de l'essence de contrebande, mais également par le fait que, transitant par le Trésor public, cette taxe et bien d'autres encore n'arrivent jamais intégralement sur les comptes du Fonds.

C'est dire que les besoins ne sont couverts qu'en partie, ce qui n'est pas sans conséquence sur l'état des infrastructures. Mieux, les pesages ne sont jamais arrivés à jouer leur rôle qui est de limiter les surcharges sur le réseau, à travers le contrôle des charges transportées par les poids lourds. Les usagers paient un droit de passage et sont censés être sanctionnés lorsqu'ils ont des charges au-delà de la limite autorisée. Mais dans la réalité, aucune sanction n'a jamais été appliquée « en raison des protestations des lobbies des transporteurs »[2]. Leurs multiples pressions font que la limite de charge à l'essieu n'est guère respectée (malgré la législation en vigueur, en l'occurrence le Règlement n° 14/2005 de l'UEMOA et le décret n° 2011-713 du 21 octobre 2011). En effet, à l'époque où il n'y avait que le poste de péage de Grand-Popo et le poste de péage/pesage de Diho, les transporteurs du nord du pays estimant qu'il n'y a pas de postes de pesage au sud, se disaient lésés et étaient allés jusqu'à organiser des soulèvements pour qu'on supprime le pesage à Diho pour mettre le poste de péage au même niveau que celui de Grand-Popo. Même après la mise en exploitation des autres postes, les pressions des lobbies des transporteurs pour le non-respect des dispositifs légaux se sont poursuivies. Ces dispositifs prévoient normalement, en cas de surcharge, l'immobilisation du véhicule du contrevenant jusqu'à la mise en conformité de sa cargaison. En plus de cela, il est frappé d'une amende calculée à partir du poids de la surcharge faite. Mais la mise en œuvre de ces mesures n'a été que lettres mortes. Cela n'étonne point quand on sait qu'un grand nombre de poids lourds en circulation appartient à des personnes "très haut placées" dans l'appareil étatique.

Or l'insuffisance de contrôle et l'absence de pénalisation des surcharges constituent des facteurs de dégradation précoce du réseau routier. La route Akassato-Bohicon par exemple, un important maillon de la RNIE 2, est la seule permettant le transit vers le Burkina Faso et le Niger. Le trafic sur cet axe, en 2011, était en moyenne de 2 900 véhicules/jour, dont 550 camions. Ce tronçon constitue la partie la plus dégradée des différentes routes nationales

---

[1] BOAD, *Étude sur l'entretien routier dans les pays de l'Union économique et monétaire ouest-africaine (UEMOA) : bilan des 50 dernières années et perspectives. Rapport provisoire*, Révision 01, août 2015, p. 80.

[2] M. Bachabi et M. Niaty-Mouamba, *op. cit.*, 2001, p. 218.

inter-États du Bénin et en particulier de la RNIE 2, surtout à cause des surcharges. En effet, 26 % des camions transitant journellement par cet axe, soit environ 145 camions/jour, ne respectent pas le Règlement n° 14/2005 de l'UEMOA. Cette situation est aggravée par la mort du chemin de fer normalement adapté pour le transport des produits pondéreux. Ainsi, la pression est exercée sur la route par le biais des poids lourds que les exploitants surchargent comme nous venons de le voir.

La seule tentative d'application des textes en la matière ne dura que le temps d'un feu de paille. Il s'agit de l'arrêté interministériel n° 038/MET/MISPAT/DGM/DROA/DTT du 4 novembre 1986 portant réglementation de la circulation sur les routes et protection des infrastructures routières en République Populaire du Bénin qui fut suspendu en 1987, après une période d'environ un mois de mise en œuvre. Toutes les actions ultérieures engagées dans le cadre du contrôle des charges roulantes sont demeurées sans succès.

Par ailleurs, les amendes à appliquer en cas de déversements d'huiles sur les chaussées, de dommages causés à un ouvrage d'art, de dégradations causées à la chaussée ou à l'accotement (poinçonnement ou grattage important, traces de roues...), de dommages aux bordures, bien que prévues par les textes, ne sont presque jamais appliquées.

En conséquence, le réseau routier national est dans un état globalement peu satisfaisant. En témoignent les données du tableau ci-après qui montre l'état de la route Cotonou-Niamey, à titre d'exemple, dans les deux pays (le Bénin et le Niger) en 2010.

Tableau n° 40 : État de la route Cotonou-Niamey dans chacun des deux pays en 2010 (en %)

	Bon	Acceptable	Mauvais	Total
État de la route sur toute sa longueur (%)	49.5	7.9	42.6	100
Bénin (%)	38.1	2.2.	59.7	100
Niger (%)	77.7	22.3	0	100

Source : L'auteur, sur la base des données de AICD, *op. cit.*, juin 2011, p. 12.

Le tableau montre clairement que cette route inter-État est nettement en meilleur état sur le territoire nigérien qu'en terre béninoise où elle est en mauvais état à hauteur de 59.7 %.

Tableau n° 41 : Place des routes béninoises parmi les routes des pays en développement en 2010

Indicateur	Unité	Pays à faible revenu	Bénin	Pays à revenu intermédiaire
Densité du réseau routier classé	Km/1 000 km² de terres	88	75	278
Densité totale du réseau routier[1]	Km/1 000 km² de terres	132	142	318
Indice d'accessibilité rurale SIG[2]	% de la population rurale dans un rayon de 2 km d'une route praticable en toutes saisons	25	28	31
État du réseau routier principal[3]	% dans un état bon ou acceptable	72	69	86
État du réseau routier rural[4]	% dans un état bon ou acceptable	53	66	65
Trafic sur le réseau revêtu classé	Débit journalier moyen annuel	1 131	2 041	2 451
Trafic sur le réseau revêtu non classé	Débit journalier moyen annuel	57	63	107
Qualité perçue du transport[5]	% d'entreprises identifiant les routes comme une contrainte majeure pour les affaires	28	42	18

Source : AICD, *op. cit.*, juin 2011, p. 11.

Le tableau n° 41 révèle qu'en 2010 seulement 69 % des routes principales béninoises sont dans un état bon ou acceptable, donc plus faible que ce qu'on observe dans les pays à faible revenu (72 %) comme le Bénin et dans les pays à revenu intermédiaire (86 %). Toutefois, le Bénin a rattrapé en 2011 son retard, faisant passer le pourcentage de routes dans un état bon ou acceptable à 72 %[6], un progrès certes, mais toujours insuffisant vu la place qu'occupent les infrastructures routières dans l'économie de ce pays et dont nous parlerons dans le chapitre suivant.

---

[1] Le réseau total inclut les réseaux classés et les estimations des réseaux non classés et urbains.

[2] C'est un instrument de mesure développé par la Banque mondiale pour mesurer l'accessibilité rurale tant au niveau national qu'au niveau décentralisé. Il repose sur les technologies Systèmes d'Informations Géographiques (SIG).

[3] Pour la plupart des pays, le réseau principal est défini comme l'addition des réseaux primaire et secondaire.

[4] Le réseau routier rural est généralement défini comme le réseau tertiaire et n'inclut pas les routes non classées.

[5] Enquêtes auprès des entreprises Banque mondiale-SFI dans 32 pays d'Afrique subsaharienne.

[6] République du Bénin, Ministère des Travaux Publics et des Transports, *Annuaire statistique 2011-2012*, décembre 2014, p. 22.

La carte ci-après donne un aperçu global de l'état du réseau routier du pays en 2010. L'observation de cette carte réalisée sur la base des données recueillies à la DGTP et un calcul effectué sur la base des données chiffrées qu'elle comporte permettent de se rendre compte qu'en 2010, à peine 26 % du réseau routier béninois étaient en bon état, 56 %, dans un état moyen et les 18 % restant étaient tout simplement dans un mauvais état. Or l'essentiel des activités économiques du pays reste tributaire de ce réseau routier.

<u>Carte n° 8</u> : État du réseau routier en 2010

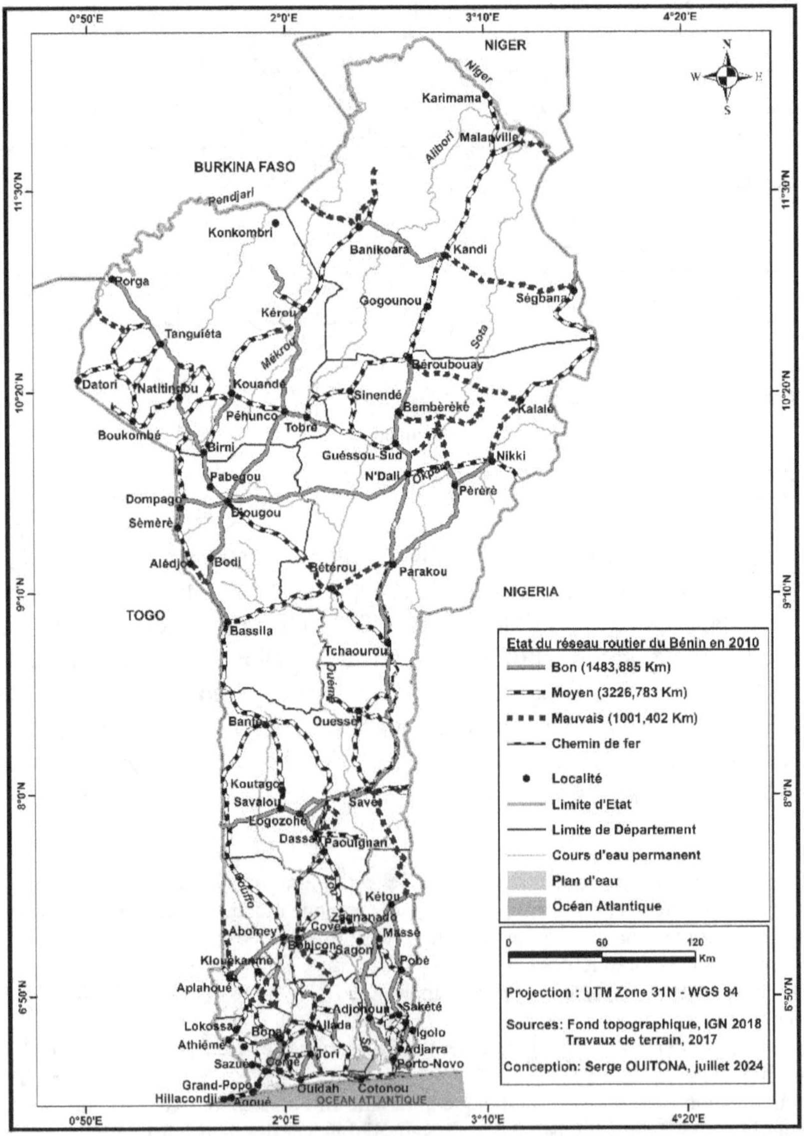

Source : Reprise d'une carte de la Direction Générale des Travaux Publics

CHAPITRE 8 : ROUTES ET DÉVELOPPEMENT ÉCONOMIQUE AU BÉNIN SOUS LE RENOUVEAU DÉMOCRATIQUE (1990-2011)

Au Bénin, le transport routier, qui domine l'acheminement des personnes et des biens, est assuré par un parc automobile sans cesse croissant, surtout à cause de la filière des véhicules d'occasion. Mais ce parc vieillissant et son état à l'importation expliquent la mauvaise qualité de l'offre des transports en général.

8.1. Réseau routier et activités portuaires : une relation de complémentarité

Le réseau routier béninois reste branché sur Cotonou, la ville portuaire, dans un lien de complémentarité.

8.1.1. Brève présentation du port autonome de Cotonou

Le port autonome de Cotonou est un établissement public national, à caractère commercial et industriel, doté de la personnalité civile et de l'autonomie financière. Créé par la loi n° 64-39 du 31 décembre 1964 modifiée par l'ordonnance n° 76-55 du 12 octobre 1976, le port autonome de Cotonou est actuellement régi par la loi n° 88-005 du 26 avril 1988 relative à la création, à l'organisation et au fonctionnement des entreprises publiques et semi-publiques, et le décret n° 89-306 du 28 juillet 1989 portant approbation de ses statuts. Ce port à accumulation de sable, en eau profonde, a été construit pour suppléer le wharf de Cotonou construit de 1891 à 1899 et qui n'arrivait plus à faire face à la quantité sans cesse grandissante de marchandises qui affluaient vers le pays. Pour mieux répondre à la croissance du trafic qui s'observait quelques années après la mise en service du port, des travaux d'extension de l'infrastructure ont été réalisés entre 1979 et 1983, sous la direction du Bureau central d'études des équipements d'Outre-Mer (BCEOM).

Grâce à sa position stratégique, à côté du Nigeria, et de couloir de désenclavement des pays de l'hinterland (Niger, Burkina Faso, voire Mali), le Bénin constitue une plaque tournante pour la sous-région avec son port comme point d'entrée et de sortie principal de marchandises. Cette position géographique du Bénin fait du port autonome de Cotonou un véritable port de transit par où sont acheminées des marchandises à destination des pays de l'hinterland ci-dessus cités, et même du Nigeria.

Étendu sur une superficie de 260 ha (plan d'eau de plus de 60 ha, zone portuaire de 200 ha environ), ce port – l'unique dont dispose le Bénin – concentre 90 % du commerce extérieur du pays, fournit environ 60 % du PIB, 80 à 85 % des recettes douanières pour 45 à 50 %[1] des recettes fiscales totales

---

[1] http://www.portcotonou.com/index.php/qui-sommes-nous/presentation. Consulté le 11 février 2020.

du Bénin. C'est donc à juste titre que le réseau routier béninois reste branché sur ce port considéré comme le poumon de l'économie béninoise.

8.1.2. Des routes branchées sur le port autonome de Cotonou

Comme pensé depuis la colonisation, le réseau routier béninois est un réseau de drainage des produits du cru, de l'intérieur vers l'extérieur par l'intermédiaire du port et de distribution à partir dudit port vers l'intérieur des produits importés. La charpente de ce réseau routier reste deux corridors nord-sud de routes revêtues reliant Cotonou à Niamey d'une part et Cotonou à Ouagadougou, voire Bamako d'autre part, et l'axe côtier reliant le Bénin à ses voisins, le Nigeria, le Togo, le Ghana et plus loin, la Côte d'Ivoire. Ces axes sont complétés par quatre corridors est-ouest dont deux revêtus reliant le Bénin au Togo et au Nigeria. Tout ce réseau aboutit à Cotonou ou part de Cotonou où se trouve le port.

Ces infrastructures routières permettent de répondre à trois aspects principaux de la demande : exportation du coton et d'autres produits de rente ; transport en transit et commerce avec les pays voisins ; échanges intérieurs entre les villes et les zones rurales, toutes choses constituant le fret routier. Avec la faible extension du chemin de fer, toutes les marchandises débarquées au port de Cotonou finissent toujours par être transportées par la route, même si pour celles qui sont destinées au Niger, le train les acheminait d'abord jusqu'à Parakou, terminus du chemin de fer, depuis 1936, et vice versa – avant l'extinction totale du transport ferroviaire –. Celles qui vont vers le Nigeria ou dans d'autres régions du Bénin passent uniquement par la route. Par conséquent, le tonnage de marchandises importées et exportées par le port de Cotonou est presque équivalent à celui du fret routier. Donc, pour avoir une idée du tonnage de marchandises qui passent sur les routes béninoises, il faut consulter les chiffres du port autonome de Cotonou. Ce sont ces chiffres extraits des *Annuaires des statistiques des transports* que nous avons exposés dans les tableaux ci-après et qui fondent notre analyse.

Tableau n° 42 : Fret routier annuel du Bénin de 2001 à 2010 (en tonnes et indices)

2001 = 100

Années	Import	Export	Total	Indices
2001	2 929 344	380 546	3 309 890	100
2002	3 007 727	462 185	3 469 912	105
2003	3 808 869	469 417	4 278 286	129
2004	3 520 610	448 220	3 968 830	120
2005	4 556 762	596 097	5 152 859	155
2006	4 836 140	503 900	5 369 135	162
2007	5 548 761	617 016	6 152 416	186
2008	6 128 654	863 284	6 998 391	211
2009	5 934 513	731 244	6 665 757	201
2010	6 130 825	719 739	6 850 564	207

Source : Ministère des Travaux Publics et des Transports et Ministère de l'Économie Maritime et des Infrastructures Portuaires, Direction de la Programmation et de la Prospective, *Annuaires des statistiques des transports 2001-2008* et *2009-2010*, p. 68 et p. 18, et calculs faits par l'auteur.

D'une façon globale, le fret routier a connu une évolution ascendante, de 2001 à 2010. On peut établir un parallélisme entre cette croissance du tonnage de marchandises débarqué et embarqué au port de Cotonou et les différents travaux d'aménagement et d'amélioration du réseau routier présentés dans les chapitres précédents. Le commerce extérieur du Bénin s'est donc sensiblement accru au moment où le réseau routier du pays connaissait des améliorations, avec une incidence sur les finances du pays. En effet, la croissance des importations entraîne une augmentation des recettes douanières (taxes à l'importation) au profit de l'économie béninoise qui se base presque essentiellement sur la fiscalité[1]. Le volume des exportations, certes moins important que celui des importations, a également accusé une croissance remarquable pour une augmentation des recettes d'exportation.

Une part non négligeable de l'importation est destinée au transit, comme le montre très clairement le tableau n° 43 ci-après. En effet, entre 2001 et 2005, la part du trafic en transit correspond au moins au tiers du volume total de marchandises débarquées au port de Cotonou, exception faite de l'année 2003 où cette part a été légèrement inférieure au tiers (28.74 %). Pour le reste des années (2006-2008), le volume de marchandises ayant transité par le port autonome de Cotonou a augmenté, étant juste inférieur à la moitié du total importé. C'est dire que le Bénin a, d'une certaine façon, su profiter de sa position de pays de transit. Les principaux pays faisant transiter leurs marchandises par le Bénin sont le Niger, le Nigeria, le Burkina Faso, le Mali et le Togo.

La route Cotonou-Porto-Novo fait partie des axes les plus importants de ce réseau routier. C'est pourquoi nous nous intéressons dans la suite de l'étude à ce tronçon en vue de mettre en relief sa contribution au développement économique et social du pays.

[1] La tendance souhaitable pour une économie est plutôt le contraire : la domination des exportations pour une balance commerciale excédentaire. Mais plusieurs éléments contribuent à l'atteinte de cet objectif.

<u>Tableau n° 43</u> : Évolution du trafic de marchandises par pays utilisateur (en tonnes métriques)

Années	Bénin	Niger	Nigeria	Mali	Burkina Faso	Togo	Autres*	Total général	Total trafic de transit	Part du trafic de transit dans le trafic total (%)
2001	2 302 990	513 626	402 007	28 727	14 437	5 008	43 095	3 309 890	1 006 900	30.42
2002	2 414 364	549 693	350 560	46 969	65 044	6 347	36 935	3 469 912	1 055 548	30.42
2003	3 048 507	799 907	311 389	13 976	37 215	2 805	64 487	4 278 286	1 229 779	28.74
2004	2 727 137	671 446	416 639	424	25 265	2 993	124 926	3 968 830	1 241 693	31.29
2005	3 111 788	1 041 253	629 282	41 978	105 785	6 366	216 407	5 152 859	2 041 071	39.61
2006	2 894 382	1 280 237	798 076	130 612	224 210	2 393	39 225	5 369 135	2 474 753	46.09
2007	3 303 001	1 696 993	798 554	112 111	201 972	3 951	35 834	6 152 416	2 849 415	46.31
2008	3 584 393	2 205 805	835 991	107 533	225 891	3 594	35 184	6 998 391	3 413 998	48.78

*autres = Tchad, Ghana, Côte d'Ivoire et transbordement

Source : Ministère des Travaux Publics et des Transports et Ministère de l'Économie Maritime et des Infrastructures Portuaires, Direction de la Programmation et de la Prospective, *Annuaires des statistiques des transports 2001-2008*, p. 113.

8.2. Un exemple de route dans le réseau : la route Cotonou-Porto-Novo

L'amélioration des infrastructures routières entraîne généralement un gain de temps sur les parcours, qui influe sur les activités économiques. C'est donc un triptyque qui est au service du développement économique du pays. Nous l'étudions ici en nous appuyant sur un exemple précis, celui de la route Cotonou-Porto-Novo dont le réaménagement est terminé en 2004.

8.2.1. L'amélioration de la route Cotonou-Porto-Novo : une tâche prioritaire

Jusqu'en 1998, année de démarrage des travaux de réhabilitation de la route Cotonou-Porto-Novo, les deux premières villes du Bénin étaient reliées par une route anciennement bitumée qui, au fil du temps, a subi d'importantes dégradations. Large de 6 mètres seulement, cette route était devenue inadaptée pour supporter le trafic croissant qui dépassait les 22 000 véhicules/jour à la sortie Est de Cotonou. L'état de dégradation de la route engendrait de fréquentes et coûteuses réparations, une sorte de recommencement qui n'augmentait guère le niveau de sécurité offert par l'infrastructure. En effet, des accidents mortels étaient régulièrement enregistrés sur cette route, notamment sur le tronçon Cotonou-Sèmè. D'un autre point de vue, aux heures de pointe, la vitesse moyenne tournait autour de 20 km/heure sur le même tronçon, ce qui entraînait d'importantes pertes de temps. Tout ceci contrastait avec la fonction de liaison entre les deux capitales du pays (politique et économique) que cette route assurait, le volume du trafic drainé, et le rôle de cet axe dans le couloir du transit. C'est donc dire que le tronçon Cotonou-Porto-Novo constitue non seulement un axe du corridor inter-États, mais également un axe structurant les échanges de l'ensemble de la conurbation Cotonou-Porto-Novo. Son réaménagement était alors devenu un impératif pour le gouvernement, ceci d'autant plus que le projet avait prévu la construction d'un poste de péage/pesage qui devait permettre de recueillir des fonds pour amortir tant soit peu l'investissement, entretenir l'infrastructure et en même temps, renflouer les caisses du Fonds routier.

Ainsi, ce projet visait, d'un point de vue sectoriel, à améliorer les échanges extérieurs et intérieurs du Bénin et des pays limitrophes et contribuer, de la sorte, à l'intégration sociale. De façon spécifique, les objectifs étaient d'améliorer les conditions de circulation dans la zone périurbaine Est de la ville de Cotonou, les échanges entre les départements méridionaux du pays ainsi que les échanges régionaux empruntant la trans-côtière Accra-Lomé-Cotonou-Lagos, de réduire les coûts de transports et d'augmenter les recettes du Fonds routier[1].

Puisque le projet avait emporté l'adhésion de tous, gouvernants comme bailleurs de fonds, il a bénéficié du soutien financier de multiples partenaires : le Fonds africain de développement (FAD), une structure de la BAD qui a

[1] Groupe de la Banque africaine de développement, *op. cit.*, 2010, p. vi.

consenti un prêt non intéressé d'un montant de 10 millions d'UC (unité de compte)[1] pour une durée de 50 ans ; le Fonds spécial du Nigeria (FSN) qui a prêté 6 millions d'UC pour une durée de 25 ans et un taux d'intérêt de 4 % par an ; la Banque ouest-africaine de développement (BOAD), 6.61 millions d'UC ; le FED, 17.34 millions d'UC ; *Kreditanstalt für Wiederaufbau* (KFW), 18.97 millions d'UC ; et enfin, le Budget national a mobilisé 2.1 millions d'UC[2].

La somme empruntée par le Bénin pour réaliser ce projet s'élève donc à 58 920 000 d'UC qui se sont ajoutés à sa contribution particulière de 2,1 millions d'UC, ce qui a porté la somme totale mobilisée à 61 020 000 d'UC soit environ 46 192 140 000 francs CFA suivant nos calculs. Le coût du projet lui-même était estimé à 46.290 milliards de francs CFA[3]. Dans tous les cas, le projet était estimé à environ 46 milliards de francs CFA. Mais son exécution est finalement revenue à environ 38 milliards de francs CFA laissant un reliquat consistant de 8 milliards de francs CFA[4] (17% du total). Cette importante marge s'explique par la fluctuation favorable du taux de change entre l'UC et le franc CFA lors de la réalisation du projet et par l'économie réalisée à travers l'appel à la concurrence pour les travaux.

Approuvés le 4 septembre 1996, signés le 24 septembre de la même année, les prêts n'entrèrent en vigueur que le 25 février 1998, avec un retard de 17 mois. Ce retard du décaissement allait se répercuter sur le projet qui s'acheva le 3 décembre 2004, au lieu du 31 décembre 1998 prévu, soit un retard de six ans. Le projet a été exécuté en trois lots distincts financés chacun par un bailleur de fonds ou un groupe de bailleurs de fonds : réhabilitation de la sortie Est de Cotonou (3,85 km) en 2x2 voies avec piste cyclable (financement KFW), réhabilitation de 10,75 km de route en 2x2 voies avec une station de pesage et une piste cyclable (FAD, FSN, BOAD) et enfin, réhabilitation de 12,71 km dont une partie en 2x2 voies (3,3 km) et une partie en 2 voies (9,4 km) de 3,6 m (Financement FED). L'ensemble des études (économiques et techniques) a été financé par KFW. Les entreprises adjudicataires, COLAS et SATOM, ont exécuté les travaux sous le contrôle et la surveillance du groupement BELLER Consult-IGIP.

Deux composantes innovantes furent intégrées au projet : une piste cyclable pour répondre à un important trafic de deux roues et une composante « péage » destinée à assurer une récupération partielle des coûts auprès des

[1] Le taux de change de l'UC n'étant pas stable, nous prendrons celui qui était en vigueur au moment de l'évaluation ex-ante : 1 UC = 757 francs CFA. Au moment de l'exécution, le taux de change de l'UC monta jusqu'à 886 francs CFA.

[2] Groupe de la Banque africaine de développement, *Bénin. Projet de réaménagement de la route Cotonou-Porto-Novo. Rapport d'évaluation de la performance du projet (REPP)*, Département de l'évaluation des opérations (OPEV), Division de l'évaluation des projets et programmes (OPEV.1), octobre 2010, p. ii.

[3] *Ibid.*, p. 2.

[4] *Ibid.*, p. 5.

usagers pour accroître les ressources du Fonds routier (nous reviendrons sur cet aspect dans la suite de l'étude).

De 1998 à 2004, cette route fut donc entièrement réaménagée et présentait les caractéristiques suivantes :

- du PK 0 au PK 4.250 (lot A), le profil en travers se présente ainsi qu'il suit :
  - ✓ voies pour le trafic véhicules légers et poids lourds : 2 x (1 voie à 3.50 m et 1 voie à 3.30 m) ;
  - ✓ piste cyclable : 2 x 3.35 m ;
  - ✓ trottoir : 1.60 m + 2.90 m ;
  - ✓ terre-plein central avec bordures : 1.50 m.
- du PK 4.250 au PK 18.350 (lot B), le profil en travers se présente de la manière suivante :
  - ✓ chaussée : 2 x 2 voies de 3.60 m ;
  - ✓ bande d'arrêt d'urgence (BAU) : 2 x 2.00 m ;
  - ✓ piste cyclable et accotement : 2 x 2.20 m avec séparation par des glissières de sécurité ;
  - ✓ terre-plein central avec hautes bordures : 4.00 m.
- du PK 18.350 au PK 27.711 (lot C), le profil en travers comporte essentiellement :
  - ✓ 2 voies pour les 4 roues et les 2 roues : 2 x 3.60 m ;
  - ✓ 2 accotements : 2 x 2.40 m[1].

La route est raccordée à la voirie de Sèmè et de Cotonou par onze carrefours giratoires. Dans le lot A, on dénombre les carrefours SOBEBRA, OPT, marché Déga, Abattoir. Les carrefours Le Bélier, CIMBENIN, Les tropiques, Ekpè, Djèffa, Podji font partie du lot B, tandis que le carrefour Sèmè est le seul que compte le lot C.

L'évaluation a posteriori du projet, menée par la BAD en 2009, a révélé qu'il s'est, dans l'ensemble, soldé par une bonne qualité de réalisation des ouvrages et des équipements. Le seul point noir au sujet de la performance de l'exécution, c'est le grand retard de six ans par rapport à la date d'achèvement initialement prévue (3 décembre 2004 au lieu de 31 décembre 1998). Le rapport reconnaît d'ailleurs que ce résultat n'est pas imputable à l'équipe d'exécution, mais est plutôt lié aux délais de ratification du prêt et aux procédures d'appels d'offres et de contractualisation[2].

Ce nouvel état et ces nouvelles caractéristiques font de la route Cotonou-Porto-Novo une route express, à défaut d'une autoroute. En réalité cette route communément appelée autoroute n'en est pas une. En effet, « une autoroute est une route réservée à la circulation des véhicules motorisés rapides,

[1] Groupe de la Banque africaine de développement, *op. cit.*, octobre 2010, Annexe 14.
[2] *Ibid.*

comportant deux chaussées à sens unique, sans carrefour à niveau, séparées par le terre-plein central et les bandes d'arrêt d'urgence »[1].

Or entre Agblangandan et le carrefour Sèmè-Podji, soit une distance de 10.75 km seulement, on compte sept carrefours, auxquels s'ajoutent les quatre autres carrefours, pour faire le total de onze carrefours sur une route de quelque 28 km environ. Mieux, sur la partie à une chaussée avec deux voies à double sens qui commence à partir du carrefour Sèmè-Podji jusqu'à la hauteur de Houinta, soit 13.6 km, on dénombre trente-deux dos d'âne.

Néanmoins, l'incidence de ce réaménagement de la voie sur le gain de temps et l'accroissement des activités s'est immédiatement fait sentir.

8.2.2. Une route aux multiples utilités

La nouvelle route a sensiblement amélioré les conditions de circulation entre Cotonou, Sèmè, Porto-Novo et Kraké, avec pour conséquence l'amélioration de la fluidité du trafic, mesurée par l'augmentation de la vitesse et la réduction des temps de parcours, ainsi que par celle des embouteillages. L'évaluation effectuée par l'équipe de la BAD note un gain de l'ordre de 50 % réalisé sur les temps et vitesses[2], ce qui est supérieur à l'objectif de départ qui était la réduction de 31 %. Par exemple, le trajet Cotonou-Porto-Novo qui se faisait, avant le projet en une heure et demie, voire deux heures, est réduit à 45 minutes avec la nouvelle route pour les véhicules légers. Pour les camions, la durée d'une heure qu'ils mettaient à joindre le carrefour Sèmè, en partant de CIMBENIN, soit une dizaine de kilomètres, est passée à vingt ou trente minutes. Cette réduction du temps de parcours a induit l'augmentation du nombre de voyages journaliers pour les taxis et les taxis motos ou *zémidjan*, et par conséquent, une croissance des gains. La réduction des temps de parcours consécutive à l'accroissement de la vitesse entraîne donc une augmentation de l'activité.

Par ailleurs, la réduction des coûts de transport des personnes et des biens, mesurée par la valeur actuelle nette (VAN) sur les coûts d'exploitation des véhicules (CEV), est importante. En effet, la bonne qualité de la chaussée réduit le risque de certains types de pannes comme les problèmes liés au système des roues et transmissions. La réduction de ces types de panne a pour corollaire la diminution des dépenses dans les réparations et les achats de pièces de rechange. De même, on observe une diminution des dépenses liées à la carburation, consécutive à l'augmentation de la vitesse et la réduction des temps de parcours évoquées plus haut. Cette chaîne de diminution des dépenses entraîne une réduction sensible du CEV.

---

[1] J. T. P. Kponoukon et A. N. Saka, *Impact de l'autoroute Cotonou-Porto-Novo sur les déplacements entre les deux villes et la campagne environnante en République du Bénin*, Mémoire de maîtrise en Géographie, Université d'Abomey-Calavi, 2006, p. 17.

[2] Groupe de la Banque africaine de développement, *op. cit.*, octobre 2010, p. vii.

D'un autre point de vue, l'aménagement de cette route contribue à une meilleure compétitivité du port autonome de Cotonou. L'impact de la nouvelle route sur l'activité du port de Cotonou doit être analysé sous deux angles. Il y a d'abord la plus grande facilité de dégagement (et de réception) des marchandises empruntant l'axe routier réaménagé, notamment les marchandises à destination ou en provenance du Niger, ainsi que du Nigeria. Car, en sortant du port et en passant par le troisième pont, les camions chargés de marchandises ne parcourent que 2.5 km avant d'atteindre le carrefour SOBEBRA, début de la route express qui leur permet de joindre plus facilement le Nigeria.

Il y a ensuite le déplacement des parcs de vente de véhicules d'occasion qui encombraient le port, à la faveur des opportunités d'espace et de fonctionnalité offerte par la nouvelle route, à partir de 2006. En effet, le développement des activités d'importation et de vente de véhicules d'occasion[1] au Bénin et dans les pays voisins, avait conduit les autorités portuaires à consacrer dans l'enceinte du port une vingtaine d'hectares aux parcs de vente de ces véhicules, ce qui a fini par créer une véritable congestion du port, empêchant son développement normal. La construction de la nouvelle route a permis d'installer à ses abords les parcs de vente de véhicules d'occasion, libérant au port de précieux espaces aménagés pour servir de lieu de stockage et de manutention des containers.

Comme le montre le tableau n° 43, depuis la mise en service de la nouvelle route, le trafic des marchandises passant par le port a connu une évolution remarquable, allant de 3.96 à 6.99 millions de tonnes métriques respectivement en 2004 et 2008, soit un accroissement de près de 50 %. Même si elle y a sérieusement contribué, cette évolution croissante des activités du PAC n'est toutefois pas à mettre sur le compte de la seule route Cotonou-Porto-Novo. Elle est, en effet, également due au fait que le port de Cotonou a récupéré le trafic en direction et en provenance du Burkina Faso et du Mali, en raison de la crise ivoirienne qui a fait perdre au port d'Abidjan sa situation de quasi-monopole pour ce qui est du désenclavement de ces pays.

En outre, par son caractère stratégique, la route Cotonou-Porto-Novo contribue au renforcement de l'intégration régionale en facilitant le transit ou le commerce inter et intra-régional. Ainsi, la part du transit dans le trafic-marchandises est passée de 31.29 % en 1999 à 48.78 % en 2008 (cf. Tableau n° 43). Au nombre de ces marchandises de transit, il y a les véhicules d'occasion qui, du fait de la route, vont plus facilement vers le Nigeria. La totalité des marchandises en transit vers le Nigeria emprunte la Cotonou-Porto-Novo. C'est également pour se rapprocher du Nigeria où elle écoule une grande partie de ses marchandises que la société CAJAF COMMON, gros importateur de produits congelés par le port, s'est positionnée au bord de l'axe. Tout comme CAJAF COMMON, d'autres entreprises comme la Société

[1] Nous reviendrons plus loin et en détail sur la question de la vente des véhicules d'occasion.

industrielle d'acier du Bénin (SIAB) se sont implantées au bord de cette artère après sa construction, sans compter les nombreux magasins d'entreposage, le développement du petit commerce et des petits métiers comme les mécaniciens, les vulcanisateurs, etc. pour le dépannage des usagers de la route.

L'impact économique des activités directes et indirectes induites par la nouvelle infrastructure routière est donc très significatif. En réalité, cette route contribue à créer une dynamique de stimulation des activités et de valorisation urbaine dans les communes desservies. Cet effet est particulièrement sensible pour les populations à faible revenu et également pour les femmes auxquelles la route aura fourni des opportunités importantes (notamment les petites activités commerciales). Ainsi, on observe la prolifération de petits commerces le long de l'axe depuis Cotonou jusqu'à Sèmè-Podji. Il s'agit surtout de femmes commerçantes vendant des denrées comme le pain sucré et des friandises à Cotonou, parfois au péril de leur vie, puisqu'elles n'hésitent pas à se faufiler entre les véhicules pour toucher une clientèle constituée de passagers à bord desdits véhicules ; entre le poste de péage d'Ekpè et la localité de Djèrègbé, des produits comme les noix de coco, la canne à sucre, les oranges, du poisson fumé, et l'indétrônable "essence kpayo" s'ajoutent au pain proposé par les vendeuses aux passagers. Installées à proximité de la route, parfois même sur la bande d'arrêt d'urgence – ce qui les expose à d'énormes risques –, ces vendeuses guettent l'arrêt des véhicules pour exposer aux passagers leurs produits. Selon une enquête menée par la mission de la BAD, les vendeuses installées autour des carrefours ont affirmé que la clientèle a quadruplé, mais aussi leur nombre à elles, depuis que la route a été refaite[1]. Si l'activité de ces vendeuses relève de l'informel et les expose à de grands risques, elle nourrit quand même bien des familles. C'est dire que le réaménagement de la route Cotonou-Porto-Novo contribue dans une certaine mesure à réduire le taux de chômage et donc à faire reculer les frontières de la pauvreté.

Dans cette même logique de réduction du taux de chômage, 15 % des 38 milliards de francs CFA dépensés pour les travaux de construction de l'infrastructure ont servi à couvrir les dépenses liées à la main-d'œuvre[2]. Au titre de cette main-d'œuvre, il y avait environ 300 petits emplois (main-d'œuvre non qualifiée). En 2009, les dépenses d'entretien courant (hors PTB) depuis la mise en service de la route ont été estimées à 50 millions de francs CFA. Une bonne partie de cet entretien se faisait en mode manuel, créant ainsi de nouveaux emplois temporaires. De plus, une cinquantaine de personnes se chargent des travaux de nettoiement (désensablement) de la voie qui coûtent environ 24 millions de francs CFA par an.

---

[1] Groupe de la Banque africaine de développement, *op. cit.*, octobre 2010, p. 11.

[2] *Ibid.*, Annexe 13 (Estimation faite par l'équipe commise par la BAD pour effectuer une mission d'évaluation du projet, du 30 novembre au 18 décembre 2009).

Par ailleurs, il y a l'exploitation du poste de péage/pesage pour lequel le concessionnaire employait, en 2009, 115 personnes pour une masse salariale annuelle de l'ordre de 245 millions de francs CFA dont une petite partie est destinée à des agents peu qualifiés (moins de 10 %). Le niveau de recouvrement du poste de péage atteint le plein potentiel. Il procure au Fonds routier des ressources non négligeables contribuant à l'entretien de la route (cf. chapitre 7).

En outre, le réaménagement de la route a offert plus de confort et de sécurité aux usagers. Mais ceci est très vite altéré par la tendance à l'excès de vitesse qui se fait sentir comme des effets pervers de l'amélioration de la route. Pour obliger les véhicules à réduire leur vitesse, surtout quand ils doivent traverser des agglomérations, des ralentisseurs (dos d'âne) ont donc été réalisés par endroits sur la route.

L'aménagement de la route a entraîné une valorisation foncière qui a profité aux propriétaires de parcelles dans la région de Sèmè, qui vendent leurs biens à de meilleurs prix et investissent le produit de la vente dans d'autres activités. Selon T. A. Houinsou, le prix de vente des parcelles situées le long de la route express Cotonou-Porto-Novo et aux abords des voies pénétrantes varie entre 6 et 8 millions de francs CFA[1], en 2011. Cette valorisation foncière, consécutive à la construction de la route, a pris de l'ampleur avec l'installation des parcs de vente de véhicules d'occasion le long de ladite route à la hauteur des localités de Sèkandji, Ekpè et Djèffa. Cette activité de commercialisation des véhicules d'occasion contribua à l'élargissement du parc automobile béninois, avec des implications diverses.

8.3. Extension du parc automobile et des gares routières : une conséquence des ventes de véhicules d'occasion

Apparue au Bénin dans les années 1980, l'activité de vente des véhicules d'occasion s'est rapidement épanouie, contribuant à l'agrandissement remarquable du parc automobile, ainsi qu'à l'extension géographique des gares routières, lieux par excellence d'organisation des activités de transport.

8.3.1. Essor rapide d'une activité spontanée

Communément appelés « venus de France »[2], les véhicules d'occasion ont timidement commencé par investir le marché béninois à la fin des années 1980, précisément pendant les vacances académiques 1988-1989. En effet, des étudiants béninois revenus de la France avaient ramené, pour leur usage personnel, des voitures qu'ils ont été obligés de revendre avant leur retour. La rentabilité de l'opération avait convaincu ces étudiants de la nécessité d'en

[1] T. A. Houinsou, *Infrastructures de transport routier et structuration de l'espace au sud-Bénin*, Thèse de doctorat unique en Géographie, Université d'Abomey-Calavi, p. 82.

[2] L'expression « venus de France » vient du fait qu'un grand nombre de ces véhicules d'occasion venait d'abord de la France avant que d'autres pays européens (Allemagne, Belgique, Suisse, Pays-Bas par exemple) et même les États-Unis n'entrent dans le jeu.

faire le commerce. Progressivement, le nombre d'acteurs s'est agrandi et l'importation des véhicules d'occasion a gagné du terrain, réduisant considérablement le marché des véhicules neufs. Le développement rapide de cette activité est en lien direct avec les effets de la crise économique des années 1980 et de la dévaluation du franc CFA de janvier 1994 qui ont substantiellement érodé le pouvoir d'achat des populations et rendu difficile pour ces dernières, l'achat de véhicules neufs. À tous ces facteurs ayant contribué à l'essor du trafic au Bénin, s'ajoute l'interdiction, en 1994, de l'importation de véhicules de plus de huit ans sur le territoire nigérian. En effet, le port de Cotonou étant réputé pour l'importation de véhicules âgés de plus de huit ans[1] ou parfois de plus de 10 ans[2], les opérateurs économiques nigérians s'accordaient avec ceux du Bénin pour faire transiter leurs véhicules d'occasion par le port de Cotonou d'où ils rejoignaient le Nigeria par voie de terre. Le Bénin est ainsi devenu un pays de transit pour les véhicules d'occasion.

À ces débuts, l'activité d'importation et de vente de véhicules d'occasion occupait l'enceinte portuaire, avant de se déplacer sur le terre-plein de la société de transit BETREXCO, puis dans la bande des 200 mètres. Ensuite, cette activité s'installa à Zongo puis à Akpakpa Dodomè, avant de s'établir depuis 2006 le long de la route Cotonou-Porto-Novo, à Sèkandji, Ekpè et Djèffa où de nombreux parcs de vente accueillant les véhicules à leur sortie du Parc Tampon Unique (PTU)[3] furent créés : le parc de Sèkandji (40 ha), le parc SEPPA (80 ha), le parc MIVVO (30 ha), le parc de Djèffa (30 ha), le parc d'Ekpè (30 ha) en sont quelques exemples.

Le tableau n° 44 expose l'évolution de l'importation de véhicules d'occasion au Bénin, de 1999 à 2006, en dissociant les véhicules en transit de ceux qui sont destinés à la consommation locale. Pour plus de lisibilité, nous décomposons ce tableau en deux autres éléments : un tableau et un graphique.

---

[1] Institut national de la statistique et de l'analyse économique (INSAE), *Importation et transit de véhicules d'occasion au Bénin*, Cotonou, novembre 2008, p. 19.

[2] Ceci est fort regrettable puisque le pays devient un "entrepôt", une porte d'entrée de vieux véhicules sources de pollution atmosphérique et esthétique/visuelle. Cette catégorie de véhicule est importée en violation flagrante de l'article 11 du décret n° 2000-671 du 29 décembre 2000 qui stipule que « tout véhicule ne peut être importé en République du Bénin, que si, sa durée d'utilisation n'excède pas dix ans pour les véhicules de tourisme et treize ans pour les véhicules utilitaires. Il devra, préalablement à son immatriculation, être soumis au contrôle physique et technique des services compétents du Ministère chargé des transports ».

[3] Le PTU est un parc de transit des véhicules d'occasion avant leur transfert vers les parcs de vente. Créé le 18 février 2001, il est étendu sur une superficie de 51 000 m^2 permettant d'y entreposer environ 5 000 véhicules. Depuis le 9 mai 2004, le PTU est géré par la Société béninoise des manutentions portuaires (SOBEMAP).

<u>Tableau n° 44</u> : Évolution du nombre de véhicules importés de 1999 à 2006

Années / Régimes		1999	2000	2001	2002	2003	2004	2005	2006
Mise en consommation		8 668	6 564	7 332	8 317	9 732	8 633	9 232	9 714
Transit	Nigeria	44 152	35 963	7 429	16 713	26 136	9 454	10 961	7 290
	Niger	73 666	145 303	224 496	208 911	160 579	126 823	135 133	191 415
	Autres pays	236	363	232	226	637	7 753	7 817	4 894
Total transit		118 054	181 629	232 157	225 850	187 352	144 030	153 911	203 599
Autres régimes douaniers		195	200	197	310	280	2 233	1 555	508
Total		**126 917**	**188 393**	**239 686**	**234 477**	**197 364**	**154 896**	**164 698**	**213 821**

Source : Institut national de la statistique et de l'analyse économique (INSAE), *Importation et transit de véhicules d'occasion au Bénin*, Cotonou, novembre 2008, p. 16.

<u>Tableau n° 45</u> : Évolution indiciaire du nombre de véhicules importés de 1999 à 2006

1999 = 100

Années / Régimes	1999	2000	2001	2002	2003	2004	2005	2006
Consommation locale	100	76	84	96	112	99	106	112
Transit	100	154	197	191	159	122	130	172
Autres régimes douaniers	100	102	101	159	143	1 145	797	260
Total	**100**	**148**	**189**	**185**	**155**	**122**	**130**	**168**

Source : L'auteur, sur la base des données du tableau n° 44.

Le commerce a donc progressivement pris de l'ampleur, au point où le Bénin est devenu un pays distributeur de ces véhicules usagés.

Graphique n° 9 : Évolution comparée du nombre de véhicules par destination de 1999 à 2006

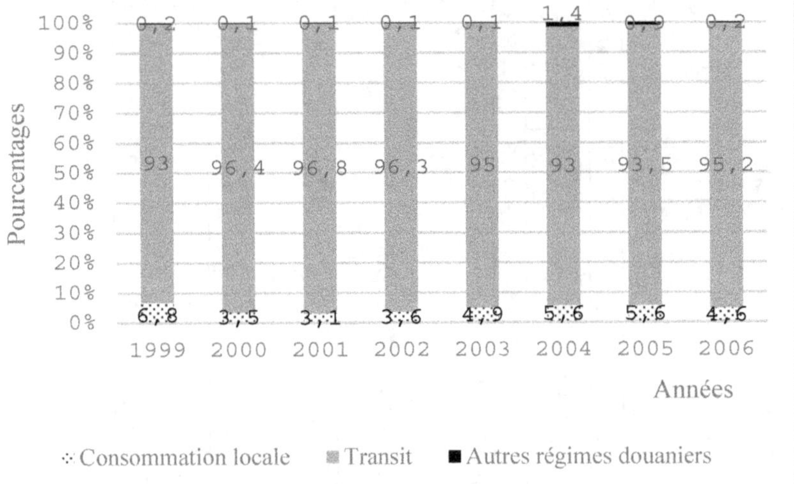

Source : L'auteur, sur la base des données du tableau n° 44.

Ces tableaux et les graphiques démontrent que c'est surtout le transit qui fait vivre le secteur des véhicules d'occasion en croissance au Bénin. Le pays importe donc ces véhicules pour les revendre majoritairement aux pays voisins, notamment le Niger et le Nigeria. Sur les huit années considérées par les tableaux, la part de véhicules destinés au Bénin n'a jamais atteint 7 % tandis que celle des véhicules en transit n'est jamais tombée en dessous de 93 %. L'observation des chiffres du tableau n° 44 donne à penser que le Niger est le premier consommateur des véhicules d'occasion transitant par le Bénin. En réalité, il s'agit d'une illusion, puisqu'il a été démontré que le circuit est détourné vers le Nigeria. En effet, pour bénéficier de la fiscalité moins élevée des marchandises à destination du Niger et en même temps pour contourner la législation de leur pays interdisant l'entrée des véhicules âgés de plus de cinq ans sur le territoire, les acheteurs nigérians déclarent le Niger comme pays de destination de leurs véhicules qu'ils déroutent par la suite sur le Nigeria[1].

Le commerce des véhicules d'occasion contribue à renflouer les caisses de l'État béninois de plusieurs manières, avec l'implication de nombreuses

[1] INSAE, *op. cit.*, 2008, p. 20.

structures étatiques aux côtés des acteurs du privé[1] ; participe à la création de beaucoup d'emplois (transitaires, déclarants en douanes[2], etc.). De la sorte, il participe à la formation du PIB ainsi qu'à la réduction de la pauvreté. Pour mieux comprendre ces aspects du trafic, il faut consulter des études comme le mémoire de maîtrise en économie de T. Adankannoudé et E. Vitoulé, portant sur *Le commerce des véhicules d'occasion au Bénin : avantages et inconvénients*, et le mémoire de maîtrise en sciences de gestion de G. Noudéké, sur la *Contribution du commerce des véhicules d'occasion à la réduction de la pauvreté au Bénin*, soutenus respectivement en 2006 et en 2008 à l'Université d'Abomey-Calavi.

Faire une dissertation sur l'importance du commerce des véhicules d'occasion pour l'économie nationale n'est précisément pas l'objet de notre préoccupation ici. En revanche, nous parlons de ce trafic juste pour montrer qu'il a contribué à agrandir le parc automobile du pays. En effet, l'importation des véhicules d'occasion permet au Béninois moyen de se doter d'un véhicule, ce qu'il n'aurait pas pu faire s'il n'y avait que les véhicules neufs aux prix prohibitifs à acheter. En l'espace de vingt ans, le parc automobile du pays s'est alors remarquablement agrandi.

8.3.2. Un parc automobile en pleine expansion

Les tableaux ci-après font le point de l'évolution du parc automobile béninois, de l'avènement du Renouveau démocratique en 1990 jusqu'à 2011.

[1] Le chiffre d'affaires annuel des gestionnaires de ces parcs et des importateurs dépasse 300 milliards de francs CFA (Groupe de la Banque africaine de développement, *op. cit.*, octobre 2010, p. 11.).

[2] De la fin des années 1990 jusqu'aux années 2000, ces métiers étaient très lucratifs, et les transitaires et autres déclarants en douanes faisaient partie de la couche la plus aisée de la population et suscitaient l'admiration populaire. Ceci a poussé beaucoup de jeunes à suivre à l'époque des formations en transit, si bien qu'à la fin, le secteur s'en est trouvé saturé.

Tableau n° 46 : Parc automobile* immatriculé par catégorie de 1990 à 1999 et indices

1990 = 100

Années	Voiture particulière	Camionnette	Camion	Tracteur agricole et routier	Remorque et semi-remorque	Bus	Autres véhicules**	Total	Indices
1990	*2 760*	575	145	66	76	32	1	3 655	100
1991	3 721	725	247	156	137	83	4	5 073	139
1992	4 712	827	383	242	208	62	1	6 435	176
1993	5 657	1 467	639	285	273	60	1	8 382	229
1994	4 510	1 144	466	190	193	39	1	6 543	179
1995	6 419	1 350	603	238	242	75	5	8 932	244
1996	*7 645*	1 374	613	234	269	199	8	10 342	283
1997	10 178	1 650	749	296	283	254	6	13 416	367
1998	10 624	1 757	801	363	338	309	5	14 197	388

1999	12 776	2 138	914	413	348	337	11	16 937	463
Total	**69 002**	**13 007**	**5 560**	**2 483**	**2 367**	**1 450**	**43**	**93 912**	
% par rapport au total	**73.5**	**13.9**	**6**	**2.6**	**2.5**	**1.5**	**0**	**100**	

*Nous n'avons pas tenu compte des motos et tricycles / **Chargeuse, chariot/grue, élévateur, porte-char, station wagon.

Source : Ministère des Travaux Publics et des Transports, Direction Générale des Transports Terrestres, *Annuaire statistique des transports terrestres*, n° 001, 2004, p. 17 et calculs de l'auteur.

Tableau n° 47 : Parc automobile* immatriculé par catégorie de 2000 à 2011 et indices (suite du tableau n° 46)

2000 = 100

Années	Voiture particulière	Camionnette	Camion	Tracteur agricole et routier	Remorque et semi-remorque	Bus	Autres véhicules**	Total	Indices
2000	*23 437*	4 274	1 543	720	688	599	24	31 285	100
2001	25 423	3 304	2 601	1 062	1 088	728	19	34 225	109
2002	15 782	2 990	1 348	1 061	870	693	27	22 771	73
2003	14 423	2 682	1 086	836	842	850	158	20 877	67
2004	16 752	2 832	1 098	862	1 034	952	646	24 176	77

2005	13 789	2 388	879	656	741	760	381	19 594	63
2006	*13 176*	1 999	692	765	693	620	101	18 046	58
2007	13 109	1 040	870	917	841	698	44	17 519	56
2008	17 150	2 609	1 138	1 123	1 042	861	22	23 945	76
2009	17 717	2 863	1 223	1 390	1 134	1 016	48	25 391	81
2010	17 181	2 578	1 071	1 415	1 190	944	79	24 458	78
2011	18 672	2 839	952	38	984	1 019	1 323	25 827	82
Total	**206 611**	**32 398**	**14 501**	**10 845**	**11 147**	**9 740**	**2 872**	**288 114**	
% par rapport au total	**71.7**	**11.2**	**5**	**3.8**	**3.9**	**3.4**	**1**	**100**	

*Nous n'avons pas tenu compte des motos et tricycles / **Chargeuse, chariot/grue, élévateur, porte-char, station wagon.

Source : *Annuaire statistique des transports terrestres*, n° 001, 2004, p. 17 : année 2000 ; *Annuaire statistique des transports 2001-2008*, Cotonou, mars 2014, p. 55 : années 2001-2008 ; *Annuaire statistique des transports 2009-2010*, décembre 2011, p. 16 : années 2009 et 2010 ; *Annuaire statistique 2013-2016*, juillet 2017, p. 45 : année 2011 et calculs de l'auteur.

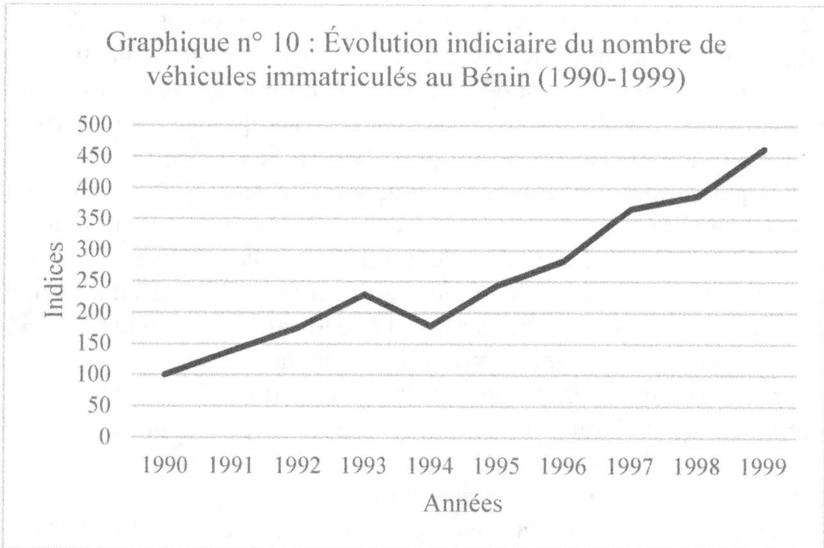

Graphique n° 10 : Évolution indiciaire du nombre de véhicules immatriculés au Bénin (1990-1999)

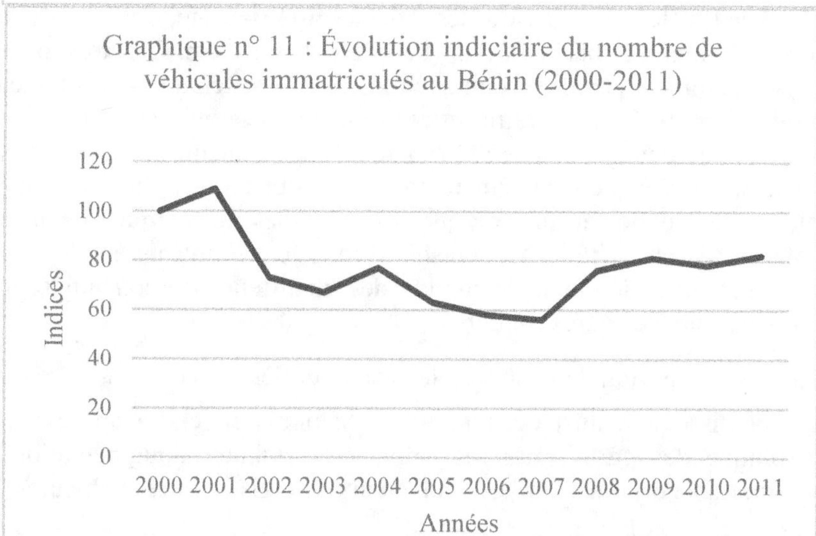

Graphique n° 11 : Évolution indiciaire du nombre de véhicules immatriculés au Bénin (2000-2011)

Source : L'auteur, à partir des données des tableaux n°s 46 et 47.

Les graphiques n° 10 et 11 montrent une croissance soutenue du parc automobile béninois entre 1990 et 1999. Le léger affaissement observé en 1994 ne charge rien à l'allure franchement ascendante de la courbe. La croissance s'est poursuivie jusqu'en 2001, avant de se rompre, à partir de 2002 pour laisser place à une baisse qui s'est prolongée jusqu'en 2007. Cette baisse pourrait se justifier par les difficultés du secteur de ventes de véhicules d'occasion dont l'évolution a accusé entre 2002 et 2004 un affaissement assez perceptible dans le tableau n° 45. Enfin, de 2008 à 2011, la croissance a repris, mais sans atteindre le rythme des années 2000 et 2001.

Dans cette évolution, les voitures particulières représentent plus de deux tiers du nombre total de véhicules et sont suivies par les camionnettes dont le pourcentage est légèrement supérieur à 10 %. La prédominance des voitures particulières ne saurait étonner, étant donné qu'avec les différentes améliorations apportées au réseau routier, le nombre de chauffeurs de taxi est allé croissant proportionnellement à l'agrandissement du parc automobile. Cette extension du parc automobile béninois est elle-même en rapport direct avec l'évolution du réseau routier depuis 1990, mais également avec l'essor de la vente de véhicules d'occasion qui permettent au Béninois moyen d'acquérir un véhicule. Cependant, le fait que le parc automobile béninois soit en pleine expansion ne signifie pas qu'il permet aux acteurs du transport que sont les chauffeurs d'offrir un service d'une qualité optimale, bien au contraire. La qualité du service laisse à désirer parce que les véhicules d'occasion importés sont généralement d'un âge très avancé[1] et ne font, par ailleurs, pas souvent l'objet d'un bon entretien.

D'une façon générale, la marque Peugeot a, pendant longtemps, été adoptée par les Béninois, surtout les modèles 404 (berline, break et bâchée), 504 (berline, break et bâchée), 505 (berline et break), etc. D'autres marques françaises comme Renault surtout avec les modèles Renault 4 (les fameuses R 4 voitures préférées des prêtres et des religieuses catholiques au Bénin des années 1980 au début des années 1990 au Bénin), Renault 12 ; Citroën, avec la Dyane, la 2 CV, étaient également présentes, tout comme Volkswagen avec la célèbre coccinelle, jusqu'à ce que les véhicules de marques japonaises[2] (Toyota et Nissan surtout, Mitsubishi, Honda, etc.) envahissent le marché béninois et particulièrement le monde des chauffeurs de taxi qui sont les premiers usagers des gares routières.

8.3.3. Structuration de l'espace : les gares routières

L'agrandissement du parc automobile béninois engendra une extension géographique des gares routières, suivant le rythme d'augmentation des acteurs du transport que sont les conducteurs de taxis et autres véhicules.

8.3.3.1. Répartition spatiale des gares routières à Cotonou et à Porto-Novo

En 2011, la ville de Cotonou seule dispose de treize gares routières et parkings de véhicules poids lourds répartis ainsi qu'il suit.

[1] Nous reviendrons plus loin sur l'âge des véhicules d'occasion importés au Bénin.

[2] Les voitures japonaises n'étaient pas, au départ, considérées comme des véhicules de qualité. Mais la crise économique des années 1970 et 1980 a favorisé le déluge des voitures de fabrication japonaise nettement moins gourmandes en carburant que les françaises sur le marché béninois.

Tableau n° 48 : Parkings et gares routières de Cotonou en 2011

Désignation	Superficie	Situation géographique	Mode de gestion
Gare routière du marché de Dantokpa	17 496 m^2	À l'extrémité ouest du pont Martin Luther King (nouveau pont) sur deux sites contigus, l'un au nord en face du bâtiment central du marché Dantokpa, l'autre au sud	Concédée à la SODECIB International SA par la CUC
Parc poids lourds de Todomè	14 583 m^2	Au sud du canal japonais, en face de l'hôtel Mawulé au bord de l'avenue du roi Ghézo rue n° 205	Les trois parcs sont concédés à la SODECIB International SA sur appel d'offres. Seul le parc de Xwlacodji est exploité par la SODECIB. Les autres font l'objet de cogestion.
Parc poids lourds de Xwlacodji	5 495 m^2	En face du collège de l'espoir Xwlacodji, à côté de la Société des ciments du Bénin (SCB)	
Parc Triangle de Dantokpa	9 837 m^2	En face de la SOGEMA à Dantokpa, au bord du boulevard Saint-Michel	
Parc du centre-ville de Ganhi	4 010 m^2	Centre commercial Ganhi, à côté du supermarché CODIPRIX, dans la rue 866	Concession à la Société Maréchal Nouvel Horizon
Parc du cimetière PK 14 (Godomey)	6 875 m^2	Au bord de la RNIE 1, devant le cimetière PK 14	Élaboration DAO en cours en vue nouvelle concession
Gare routière Jonquet	3 000 m^2	Au bord de la rue des cheminots derrière la mosquée centrale de Jonquet	Cogestion syndicats/CUC
Abomey Gare	-	Rue n° 114, deuxième à droite après le carrefour Van Vollehoven/Delorme à Bokossi Tokpa	Cogestion syndicats/CUC
Agonlin Gare	-	Derrière la place du Bicentenaire de la Révolution française, dans la rue n° 409	Cogestion syndicats/CUC
Gare routière du stade de l'Amitié	-	Nord-ouest du stade de l'Amitié, dans la rue n°2863, au bord de la RNIE 1	Cogestion syndicats/CUC
Gare routière de Houéyiho	-	Au bord de l'axe Cadjèhoun-Akossombo, devant la cité Houéyiho	Cogestion syndicats/CUC
Parc poids lourds de Godomey	-	Godomey, sur la voie pavée Godomey-Fidjrossè	Gestion conjointe de la SOBEMAP et de l'OCBN
La bande des 200 mètres : parc poids lourds	-	À l'est du port de Cotonou, sur la voie Hôtel du port- Bénin Marina Hôtel	Gérée par la SOBEMAP

Source : Ministère des Travaux Publics et des Transports, Ministère de l'Économie Maritime et des Infrastructures Portuaires, Direction de la Programmation et de la Prospective, *op. cit.*, 2014, pp. 52-53.

Le nombre et le maillage spatial de ces gares rendent compte de la place de la ville de Cotonou dans le système des transports au Bénin. En tant que nœud routier du pays, tout part de Cotonou et y aboutit. C'est la raison pour laquelle on retrouve à Cotonou des gares d'où des véhicules vont dans toutes les régions du pays. Par exemple, Agonlin gare est pratiquée par les chauffeurs et passagers allant à Agonlin.

La ville de Porto-Novo, quant à elle, ne compte que sept gares routières. Il s'agit de :

- la gare routière de Ouando : située à côté du marché Ouando, elle est la première gare routière de Porto-Novo, aussi bien par sa taille que par le trafic qu'elle draine. Gare de fortune, elle ne dispose d'aucune infrastructure[1], mais contrôle le trafic vers ou en provenance de plusieurs régions du pays : Cotonou (taxis et minibus), le département du Plateau (Sakété, Pobè, Kétou, etc., en taxis pour le transport des passagers ou avec des voitures bâchées lorsqu'il s'agit de l'acheminement de marchandises), les villes de l'intérieur comme Parakou, Djougou, Natitingou... par des bus.
- la gare du carrefour Catchi : gare de fortune, en plein air sans aucune infrastructure, elle est située dans le périmètre du carrefour de la place Catchi, à la croisée du boulevard extérieur et de la route pénétrante de Dowa (un quartier de Porto-Novo). Cette gare est à la disposition des passagers voulant se rendre à Cotonou par minibus ou par taxi. Installée au centre-ville de Porto-Novo, cette gare, par sa situation géographique, se positionne comme le noyau autour duquel gravitent les autres gares de la ville, à la manière de la structure d'un atome ;
- la gare routière du carrefour Adjarra-Docodji : située à environ un kilomètre de la précédente, cette gare est au centre d'un trafic aussi bien en direction et en provenance de Cotonou (via taxis ou minibus) que vers des destinations comme Sèmè ou Igolo, à la frontière bénino-nigériane (via taxis) ;
- la gare routière du carrefour Dangbéklounon : située sur la route pénétrante de Dowa, à moins d'un kilomètre de la gare de Catchi, elle est le point de départ et d'arrivée des bus faisant les longues distances (Parakou, Malanville, Natitingou, Djougou, etc.). La gare de Dangbéklounon est également le point de ralliement des voitures bâchées spécialisées dans les transports de marchandises vers diverses destinations, que ce soit Cotonou, le reste du département de l'Ouémé ou le département du Plateau ;
- la gare routière d'Oganla : située à l'emplacement de l'ancienne gare ferroviaire, elle accueille des minibus et des taxis en partance ou en provenance de Cotonou, des taxis en partance pour Hillacondji ou Lomé. La gare d'Oganla est née de la délocalisation de l'ancienne gare de Porto-

[1] L'emplacement destiné au parc se trouve normalement à l'intérieur du marché. Mais son exiguïté a poussé les usagers à sortir du marché et à s'installer le long de la route, au vu et au su des autorités de la mairie.

Novo (la seule de la ville pendant plusieurs années) sise à Ponto et qui a dû être déplacée parce que l'emplacement qu'elle occupait devait accueillir le nouveau siège de l'Assemblée nationale ;

- la gare du carrefour Kokoyè : c'est également une gare de fortune pour le départ et le retour de Cotonou des minibus de transport de passagers ;
- la gare routière de Saints Pierre et Paul : située dans le quartier au bord de la route Adjarra-Docodji- Adjarra, cette gare privée[1] est au cœur d'un trafic entre Porto-Novo et Cotonou via des minibus.

Véritables sources de revenus, ces gares routières font l'objet d'une gestion conjointe entre l'administration publique et les syndicats des transporteurs.

8.3.3.2. Un système de cogestion entre l'administration publique et les syndicats des transporteurs

Les gares routières ont pour mission d'assurer l'interconnexion entre les différentes localités du pays par les moyens de transport que sont les taxis-autos, les minibus et les bus dont elles assurent la coordination des mouvements. En tant que telles, elles sont des lieux de croisement de personnes venues d'horizons divers, dont le mode de gestion a évolué dans le temps. En effet, pendant longtemps, les gares routières ont été cogérées par le ministère de l'Intérieur, à travers ses structures décentralisées (les préfectures et les sous-préfectures) et les syndicats des transporteurs. En effet, les tickets que les conducteurs devaient acquérir à chaque chargement étaient émis par le Trésor public pour le compte du ministère de l'Intérieur. Le produit issu de la vente de ces tickets par les syndicats était réparti entre le Trésor public et les syndicats à concurrence de deux tiers pour le premier et un tiers pour le second.

À l'avènement de la décentralisation en 2003, le Ministère de l'Intérieur s'est éclipsé au profit des mairies qui sont devenues les cogérants avec les syndicats. Les usagers des gares que sont les conducteurs sont soumis à deux principales taxes dont les montants sont fixés par les autorités communales ou municipales. Il s'agit de la taxe de stationnement et de la taxe de chargement. À Cotonou par exemple, les recettes issues de la vente des tickets de stationnement et de chargement émis par la mairie sont réparties ainsi qu'il suit : 20 % sont destinés aux structures de gestion pour couvrir les charges liées à leur fonctionnement ; les syndicats bénéficient de 40 %, et les 40 % restants sont reversés dans les caisses de la mairie. Par ailleurs, 10 % des recettes issues de la taxe de stationnement sont ristournés aux syndicats par la mairie[2].

---

[1] Elle appartient à l'homme d'affaires Joseph Midodjiho communément appelé Oloyé.
[2] T. A. Houinsou, *op. cit.*, p. 126.

L'Union nationale des conducteurs du Bénin (UNACOB) est le premier syndicat des conducteurs de taxis-autos et autres véhicules de transport. D'elle sont sorties plusieurs formations syndicales émiettées, donc en définitive peu efficaces pour défendre les intérêts de la corporation. Le premier-né de l'UNACOB est l'Union des conducteurs et transporteurs interurbains du Bénin (UCTIB) créé en 2003. Après elle sont nées des formations comme le Syndicat national des conducteurs transporteurs du Bénin (SYCOTRAB), le Syndicat national des conducteurs bus du Bénin (SNCBB), etc.

Plusieurs raisons ont encouragé cette prolifération des syndicats dans le secteur. Il y a d'abord les sanctions parfois abusives que prennent les syndicats à l'égard des conducteurs qu'ils sont censés défendre et qui créent des mécontentements. L'appât du gain est le second élément important à inscrire sur le registre des raisons justifiant la création tous azimuts de syndicats. En effet, bien des responsables syndicaux se sont immensément et bien souvent illicitement enrichis en instituant un système de gestion opaque des fonds provenant des gares routières. Pour T. A. Houinsou, « les responsables syndicaux ont presque transformé les gares routières en biens propres, manquant de politesse envers les usagers et conducteurs, et menaçant les conducteurs dont ils sont censés défendre les intérêts »[1]. Prétextant de vouloir faire une gestion plus transparente des ressources, des transporteurs se désaffilient de leurs organisations de base pour en mettre en place d'autres qui, en réalité, ne font que pérenniser le même système de gestion. Enfin, l'entrée dans le transport d'anciens fonctionnaires reconvertis en transporteurs, après leur départ volontaire de la fonction publique dans le cadre de l'exécution des programmes d'ajustement structurel (PAS) a aussi contribué à l'émergence de nouveaux syndicats, ces nouveaux transporteurs ne voulant pas s'associer aux anciens généralement moins instruits[2]. Cet intérêt d'anciens fonctionnaires pour le transport n'est-il pas la preuve que le métier de transporteur est pourvoyeur de revenus non négligeables ?

8.3.3.3. Le métier de transporteur nourrit-il son homme ? L'histoire d'une vie

La réponse à cette interrogation se lit à travers l'histoire de la vie d'un homme, un ancien chauffeur de voitures et de camions, septuagénaire (il est né vers 1947), nommé Gabriel Tochoédo, que nous avons interrogé, à deux reprises chez lui, au quartier Djègan-Kpèvi à Porto-Novo. Le premier entretien a eu lieu le dimanche 26 juillet 2020, de 19 heures 13 minutes à 21 heures 19 minutes. La quête de précisions et d'informations complémentaires nous a

[1] T. A. Houinsou, *op. cit.*, p. 136.

[2] Entretien réalisé le 15 mars 2020 avec les conducteurs suivants, à la gare routière d'Oganla : Allovokpinhou Michel, chauffeur, 61 ans, 33 ans d'ancienneté dans le métier ; Adovoékpé K. Henri, chauffeur et syndicaliste, 54 ans, 29 ans d'ancienneté ; Oké Gilbert, chauffeur, 51 ans, 15 ans d'ancienneté ; Assogba H. Patrice, chauffeur et syndicaliste, 49 ans et 24 ans d'ancienneté ; Agbodjogbé Sylvestre, chauffeur et syndicaliste, 48 ans, 24 ans d'ancienneté.

obligé à solliciter une deuxième fois l'homme, deux semaines plus tard, pour nous entretenir encore avec lui pendant environ une heure d'horloge.

- De l'apprenti chauffeur au conducteur de camion

Après une courte scolarisation[1], le jeune Gabriel Tochoédo quitta son village maternel Gbozounmè (Avrankou) pour rejoindre le quartier Houinmè à Porto-Novo où il se mit, entre 1962 et 1963, en tant qu'agent domestique au service de Julien Gnambodè, maire de Porto-Novo. En 1963, il renonça à ce travail pour se mettre en apprentissage de conduite de camions auprès d'un riche transporteur, propriétaire d'une dizaine de camions, Avocègan Kinsou, un parent à lui, résidant au quartier Guévié, à Porto-Novo. Ayant fait, au même moment que d'autres jeunes, des années d'apprentissage dans des camions allant prélever du sable marin à Sèmè[2] ou allant charger du bois de chauffe dans différentes localités de l'actuel département du Plateau au Bénin (Sakété, Pobè, Kétou, etc.), Gabriel Tochoédo eut son permis B, le 10 octobre 1968, suivi des permis C (26 avril 1969) et D (22 avril 1976). Ces différents permis le rendaient apte à conduire aussi bien les voitures de tourisme que les poids lourds et les bus et minibus. Une fois les permis obtenus, le jeune homme troqua, dès 1969, son manteau d'apprenti contre celui de conducteur de camion de sable, toujours au service de son beau-frère. En tant que tel, il gagnait un salaire hebdomadaire de 1 200 francs CFA, après avoir conduit du lundi au samedi. Ce salaire ne valant pas grand-chose, le conducteur parvenait quand même à arrondir ses fins de mois en prenant à l'aller comme au retour des passagers[3] en partance pour ou revenant de Sèmè, parfois avec des marchandises. Il encaissait alors parfois jusqu'à 1 000 francs par passager, en fonction de la quantité de marchandises détenue par ce dernier. Or un camion pouvait faire jusqu'à neuf voyages par jour à l'époque, ce qui rendait ces gains relativement consistants et permettant au conducteur de ne pas trop souffrir de la modicité des 1 200 francs hebdomadaires.

Déjà apprenti, le jeune Gabriel se faisait un peu d'argent. En effet, il advenait parfois que les manœuvres chargés de remplir les camions de sable soient en faible effectif à la plage de Sèmè. Dans ce cas, les apprentis les aidaient à la tâche, de sorte qu'à la fin, ils partageaient avec ces manœuvres les 600 francs CFA environ qu'ils percevaient par camion rempli. Quatre personnes se répartissaient cet argent. Lorsqu'on considère les neuf voyages probables qu'un camion de sable pouvait faire journellement, et qu'on suppose même que l'apprenti prenait 100 francs CFA par camion, ça lui faisait un gain journalier de 900 francs CFA, une somme importante en ces années 1960. Mais il y avait parfois des jours creux. De même, en suivant les camions de chargement de bois de chauffe, les apprentis qui chargeaient et

[1] Il a une fois été au Certificat d'études primaires élémentaires (CEPE) sans succès.

[2] Sèmè est une localité côtière du Bénin où pendant longtemps se pratiquait l'activité d'extraction du sable marin utilisé dans les différents travaux de construction. L'interdiction de cette utilisation, très récente, vise à lutter contre le phénomène de l'érosion côtière.

[3] Cette pratique avait duré des années avant d'être finalement interdite.

déchargeaient les fagots étaient payés à 400 francs au chargement et la même somme au déchargement par le propriétaire de la marchandise. Pendant qu'il était en apprentissage, Gabriel Tochoédo avait donc fait toutes ces expériences.

Après le décès de son premier patron, Avocègan Kinsou, entre 1971 et 1972, Gabriel Tochoédo passa au service d'un certain El Hadj Simba qui résidait au quartier Kokoyè, toujours à Porto-Novo. Il conduisit pendant un certain temps pour le compte de ce dernier un camion de bois de chauffe, contre un salaire mensuel de 20 000 francs. La chute de l'activité amena le propriétaire du camion à abandonner, faisant perdre au chauffeur son travail.

En tout, Gabriel Tochoédo travailla pour le compte de ces deux propriétaires de camions de 1969 à 1972, avant d'acquérir son premier véhicule.

- Le chauffeur propriétaire

Pendant qu'il cherchait un nouvel emploi, l'homme allait passer du temps dans le garage d'un mécanicien nommé Boniface Houndjo, originaire du même village que sa mère. Il eut alors la chance de tomber, en cette année 1972 sur l'opportunité d'une 2 CV à vendre par un instituteur, à 110 000 francs CFA. Le mécanicien lui proposa d'acheter le véhicule et de se lancer dans le taxi intra-urbain à Porto-Novo, idée qu'il épousa aussitôt. N'ayant personnellement pas la somme requise, Gabriel Tochoédo alla poser le problème à sa mère, une commerçante relativement prospère installée à Gbozoumè. Sans difficulté, la dame lui remit la somme de 110 000 francs et il put acquérir le véhicule. Le lendemain de l'achat, très tôt le matin, il se rendit chez sa mère au volant de la 2 CV et reçut la bénédiction maternelle.

Quelques petites réparations faites, et la peinture du véhicule renouvelée, l'homme se lança effectivement dans le taxi intra-urbain à Porto-Novo comme prévu. L'activité marchait si bien qu'après seulement trois ans d'exercice, donc en 1975, il acquit une parcelle d'une superficie d'environ 770 m^2 à 180 000 francs au quartier Djègan-Kpèvi, à Porto-Novo. Mieux, en l'espace de cinq ans au maximum, il put, en plus de la voiture que lui-même conduisait, acheter deux autres 2 CV qu'il confia à des chauffeurs. Ces derniers, payés à 18 000 francs par mois, faisaient un point journalier à leur patron. Journellement, chaque chauffeur lui remettait chaque soir une somme variant entre 5 000 francs et 8 000 francs. Pendant que le propriétaire lui-même totalisait personnellement entre 14 000 francs et 16 000 francs, parfois même, 20 000 francs. C'est dire que les chauffeurs faisaient des profits personnels relativement importants sur le dos de leur employeur. Au déclin de cette activité, ces chauffeurs versaient parfois 4 500 francs ou 3 000 francs, même 2 500 francs à la fin d'une journée. Le tarif de transport par passager a évolué *crescendo* : il était au départ de 25 francs, puis 35 francs, 80 francs, 85 francs, 90 francs. C'est au moment où le coût a atteint 90 francs que commença la déchéance de l'activité. Lorsque c'est passé à 100 francs, c'était la fin, puisque les clients se sont détournés vers le taxi moto qui émergeait et qui leur revenait moins cher.

Tout calcul fait, avec ses trois véhicules en circulation, Gabriel Tochoédo engrangeait une somme largement supérieure à 500 000 francs, le mois, en ces années 1970, pendant que les pièces de chaque véhicule ne lui coûtaient qu'entre 60 000 francs et 70 000 francs[1], l'année. Les revenus mensuels de l'homme le plaçaient alors carrément au même niveau que les plus hauts cadres du pays à l'époque. Ce succès s'expliquait par l'abondance de la clientèle qui permettait aux chauffeurs de faire plusieurs tours dans une journée. Avec ce qu'il gagnait et les tontines auxquelles il souscrivait, Gabriel Tochoédo engagea très vite l'agrandissement de sa maison qu'il voulait plus décente et confortable.

Si la prospérité était au rendez-vous, le métier avait aussi ses risques. Notre interlocuteur a connu une mésaventure qui l'a marqué. Un soir, entre chien et loup, alors qu'il avait fini sa journée et faisait route vers son domicile, il fut interpellé par une bonne dame qui le sollicita pour le transport de quelques paquets de sucre de contrebande, sans lui expliquer qu'il s'agissait d'un produit prohibé. En fait, une autre 2 CV faisait le transport depuis le matin, et avait déjà fait trois voyages avant de tomber en panne alors qu'il restait encore un tour à faire, soit seulement dix paquets de sucre à transporter. C'est pour ce dernier tour que Gabriel Tochoédo a été sollicité, alors que la mèche avait déjà été filée aux agents des douanes par les voisins de quartier de la propriétaire de la marchandise.

À peine le chauffeur avait-il chargé les dix paquets et s'était engagé sur la voie qu'une voiture bâchée, s'est dirigée vers lui. Visiblement, le conducteur de la bâchée voulait entrer en collision avec lui. Tentant d'éviter le choc avec la bâchée à bord de laquelle il y avait des individus, en fait des douaniers en tenue civile, Gabriel Tochoédo dut s'arrêter. Les douaniers déguisés lui demandèrent de déposer un de leurs éléments à Adjarra-Dokodji, quelques kilomètres plus loin. Jusque-là, le pauvre chauffeur n'avait pas compris qu'il avait été intercepté par les douaniers. Chemin faisant, l'inconnu embarqué lui demanda ce qu'il avait transporté et qui faisait grincer les amortisseurs du véhicule. Naïvement, il lui répondit qu'il s'agissait de quelques paquets de sucre.

Arrivé à Adjarra-Dokodji, l'inconnu refusa de descendre, et intima au chauffeur l'ordre de le conduire directement au poste de douanes. Au lieudit, il fut enfermé dans un magasin avec sa voiture. Grâce à la bienveillance du gardien des lieux, il put entrer en contact avec un gendarme, proche parent de son épouse, par l'intermédiaire de son apprenti.

Le gendarme ami entama les négociations/supplications. De la somme de 1 800 000 francs exigée, les douaniers acceptèrent difficilement 950 000 francs. Le gendarme avança 500 000 francs et le chauffeur, lui-même alla

[1] Il s'agissait de l'assurance, de la visite technique, des vignettes, etc.

emprunter chez un usurier les 450 000 francs restants. La somme a dû être payée avant qu'il ne soit libéré avec la voiture, la marchandise étant saisie. La propriétaire des paquets de sucre s'était tout simplement volatilisée dans la nature.

Cette mésaventure le contraignit à brader 10 tonnes de ciment qu'il avait achetées, à la suite d'une tontine pour achever la construction de sa maison afin de se libérer d'une partie de la dette. Mais par la suite, en quatre mois seulement, il a pu réunir plus de 950 000 francs, pour s'acquitter de ses dettes, tant auprès de l'usurier que du gendarme, avec un supplément de 150 000 francs comme cadeau à ce dernier. Ceci a contribué à renforcer davantage les liens entre eux jusqu'au décès du gendarme. C'est dire que cette mésaventure n'a pas porté le coup de grâce à son activité de transporteur, mais l'a amené à refuser tout transport de marchandises par lui-même et par ses chauffeurs.

Au début des années 1980, le taxi urbain à Porto-Novo céda progressivement le terrain au taxi-moto communément appelé *Zémidjan* pour disparaître totalement après. La baisse de l'activité des taxis-voitures jumelée aux mauvais comportements développés par les deux employés-chauffeurs contraignirent Gabriel Tochoédo à vendre ses deux 2 CV l'une après l'autre, et à conduire son propre véhicule jusqu'à l'extinction des taxis urbains dans la ville, après le second boom pétrolier (1979) où Porto-Novo fut submergée de taxis-motos Yamaha, Suzuki ou Honda. Après la vente de son dernier véhicule, l'homme tenta une expérience non concluante de transport interurbain, avant de revêtir le costume de *Zémidjan man.*

- De l'expérience malheureuse du transport interurbain à la conversion en *Zémidjan man*

Gabriel Tochoédo finit par vendre son propre véhicule en 1982, et décida de se tourner vers le transport interurbain. Il fit une expérience amère qui l'amena à renoncer immédiatement et définitivement à ce type de transport, et ceci dès le premier jour. Il s'est mis au service du propriétaire d'un véhicule dit « neuf places » avec lequel il comptait faire le trajet Pobè-Cotonou. Le premier jour de conduite a été très peu concluant. Il s'en est, en effet, sorti avec une dette : il n'a même pas pu trouver de quoi rembourser le carburant acheté à crédit à Ifangni (8 000 francs) ni payer les 11 000 francs qu'il devait verser le soir au propriétaire du véhicule. Ce dernier se consola avec 6 000 francs pendant qu'il ne restait que 500 francs pour le chauffeur lui-même. Une journée somme toute perdue pour celui qui, avec sa propre 2 CV, pendant les bons moments du transport urbain, pouvait engranger jusqu'à 20 000 francs en l'espace d'une journée. Cette terrible expérience débuta par des heures passées sur le parc de Pobè à attendre des clients, du matin jusqu'à 17 heures pour ne partir de là qu'avec seulement quatre clients à bord, dans l'espoir d'en trouver d'autres pendant le parcours. Mais il n'en trouva point et conduisit jusqu'à Cotonou avec ses seuls quatre passagers.

À son retour, il remit tout simplement les clefs du véhicule au propriétaire, renonçant à ce travail. Il aurait peut-être pu patienter, puisque bien des chauffeurs vivaient de ce type de transport ; ce n'était peut-être pas un bon jour pour lui, mais toujours est-il qu'à la fin de la journée, il n'a plus voulu rééditer l'expérience. Dès lors, il se tourna vers le nouveau type de transport qui émergea dans la ville-capitale, le taxi-moto dit *Zémidjan*. Cette fois encore, c'est sa mère qui lui donna le coup de main de départ. En ce moment, sa mère acquit une moto Yamaha neuve du Nigeria avec l'intention de la confier à un conducteur et se faire quelques revenus supplémentaires. C'est cette moto que Gabriel Tochoédo enfourcha pour s'adonner à sa nouvelle activité de *Zémidjan man*.

Conducteur de *Zémidjan* en 1986, il avait une recette journalière oscillant entre 6 000 francs et 8 000 francs, des gains largement supérieurs à ce qu'il avait vers la fin du taxi urbain à Porto-Novo. Mais le 20 décembre 1990, après quatre années, il abandonna cette activité éprouvante pour être recruté en tant que conducteur de véhicules à l'hôtel Dona, à Porto-Novo. Il y passa 18 ans.

En somme, le métier de chauffeur a permis à notre interlocuteur de subvenir amplement aux besoins des huit enfants qu'il a eus de trois différentes femmes. Aujourd'hui, il est au repos, mène une vie tranquille, conduit par moments des particuliers qui sollicitent ses services. Il compte également sur l'aide de ses enfants.

L'histoire de Gabriel Tochoédo est la parfaite illustration de ce que le métier de transporteur avait bien nourri son homme. Car, apprenti-chauffeur, employé-chauffeur au service d'un patron propriétaire de véhicules ou devenu employeur lui-même ou reconverti en simple *Zémidjan man*, il a réussi à se donner une vie décente, malgré quelques mésaventures de courte durée. Mais le nombre croissant de transporteurs réduit la rentabilité du métier. En effet, avec le succès de la vente des véhicules d'occasion, un grand nombre de Béninois ont acquis des véhicules qu'ils ont mis dans le transport. Mieux, les départs volontaires de la fonction publique introduits par les PAS (1991-1996) ont conduit vers le transport beaucoup d'anciens agents de l'État. En dehors de ceux-ci, un grand nombre de personnes viennent dans le transport pour peu que leur métier de base ne prospère pas. Tant et si bien qu'à la fin, il y a un grand nombre de véhicules dans la circulation par rapport aux besoins réels. Même l'amélioration du réseau routier ne change pas la situation des chauffeurs. Par exemple, la modernisation (1998 et 2004) de la route Cotonou-Porto-Novo qui, autrefois, était une voie à double sens donc peu large et dégradée avec le temps n'a pas entraîné une augmentation du nombre de tours de voyage journaliers par chauffeur. La reconversion de certains conducteurs de taxis-voitures en conducteurs de taxis-motos est donc demeurée un phénomène quasi permanent.

Au total, le développement fait tout au long de ce chapitre démontre l'importance économique et sociale de la route pour un pays comme le Bénin. Mais, ceci n'est qu'une vue sous un certain angle. Sous un autre angle, on voit que la route comme infrastructure prépondérante de transport dans un pays, qui plus est, un pays à économie dominée comme le Bénin, ne présente pas que des avantages. Bien au contraire !

Chapitre 9 : La prépondérance de la route : l'option qui renforce la dépendance

La route ne présente pas que des aspects positifs. Elle a des inconvénients aussi énormes que ses avantages. Ce chapitre met en relief le revers de la médaille.

9.1. De nombreux atouts pour un transport multimodal

Pays bien arrosé, jouissant d'un relief peu accidenté, le Bénin dispose de nombreuses potentialités susceptibles de permettre une diversification des moyens de transport.

9.1.1. Un système fluvio-lagunaire bien fourni, mais négligé

Le Bénin est un pays bien arrosé, du Nord au Sud, même si ses cours d'eau ont des débits modestes et un régime irrégulier[1]. En effet, ils connaissent des périodes de hautes eaux qui correspondent généralement à la crue et des périodes de basses eaux qui s'assimilent à l'étiage. Dans leur ensemble, les étendues d'eau du Bénin présentent des avantages certains, mais malheureusement sous-exploités pour les transports.

N. Agossou, dans son ouvrage *Fondamentaux de géographie du Bénin*, classe les cours d'eau en quatre bassins d'inégale importance. Il s'agit des bassins du Niger, de la Volta, du Mono-Couffo et de l'Ouémé. Le bassin du Niger est constitué des rivières Mékrou (480 km), Alibori (427 km) et Sota (254 km)[2] qui sont toutes des affluents du fleuve Niger servant lui-même de frontière entre le pays éponyme et le Bénin sur 120 km, pour une limite totale de 277 km[3]. Le bassin de la Volta se compose du fleuve Pendjari (420 km) et du Perma. Quant au bassin du Mono-Couffo, on y retrouve le Couffo, fleuve long de 190 km dont 170 se trouvent au Bénin et le reste au Togo voisin ; il se jette dans la lagune Ahémé puis dans l'océan Atlantique par le Haho[4]. Le second fleuve se trouvant dans ce bassin est le Mono. Long de 500 km, ce fleuve sert de frontière entre le Bénin et le Togo sur son cours inférieur (100 km) et se jette dans l'Atlantique par la *Boca del Rio*[5]. Enfin, dans le bassin de l'Ouémé se retrouvent le fleuve du même nom et ses affluents. Avec 608 km de long, l'Ouémé est le plus grand fleuve du Bénin, traverse la plus grande partie du territoire national, depuis sa source dans l'Atacora jusqu'à l'Océan Atlantique en passant par la lagune Nokoué. Les principaux affluents de l'Ouémé sont : l'Okpara (362 km), le Yérou Maro et le Bèfa sur la rive gauche, le Térou, l'Adjiro, le Zou (250 km) sur la rive droite.

---

[1] N. Agossou, *Fondamentaux de Géographie du Bénin*, Porto-Novo, Éditions populaires africaines, 2016, p. 22.

[2] *Ibid.*

[3] *Ibid.*, p. 11.

[4] *Ibid*, p. 22.

[5] La bouche du fleuve maladroitement traduite par une formule devenue populaire : la bouche du roi.

Ces cours d'eau sont complétés par des plans d'eau : les lacs et lagunes. Au titre des lacs, on ne peut retenir que le lac Toho, petite étendue d'eau de 15 km^2. Quant aux lagunes plus nombreuses, il y a la lagune Nokoué (150 km^2), la lagune Ahémé (78 km2), la lagune de Ouidah (40 km^2), la lagune de Porto-Novo (35 km^2), la lagune de Grand-Popo (15 km^2).

Carte n° 9 : Hydrographie du Bénin

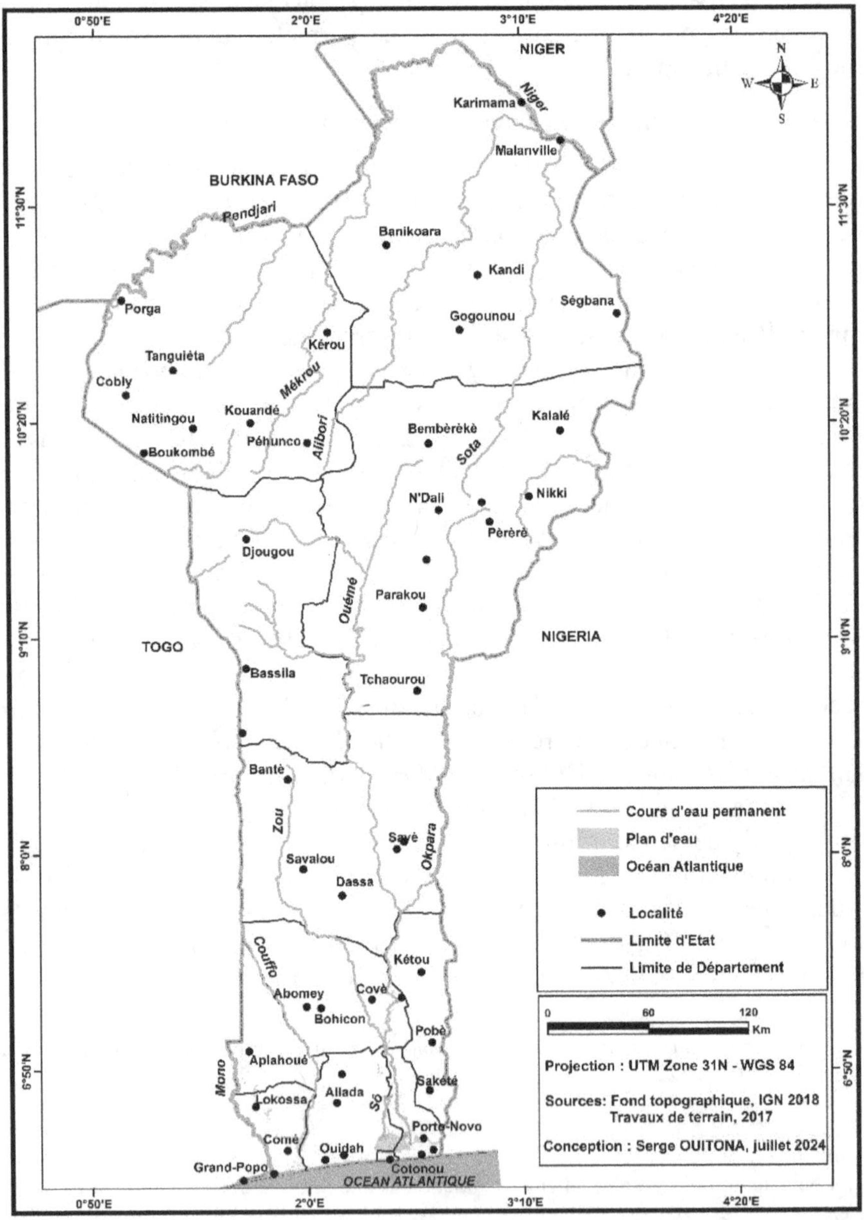

Cette carte hydrographique du Bénin présente, pour les transports, d'immenses potentialités, mais sous-exploitées. En effet, ces étendues d'eau sont d'importantes voies de communication pour le transport des personnes et des biens, non seulement à l'intérieur du Bénin, mais également vers les pays voisins comme le Nigeria, le Togo, le Niger. Ils offrent la possibilité de désenclaver les zones agricoles, promouvoir le tourisme et développer un système de transport public et même privé, comme c'est le cas à Abidjan avec la société des transports abidjanais (SOTRA), une entreprise publique disposant de bateaux pour assurer le transport des passagers sur la lagune d'Abidjan, aux côtés d'opérateurs privés, et de bus pour le transport routier.

Ces voies d'eau ne nécessitent pas la construction d'importantes infrastructures, donc pas d'investissements lourds, pas d'entretien. L'essentiel des investissements sert à l'acquisition des bateaux et autres barques, l'érection d'embarcadères et de débarcadères, etc. Ainsi, le transport par voie d'eau, à la différence du transport par voie de terre, est écologique puisqu'il n'engendre presque pas de dégradations de l'environnement. Il constitue alors une belle solution, du moins un bon complément au transport routier.

Mais dans les faits, pendant la période coloniale, ce type de transport était marginal[1] (cf. tableau n° 16). Plus de cinquante ans après l'accession du pays à l'indépendance, c'est le statu quo. Le *Rapport exposant l'état du secteur des transports de la République du Bénin* de 2007 à 2011 confirme le caractère embryonnaire du transport fluvio-lagunaire au Bénin ainsi que l'inexistence du moindre programme pour son développement. C'est seulement à partir de 2005 que la possibilité de lancer des études sur la navigabilité des cours et plans d'eau du Bénin a été envisagée par la direction de la marine marchande, sans aucun résultat concluant en 2011. Ceci traduit l'inexistence d'une volonté politique franche pour développer le sous-secteur, en dépit du diagnostic posé et des objectifs de développement clairement définis dans la *Stratégie sectorielle des transports actualisée (2007-2011)*. En effet, l'objectif global visé qui est de développer un système de transport fluvio-lagunaire sur les plans et cours d'eau navigables du Bénin se décline en deux objectifs spécifiques : désenclaver les zones lacustres desservies par les cours et plans

---

[1] A. Adandé, s'appuyant sur les travaux de C. W. Newbury (*Western Slave Coast and its Rulers*, Oxford, 1961, p. 3) et R. Law ("Trade and politics behind the Slave Coast : the lagoon traffic and the rise of Lagos, 1500-1800, In *Journal of African History*, 24, 1983, p. 321), évoque l'existence, avant la colonisation, d'une voie d'eau continentale d'une longueur de 600 km, allant de Kéta à l'ouest jusqu'à Bénin (dans l'actuel territoire du Nigeria) à l'est. Sur cette voie s'effectuait le transport des personnes et des biens pratiquement sans rupture de charge, avec comme grandes étapes : Ijebu, Lagos, lac Nokoué, Djêkin et Offra, Grand-Popo et Petit-Popo, actuel Anèho (A. Adandé, *Togoudo-Awutè, capitale de l'ancien royaume d'Allada. Étude d'une cité précoloniale d'après les sources orales, écrites et les données de l'Archéologie*, Thèse de doctorat de 3e cycle, Université de Paris I Panthéon-Sorbonne, 1984, p. 297). La disparition ou l'abandon de cette importante voie fluvio-lagunaire qui mettait les passagers à l'abri des désagréments liés à la houle ou la barre de l'océan constitue donc un recul dans l'évolution des transports sur toute la côte de la baie du Bénin.

d'eau, et promouvoir les services de transport fluvio-lagunaire. Cinq axes stratégiques ont été définis pour permettre d'atteindre des objectifs de développement du sous-secteur.

Le premier axe concerne la réalisation de l'étude du plan de développement fluvio-lagunaire qui permettra d'envisager des actions susceptibles de promouvoir le transport fluvial, le tourisme et de désenclaver les zones lacustres. Cette étude touchera essentiellement deux volets : la navigabilité des principales voies d'eau du Bénin et les potentialités des cours d'eau et de leurs berges. Le deuxième axe, qui devra suivre la phase de l'étude, se rapporte à l'aménagement des voies navigables sur les plans et cours d'eau. En effet, la promotion du transport fluvial et du tourisme ne pourra être possible que si les conditions de leur développement sont remplies, notamment si les investissements de base nécessaires sont réalisés et si les voies d'eau identifiées comme navigables sont aménagées. Il s'agit de la création de lignes de desserte fluviale des villes et localités situées sur les berges des cours et plans d'eau, l'aménagement de ces berges et la construction d'embarcadères et de débarcadères.

Quand bien même le transport fluvio-lagunaire est écologique, le troisième axe stratégique se penche sur la gestion des aspects environnementaux et sociaux de ce mode de transport, qui implique l'élaboration d'un plan de gestion spéciale environnementale et sociale d'une part, et des normes de sécurité d'autre part. Le quatrième axe stratégique est celui de la promotion des moyens intermédiaires de transport fluvial. Il comporte une étude devant permettre la définition des normes de construction des barques et autres moyens, et la promotion des ateliers de construction des barques. Le dernier axe concerne la promotion des PME de transport fluvio-lagunaire. Car, le développement de ce sous-secteur ne serait pas possible sans l'implication des acteurs privés. C'est pourquoi il est prévu de réaliser une étude de l'offre et de la demande de transport fluvio-lagunaire, de définir le cadre réglementaire de ce mode de transport, ainsi que les dispositions favorables à l'émergence des PME dans le sous-secteur.

En clair, tout est déjà pensé pour l'épanouissement du transport fluvio-lagunaire ; les actions stratégiques à mener pour l'essor de ce mode de transport sont identifiées. Mais la volonté politique pour passer à l'acte ne suit pas. La conséquence en est que le transport fluvio-lagunaire n'est pour l'instant utilisé que par les populations de manière artisanale pour déplacer des voyageurs et surtout des marchandises dont des produits de contrebande comme l'essence en provenance du Nigeria, dite essence *kpayo*[1]. Les engins utilisés vont de la simple pirogue avec pagaie ou perche aux grandes barques motorisées.

---

[1] Terme utilisé en *goungbé* et *fongbé* (deux langues nationales du Bénin) pour désigner un produit contrefait. Le mot sert ici à désigner l'essence de contrebande.

De la même manière que les potentialités hydrographiques du Bénin ne sont pas exploitées à bon escient pour l'essor du transport fluvio-lagunaire, le pays ne tire aucun profit des avantages présentés par le relief pour la construction et l'exploitation de voies ferroviaires.

9.1.2. Un relief simple, favorable à la construction et à l'exploitation de chemins de fer

Le relief du Bénin, globalement peu accidenté sauf dans le département des Collines et dans l'Atacora, est favorable à la construction et à l'exploitation de rails. Mais cette infrastructure de transport n'a jamais dépassé l'étape embryonnaire dans laquelle l'a confinée la puissance coloniale et à sa suite, les autorités du pays indépendant.

9.1.2.1. Présentation du relief du Bénin

Avec une altitude moyenne de 200 m, le relief béninois, dans sa globalité, est plat, donc peu accidenté. Les niveaux d'altitude de plus de 400 m ne dépassent pas 5 %[1] de la superficie du territoire. Ce relief est composé de :

- plaines : la plaine côtière tout au Sud, basse et sablonneuse, avec une altitude comprise entre 0 et 10 m ; les plaines alluviales se trouvant le long ou à l'embouchure des cours d'eau. C'est le cas de la plaine alluviale du Niger ;
- plateaux : on distingue d'abord les plateaux de terre de barre du bas-Bénin qui prennent le relais de la plaine côtière et présentent une altitude variant entre 20 et 200 m. Légèrement inclinés vers le sud, ces plateaux sont entaillés de vallées comme celle de l'Ouémé. Il y a ensuite le plateau de grès de Kandi situé au Nord et au Nord-Est du Bénin, plus précisément entre Ségbana et Kandi à partir d'où il s'étend jusqu'au fleuve Niger où il s'incline légèrement vers la plaine alluviale. Son altitude moyenne est de 250 m ;
- la pénéplaine cristalline : elle occupe la plus grande partie du territoire et est parsemée de collines. D'altitude moyenne comprise entre 200 et 300 m, elle constitue une surface d'aplanissement s'élevant progressivement à partir du Nord de Kétou à l'est et de Lonkly à l'ouest, pour atteindre 400 m à la latitude de Bembèrèkè. De Bembèrèkè, elle amorce une inclinaison qui la conduit à la rencontre du plateau de grès, avec une altitude de 250 m ;
- la chaîne montagneuse de l'Atacora : elle se dresse dans le Nord-Ouest, faisant de cette région la plus haute du pays, avec des sommets atteignant 658 m au mont Sagbarao, au Sud-Ouest d'Alédjo, et 665 m entre Natitingou et Kouandé[2].

Ce détour par le relief n'a d'autre objectif que de montrer que les caractéristiques dudit relief le rendent très favorable, non seulement au tracé

[1] H. A. Azontondé, "Propriétés physiques et hydrauliques des sols au Bénin", In *Soil Water Balance in the Sudano-Sahelian Zone* (Proceedings of the Niamey Workshop, february 1991), IAHS Publ. n° 199, 1991.
[2] N. Agossou, *op. cit.*, 2016, p. 14.

des routes, mais également à la construction du rail, complément nécessaire pour une durabilité des infrastructures routières. Mais comme on l'a fait observer avec l'hydrographie plus haut, en dépit de ces atouts que présente le relief, le rail est très peu développé au Bénin. Mieux, il sombre depuis quelques années dans une léthargie totale, après avoir été l'infrastructure de transport le plus perfectionné des premières heures de la colonisation.

9.1.2.2. Le rail : un moyen de transport introduit et étouffé par le colonisateur

À peine installé en terre dahoméenne fraîchement passée sous sa domination, le colonisateur français éprouva le besoin de construire des chemins de fer. Ainsi, bien avant la route, le rail a été le premier moyen utilisé pour assurer d'importants transports[1] et était considéré comme le moyen de transport le plus efficace[2]. Mais il a fallu trente-six ans pour construire 687 km[3] de chemins de fer orientés comme les routes vers les zones productrices du palmier à huile et branchés sur le wharf de Cotonou, en même temps qu'ils servent d'outil de pénétration coloniale. Le colonisateur a donc fait le strict minimum nécessaire pour lui permettre de satisfaire ses besoins. Le tableau n° 49 donne le détail sur l'évolution des travaux de construction au fil des ans ainsi que les sommes investies.

Tableau n° 49 : Évolution des travaux de construction des voies ferrées dahoméennes

"Réseau" à voie métrique			
Tronçon	Longueur	Année de réalisation	Coût (Franc métropolitain)
Cotonou-Agouagon	236 km	1900-1909	18 980 000
Pahou-Sègbohouè	30 km	1902-1906	
Agouagon-Savè	26 km	1910	
Cotonou-Porto-Novo	30 km	1928-1930	13 126 000
Porto-Novo-Pobè	76 km	1905-1913	6 927 000
Lagbé-Sakété	5 km	1905-1913	
Savè-Tchaourou	117 km	1929-1934	102 100 000
Tchaourou-Parakou	60 km	1935-1936	
"Réseau" à voie étroite (0.6 m)			
Athiémé-Hévé	44 km	1930-1931	6 780 000
Hévé-Sègbohouè	24 km	1930-1931	
Abomey-Bohicon	9 km	1926	3 122 000
Bohicon-Zagnanado	31 km	1926	

Source : H. Desanti, *op. cit.*, 1945, p. 211.

[1] H. Desanti, *op. cit.*, 1945, p. 210.
[2] Voir la page 24 de la présente étude.
[3] Un "réseau" à voie métrique de 579 km et un "réseau" à voie étroite (0.6 m) de 108 km.

Malgré son importance reconnue par le colonisateur lui-même et démontrée dans la première partie de cette étude, les projets ferroviaires n'ont jamais été conduits à terme : le Central dahoméen n'a jamais dépassé Parakou alors qu'il était initialement prévu que la colonie voisine du Niger soit joignable par le chemin de fer. On s'est donc contenté de créer le Service Automobile par lequel des camions prenaient le relais des trains à partir de Parakou et vice versa, occasionnant ainsi une rupture de charge. Le nord-ouest de la colonie n'a jamais eu droit au chemin de fer, malgré les prévisions fort enthousiastes des années 1910. De même, un projet de prolongement de l'Est-dahoméen sur Kétou ne prospéra guère, pas plus que celui qui devait permettre de joindre Grand-Popo. Dans la même logique, les lignes Abomey-Zagnanado via Bohicon (40 km) et Sègbohouè-Athiémé (68 km) ont été suspendues immédiatement après la Seconde Guerre mondiale, la première ayant même été purement et simplement démantelée en 1946.

L'intention du colonisateur de réduire le transport ferroviaire au strict minimum, non pas seulement au Dahomey, mais dans toutes ses possessions d'Afrique subsaharienne, apparaît encore plus clairement lorsqu'on observe l'ensemble des chemins de fer qu'il a construits sur le continent.

<u>Croquis cartographique n° 3</u> : Le chemin de fer en Afrique subsaharienne

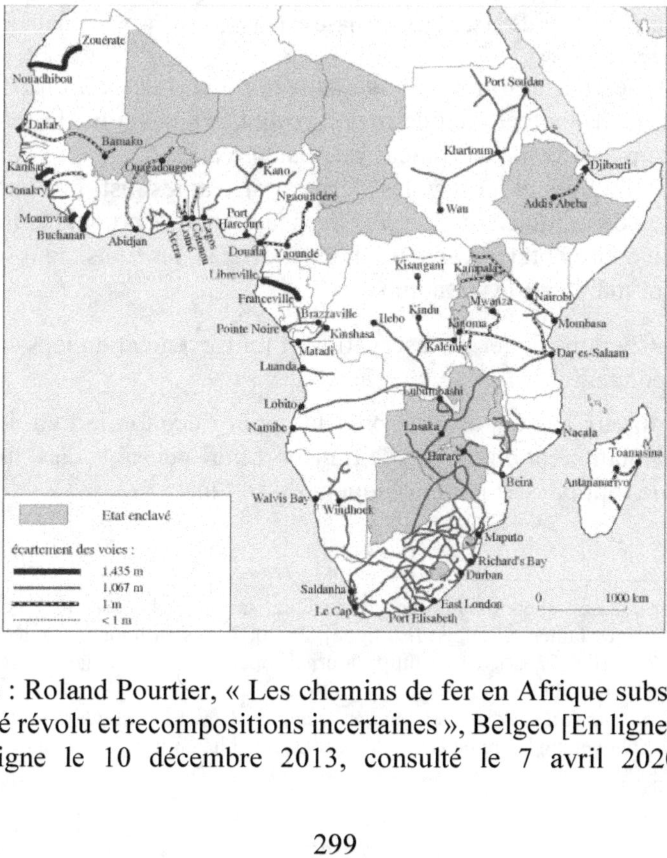

Source : Roland Pourtier, « Les chemins de fer en Afrique subsaharienne, entre passé révolu et recompositions incertaines », Belgeo [En ligne], 2 | 2007, mis en ligne le 10 décembre 2013, consulté le 7 avril 2020. URL :

http://journals.openedition.org/belgeo/11266 ; DOI : https://doi.org/10.4000/belgeo.11266

Exceptée l'Afrique du Sud qui dispose d'un réseau de quelque 30 600 km[1] de chemins de fer et des infrastructures ferroviaires les plus avancées en Afrique subsaharienne, les voies ferrées de l'ensemble du continent présentent un aspect hétérogène, avec des écartements de 1.435 m par endroits, de 1.067 m, de 1 m et de moins de 1 m (les decauvilles qui ont généralement un écartement de 0.6 m). De même, fragmentées, elles ne sont pas raccordées entre elles et ne constituent donc pas un réseau ; elles se terminent d'ailleurs généralement en cul-de-sac. C'est le cas du Central dahoméen qui s'arrête brutalement à Parakou, au beau milieu du territoire. Au Dahomey comme ailleurs en Afrique, il n'y avait donc qu'un embryon de chemins de fer qui, en l'état, ne sont pas viables puisqu'ils ne respectent que trois des six étapes essentielles pour la viabilité d'un réseau ferroviaire. En effet, selon *The Taaffe, Morrill and Gould Model* publié en 1963, présenté par J. Adiko,

> la première phase correspond à l'implantation des ports, la deuxième est la phase de construction des premières liaisons ferroviaires parallèles aux côtes et reliant les ports à certaines zones de productions (minières ou agricoles) situées à l'intérieur des territoires et sur les mêmes longitudes. Les interconnexions pour un véritable réseau constitué de lignes interdépendantes touchant tous les centres d'intérêt économique [...] s'amorcent à partir de la troisième phase et parviennent à un véritable réseau à la sixième phase[2].

Or, selon le constat qui se dégage dans la plupart des cas en Afrique subsaharienne et que cette étude met en relief, les chemins de fer dans leur mise en place n'ont pas franchi la troisième étape.

L'aspect fragmenté des voies ferrées africaines est à l'image de la balkanisation du continent et du refus dans la mentalité coloniale d'une vision régionale ou continentale. Après les indépendances, les États, dans leur grande majorité, ont maintenu le statu quo.

9.1.2.3. Chemins de fer : conservation et renforcement du legs colonial par l'État indépendant

Les nombreux avantages qu'il présente pour l'économie font du transport ferroviaire notamment un moyen de transport indispensable dans la chaîne de transports de tout pays et par conséquent du Bénin.

---

[1] R. Pourtier, « Les chemins de fer en Afrique subsaharienne, entre passé révolu et recompositions incertaines », Belgeo [En ligne], 2 | 2007, mis en ligne le 10 décembre 2013, consulté le 7 avril 2020. URL : http://journals.openedition.org/belgeo/11266 ; DOI : https://doi.org/10.4000/belgeo.11266

[2] J. Adiko, *La relance du ferroviaire béninois, Mémoire de master complémentaire en Gestion des transports*, Université Libre de Bruxelles, 2009, consulté en ligne sur memoireonline.com, le 22 février 2020.

« Le transport ferroviaire est inéluctablement essentiel à l'accompagnement du développement économique, et à moins que ce mode de transport ne se développe, l'Afrique risquerait de ne pas atteindre sa vitesse de croisière qui lui permettrait d'exploiter ses abondantes ressources et richesses naturelles », lit-on dans l'étude initialement évoquée, commanditée par la BAD et intitulée *Les infrastructures ferroviaires en Afrique*[1]. Cette assertion situe donc le transport ferroviaire au centre du processus de développement des pays africains, donc des pays à économie dominée parmi lesquels le Bénin. En effet, pour ce qui est de l'acheminement de produits miniers vers les ports par exemple, le transport ferroviaire revient nettement moins cher que le transport routier, en ce qui concerne les coûts à la tonne, et ceci en raison de ses meilleures économies d'échelle (dans certains cas, de l'ordre d'environ 20%, comme dans le cas du phosphate)[2].

Moins enclin aux accidents, le transport ferroviaire est généralement plus sûr que le transport routier. Pour cela, la tendance actuelle dans beaucoup de pays est d'opter pour le rail au lieu de la route pour ce qui est du transport des marchandises dangereuses. La réglementation à laquelle est soumis le transport ferroviaire est, en effet, plus rigide que ce qui est observé dans le transport routier ; les réseaux ferroviaires se conforment à des mesures de contrôle et de surveillance très rigoureuses qui ne sont pas appliquées lorsqu'il s'agit de la route. Les locomotives n'empruntent que des itinéraires dédiés, sont en contact de façon permanente avec un centre des opérations et roulent suivant des horaires fixes. Mieux, les marchandises dangereuses sont transportées dans des wagons ou des conteneurs spécialement conçus et qui sont contrôlés plus souvent que les véhicules routiers classiques[3]. Ces mesures de contrôle généralement imposées aux trains en font des moyens beaucoup plus sûrs que les véhicules routiers. Du coup, le chemin de fer présente le potentiel de réduire les accidents de la route et par conséquent, le taux de mortalité qui est élevé sur les routes africaines en général.

De la même manière, le rail est de loin la meilleure option en ce qui concerne le transport de marchandises en gros (denrées solides ou liquides), surtout les pondéreux puisqu'il offre de plus grandes capacités, de la régularité et une efficacité énergétique plus élevée comparativement aux autres modes de transport. Le transport ferroviaire devient plus compétitif que le transport routier sur des distances de plus de 500 km. Pour augmenter davantage les économies d'échelle (baisse du coût de la tonne au km par rapport aux autres modes de transport en raison de la quantité de marchandises transportée d'un seul tenant), il est possible sur le plan technique d'assembler un grand nombre de wagons pour en faire des trains exceptionnellement longs (plus de 3 km de long) qui roulent en général sur des lignes dédiées au fret que l'on trouve en

[1] Banque africaine de développement, *op. cit.*, 2015, p. iii.
[2] *Ibid.*, p. 6.
[3] *Ibid.*, p. 20.

Australie, en Amérique, en Chine et au Brésil. Cependant, en Europe, la longueur maximale d'un train de marchandises varie de 400 m à 700 m, selon les marchandises transportées, la ligne de chemin de fer, la disponibilité des boucles de passage, la capacité des voies ferrées et la capacité et la longueur des aires de déchargement définitives. Le transport ferroviaire de marchandises offre des avantages extraordinaires au secteur des produits miniers en raison des volumes importants transportables, ce qui est explicitement pertinent pour les sites miniers. Le recours au chemin de fer laisse suggérer le retrait de ces mêmes volumes importants des routes, ce qui entraînera l'atténuation de la dégradation des routes et la réduction des émissions de dioxyde de carbone[1], donc de gaz à effet de serre. L'utilisation accrue des chemins de fer transfèrerait les marchandises des camions et les voyageurs des voitures, réduisant ainsi les embouteillages, les dommages causés sur les routes, et les coûts d'entretien.

Ces dernières années où les questions environnementales deviennent de plus en plus l'objet de préoccupation planétaire, le transport ferroviaire offre une opportunité à tous les pays et particulièrement aux pays à économie dominée qui, tout en étant les plus faibles pollueurs, sont les premières victimes des changements climatiques. Il est, en effet, démontré que le chemin de fer pollue moins l'atmosphère que les autres moyens de transport. Or le corollaire de cette pollution atmosphérique, ce sont des dépenses pour les questions sanitaires, et même les pertes de récoltes. Donc toute une chaîne de conséquences. L'étude menée par la BAD sur *Les infrastructures ferroviaires en Afrique* révèle que l'autorail au diesel produit 50 % de plus de pollution atmosphérique que le train électrique alors que ce taux demeure sensiblement plus bas que celui des voitures[2]. C'est dire qu'au point de vue environnemental, le train électrique est la solution idéale pour assurer le transport interurbain des passagers.

Un autre avantage que nous évoquerons rapidement avant de le développer plus loin réside dans le fait que le principal investissement qui s'effectue dans le cadre du transport ferroviaire en termes d'infrastructures concerne la construction du chemin de fer. L'entretien n'est pas aussi coûteux que dans le cas d'une route.

Malgré tous ces avantages, la structure binationale chargée de gérer le transport ferroviaire, l'OCDN devenue OCBN (Organisation Bénin-Niger des chemins de fer et des transports) au Bénin et au Niger n'a pas pu ajouter un centimètre aux voies ferrées construites pendant la colonisation. Au contraire, des lignes comme l'Est et l'Ouest dahoméens qui fonctionnaient bien jusqu'à l'indépendance ont été suspendues, réduisant finalement le chemin de fer en exploitation à la ligne Cotonou-Parakou (438 km).

---

[1] *Ibid.*
[2] *Ibid.*, p. 9.

L'apparente volonté des deux États propriétaires de l'OCBN que sont le Bénin et le Niger, de prolonger le rail de Parakou jusqu'au Niger demeura un vœu pieux devant l'incapacité des deux pays à mobiliser les 36 milliards de francs CFA[1] nécessaires pour la réalisation du projet depuis 1975. Au-delà, la boucle ferroviaire du Niger pourtant reconnue par tous comme importante pour l'intégration régionale et le développement économique de la sous-région ouest-africaine n'a jamais été concrétisée. Les activités de L'OCBN ont donc chuté graduellement comme le montre le tableau ci-après :

Tableau n° 50 : Évolution des trafics et chiffres d'affaires de l'OCBN

1996 : 100

	Trafics		Chiffres d'affaires (francs CFA)			
Années	Fret	Voyageurs	Fret	Voyageurs	Total	Indices
1996	269 674	715 457	5 572 440 000	1 010 162 000	6 582 602 000	100
1997	311 355	697 877	6 947 383 000	1 126 985 000	8 074 368 000	123
1998	340 084	699 785	7 027 089 000	998 517 000	8 025 606 000	122
1999	250 430	700 638	4 563 867 000	899 464 000	5 463 331 000	83
2000	155 597	577 645	2 645 975 000	1 008 556 000	3 654 531 000	56
2001	155 374	444 614	2 882 918 000	816 171 270	3 699 089 270	56
2002	184 430	427 407	2 594 963 240	705 004 405	3 299 967 645	50
2003	153 004	443 076	2 410 907 145	782 580 325	3 193 487 470	49
2004	71 856	302 900	941 795 695	569 717 340	1 511 513 035	23
2005	51 998	117 657	644 786 000	234 155 000	878 941 000	13

Source : J. Adiko, *op. cit.*, 2009, et calculs faits par l'auteur.

Le coup de grâce fut donné au transport ferroviaire avec les importants investissements routiers qui suivirent l'avènement du Renouveau démocratique. Les activités de l'OCBN décroissaient au fur et à mesure que les investissements s'intensifiaient dans les infrastructures routières qui, par conséquent, se bonifiaient. Une petite comparaison entre les données du tableau 60 et celles des tableaux 51 et 52 relativement au fret montre un écart énorme entre le tonnage de fret passant par la route et celui qui est transporté par le chemin de fer, ne serait-ce qu'entre 2001 et 2005. Le transport des passagers par le train, après avoir fait l'objet d'une suspension temporaire en novembre 2006, ne reprit plus depuis lors.

La route a tout simplement supplanté le rail conformément au bon vouloir des autorités politiques du Bénin, elles-mêmes soumises au diktat des institutions de Bretton Woods (les partenaires au "développement") qui, après avoir observé la tendance régressive des activités de l'OCBN, depuis les années 1970-1980, avaient déjà proposé et obtenu la suppression de certaines lignes de chemin de fer[2]. Leurs pressions se faisant persistantes, les États du

[1] *Ibid.*

[2] La Banque mondiale et l'AFD ont également suggéré aux autorités béninoises et nigériennes l'exploitation des transports ferroviaires par une entreprise privée sous le régime de la concession. À cet effet, une réunion de concertation s'est tenue à Paris, le 12 juillet 1999 entre

Bénin et du Niger ont arrêté de subventionner l'OCBN qui a disparu du budget d'investissement du secteur des transports au Bénin. La mort de la structure et de sa raison d'être qu'est le rail a donc été planifiée depuis l'extérieur et mise en œuvre localement par les dirigeants de ses deux pays propriétaires. Ce plan d'étouffement du transport ferroviaire dicté depuis l'extérieur est la cause principale de l'état dans lequel se trouve le secteur en Afrique en général. En 2005 par exemple, et comme le montre le tableau n° 50, l'OCBN n'a fait qu'un chiffre d'affaires de 878 941 000 francs CFA, qui ne suffisait même pas à couvrir les charges salariales uniquement chiffrées à 1 677 563 685 francs CFA[1].

Le non-prolongement du chemin de fer jusqu'au Niger obligeait l'OCBN à recourir à des camions privés pour assurer l'acheminement des marchandises vers le pays voisin. C'était donc une opportunité de lucre pour les lobbies des transporteurs et des propriétaires de camions dont nous avions déjà parlé et qui n'avaient donc pas intérêt à ce que le rail aille au Niger. Mieux, si leurs camions pouvaient acheminer les marchandises sur tout le trajet Cotonou-Niger et vice versa, le gain n'en serait que plus consistant. De la même manière que certaines personnes particulièrement influentes dans la République arrivent à peser de tout leur poids pour empêcher l'application des sanctions pour cause de surcharge aux postes de péage, les pressions des lobbies de camionneurs ne facilitent pas le développement du rail, malgré les nombreux projets de la boucle ferroviaire existant depuis des années. Les pressions de ces lobbies dans lesquels on retrouve également des personnalités politiques haut placées de la République ont pesé de tout leur poids pour mettre l'OCBN en difficulté afin de gérer tout le circuit tout seul. Cette action nocive pour le secteur ferroviaire était déjà mise en évidence par J. Charlier quand il affirmait, en 1996 que l'option de la route pour se substituer au rail du sud au nord du Bénin

> est réclamée par le lobby routier qui argue des faits nouveaux que constituent le bitumage de la route Dassa-Parakou en 1992 et la réhabilitation récente du tronçon Godomey-Bohicon pour que soit levé le monopole réglementaire de l'OCBN, que renforçait jusque-là l'état de la route au sud de Parakou[2].

Selon J. Charlier qui estime qu'« une telle mesure sonnerait le glas du chemin de fer »[3], les transports routiers pouvaient être promus sans que les transports ferroviaires fussent contraints de disparaître, dans une logique de parfaite complémentarité. Mais la politique des gouvernants n'est point allée dans ce sens. Sans que le monopole réglementaire de l'OCBN sur les transports de marchandises en direction du nord-Bénin et du Niger ne soit

---

les deux États et les partenaires au développement (Banque mondiale et AFD) pour examiner les modalités de cette mise en concession.

[1] J. Adiko, *op. cit.*, 2009.

[2] *Ibid.*

[3] *Ibid.*

officiellement levé, la route s'est, de fait, dans une concurrence déloyale, substituée au rail qui est alors en train de mourir de sa belle mort, la tentative de mise en concession de l'Organisation bi-étatique enclenchée en 2001, n'ayant jusque-là pas abouti.

Nous ne saurions, cependant, occulter la part des erreurs de gestion caractérisant généralement l'administration publique des pays à économie dominée dans les malheurs de l'OCBN et du sous-secteur du transport ferroviaire au Bénin.

Cette courbe d'évolution régressive du transport ferroviaire à travers le temps n'est toutefois pas l'apanage du Bénin. Il s'agissait plutôt d'une tendance générale observée dans toute l'Afrique subsaharienne et même dans les autres parties du monde. En effet, après avoir été un des fruits de la révolution industrielle en Europe au XIXe siècle et en même temps un des moteurs de l'essor économique du continent, la locomotive a progressivement perdu du terrain devant l'automobile. C'est ce que confirme une étude menée en 2015 par la BAD, intitulée *Les infrastructures ferroviaires en Afrique. Les options de politiques de financement* : « À partir des années 1970 jusque dans les années 2000, dans la plupart des pays par exemple en Europe, aux États-Unis et au Japon, les taux de croissance du rail ont été stagnants ou négatifs surtout en ce qui concerne le trafic-passagers. Par contre en Chine et en Inde, le mouvement a été inverse tant pour les voyageurs que pour le fret »[1].

Depuis les années 2000, même si la route continue de dominer le paysage des transports dans presque tous les pays, le rail opère son grand retour dans les pays développés, en raison des nombreux avantages qu'il offre et que nous allons exposer plus loin dans la présente étude. En dehors du rail, il y a également le transport aérien.

9.1.3. La voie aérienne : un transport de luxe tout de même

Pour le transport aérien, jusqu'en 2011, le seul aéroport de classe internationale dont le pays disposait est celui de Cotonou. Sa piste d'atterrissage et de décollage d'une longueur de 2 400 m ne lui permet pas d'accueillir tous les types d'avions gros porteurs. À l'occasion de la tenue du 10e sommet de la communauté des États sahélo-sahariens (CEN-SAD) au Bénin en juin 2008, le tarmac de l'aéroport a été agrandi et permet désormais le stationnement de 24 avions contre 9 auparavant. Ces infrastructures permettent à l'aéroport d'assurer les dessertes internationales par voie aérienne du Bénin.

Pour les vols intérieurs, le pays dispose de six pistes d'atterrissage en latérite réparties sur le territoire ainsi que d'un aérodrome à Parakou. Mais ils ne sont utilisés qu'occasionnellement, le transport aérien domestique n'existant pas pour le moment au Bénin. Les expériences comme Cotair (Côte

[1] Banque africaine de développement, *Les infrastructures ferroviaires en Afrique. Les options de politiques de financement*, 2015, p. 32.

Atlantique Inter Régional) qui offrait des vols à destination et en provenance de Parakou, à partir de 2008, n'ont pas fait long feu. À l'analyse, le transport aérien pour les dessertes intérieures ne nous paraît pas un complément pertinent pour la route autant que le sont le transport fluvio-lagunaire ou le transport ferroviaire, même si l'un des objectifs de *La stratégie sectorielle des transports 2007-2011* est de promouvoir le développement du trafic aérien intérieur. Deux principales raisons peuvent expliquer cette position qui est la nôtre. D'abord, avec une superficie de 114 763 km^2, le Bénin est un pays aux dimensions réduites ; de la côte jusqu'à la latitude Bassila soit à 372 km de Cotonou, donc sur plus de la moitié de la longueur totale du Bénin qui fait 732 km de Cotonou, à la pointe sud, à Malanville, à l'extrême nord, le pays n'a qu'une largeur de 125 km d'est en ouest ; c'est seulement dans la partie septentrionale que sa forme devient plus évasée pour atteindre une largeur de 325 km d'est en ouest à la latitude de Tanguiéta. Pour un pays avec de pareilles dimensions, le transport aérien pour les déplacements intérieurs n'est pas pertinent sauf pour les liaisons nord-sud. On comprend bien pourquoi toutes les compagnies qui ont tenté des vols domestiques au Bénin ont choisi cette direction. La deuxième raison qui ne milite pas en faveur des vols domestiques au Bénin, c'est le pouvoir d'achat très bas des populations pour qui l'avion reste un luxe qu'ils ne peuvent pas s'offrir aisément.

En somme, le Bénin a la possibilité de diversifier les moyens de transport pour mettre fin au monopole de la route. Mais pour l'heure, ce monopole persiste. La route domine le secteur des transports au Bénin, avec toutes les conséquences qui en découlent.

9.2. Le monopole de la route dans les transports au Bénin : un choix à problèmes

De l'analyse faite plus haut, il ressort que pour un développement économique et social harmonieux, les modes de transport doivent être multiples et complémentaires. Mais au Bénin, comme d'ailleurs dans la plupart des pays à économie dominée, le choix de la route au détriment de tous les autres moyens de transport ne souffre d'aucune ambiguïté, et ceci, en dépit de toutes ses conséquences.

9.2.1. Le revers de la route : cherté, accidents et dégradation de l'environnement

La construction d'une route bitumée nécessite un investissement allant de plusieurs millions à plusieurs milliards en fonction de la longueur de la route. Les travaux de construction de la route Cotonou-Porto-Novo (1998-2004), longue de 28 km par exemple, ont coûté 38 milliards de francs CFA soit environ 1.357 milliard de francs CFA par kilomètre. En comparaison, la construction d'une ligne de chemin de fer non électrifiée à voie unique dans un pays à économie dominée peut coûter en moyenne 2 millions de dollars par kilomètre[1]. Mais lorsqu'il s'agit de réhabiliter une ligne de chemin de fer déjà construite, le coût est encore plus bas. Certaines études révèlent que la réhabilitation d'une ligne de chemin de fer à une voie est de moitié moins coûteuse que la construction d'une nouvelle route à deux voies[2]. En Angola, le chemin de fer de Luanda à Malanje, long de 470 km et réhabilité en 2010, a coûté 1.28 million de dollars américains par kilomètre tandis qu'en Turquie, la ligne Irmak-Zondulak, longue de 486 km, réhabilitée entre 2011 et 2012, est revenue à 1.05 million de dollars par kilomètre[3].

En dehors de l'investissement pour la construction des infrastructures routières bitumées qui, comme on vient de le voir, est déjà assez lourd, il faut encore consacrer de colossales sommes à leur entretien : l'entretien courant et l'entretien périodique. L'observation des tableaux n°s 44 et 45 (p. 285) de la présente étude nous permet de constater que l'État est obligé, après les investissements pour la construction des routes, d'investir encore d'énormes sommes pour les entretenir afin qu'elles soient durables. En six années, soit de 2003 à 2008, le Bénin a dépensé 62.753 milliards de francs CFA rien que dans l'entretien des routes. De cette somme, 40.306 milliards sont allés dans l'entretien courant, tandis que 22.447 ont permis de financer l'entretien périodique. Malgré ces importantes sommes investies et d'ailleurs reconnues insuffisantes, les routes béninoises se dégradent à un rythme élevé qui appelle de fréquentes réhabilitations comme c'est souvent le cas avec la route Cotonou-Parakou-Malanville. Il s'agit finalement d'un éternel recommencement. Les raisons de ces dégradations sont multiples.

En effet, la victoire de la route sur le rail a entraîné une forte sollicitation des infrastructures routières alors soumises à des charges lourdes dépassant même les normes prescrites par les textes. Nous avons montré plus haut que les postes de pesage détectent d'énormes surcharges passant impunément sur les routes béninoises (cf. par ailleurs le tableau n° 51). Or la voie ferrée vient normalement en appoint à la route qu'elle libère des produits pondéreux. Quand elle ne fonctionne pas tel qu'il se doit, comme c'est le cas dans les pays à économie dominée dont le Bénin, la route est alors surexploitée, ce qui accélère sa dégradation, surtout grâce à une action combinée de l'eau et des véhicules. Ainsi, le poids des véhicules chargés circulant sur les routes exerce sur la chaussée des pressions de nature à la dégrader. On parle d'efforts verticaux, tangentiels et transversaux ; ces deux derniers, surtout dans le cas des chaussées giratoires, peuvent dégrader la chaussée. L'action des poids lourds sur la chaussée est particulièrement nuisible. Le passage d'un seul essieu de 13 tonnes exerce sur la structure de la chaussée le même effet que

[1] Banque africaine de développement, *op. cit.*, 2015, p. 25.
[2] *Ibid.*
[3] *Ibid.*, p. 26.

celui d'un million de véhicules de tourisme[1]. La répétition des charges entraîne une fatigue générale de la chaussée qui se dégrade alors. De même, le frottement permanent des pneumatiques en mouvement sur la couche de roulement conduit par usure à son vieillissement.

Tableau n° 51 : Résultats de la campagne de pesée des véhicules poids lourds sur la section Bohicon-Dassa-Zoumè (22 juin 2010)

Catégorie de poids lourd	Nombre total de camions pesés	Nombre de poids lourd en surcharge	Taux de camions surchargés (%)
2 essieux	83	39	47
3 essieux	9	5	56
4 essieux	211	149	71
5 essieux	225	161	72
6 essieux	62	41	66
7 essieux	3	3	100
Total	**593**	**398**	**67**

Source : Alex Bihonof et Claoudia Houngnonvi, *Analyse des entraves au développement du transport routier. La dégradation des routes et la multiplicité des postes de contrôle routier*, Université d'Abomey-Calavi, Mémoire pour l'obtention du Diplôme de technicien supérieur, 2011. Consulté sur memoireonline.com, le 18 mars 2020.

Les données de ce tableau montrent que plus des deux tiers des camions empruntant ce tronçon de route (Bohicon-Dassa-Zoumè) sont surchargés et contribuent donc fortement à la dégradation de la voie.

Par ailleurs, les écoulements d'huile de moteur et de gazole sont très nocifs à la chaussée. Le gazole particulièrement endommage le revêtement bitumineux de la chaussée. À tout cela s'ajoute l'effet de l'eau qui tombe sur la chaussée pendant la pluie et qui enlève des particules du goudron, contribuant alors à l'émergence des nids de poule.

C'est dire que les dégradations des routes bitumées revêtent plusieurs formes. Il s'agit de l'usure et de la désagrégation du revêtement qui peuvent provenir de la vieillesse du liant, de la trop faible teneur en bitume, de la fragilité des agrégats ou de leur manque d'adhésivité. Il y a ensuite les nids de poule qui sont des trous en pleine chaussée, dus à l'aggravation localisée des principaux défauts de la chaussée (mauvaise qualité de la chaussée, pollution par remontée d'argile dans le corps de la chaussée, forte perméabilité de la couche de roulement). Il y a également les fissures isolées qui sont localisées et ne sont généralement pas graves. Certaines d'entre elles, perpendiculaires à l'axe de la chaussée (fissures transversales), émergent aux bords de celle-ci,

[1] P. Bordes, G. Guinard et G. Laurent, *L'entretien courant des chaussées. Guide pratique*, Direction d'études gestion de l'entretien routier du Centre de la Sécurité et des Techniques Routières - SETRA, Édition 1996, p. 19.

et sont de retrait, tandis que d'autres, parallèles à l'axe (fissures longitudinales), peuvent être issues d'une insuffisance localisée du revêtement et de la couche de base.

Plus graves sont les fissures groupées, parallèles à l'axe de la chaussée et qui sont dues à la faiblesse du revêtement combinée à une déformabilité des couches sous-jacentes ou à la médiocrité de la portance de la couche de base. Il en est de même des fissures groupées en forme de faïençage qui naissent dans les parties les plus imbibées de la chaussée, au voisinage des accotements et qui dénotent une plasticité exagérée, accompagnée d'une faible portance de la couche de base. En outre, on observe également des décollements et des glissements du revêtement qui, eux autres, sont surtout dus à un mauvais accrochage de l'enduit ou du tapis sur la couche de base. Ils peuvent aussi être la conséquence de l'effet combiné d'un surdosage de l'imprégnation au *cut-back* de cette couche de base et d'une mise en place prématurée du tapis, ou d'une trop faible épaisseur du revêtement ou encore d'un sous-dosage en bitume d'une des couches de l'enduit superficiel.

On peut aussi mentionner les ondulations légères d'un tapis d'enrobés caractérisant un module de richesse trop élevé du revêtement exposé à une forte température ambiante ou un léger défaut d'accrochage du revêtement à la couche de base. Enfin, il y a les déformations profondes dues soit à un mauvais compactage des couches sous-jacentes, soit à une insuffisance de l'épaisseur de la chaussée[1].

Les accidents de la circulation et parfois l'incivisme des populations sont également responsables de dégradations. Et il y a défaut d'application de l'arrêté interministériel n° 038/MET/MISPAT/DGM/DROA/DTT du 4 novembre 1986 portant réglementation de la circulation sur les routes et protection des infrastructures routières.

Les routes en terre quant à elles, deviennent difficilement praticables pour certaines, impraticables pour d'autres en temps de pluie où elles deviennent, soit trop boueuses et glissantes, soit trop ravinées par l'eau de ruissellement.

En dehors des dégradations engendrées, l'augmentation du parc de camions gros porteurs, des véhicules particuliers entraîne une congestion des artères du port et de la ville portuaire, Cotonou (on voit des camions alignés le long de certaines routes comme la route qui va de la CIMBENIN au carrefour La Béninoise), avec tous ses corollaires : le retard dans les activités portuaires d'enlèvement de marchandises, l'embouteillage dans les rues de Cotonou à certaines heures, un nombre élevé d'accidents de la circulation.

---

[1] UNESCO, *Routes dans les pays en voie de développement. Construction et entretien. Conditions économiques et techniques*, Chapitre VII, SD., pp. 8-9.

Tableau n° 52 : Évolution du nombre d'accidents de circulation sur les routes béninoises de 2009 à 2011

Type de voie	2009	2010	2011	Total	%
RNIE	533	2 414	2 387	5 334	30
RN	1 696	511	624	2 831	16
Voirie urbaine	80	1 719	2 742	4 541	25
Pistes	145	68	50	263	1
Autres	4 612	126	183	4 921	28
Total	**7 066**	**4 838**	**5 986**	**17 890**	**100**

Source : L'auteur, sur la base de chiffres tirés de : Ministère des Travaux publics et des Transports, *Annuaires statistiques 2009-2010*, décembre 2011, p. 28 et 2011-2012, décembre 2014, p. 36.

Le nombre d'accidents enregistrés sur les routes du Bénin de 2009 à 2011 a connu une évolution en dents de scie. Les RNIE et les RN comptent à elles seules, près de la moitié (46 %) de tous les accidents que l'on compte sur les trois années, le reste étant surtout partagé entre la voirie urbaine et les autres types de voies. Au cours de ces accidents, des êtres humains perdent la vie, d'autres ont des blessures graves qui parfois les invalident à vie. Sur les 7 066 cas d'accidents répertoriés en 2009 par exemple, on a dénombré 1 142 décès et 3 610 blessés graves[1].

Outre les nombreux accidents de circulation qu'elle entraîne, la route est également source de problèmes environnementaux, puisque les véhicules sont responsables de pollution atmosphérique. Dans le cas particulier du Bénin, cette pollution atmosphérique est aggravée par l'âge avancé des véhicules importés qui, parfois, sont vieux de plus de 10 ans, en violation flagrante de l'article 11 du décret n° 2000-671 du 29 décembre 2000 déjà cité dans ce travail. Ce sont de véritables épaves très souvent mal entretenues par ailleurs et qui, au bout de quelques années d'utilisation, deviennent généralement inutilisables et des déchets responsables d'une autre forme de pollution : la pollution visuelle ou esthétique. Toutefois, cette situation désastreuse est favorisée par la douane béninoise qui frappe de taxes très élevées les véhicules neufs ou relativement neufs, tandis que les vieilles carcasses peuvent être enlevées du port avec des taxes douanières relativement basses. À titre d'exemple, pendant qu'un acquéreur d'un vieux véhicule, qui plus est, tombé en dépôt sur le parc de vente de véhicules (c'est-à-dire que le véhicule a déjà passé au moins trois mois sur le parc sans être vendu) ne paie que 650 000 francs CFA pour enlever son bien, celui qui achète un véhicule dans un état neuf se voit obligé de payer parfois plusieurs millions, soit une somme voisine du prix d'achat du véhicule même. Ceci oblige alors beaucoup de citoyens à opter pour l'acquisition de véhicules d'un âge relativement avancé.

[1] Ministère des Travaux Publics et des Transports, *Annuaire statistique 2009-2010*, 2011, p. 28.

À cela s'ajoute la qualité du carburant utilisé par la grande majorité de la population et qui rentre dans le pays par la filière de la contrebande en provenance du Nigeria. La lutte menée par les autorités contre cette filière depuis des années peine à aboutir pour plusieurs raisons. Non seulement elle coûte beaucoup moins cher que l'essence à la pompe dont le prix représente parfois le double du prix de l'essence de contrebande, mais également, cette filière est nourricière puisque de nombreuses familles béninoises en vivent et elle contribue à la réduction du taux de chômage dans le pays.

Si la pollution[1] a des incidences sur l'environnement qu'elle contribue à dégrader avec les gaz à effet de serre, sur la santé (augmentation des maladies cardio-vasculaires, des infections respiratoires aigües, des maladies de la peau, saturnisme, risque de cancers, réduction de l'espérance de vie), elle a également un coût économique. Le coût des maladies respiratoires consécutives à la pollution atmosphérique à Cotonou est estimé par l'Initiative sur la qualité de l'air dans les villes d'Afrique subsaharienne – une étude financée par la Banque mondiale et dont un aspect exclusivement consacré à la ville de Cotonou est intitulé Qualité de l'air à Cotonou – à environ 600 millions de francs CFA par an, à 20 milliards de francs CFA pour ce qui est du saturnisme. La même étude estime que le coût de la pollution atmosphérique dans la seule ville de Cotonou atteint environ 1.2 % du PIB de tout le pays[2].

Somme toute, la route présente d'énormes avantages pour tous les pays, quels qu'ils soient, en l'occurrence les pays à économie dominée comme le Bénin : diversité des itinéraires, rapidité, confort, coût des services à la portée de toutes les bourses... ; cela est vrai. Mais, il y a le revers de la médaille. Sur

---

[1] Pour plus de détails sur la pollution atmosphérique et ses conséquences, lire avec intérêt les travaux suivants, entre autres :

- F. B. A Cachon, *Étude de la pollution atmosphérique en Afrique sub-saharienne : cas de Cotonou (Bénin) – Caractérisation physicochimique des matières particulaires d'origine urbaine et impact toxicologique sur des cellules épithéliales bronchiques humaines (BEAS-2B) cultivées in vitro*, Thèse de doctorat en chimie et toxicologie de l'environnement, Université du Littoral Côte d'Opale et Université d'Abomey-Calavi, 2013, 282 p. ;
- Daouda Mama, *et. al.*, "Transport urbain au Bénin et pollution atmosphérique : évaluation quantitative de certains polluants chimiques de Cotonou", In *International Journal of Biological and Chemical sciences*, février 2013. En ligne sur https://www.ajol.info/index.php/ijbcs/article/download/90488/79906/0, consulté le 3 mai 2020 ;
- J. F. Ahounou Aïkpé, *et. al.*, "Pollution atmosphérique par émission de gaz d'échappement des véhicules", In *Journal de la Recherche scientifique de l'Université de Lomé*, 2015, Série B, 17(2) : 95-101. En ligne sur http://bec.uac.bj/uploads/publication/9c78a89c0448a6edb2e05e3e39985941.pdf, consulté le 3 mai 2020.

[2] SSATP, Transport en Afrique. Note technique. Mobilité urbaine, "Qualité de l'air à Cotonou", juin 2001. Consulté en ligne sur http://documents.banquemondiale.org/curated/fr/486701468769810392/pdf/226590FRENCH0A110de0l1air010Cotonou.pdf, le 3 mai 2020.

ce point, en dehors de ce que nous venons de mettre en relief concernant les inconvénients de la route, il y a un élément essentiel que nous ne saurions passer sous silence : la route renforce la dépendance des pays à économie dominée vis-à-vis des pays du Nord.

9.2.2. La route : un facteur de renforcement de la dépendance des pays du Sud vis-à-vis des pays du Nord

La construction et surtout l'entretien des infrastructures routières nécessitent d'importants moyens financiers dont ne disposent généralement pas les pays à économie dominée comme le Bénin. Ils sont, par conséquent, obligés de recourir à des emprunts pour couvrir ces besoins. Les tableaux n°s 24, 27 et 33 de la présente étude démontrent à suffisance cette dépendance du Bénin des capitaux étrangers. Au titre des principaux bailleurs de fonds pour les projets routiers au Bénin, nous pouvons mentionner : le Fonds d'aide et de coopération (FAC), le Fonds européen de développement (FED), l'Association internationale de développement (AID), la Banque africaine de développement (BAD) et le Fonds africain de développement (FAD), la Banque ouest-africaine de développement (BOAD), la Banque arabe pour le développement économique en Afrique (BADEA), la *Kreditanstalt für Wiederaufbau* (KFW), les pays comme la Chine, etc.

La dépendance est également technique. En effet, les travaux de construction des infrastructures routières sont généralement confiés à des entreprises provenant des pays auprès de qui le Bénin emprunte de l'argent. Depuis l'avènement du Renouveau démocratique, les marchés de construction routière sont partagés principalement entre deux grosses sociétés étrangères : COLAS[1], la seule entreprise coloniale qui a survécu à la colonisation dans le pays et SOGEA SATOM, une autre firme française. C'est seulement ces dernières années que des nationaux ont commencé à investir timidement dans le secteur avec des sociétés comme Adéoti Sarl, l'Agence d'exécution des travaux urbains (AGETUR), SIGMA 2 SA.

En venant en complément à la route, le rail peut permettre de combler ses failles pour la rendre plus rentable pour l'économie et la société, et en même temps plus durable.

---

[1] Pour rappel, après l'adjudication de son premier marché qui concerne le revêtement de la chaussée de la route Godomey-Allada (1955-1956) construite par Hersent, la société COLAS a constamment gagné des marchés même après l'indépendance du Dahomey devenu plus tard Bénin. À titre illustratif, nous revenons sur quelques exemples déjà évoqués plus haut dans la présente étude : entre 1959 et 1960, COLAS a partagé avec la Régie des TP le marché d'aménagement et de revêtement de la route d'accès au pont de Malanville. De 1961 à 1962, cette entreprise a, aux côtés de la société Christophe et de Hersent, réalisé les travaux d'aménagement et de bitumage de la route Allada-Bohicon, un tronçon de la RNIE 2. La réhabilitation de la route Cotonou-Porto-Novo, entre 1998 et 2004, a été réalisée conjointement par COLAS et SATOM.

CONCLUSION

Les transports sont à la fois l'alpha et l'oméga de l'organisation de la plupart des activités, qu'il s'agisse de l'agriculture, de l'industrie, du tourisme ou des services. Ils influencent leur localisation et facilitent ou freinent leur développement. D'une façon générale, les transports routiers s'arrogent une place importante dans l'armature physique du développement, surtout dans les pays à économie dominée, même si cela ne sert pas toujours les intérêts des pays concernés. Pour démontrer cela, cette étude s'est appuyée sur l'exemple du Dahomey/Bénin en analysant le rôle fondamental joué par la route dans le processus de développement économique et social du pays, de 1913 à 2011, tout en insistant sur les aspects négatifs que cache le monopole des transports routiers. Et c'est notre hypothèse globale – « La route a joué un rôle important dans le développement économique et social du Dahomey/Bénin de 1913 à 2011, malgré ses inconvénients » – qui s'en trouve ainsi vérifiée.

Au terme de l'étude, il ressort que la construction des routes au Dahomey n'a pas été une œuvre de générosité de la part du colonisateur français. Au contraire, elle répondait au besoin éprouvé très tôt par ce dernier de rendre effective sa domination sur sa nouvelle colonie en vue de son exploitation judicieuse. Il a fallu construire des routes pour atteindre tous les coins du territoire afin d'y établir une administration, mais également pour desservir les régions productrices du pays au grand bonheur de l'économie de traite. La logique qui sous-tendait la politique routière mise en œuvre par la puissance colonisatrice était la suivante : drainer les régions productrices, acheminer les productions vers la métropole par le wharf de Cotonou, et utiliser le même réseau routier appuyé par le rail pour distribuer les produits manufacturés de la métropole dans la colonie et sur les territoires voisins, Niger et Haute-Volta, où débouchent deux des principales routes du territoire : la route de l'Est et la route de l'Ouest. L'objectif poursuivi et atteint par le colonisateur était de déconnecter le Dahomey du commerce intra-africain auquel il était connecté depuis au moins le XIVe siècle pour le ramener à la côte, le wharf. Notre première hypothèse spécifique – « Le réseau routier a été mis en place pour servir les intérêts du colonisateur » – trouve ici sa justification.

La mise en place de l'ossature générale de ce réseau routier s'est effectuée entre 1913 et 1945. La réalisation partielle du plan Sarraut de "mise en valeur" des colonies, au lendemain de la Première Guerre mondiale, et l'application, à partir de 1931, des lois Maginot, introduisirent une évolution technologique notable dans la construction des routes au Dahomey : l'empierrement des routes les plus importantes était devenu une réalité ; le Service des Travaux Publics était systématiquement chargé de l'étude des projets de construction des routes d'intérêt général, et de l'emplacement des ouvrages d'art, s'agissant des routes d'intérêt local.

Mais c'est au lendemain de la Seconde Guerre mondiale qu'une révolution intervint dans la construction des routes au Dahomey et dans les autres possessions françaises d'Afrique. Obligée de changer sa politique économique vis-à-vis de ses colonies, la France prit une nouvelle loi de finances, celle du 30 avril 1946, qui entraîna la création du FIDES. Les plans FIDES ont permis d'introduire de la nouveauté : le Dahomey connut alors ses premières routes bitumées.

Les nombreux travaux de modernisation des routes par les plans FIDES eurent comme conséquences l'intensification du trafic routier au Dahomey. De fait, l'amélioration des infrastructures routières favorisa l'augmentation du nombre de véhicules, elle aussi facilitée par l'installation de nombreuses sociétés concessionnaires et de réparation automobile qui ont investi le marché dahoméen. L'arrivée de ces sociétés permit la création d'emplois pour les Dahoméens, mais beaucoup plus encore pour les Français dont l'industrie automobile a conquis de nouveaux marchés. Pour combler la demande de ces nouveaux marchés, les sociétés de fabrication automobile furent obligées d'accroître leur production ; ce qui impliqua l'augmentation de la main-d'œuvre dans lesdites sociétés, donc la création de nouveaux emplois pour les Français, aussi bien en métropole que dans les colonies.

Le bitumage des principales routes ayant rendu la circulation plus aisée, le transport aussi bien des personnes que des marchandises était devenu plus facile, pour le grand bonheur des activités commerciales. Mais le principal bénéficiaire de ces échanges commerciaux demeurait la métropole qui obtenait plus facilement les matières premières indispensables pour ses industries et convoyait aisément ses produits manufacturés vers sa colonie, à partir du wharf, et via le doublet rail-route.

Mieux, les projets routiers financés par le FIDES étaient réalisés exclusivement par des entreprises françaises. La plus grande partie des investissements retournait donc immanquablement en France. La logique de la route au service des intérêts de la métropole s'en trouva ainsi renforcée. Et l'indépendance du Dahomey, en 1960, ne changea rien à cela, la nouvelle élite politique du pays, n'ayant pas réussi à rompre avec le legs colonial. Le réseau routier est demeuré tel qu'hérité de la puissance colonisatrice, c'est-à-dire extraverti. L'essentiel des aménagements effectués, très souvent sur endettement, a toujours concerné les principales routes au cœur de l'économie de traite : le secteur Parakou-Malanville et la route Togo-Nigeria. Notre deuxième hypothèse spécifique ainsi libellée : « Le développement du réseau routier béninois demeure largement tributaire d'une économie de traite », est également vérifiée.

Même le régime du GMR-PRPB n'a pas pu opérer la rupture avec cette extraversion du réseau routier béninois. Cependant, à son actif, il faut inscrire l'augmentation des investissements dans les infrastructures routières, et un intérêt plus marqué pour les pistes de desserte rurales, jusque-là laissées pour compte.

Une autre permanence qui ressort de cette étude est la disparition progressive du chemin de fer du mécanisme de transport des personnes et des biens au Bénin. Le champ est alors laissé libre à la route qui garde le monopole des transports dans le Bénin du Renouveau démocratique où le train a cessé de siffler, et où le transport fluvio-lagunaire demeure embryonnaire et artisanal. La troisième hypothèse spécifique « la route reste la principale infrastructure de transport au Bénin, malgré sa cherté par rapport aux autres moyens de transport » se confirme comme les précédentes.

En dépit de tous ses avantages, la route comme unique infrastructure de transport est un choix onéreux de sujétion pour les pays à économie dominée comme le Bénin. Un choix dont la remise en cause est nécessaire, non seulement pour de meilleures performances économiques, mais également pour réduire, à défaut de les briser, les liens de dépendance vis-à-vis des pays à économie dominante, dont la route constitue l'un des maillons. « L'automobile n'est pas le seul moyen de transport ; son utilisation ne saurait être heureuse pour l'économie générale que dans la mesure où son activité s'harmoniserait avec celle de tous ses concurrents »[1], a écrit M. Wolkowitsch. Cette vérité d'évidence énoncée par l'auteur depuis 1954 garde toute sa fraîcheur près de 60 ans plus tard. Il est de l'intérêt des pays à économie dominée particulièrement de promouvoir le transport multimodal. Le Bénin, pour sa part, dispose des atouts naturels pour le faire.

[1] M. Wolkowitsch, "Les transports routiers en France", In *Annales de géographie*, n° 336, 1954, p. 112.

Sources et éléments de bibliographie

1. Sources

1.1. Sources orales

Liste des informateurs

N°	Nom et Prénoms	Âge	Profession	Date et lieu de l'entretien	Informations retenues
	Entretien de groupe				
1	ADOVOÉKPÉ K. Henri	54 ans	Chauffeur de taxi et syndicaliste (vice-président ACCTB) Ancienneté : 29 ans	15 mars 2020 à la gare routière d'Oganla	Informations sur les conditions de travail des chauffeurs, le syndicalisme dans le milieu, les marques de véhicules utilisées.
2	AGBODJOGBE Sylvestre	48 ans	Chauffeur de taxi et syndicaliste Ancienneté : 24 ans		
3	ALLOVOKPINHOU Michel	61 ans	Chauffeur de taxi Ancienneté : 35 ans		
4	ASSOGBA H. Patrice	49 ans	Chauffeur de taxi et syndicaliste Ancienneté : 24 ans		
5	OKÉ Gilbert	51 ans	Chauffeur de taxi Ancienneté : 15 ans		
Entretiens individualisés					
6	ADOMOU Habib		Ingénieur civil, en fonction à la Direction Générale des Infrastructures du Ministère des Infrastructures et des Transports	26 juin 2019 à son bureau	Informations sur l'exécution des travaux de construction routière

7	AVOTRICAN Sylvain		Directeur de la gestion et du suivi des infrastructures au Ministère des Infrastructures et des Transports (MIT)	12 juin 2019 à son bureau	Informations relatives à l'entretien routier.
8	FALADE Eliezer	63 ans	Conducteur de poids lourds, à la retraite	26 juillet 2020, à son domicile	Informations sur les conditions du métier de conducteur de poids lourds.
9	HOUNKPATIN Roberto	35 ans	Déclarant en douanes	10 février 2020, à son domicile	Informations sur les frais de douanes et le processus d'enlèvement des véhicules d'occasion.
10	Dada Aïhotogbé LANGANFIN GLÈLÈ		Chef de la collectivité royale Langanfin Glèlè, à Cana	29 août 2017, dans son palais	Informations sur les routes précoloniales dans l'ancien royaume du Danxomè.
11	TOCHOÉDO Gabriel	73 ans	Ancien chauffeur de poids lourds et de taxi	26 juillet et 1er août 2020	Informations sur sa vie et son expérience de chauffeur.

1.2. Sources d'archives

1.2.1. Archives nationales de Paris

- ANP 200 Mi 1864 2G 45-24 Bobine 733, *Rapport économique pour les années 1944 et 1945*, 64 p.
- ANP 200 Mi 2G 47-30 Bobine 751, Dahomey, *Rapport économique annuel 1947.*
- ANP 200 Mi 1892 Série 2G 48-33 Bobine 761, *Rapport économique 1948*, signé du Gouverneur à Porto-Novo, le 13 juillet 1949.
- ANP 200 Mi 1904 Série G Sous-série 2G 49-36 Bobine 773, *Rapport politique 1949.*
- ANP 200 Mi 1905 Série G Sous-série 2G 49-50 Bobine 774, *Rapport économique 1950.*

- ANP 200 Mi 1917 Série G Sous-série 2G 50-31 Bobine 786, Territoire du Dahomey, *Rapport politique 1950.*
- ANP 200 Mi 1938 Série G s/s 2 G 51-60 Bobine 807, *Rapport économique 1951.*
- ANP 200 Mi 2005 2G 54-107 Bobine 874, *Rapport sur l'activité des services 1954 présenté par le Gouverneur Bonfils à l'Assemblée territoriale,* Session budgétaire 1954.
- ANP 200 Mi 2030 2G 56-10 Bobine 899, Rapport sur l'activité des services durant l'année 1956 présenté par le Gouverneur Biros.
- ANP 200 Mi 2008 2G 55-4 Bobine 877, Rapport économique 1955 – Premier semestre 1956, 115 p.
- ANP 200 Mi 1874 2G 46-36, AOF. Contrôle financier 1946. Rapport sur l'exécution spéciale du budget des grands travaux de l'AOF. Exercice 1946.
- ANP 200 Mi 1934 2G 51-37 Bobine 803, Dahomey. Rapport politique annuel 1951 signé par le Gouverneur du Dahomey Charles Henri Bonfils.
- ANP 200 Mi 2058 2G 57-53, Ministère des Travaux publics. Mode d'exécution des travaux.
- ANP 200 Mi 2071 2G 58-32 Bobine 940, Budget général. Dépenses effectuées au Dahomey au cours de l'exercice 1957, 68 p.
- ANP 200 Mi 1921 2G 50-58 Bobine 790, *Rapport économique annuel 1950,* 203 p.
- ANP 200 Mi 1981 2G 53-91 Bobine 850, *Rapport sur l'activité des services présenté par Bonfils à l'Assemblée territoriale en 1953.*

1.2.2. Archives nationales Section Outre-Mer

- ANSOM Carton 53 Dossier 397 FIDES Première série, Emploi des fonds publics, pp. 57-60.
- ANSOM Carton 58 Dossier 449 FIDES Première série.
- ANSOM TP 2e série Carton 385 Travaux publics du Dahomey – Budget FIDES Exercice 1951-1952, *Rapport semestriel au 30 juin 1952.*
- ANSOM Carton 53 Dossier 397 FIDES Première série, FIDES – Plan 1953-1957. Situation des autorisations de Programme (AP) et des paiements (AP) ou crédits de paiements (CP) au 31 mars 1957 (en milliers de francs CFA), p. 59.
- ANSOM Carton 18 E_4/9 FIDES 2e série, Rapport particulier sur les comptes et la gestion de la Caisse Centrale de la France d'Outre-Mer pour les exercices 1954, 1955, 1956, 1957, 1958 et 1959.
- ANSOM Carton 18 E_4/9 FIDES 2e année Exercice 1954, p. 40.
- ANSOM TP 2e série Carton 380 Route Togo-Nigeria, section Ouidah-Porto-Novo.
- ANSOM Carton 369 Dossier M_{22}/128 FIDES 2e série, 1er et 2e Plan quadriennal. Bilan (Dahomey).
- ANSOM Carton 369 Dossier M_{22}/129 FIDES 2e série, 3e Plan quadriennal. Avant-projet.
- ANSOM Carton 493 Dossier M_{22}/333 FIDES 2e série, Dahomey : situation des autorisations de programme 1960.
- ANSOM Carton 493 Dossier M_{22}/333 FIDES 2e série, Bilan des premier et deuxième plans quadriennaux au 1er janvier 1957.
- ANSOM Carton 492 Dossier M_{22}/333 FIDES 2e série, Commune de Cotonou.

- ANSOM Carton 370 Dossier M_{22}/130 FIDES 2e série, Dahomey. 2e plan quadriennal 1953-1957.
- ANSOM TP 2e série Carton 175 Présentation du Plan directeur de Cotonou par M. Calsat.
- ANSOM TP 2e série Carton 380 Rapport de l'Inspection générale des Travaux publics adressé au Secrétaire d'État à la France d'Outre-Mer, 30 mars 1953
- Compagnie générale d'études et recherches pour l'Afrique, Organisation commune Dahomey-Niger des chemins de fer et des transports, *Projet d'aménagement des voies de communication du Dahomey et du Niger.* Quatrième partie (II) *Incidences économiques, sociales et budgétaires du projet*, pp. 49-52.
- Paris, SAEF, Dossier B 33533 F30 2893 Sous-dossier 12950 Sous-chemise D Routes et Ponts – Ouvrages d'art.
- Paris, SAEF, Dossier B 33533 F30 2893 Sous-dossier 12950 Sous-chemise C Routes et Ponts – Itinéraires aménagés.

1.2.3. Fonds numérisé : Bibliothèque nationale de France (www.gallica.bnf.fr)

- Gouvernement général de l'Afrique-Occidentale française, *Budget local de la colonie du Dahomey. Exercices 1895-1898 ; 1900-1907 ; 1911 ; 1913-1935.*
- Ministère des Colonies, Gouvernement général de l'Afrique-Occidentale française, Colonie du Dahomey, Service local, *Comptes définitifs des recettes et des dépenses. Exercices 1911-1938.*
- Gouvernement général de l'Afrique-Occidentale française, *Comptes définitifs des recettes et des dépenses du Budget Général, Exercices 1913 à 1929.*
- Gouvernement général de l'Afrique-Occidentale française (Service des Affaires civiles), *L'Afrique-Occidentale française en 1913. Rapport d'ensemble annuel*, 210 p.

1.2.4. Archives de la République du Sénégal

- 2G 45-125, Service des Travaux publics, *Rapport annuel d'activité 1945*, Cotonou, le 17 août 1945, 3 p.
- 2G 46-107, Service des Travaux publics, *Rapport annuel d'activité 1946*, Cotonou, le 24 septembre 1946, 9 p.
- 2G 49-122, Service des Travaux publics, *Rapport annuel 1949*, Cotonou, le 8 avril 1950.
- 2G 55-7, Service Travaux publics, *Rapport annuel 1955.*
- 2G 55-131, Service des Travaux publics, *Rapport annuel sur la circulation automobile au Dahomey. Année 1955*, Cotonou, le 15 novembre 1956.
- 2G 57-71, Direction des Travaux publics, *Rapport annuel 1957*, Cotonou, le 1er mars 1958.

1.2.5. Fonds de la Direction des archives nationales (DAN) : période coloniale

Série K1

- Colonie du Dahomey, Cercle de Porto-Novo, *Plan de campagne. Exercice 1935.*
- Colonie du Dahomey, Cercle de Porto-Novo, *Comptes élémentaires à ouvrir. Répartition des crédits délégués pour le premier semestre 1935.*
- Colonie du Dahomey, Cercle de Porto-Novo, Subdivision de Pobè, Télégramme-lettre-officiel du Chef de subdivision au Commandant de cercle, Pobè, le 21 février 1939.

- Colonie du Dahomey, Cercle de Porto-Novo, Année 1939, *Plan de campagne des travaux effectués sur les fonds provenant de la taxe additionnelle.*
- Colonie du Dahomey, Cercle d'Abomey, *Procès-verbal du Conseil des notables du cercle,* Abomey, le 17 mars 1939.
- Colonie du Dahomey, Cercle de Porto-Novo, *Procès-verbal du Conseil des notables du cercle*, Porto-Novo, le 30 mai 1939.
- Gouvernement général de l'AOF, Colonie du Dahomey, Service des Travaux publics, *Rapport du Chef du Service des Travaux publics*. Objet : Plans de campagne des travaux à exécuter sur les ressources de la taxe additionnelle, Cotonou, le 10 juin 1939.
- Colonie du Dahomey, Cercle de Porto-Novo, Subdivision de Sakété, n° 891, *Programme de travaux de routes. Campagne 1940*, Sakété, le 18 août 1940, 4 p.
- Colonie du Dahomey, Cercle de Porto-Novo, Année 1940, *Plan de campagne des travaux effectués sur les fonds provenant de la taxe additionnelle.*
- Gouvernement général de l'AOF, Colonie du Dahomey, Service des Travaux publics, *Rapport de l'Ingénieur en chef*, Cotonou, le 29 avril 1940.
- Colonie du Dahomey, Cercle de Porto-Novo, Subdivision de la Banlieue, Réseau routier, Porto-Novo, le 5 novembre 1940.
- Colonie du Dahomey, Cercle de Porto-Novo, Subdivision de Pobè, *Proposition pour le plan décennal*, Pobè, le 27 juillet 1941.
- Colonie du Dahomey, Cercle de Porto-Novo, Subdivision de la Banlieue, Télégramme-lettre-officiel du Chef de subdivision au Commandant de cercle, Porto-Novo, le 28 juillet 1941.
- Colonie du Dahomey, Cercle de Porto-Novo, Année 1941, *Plan de campagne des travaux effectués sur les fonds provenant de la taxe additionnelle.*
- Gouvernement général de l'AOF, Colonie du Dahomey, Service des Travaux publics, Correspondance du Lieutenant-gouverneur aux commandants de cercle ou chefs de subdivision de Porto-Novo, Ouidah, Grand-Popo, Cotonou, Athiémé, Sakété, aux commissaires de police de Porto-Novo, Cotonou, Ouidah et au Commandant de la section de gendarmerie, Porto-Novo, le 23 juillet 1947.
- Gouvernement général de l'AOF, Territoire du Dahomey, Service des Travaux publics, Note de service n° 636/TP prise par le Chef du service à Cotonou, le 25 août 1951.
- Correspondance de Abikanlou I. Bernardin, Conseiller territorial de Pobè au Ministre des Travaux publics, Pobè, le 16 juin 1958.

Série K1-1

- Gouvernement général de l'AOF, Colonie du Dahomey, *Note sur l'organisation et le fonctionnement du Service des Travaux publics au Dahomey*, Cotonou, le 27 janvier 1937.

Série K1-3

- Colonie du Dahomey, Cercle de Porto-Novo, Subdivision de Sakété, *Programme des travaux. Année 1939*, Sakété, le 29 mars 1939, 3 p.
- Colonie du Dahomey, Cercle de Porto-Novo, Subdivision de Sakété, *Nomenclature et description des routes de la subdivision de Sakété (août 1939).*
- Colonie du Dahomey, Cercle de Porto-Novo, *Année 1939. Plan de campagne des travaux effectués sur les fonds provenant de la taxe additionnelle.*
- Colonie du Dahomey, Cercle de Porto-Novo, Subdivision de Pobè, *Proposition pour le plan décennal. Évacuation des produits*, 27 juillet 1941.

Série K1-5

- Colonie du Dahomey, Cercle de Porto-Novo, Subdivision de la Banlieue, Décision de l'Administrateur-adjoint de première classe de France d'Outre-Mer, Chef de la subdivision Banlieue de Porto-Novo, au sujet de la circulation des véhicules automobiles pendant la période des pluies, Porto-Novo, le 24 avril 1951.

Série K2-1

- *Note au sujet de la construction des pistes d'intérêt général*, 1910, 12 p.
- Colonie du Dahomey, Cercle de Grand-Popo, *Plan de campagne des travaux à exécuter en 1920 par les prestataires.*
- Colonie du Dahomey, Cercle de Grand-Popo, *Programme des travaux à effectuer en 1924 avec la main-d'œuvre prestataire*, Grand-Popo, le 6 octobre 1923.

Série K2-3

- Gouvernement du Dahomey et Dépendances, Travaux publics, *Rectification des rues aux abords de la Place Jean Bayol. Rapport du Chef de service*, 12 janvier 1897.

Série K2-4

- Colonie du Dahomey et Dépendances, Cercle de Djougou Kouandé, *Rapport sur les travaux de construction de routes*, Djougou, le 1er octobre 1906.

Série K3-4

- Colonie du Dahomey et Dépendances, Cercle de Djougou, n° 923, *Rapport de l'Administrateur du cercle sur les voies de communication (4e trimestre 1908).*
- Colonie du Dahomey et Dépendances, Cercle de Djougou Kouandé, Poste administratif de Kouandé, *Rapport du Chef de poste sur les routes du secteur de Kouandé (4e trimestre 1908)*, Kouandé, le 31 décembre 1908.
- Colonie du Dahomey et Dépendances, Cercle de Djougou Kouandé, Correspondance du Commandant de cercle au Lieutenant-gouverneur, Djougou, le 5 mars 1910.
- Colonie du Dahomey et Dépendances, Cercle de Savalou, Correspondance du Commandant de cercle au Lieutenant-gouverneur, au sujet des crédits pour l'exercice 1911, Savalou, le 4 février 1911.
- Colonie du Dahomey et Dépendances, *Cercle de Djougou, Rapport sur les travaux pendant le 4e trimestre 1912.*
- Colonie du Dahomey et Dépendances, *Cercle de Djougou, Rapport sur les travaux (1er trimestre 1913)*, Djougou, le 31 mars 1913.
- Colonie du Dahomey et Dépendances, *Cercle de Djougou, Rapport sur les travaux (2e trimestre 1913).*
- Colonie du Dahomey, Cercle de l'Atacora, Correspondance du Commandant de cercle au Lieutenant-gouverneur, 9 septembre 1917).
- Colonie du Dahomey, Service des Travaux publics, *Travaux dont l'exécution est prévue en 1938.*

Série K3-6

- Colonie du Dahomey, Cercle de Zagnanado, Correspondance de l'Administrateur du cercle au Lieutenant-gouverneur, au sujet de l'achèvement de la piste Pobè-Savè, Zagnanado, le 29 mai 1913.

Série K3-7

- Colonie du Dahomey, Cercle du Mono, Correspondance de l'Administrateur du cercle au Lieutenant-gouverneur, Grand-Popo, le 9 juin 1905.

- Colonie du Dahomey, Cercle du Mono, Correspondance du Commandant de cercle au Lieutenant-gouverneur, 5 septembre 1910.

- Colonie du Dahomey, Cercle de Grand-Popo, Correspondance du Commandant de cercle au Lieutenant-gouverneur, Grand-Popo, le 1er mars 1912.

- Territoire du Dahomey, Ministère de l'Agriculture et du Paysannat, Direction de l'Action rurale, *Exécution du Programme FERDES 1956*, 15 p.

- Gouvernement général de l'AOF, Territoire du Dahomey, Service des Travaux publics, Route d'intérêt général. Classification et crédits d'entretien kilométrique. Mise à jour de l'étude faite le 25 octobre 1953 par l'Ingénieur principal chargé des routes et ponts, Cotonou, le 9 février 1956.

- Territoire du Dahomey, Ministère du Plan et de l'Action Rurale, Direction de l'Action Rurale, *Préparation du programme FERDES 1957. Sommaire relatif à Projets FERDES dont l'exécution est proposée sur le programme 1957.*

Série K4-1

- Colonie du Dahomey, Douanes, Chef de service, n° 761, Correspondance du Chef du Service des Douanes du Dahomey au Lieutenant-gouverneur, au sujet des routes du Mono et du poste d'Agomè-Séva, Porto-Novo, le 30 décembre 1908.

- Colonie du Dahomey, Cercle de Grand-Popo, n° 186, Correspondance du Commandant de cercle au Lieutenant-gouverneur, au sujet des routes, Grand-Popo, le 21 février 1913.

- Colonie du Dahomey, Télégramme-lettre-officiel du Lieutenant-gouverneur au Commandant de cercle de Porto-Novo, au sujet de la construction de la route Pobè-Kétou, Porto-Novo, le 24 juin 1935.

- Colonie du Dahomey, Cercle de Porto-Novo, n° 811, Correspondance du Commandant de cercle au Lieutenant-gouverneur (Affaires économiques), Porto-Novo, le 14 février 1936.

- Colonie du Dahomey, Service des Travaux publics, Correspondance du Chef du Service des Travaux publics au Commandant de cercle de Porto-Novo, au sujet du pont de Bonou, Cotonou, le 25 août 1943.

- Colonie du Dahomey, Bureau des affaires politiques et administratives, n° 05 APA, Circulaire du Lieutenant-gouverneur p. i. aux commandants de cercle, Porto-Novo, le 9 janvier 1950.

Série K4-3

- Gouvernement général de l'AOF, Inspection générale des Travaux publics, *Rapport d'ensemble sur le fonctionnement des services des travaux publics du Groupe durant la période s'étendant entre les sessions du Conseil de gouvernement des années 1937 et 1938.*

- Gouvernement général de l'AOF, Inspection générale des Travaux publics, *Rapport d'ensemble sur le fonctionnement des services des travaux publics du Groupe durant la période s'étendant entre les sessions du Conseil de gouvernement des années 1938 et 1939.*

Série K4-4

- Protectorat de Porto-Novo, Sô-Ouémé, Bordereau récapitulatif des états fournis par le Résident adjoint du Sô-Ouémé en vue du remboursement de ses avances, Adjohoun, le 1er avril 1904.

- Protectorat de Porto-Novo, Sô-Ouémé, Bordereau récapitulatif des états fournis par le résident adjoint du Sô-Ouémé en vue du remboursement de ses avances, SD.

Série K4-5

- Colonie du Dahomey, Cercle de Porto-Novo, Subdivision de la Banlieue, Correspondance du Chef de subdivision au Lieutenant-gouverneur, 18 février 1950.
- Colonie du Dahomey, Service des travaux publics, n° 4215/TP, Correspondance du Chef du Service des Travaux publics au Directeur local des finances, Cotonou, le 7 septembre 1951.

Série K5

- Gouvernement général de l'AOF, Colonie du Dahomey, Cercle d'Abomey, n° 278. Correspondance de l'Administrateur du cercle d'Abomey à l'Inspecteur des Affaires administratives. Objet : A.S. des travaux à exécuter sur la route Bohicon-Zou, Abomey, le 9 avril 1914.
- Colonie du Dahomey, Cercle de Zagnanado, *Compte-rendu des tournées effectuées en juillet 1919 (au sujet des travaux de route à entreprendre)*, Zagnanado, le 10 août 1919.
- Colonie du Dahomey, n° 1763, Correspondance du Lieutenant-gouverneur au Commandant de cercle de Zagnanado. Objet : Travaux de route, Porto-Novo, le 21 août 1919.
- Colonie du Dahomey, Cercle du Mono, n° 133, Correspondance du Commandant de cercle au Lieutenant-gouverneur, au sujet du secteur de Parahoué (Aplahoué), Athiémé, le 10 septembre 1919.
- Colonie du Dahomey, Cercle de Zagnanado, n° 501, *Rapport du Commandant de cercle au sujet de la construction d'un pont sur le Zou*, Zagnanado, le 17 septembre 1919.
- Colonie du Dahomey, Cercle de Zagnanado, *Compte-rendu de tournée (20 au 27 septembre 1919)*, Zagnanado, 1919 (date illisible).
- Colonie du Dahomey, Cercle de Zagnanado, *Compte-rendu de tournée (22 au 30 octobre 1919)*, Zagnanado, le 10 novembre 1919.
- Colonie du Dahomey, Cercle de Zagnanado, n° 724, *Compte-rendu de tournée (10 au 20 décembre 1919)*, Zagnanado, le 22 décembre 1919.
- Colonie du Dahomey, Cercle d'Abomey, Correspondance du Commandant de cercle au Lieutenant-gouverneur, Abomey, le 15 décembre 1920.
- Colonie du Dahomey, Cercle d'Abomey, n° 248, Correspondance du Commandant de cercle à l'Inspecteur des Affaires administratives, au sujet d'une demande de renseignements concernant la route de Bohicon au Zou, Abomey, le 30 mars 1921.
- Colonie du Dahomey, Cercle de Natitingou, Subdivision de Kouandé, *Compte-rendu des travaux de route. Mois de septembre 1940*, Kouandé, le 30 septembre 1940.
- Colonie du Dahomey, Cercle de Natitingou, Subdivision de Natitingou, *Compte-rendu des travaux de route. Mois de novembre 1940*, Natitingou, le 30 novembre 1940.
- Colonie du Dahomey, Cercle de Natitingou, Subdivision de Natitingou, *Compte-rendu des travaux de route. Mois de décembre 1940*, Natitingou, le 31 décembre 1940.
- Colonie du Dahomey, Cercle de Natitingou, Subdivision de Tanguiéta, *Compte-rendu des travaux de route. Mois de décembre 1940*, Tanguiéta, le 31 décembre 1940.

Série K5-1

- Gouvernement général de l'AOF, Inspection générale des Travaux publics, *Rapport d'ensemble sur le fonctionnement des services des travaux publics du Groupe durant la période s'étendant entre les sessions du Conseil de gouvernement des années 1935 et 1936.*

Série K5-2

- Colonie du Dahomey et Dépendances, Cercle de Zagnanado, État détaillé des crédits nécessaires pour effectuer les travaux neufs et d'entretien des routes et des bâtiments durant l'exercice 1912, Zagnanado, le 12 janvier 1912.
- Colonie du Dahomey et Dépendances, Télégramme officiel du Lieutenant-gouverneur au Commandant de cercle de Zagnanado, Porto-Novo, le 6 mars 1912.
- Colonie du Dahomey et Dépendances, Cabinet du Lieutenant-gouverneur, Correspondance du Lieutenant-gouverneur au Commandant de cercle de Zagnanado, au sujet de la délégation de crédits exercice 1912, 10 mars 1912.
- Gouvernement général de l'AOF, Colonie du Dahomey, Inspection des Affaires administratives, n° 46, Correspondance de l'Inspecteur des Affaires administratives au Commandant de cercle d'Abomey. Objet : Demande de renseignements au sujet des travaux à exécuter sur la route de Bohicon – au Zou –, Cotonou, le 21 mars 1914.
- Gouvernement général de l'AOF, Colonie du Dahomey, Cercle de Zagnanado, *Plan de campagne et devis des travaux à exécuter sur prestation en 1917*, Zagnanado, le 21 juin 1917.
- Gouvernement général de l'AOF, Colonie du Dahomey, Cercle de Zagnanado, Correspondance du Commandant de cercle au Lieutenant-gouverneur, au sujet de la piste Zagnanado-Kétou, Zagnanado, le 30 août 1919.
- Colonie du Dahomey, Cercle d'Athiémé, n° 1307, Télégramme-lettre-officiel du Commandant de cercle au Lieutenant-gouverneur, au sujet des crédits, Athiémé, le 8 mai 1937.
- Colonie du Dahomey, n° 2109, Télégramme-lettre-officiel du Lieutenant-gouverneur p. i. au Chef du Service des Travaux publics, au sujet des crédits routes, Porto-Novo, le 18 mai 1937.

Série K5-3

- Colonie du Dahomey, Bureau des Affaires politiques, Correspondance du chef du Bureau au Lieutenant-gouverneur. Objet : Approbation des plans de campagne, avril 1932.
- Colonie du Dahomey, Cercle de Holli-Kétou, Correspondance du Commandant de cercle au Lieutenant-gouverneur, au sujet de la route Pobè-Kétou, Pobè, le 25 octobre 1932.
- Colonie du Dahomey, Cercle de Savalou, *Exercice 1939. Plan de campagne des travaux à exécuter en remplacement des travaux de prestation.*
- Gouvernement général de l'AOF, Colonie du Dahomey, n° 017 APA, Circulaire du Lieutenant-gouverneur aux commandants de cercle, au sujet de l'utilisation de la taxe additionnelle, Porto-Novo, le 23 janvier 1939.
- Colonie du Dahomey, Cercle de Savalou, *Plan de campagne des travaux à effectuer sur les fonds de la taxe additionnelle. Année 1943.*
- Colonie du Dahomey, Cercle de Kandi, *Plan de campagne annuel des travaux à exécuter sur le produit de la taxe additionnelle. Année 1943.*
- Colonie du Dahomey, Cercle d'Abomey, *Plan de campagne des travaux à effectuer sur les fonds de la taxe additionnelle,* 1943.

- Colonie du Dahomey, Cercle d'Athiémé, *Plan de campagne des travaux prévus sur les fonds provenant de la taxe additionnelle*, Athiémé, le 18 février 1943.
- Colonie du Dahomey, Cercle d'Abomey, Subdivision d'Abomey, *Exercice 1943. Plan de campagne des travaux à effectuer sur le produit de la taxe additionnelle.*
- Colonie du Dahomey, Cercle d'Abomey, Subdivision de Zagnanado, *Plan de campagne des travaux effectués ou à effectuer sur les fonds de la taxe additionnelle,* Année 1943.
- Colonie du Dahomey, Cercle de Parakou, Subdivision de Nikki, *Plan de campagne de l'exécution des travaux sur le produit de la taxe additionnelle*, 1943.
- Colonie du Dahomey, Cercle de Parakou, Subdivision de Djougou, *Programme des travaux à effectuer en 1943 dans la subdivision de Djougou.*
- Colonie du Dahomey, Cercle de Cotonou, Subdivision d'Abomey-Calavi, *Plan de campagne 1943. Travaux à effectuer sur le produit de la taxe additionnelle.*

Série K5-4

- Colonie du Dahomey, Cercle de Porto-Novo, Subdivision de la Banlieue, *Procès-verbal de la réunion du Conseil d'administration de la société indigène de prévoyance de la subdivision Banlieue de Porto-Novo*, 17 décembre 1951.

Série K5-5

- Colonie du Dahomey, Cercle de Holli-Kétou, Subdivision de Pobè, *Programmation des travaux d'intérêt local à effectuer en 1927 au moyen des prestations*, Pobè, le 15 octobre 1926.
- Colonie du Dahomey, Cercle de Holli-Kétou, n° 262, Correspondance du Commandant de cercle au Lieutenant-gouverneur, 17 mai 1927.
- Colonie du Dahomey, Correspondance du Lieutenant-gouverneur au Commandant de cercle de Holli-Kétou, Porto-Novo, le 28 mai 1927.
- Gouvernement général de l'AOF, Colonie du Dahomey, Cercle du Borgou, Subdivision de Bembèrèkè, n° 424, Correspondance du Chef de subdivision au Commandant de cercle, Bembèrèkè, le 10 août 1929.
- Gouvernement général de l'AOF, Colonie du Dahomey, Cercle du Borgou, n° 1421 A, Correspondance du Commandant de cercle au Lieutenant-gouverneur, Parakou, le 16 août 1929.
- Territoire du Dahomey, Cercle de Porto-Novo, Subdivision de la Banlieue, Lettre officielle du Chef de subdivision au Commandant de cercle, Porto-Novo, le 2 mars 1951.
- Territoire du Dahomey, Cercle de Porto-Novo, Subdivision de Pobè, n° 93/A, Télégramme-lettre-officiel du Chef de subdivision au Commandant de cercle. Objet : Compte-rendu des travaux annuels. Exercice 1950, Pobè, le 5 mars 1951.

Série K5-6

- Colonie du Dahomey, Cercle de Porto-Novo, n° 6065, Télégramme-lettre-officiel du Commandant de cercle au Lieutenant-gouverneur, Porto-Novo, le 5 novembre 1936.
- Colonie du Dahomey, n° 3535 FI-DE, Télégramme-lettre-officiel du Lieutenant-gouverneur à l'Administrateur-Maire de Porto-Novo et au Chef du Bureau des Affaires économiques pour information, Porto-Novo, le 16 novembre 1936.
- Colonie du Dahomey, Cercle de Porto-Novo, Subdivision de Sakété, Télégramme-lettre-officiel du Chef de subdivision au Commandant de cercle, Sakété, le 2 mai 1938.

- Territoire du Dahomey, Service des travaux publics, *Rapport à Monsieur le gouverneur en Conseil privé*, Porto-Novo, le 12 janvier 1954.
- Territoire du Dahomey, Service des travaux publics, *Rapport à Monsieur le gouverneur en Conseil privé*, Porto-Novo, le 3 mai 1954.
- Territoire du Dahomey, Service des travaux publics, *Rapport à Monsieur le gouverneur en Conseil privé*. Objet : Routes. Projet d'arrêté, Porto-Novo, le 24 juin 1954.
- Série K5-7, Colonie du Dahomey et Dépendances, Cercle du Borgou, n° 51, Correspondance du Commandant de cercle au Lieutenant-gouverneur, Parakou, le 13 août 1905.

Série K5-7

- Colonie du Dahomey, Cercle de Djougou, n° 239, *Rapport sur les travaux exécutés pendant le 2e trimestre*, Djougou, le 30 juin 1915.
- Colonie du Dahomey, n° 255 A.P., Correspondance du Lieutenant-gouverneur au Commandant de cercle de Ouidah, 25 septembre 1926.
- Colonie du Dahomey, n° 274 FI-DE, Correspondance du Lieutenant-gouverneur p. i. à l'Inspecteur général des Travaux publics, au sujet de la liaison routière Cotonou-Lomé, Porto-Novo, le 17 février 1938.
- Colonie du Dahomey, Service des Travaux publics, n° 848 TP, Correspondance du Chef de service au Lieutenant-gouverneur, Cotonou, le 9 septembre 1939.
- Territoire du Dahomey, Cercle de Porto-Novo, Subdivision de la Banlieue, Notice économique route Tohouè-Kraké, Porto-Novo, le 16 mai 1953.
- Territoire du Dahomey, Cercle de Porto-Novo, Subdivision de la Banlieue, Correspondance de la collectivité villageoise de Kraké représentée par M. le Président de la Société indigène de prévoyance de Porto-Novo Banlieue au Lieutenant-gouverneur s/c du Commandant de cercle. Objet : FERDES. Route Tohouè-Kraké, Porto-Novo, le 6 juin 1953.
- Territoire du Dahomey, Service des Travaux publics, Correspondance du Chef de service au Chef du Service du Plan, Cotonou, le 18 juin 1953.

Série K6-2

- Colonie du Dahomey et Dépendances, Cercle de Ouidah, *Rapport sur les travaux pendant le mois de juillet 1903*, Ouidah, le 4 août 1903.
- Colonie du Dahomey et Dépendances, Cercle de Ouidah, *Rapport sur les travaux pendant le mois d'août 1903*, Ouidah, septembre 1903.
- Colonie du Dahomey et Dépendances, Cercle de Ouidah, *Rapport sur les travaux. Mois de mai 1904*, Ouidah, le 1er juin 1904.
- Colonie du Dahomey et Dépendances, Cercle de Ouidah, *Rapport sur les travaux. Mois de juillet 1904*, Ouidah, le 1er août 1904.
- Colonie du Dahomey et Dépendances, Cercle de Ouidah, n° 533, Correspondance du Commandant de cercle au Lieutenant-gouverneur, au sujet de la route Ouidah-Sègbohouè, Ouidah, le 1er décembre 1909.
- Colonie du Dahomey, Cercle de Ouidah, *Plan de campagne des travaux à faire exécuter par les prestataires pour l'année 1916, avec indication du nombre de journées probables*, Ouidah, le 12 janvier 1916.

Série K6-3

- Colonie du Dahomey et Dépendances, Cercle du Borgou, n° 210, Correspondance du Commandant de cercle au Lieutenant-gouverneur, au sujet des travaux à exécuter en 1907 dans le secteur de Parakou, Parakou, le 4 octobre 1906.
- Gouvernement général de l'AOF, Colonie du Dahomey, Cercle du Borgou, n° 343, Correspondance du Commandant de cercle au Lieutenant-gouverneur. Objet : Plan de campagne pour l'année 1917, Parakou, le 24 mars 1917.
- Colonie du Dahomey, Cercle du Borgou, Subdivision de Nikki, Correspondance du Chef de subdivision au Commandant de cercle, Nikki, le 15 juillet 1917.

Série K6-5

- Colonie du Dahomey, n° 541, Correspondance du Lieutenant-gouverneur au Chef du Service des Travaux publics, au sujet de la construction du pont sur le Zou, Porto-Novo, le 23 juillet 1912.

Série K6-7

- Colonie du Dahomey, Cercle de Savalou, *Construction route Savalou-Savè et grosses réparations route Dassa-Zoumè-Agoua*, Savalou, le 31 décembre 1921.
- Colonie du Dahomey, n° 2551, Télégramme-lettre-officiel du Lieutenant-gouverneur au Commandant de cercle de Savalou, Porto-Novo, le 4 octobre 1922.

Série K6-9

- Colonie du Dahomey, Cercle de l'Atacora, *Répartition des journées de prestations*, Natitingou, le 1er décembre 1932.
- Colonie du Dahomey, Cercle de Djougou, *Plan de campagne des travaux à exécuter par la main-d'œuvre prestataire en 1933*.
- Colonie du Dahomey, Cercle de Porto-Novo, *Programme des travaux de prestation pour l'année 1933*, Porto-Novo, le 30 janvier 1933.
- Colonie du Dahomey, Cercle de Ouidah, *Programme des travaux à exécuter en 1933 avec la main-d'œuvre prestataire*, Approuvé en Conseil d'administration, le 22 février 1933.
- Colonie du Dahomey, Cercle de Parakou, Subdivision de Parakou, *Programme des travaux à effectuer en 1943*, Parakou, le 18 février 1943.
- Colonie du Dahomey, n° 0173/PLAN, Circulaire du Lieutenant-gouverneur adressée aux commandants de cercle et aux chefs de subdivision, au sujet du génie rural (FERDES), Porto-Novo, le 29 décembre 1950.

1.3. Sources imprimées et ouvrages sources sur le Dahomey

1.3.1. Sources imprimées

- Banque africaine de développement, Fonds africain de développement, *Rapport d'évaluation projet d'aménagement de la route Djougou-N'Dali. République du Bénin*, octobre 2002, 32 p. et des annexes.
- Banque internationale pour la reconstruction et le développement, Société financière internationale, Association internationale de développement, *Rapport n° 3a-DA, Évaluation du deuxième projet routier. Dahomey*, 7 mai 1973, 29 p. et des annexes.
- Banque mondiale, *Évaluation d'un projet de routes de desserte. République populaire du Bénin*, Rapport n° 1411a-BEN, 10 mai 1977, 23 p. et des annexes.
- Banque mondiale, *République populaire du Bénin. Deuxième projet de routes de desserte. Rapport d'évaluation*, n° 3050-BEN, 1er décembre 1980, 57 p.

- Banque mondiale, *Rapport d'évaluation. République populaire du Bénin. Projet de remise en état et d'entretien des infrastructures de transport*, n° 6000-BEN, 30 avril 1987, 130 p.
- Fonds africain de développement, *Bénin. Projet de réhabilitation de la route Pobè-Kétou-Illara. Rapport d'évaluation*, juin 2004, 34 p. et des annexes.
- Gouvernement Général de l'Afrique-Occidentale Française, *Exposition coloniale internationale de 1931, Le Dahomey*, Paris, Société d'Éditions géographiques, maritimes et coloniales, 1931, 151 p.
- Groupe de la Banque africaine de développement, Bénin. *Projet de réaménagement de la route Cotonou-Porto-Novo. Rapport d'évaluation de la performance du projet (REPP)*, octobre 2010, 22 p avec des annexes.
- International Bank for Reconstruction and Development (IBRD), International Development Association (IDA), Economics Department Working Paper n° 87, *Dahomey land transport study models*, September 4, 1970, 52 p.
- International Development Association (IDA), *Report and recommendation of the President to the executive directors on a proposed credit to Dahomey for a second highway project*, Rapport n° P-1261-DA, May 10, 1973, 9 p. et des annexes.
- Ministère du Développement Rural (MDR), Direction de l'Analyse, de la Prévision et de la Synthèse (DAPS), Section des Statistiques (SS), *Les principales cultures de la République du Bénin.*
- République du Bénin, Ministère des Travaux Publics et des Transports, *Document préparatoire à la deuxième table ronde sectorielle sur la stratégie des transports. Rapport de synthèse*, janvier 1996, 168 p.
- République du Bénin, Présidence de la République, Décret n° 96-373 du 29 août 1996, portant approbation des Statuts du Fonds routier.
- République du Bénin, Ministère des Travaux Publics et des Transports, Ministère des Finances, Fonds routier, n° 005/MTPT/MF/FR/CG/P du 19 janvier 1999, Convention entre le gouvernement de la République du Bénin et le Fonds routier.
- République du Bénin, Présidence de la République, Décret n° 2001-092 du 20 février 2001 portant classement des voies d'intérêt économique, touristique ou stratégique.
- République du Bénin, *Rapport sur l'état de l'Économie Nationale. Développements récents et perspectives à moyen terme*, décembre 2001, 251 p.
- République du Bénin, *Orientations stratégiques de développement du Bénin 2006-2011. Le Bénin émergent,* 84 p.
- République du Bénin, Présidence de la République, Ministère délégué chargé des Transports et des Travaux Publics, *Stratégie sectorielle des transports actualisée (2007-2011)*, décembre 2007, 73 p.
- République du Bénin, Mairie de Cotonou, Direction de la Prospective et du Développement Municipal, *Plan de développement de la ville de Cotonou (PDC-Cotonou)*, janvier 2008, 222 p.
- République du Bénin, Ministère délégué auprès du Président de la République chargé des Transports Terrestres, des Transports Aériens et des Travaux Publics, Direction Générale des Travaux Publics, Direction des Travaux Neufs, *Projet de facilitation des transports et du transit le long du corridor Abidjan-Lagos. Étude de faisabilité technico-économique de la route Hillacondji-Ouidah-Godomey (94 km) et mise en œuvre des mesures confortatives pour la circulation sur la route nationale*

inter-États n° 1 : Frontière Nigeria-Kraké-Cotonou-Godomey-Hillacondji-Frontière Togo (125 km). Rapport d'étude d'impact environnemental et social, Version provisoire, janvier 2009, 172 p.

- République du Bénin, Présidence de la République, Décret n° 2011-713 du 21 octobre 2011 portant conditions de circulation des véhicules de transport et de préservation du patrimoine routier en République du Bénin.
- Série K12-4, *Le pont de Porto-Novo (Dahomey). Schneider & Cie 1935-1938*, Porto-Novo, Imprimerie-Librairie Silva, 1938, 8 p.
- Série K22, *Rapport retraçant l'historique des travaux de construction du pont de Porto-Novo*, Cotonou, le 16 janvier 1939, 16 p.
- Union économique et monétaire ouest-africaine (UEMOA), La Commission, Département de l'aménagement du territoire communautaire, des infrastructures, des transports et des télécommunications, *Projet de rapport de synthèse préparatoire à la table ronde des bailleurs de fonds sur les infrastructures et le transport routiers des États membres de l'UEMOA*, septembre 2000, 98 p. et 35 p. d'annexes.
- *Journaux officiels du Dahomey (JOD)*

✓ *JOD* n° 1913, pp. 626-627 (Arrêté n° 782 du 23 octobre 1913, portant modification du tarif de transports par automobiles).

✓ *JOD* n° 23 et 24 du 1er et du 15 décembre 1913, pp. 623-624 (Arrêté n° 652 du 3 septembre 1913, fixant le nombre de journées de prestations dues annuellement par les indigènes résidant dans les territoires du Dahomey).

✓ *JOD* n° 20 du 15 octobre 1916, pp. 399-403 (Arrêté n° 61 du 9 octobre 1916, réglementant le fonctionnement du service des transports automobiles).

✓ *JOD* n° 22 du 15 novembre 1918, pp. 343-344 (Arrêté n° 552 du 31 octobre 1918, portant classement des routes de la colonie du Dahomey).

✓ *JOD* n° 17 du 1er septembre 1921, p. 325 (Arrêté n° 678 du 25 juillet 1921, fixant les listes des centres urbains dans lesquels est autorisé le rachat des prestations ; le nombre de journées de prestations dues par les indigènes des divers cercles de la colonie).

✓ *JOD* n° 21 du 1er novembre 1930, pp. 639 à 645 et (Arrêté n° 1526 du 28 octobre 1930, ouvrant à la circulation la route Porto-Novo-Cotonou).

✓ *JOD* n° 22 du 15 novembre 1930, pp. 343-344 et p. 642.

✓ *JOD* n° 13 du 1er juillet 1935, pp. 342-343 (Arrêté n° 786 du 24 juin 1935, interdisant provisoirement la circulation des camions et camionnettes sur la partie de la route intercoloniale située entre Ouagbo et Zoubodomé).

✓ *JOD* n° 14 du 15 juillet 1942 (Arrêté général n° TP du 3 juin 1942, sur le recensement, la circulation et la vente des véhicules automobiles).

✓ *JOD* n° 4 du 15 février 1953, pp. 62-63 (Arrêté n° 278 APA rendant exécutoire la délibération n° 52-44 du 11 décembre 1952, de l'Assemblée territoriale du Dahomey, portant classement des routes du territoire).

✓ *JOD* n° 12 du 15 juin 1953, pp. 230-231 (Arrêté n° 1275 APA rendant exécutoire la délibération n° 53-17 du 28 avril 1953, de l'Assemblée territoriale du Dahomey, portant classement des voies de communication du territoire).

✓ *JOD* n° 11 du 1er juin 1954, p. 236 (Arrêté n° 1254 TP/APA rendant exécutoire la délibération n° 54-8 du 22 avril 1954, de l'Assemblée territoriale du Dahomey, portant modification au classement des routes d'intérêt général).

✓ *JOD* n° 2 du 15 janvier 1955, p. 24 (Arrêté n° 3353 APA/TP rendant exécutoire la délibération n° 54-29 du 14 décembre 1954, de l'Assemblée territoriale du Dahomey, portant classement de la route d'intérêt général n° 8 Sakété-Pobè-Kétou).

✓ *JOD* n° 5 du 1er mars 1957, pp. 124-125 (Arrêté n° 524 APA rendant exécutoire la délibération n° 57-5 du 23 janvier 1957, de l'Assemblée territoriale du Dahomey, portant classement des routes d'intérêt général).

- *Journaux officiels de l'AOF (JO AOF)*

✓ *JO AOF* n° 58 du 10 février 1906, pp. 91-93 (Arrêté n° 116 du 30 janvier 1906, portant organisation du Service des travaux publics du Dahomey).

✓ Arrêté du 8 janvier 1916 fixant le Code de la route en AOF.

✓ *JO AOF* n° 1053 du 29 novembre 1924, pp. 715-717 (Arrêté du 14 novembre 1924, réglementant l'usage des voies de communication en Afrique-Occidentale française).

✓ *JO AOF* n° 1169 du 12 février 1927 (Arrêté n° du 22 janvier 1927 modifiant l'arrêté du 14 novembre 1924, réglementant l'usage des voies de communication en Afrique-Occidentale française).

✓ *JO AOF*, n° 1182 du 14 mai 1927, pp. 386-390 (Arrêté réglant l'exécution des travaux publics, portant organisation et fixant les attributions et le fonctionnement des services permanents des Travaux publics en Afrique-Occidentale française).

✓ *JO AOF* n° 1261 du 10 novembre 1928, pp. 783-785 (Arrêté n° 2745 AP promulguant en Afrique-Occidentale française le décret du 29 septembre 1928, portant réglementation du domaine public et des servitudes d'utilité publique en Afrique-Occidentale française).

✓ *JO AOF* n° 1265 du 8 décembre 1928 (Arrêté n° 2894 AE du 24 novembre 1928, portant modification aux articles 14 et 15 de l'arrêté du 14 novembre 1924, réglementant l'usage des voies de communication en Afrique-Occidentale française).

✓ *JO AOF* du 3 mars 1934, p. 170 (Arrêté n° 344 AP du 21 février 1934, promulguant en Afrique-Occidentale française le décret du 23 janvier 1934, portant réglementation des transports automobiles en Afrique-Occidentale française).

✓ *JO AOF* n° 1607 du 27 avril 1935, pp. 334-341 (Arrêté n° 827 AP du 13 avril 1935, promulguant en Afrique-Occidentale française le décret du 21 juin 1934 et le décret du 14 février 1935, portant réglementation routière en Afrique-Occidentale française).

✓ *JO AOF* n° du 12 octobre 1940, pp. 925-926 (Arrêté n° 1985 TP du 17 septembre 1940 relatif au classement des routes en Afrique-Occidentale française).

✓ *JO AOF* n° du 9 janvier 1954, pp. 57-59 (Arrêté n° 9635 s. ET. du 25 novembre 1953 rendant exécutoires deux délibérations du Grand Conseil de l'Afrique-Occidentale française, portant reclassement de routes et voies urbaines).

- *Journal officiel de la République du Dahomey* n° 22 du 15 novembre 1962, pp. 1009-1010 (Décret n° 433 PR/MTPTPT, portant classement des voies d'intérêt économique, touristique ou stratégique).

1.3.2. Ouvrages sources sur le Dahomey

- *Almanach noir*, 1940.
- DESANTI (H.), *Du Danhomé au Bénin-Niger*, Paris, Larose, 1945, 266 p.
- Exposition coloniale internationale de 1931, Gouvernement Général de l'Afrique-Occidentale française, *Le Dahomey*, Paris, Société d'Éditions géographiques, 1931, 151 p.
- FONSSAGRIVES (J.-B.), *Notice sur le Dahomey*, publiée à l'occasion de l'Exposition Universelle sous la direction de Pierre Pascal, 1900, 408 p.

- LEMOINE (F.), *Le Dahomey. Géographie physique-Flore et faune*, Melun, Imprimerie administrative, 1911, 25 p.
- RESTE (J. F.), *Le Dahomey. Réalisations et perspectives d'avenir*, Paris, Publications du Comité de l'Afrique française, 1934, 247 p.

2. Bibliographie succincte

2.1. Économie, politique et société

- ADÉKOUNTÈ (F.), *Entreprises publiques béninoises : la descente aux enfers*, Cotonou, Les Éditions du Flamboyant, 1996, 153 p.
- AGOSSOU (N.), *Fondamentaux de géographie du Bénin*, Porto-Novo, Éditions populaires africaines (EPA), 2016, 69 p.
- AKINDÉ (R. R.), Dir., *Les acquis économiques du Bénin de 1960 à 2010*, Paris, L'Harmattan, 2012, 240 p.
- ALMEIDA (d')-TOPOR (H.), *Histoire économique du Dahomey (Bénin) (1890-1920)*, vol. 1 et 2, Paris, L'Harmattan, 1995, 495 p. et 423 p.
- ALMEIDA (d')-TOPOR (H.) et LAKROUM (M.), *L'Europe et l'Afrique. Un siècle d'échanges économiques*, Paris, Armand Colin, 1994, 235 p.
- ANIGNIKIN (S. C.), *Les indépendances africaines cinquante ans après : Nouveau regard sur le processus de décolonisation en Afrique noire*, Cotonou, Éditions Christon, 2013, 167 p.
- AWO (D.), *Problématique du développement agricole au Dahomey/Bénin de 1960 à 2010*, Thèse de doctorat unique en Histoire, Université d'Abomey-Calavi, 2014, 476 p.
- BANÉGAS (R.), *La démocratie à pas de caméléon. Transition et imaginaires politiques au Bénin*, Paris, Karthala, 2003, 494 p.
- BIYOGO (G.), *Déconstruire les accords de coopération franco-africains*, vol. 1 *Par-delà l'unilatéralisme et l'interventionnisme économique, politique et militaire*, Paris, L'Harmattan, 2011, 138 p.
- DOVENON (N.), *Le Bénin. Quelles solutions pour un développement durable ?*, Paris, L'Harmattan, 2010, 167 p.
- DULUCQ (S.) et GOERG (O.), Dir., *Les investissements publics dans les villes africaines 1930-1985. Habitat et transports*, Paris, L'Harmattan, 1989, 224 p.
- FALL (B.), *Le travail forcé en Afrique-Occidentale Française (1900-1945)*, Paris, Karthala, 1993, 351 p.
- FEUER (G.), "La révision des accords de coopération franco-africains et franco-malgaches", In *Annuaire Français de Droit International*, n° 19, 1973, pp. 720-739.
- FODOUOP (K.) et BIDI (J. T.), *L'armature du développement en Afrique. Industries, transports et communication* (Volume 6), Paris, Karthala, 2010, 258 p.
- Fondation Friedrich Naumann, *Les actes de la conférence nationale (Cotonou, du 19 au 28 février 1990)*, Cotonou, Éditions ONEPI, 1994, 222 p.
- GODIN (F.), *Bénin 1972-1982. La logique de l'État africain*, Paris, L'Harmattan, 1986, 325 p.
- HOUÉMAVO (A. épouse Grimaud), *La politique économique coloniale au Dahomey (entre les deux guerres) et ses implications sociales*, Thèse de doctorat de 3e cycle, Faculté des Lettres et Sciences Humaines, Université de Dakar, 1984, 383 p.
- HOUNTONDJI (P. J.), *Économie et société. Le Bénin, d'hier à demain*, Paris, L'Harmattan, 2000, 264 p.

- IGUÉ (J.) et SOULÉ (B.), *L'État-entrepôt au Bénin. Commerce informel ou solution à la crise ?*, Paris, Karthala, 1992, 210 p.
- IGUÉ (J.), *et alii* (Dir.), *Maîtrise de l'espace et développement en Afrique. État des lieux* (Volume 1), Paris, Karthala, 2010, 340 p.
- Institut national de la statistique et de l'analyse économique (INSAE), Bureau central du recensement, *Deuxième recensement général de la population et de l'habitat*, février 1992, 186 p.
- MAMA DÉBOUROU (D.), *La guerre coloniale au nord du Dahomey. Bio Gera, entre mythe et réalité : le sens de son combat pour la liberté (1915-1917)*, Paris, L'Harmattan, 2015, 110 p.
- MENSAH (I), "Pour le souvenir de l'inédit de la conférence nationale de février 1990 à Cotonou ; la révolution pacifique du peuple béninois. La démocratie au Bénin, 25 ans après : acquis et défis'', 10 p.
- M'BOKOLO (E.), *Afrique noire. Histoire et civilisations*, tome I Jusqu'au XVIIIe siècle, Paris, Hatier, 1995, 496 p.
- M'BOKOLO (E.), *Afrique noire. Histoire et civilisations*, tome II *XIXe-XXe siècles*, Paris, Hatier, 1992, 576 p.
- NOUDJÈNOUMÈ (P.), *La démocratie au Bénin. Bilan et perspectives*, Paris, L'Harmattan, 1999, 395 p.
- OLOUKOÏ (H.), *La fonction de transit et son impact sur l'évolution de la société et de la ville de Savè : contribution à l'histoire coloniale du peuple tchabè de 1911 à 1936*, Mémoire de maîtrise en Histoire, Université Nationale du Bénin, Abomey-Calavi, 1992-1993, 88 p.
- République populaire du Bénin, *Parti de la révolution populaire du Bénin, Formation patriotique, idéologique et prémilitaire généralisée*, Programmes et documents de travail, ONEPI, décembre 1983, 230 p.
- République du Bénin, Ministère de la Prospective, du Développement et de l'Évaluation de l'Action Publique, Institut National de la Statistique et de l'Analyse Économique (INSAE), *Importation et transit de véhicules d'occasion au Bénin*, Cotonou, novembre 2008, 23 p.
- SOTINDJO (D. S.), *Des aspects de l'histoire du Bénin (XVIe – début XXIe siècle), Éditions universitaires européennes*, 2017, 531 p.
- TAHO (S. A.), *Étude critique des plans de développement économique et social du Dahomey-Bénin (1946-1992)*, Mémoire de maîtrise en Histoire, Université d'Abomey-Calavi, 2011, 154 p.
- TAHO (S. A.), *Coopération économique sous-régionale : cas du Bénin et du Nigeria de 1960 à 2010*, Mémoire de DEA en Histoire, Université d'Abomey-Calavi, 2012-2013, 76 p.
- Université de Sherbrooke, Canada, Québec, Faculté des Lettres et Sciences Humaines, École de politique appliquée, *Perspective monde. Outil pédagogique des grandes tendances mondiales depuis 1945*, en ligne : http://perspective.usherbrooke.ca/bilan/servlet/BMTendanceStatPays?langue=fr&codePays=BEN&codeStat=NY.GDP.MKTP.KD&codeTheme=2. Consulté le 6 mai 2019

2.2. Transports

- *Infrastructures de transport, mobilité et croissance. Rapport Michel Didier et Rémy Prud'homme*, La Documentation française, Paris, 2007, 241 p.

- "Les chemins de fer africains", In *Annales de Géographie*, t. 13, n° 72, 1904, pp. 427-454.
- ABE (A. L.), *Le réseau routier dans le développement économique de la Côte d'Ivoire 1946-1998*, Thèse de doctorat en Histoire, Université Félix Houphouët-Boigny d'Abidjan, 2018, 269 p.
- ABECASSIS (F.), "La mise en place du réseau routier marocain : Aperçu historique", 2009, consulté sur le site https://halshs.archives-ouvertes.fr/halshs-00435869, le 20 septembre 2018.
- ADIKO (J.), *La relance du ferroviaire béninois*, Mémoire de master complémentaire en Gestion des transports, Université Libre de Bruxelles, 2009, consulté en ligne sur memoireonline.com, le 22 février 2020.
- ADJIBI (S. P.), *Réseau routier et échanges commerciaux dans le sud du département du Mono*, Mémoire de maîtrise en Géographie, Université d'Abomey-Calavi, 2009, 83 p.
- ADOLEHOUME (A.), Dir., *Les systèmes d'information et de formation dans le secteur des transports en Afrique sub-saharienne*, Actes du séminaire SITRASS 3, du 16 au 18 mars 1994, Dakar, Lyon, SITRASS (coll. SITRASS), 1994, 311 p.
- ADOLEHOUME (A.), Dir., *Efficacité, concurrence, compétitivité : la chaîne de transport en Afrique sub-saharienne*, Actes du séminaire SITRASS 4, du 28 au 30 octobre 1996, Brazzaville, Lyon, SITRASS (coll. SITRASS), 1996, 419 p.
- ADOLEHOUME (A.), Dir., *Les projets sectoriels des transports en Afrique sub-saharienne : bilan et réflexions*, Actes du séminaire SITRASS 5, 2-4 novembre 1999, Cotonou, Lyon, SITRASS (coll. SITRASS), 1999, 413 p.
- ADOLEHOUME (A.), Dir., *Sphère publique – sphère privée : quelle organisation, quels financements et quelles performances des transports en Afrique sub-saharienne*, Actes du séminaire SITRASS 6, 5-7 novembre 2001, Bamako, Lyon, SITRASS (coll. SITRASS), 2001, 460 p.
- ADONON (B. Z.), *La problématique du transport urbain à Cotonou : analyse et approches de solutions*, Mémoire de maîtrise ès sciences économiques, Faculté des Sciences Économiques et de Gestion (FASEG), Université d'Abomey-Calavi, 2010, 80 p.
- AHOUASSA (E. D.) et OUABI (F. A.), *La sécurité routière dans la ville de Cotonou*, Mémoire de fin de 1er cycle en Gestion des transports et logistique, École nationale d'économie appliquée et de management (ENEAM), Université d'Abomey-Calavi, 2011-2012, 54 p.
- AHOUNOU AÏKPÉ (J.), *et al.* "Pollution atmosphérique par émission de gaz d'échappement des véhicules", In *Journal de la recherche scientifique de l'Université de Lomé*, Série B, 17 (2), 2015, pp. 95-101.
- ALMEIDA (d')-TOPOR (H.), *et alii.* (Dir.), *Les transports en Afrique XIXe-XXe siècle*, Paris, L'Harmattan, 1992, 365 p.
- ASSUM (T.), *La sécurité routière en Afrique. Évaluation des initiatives de sécurité routière dans cinq pays africains*, Programme de politiques de transport en Afrique (SSATP), Document de travail n° 33F, février 1998, 46 p.
- ATADÉ (E. F.), *Puissance publique et politique de transport au Dahomey (1946-1975),* Mémoire de maîtrise en Histoire, Université Nationale du Bénin, Abomey-Calavi, 2000, 107 p.
- Banque africaine de développement (BAD), *Les infrastructures ferroviaires en Afrique. Les options de politiques de financement*, 2015, 180 p.

- BARILLOT (J.), CABANES (H.) et CARILLO (P.), *La route et ses chaussées. Manuel de travaux publics*, Paris, Éditions Eyrolles, 2018, 241 p.
- BAUCHET (P.), *Le transport international dans l'économie mondiale*, Paris, Economica, 1991, 530 p.
- BEN ABDALLAH (K.), *Le transport routier énergiquement durable : état des lieux, modélisation et aide à la décision publique en Tunisie*, Thèse de doctorat en Sciences économiques, Université de Sousse et Université du Littoral Côte d'Opale, 2015, 303 p.
- *Bénin 10 ans de révolution (1972-1982)*, pp. 95-103.
- BENMAAMAR (M.), *Le financement de l'entretien routier en Afrique subsaharienne. Réformes et progrès vers les fonds routiers de seconde génération*, SSATP, Document d'analyse n° 6. Gestion et financement de la route Série GFR, septembre 2006, 19 p.
- BERNADET (M.) et LASSERRE (J.-C.), *Le secteur des transports. Concurrence – Compétitivité*, Paris, Economica, 1985, 371 p.
- BERNADET (M.), *Les transports en France. Repères chiffrés tirés des comptes des transports de la Nation*, Paris, Economica, 1998, 145 p.
- BERTHIER (J.), *Projet et construction de routes*, SD, 39 p.
- BILLARD (J.), "Abrégé d'histoire des routes", Article publié le 24 octobre 2008 sur le site web http://www.lcpc.fr/francais/sources-d-information/article/lcpc-sources-d-informations-288 et que nous avons consulté le 10 août 2016.
- BOAD, *Étude sur l'entretien routier dans les pays de l'Union économique et monétaire ouest-africaine (UEMOA) : bilan des 50 dernières années et perspectives. Rapport provisoire*, Révision 01, août 2015, 66 p.
- BORDES (P.), GUINARD (G.) et LAURENT (G.), *L'entretien courant des chaussées. Guide pratique*, Direction d'études gestion de l'entretien routier du Centre de la Sécurité et des Techniques Routières - SETRA, Édition 1996, 119 p.
- BRUNEL (H.), *Cours de route*, Université d'Orléans, IUT de Bourges, Département Génie civil, Année universitaire 2007-2008, 98 p.
- BRUSHETT (S.), *Gestion et financement des infrastructures de transport routier en Afrique*, Programme de politique de transport en Afrique subsaharienne (SSATP), Document d'analyse n° 4, Gestion et financement de la route, Série GFR, par SD, 18 p.
- Centre de recherche sur les transports, *Des chaussées à longue durée de vie pour des routes à forte circulation*, Les éditions de l'OCDE, Paris, 2008, 206 p.
- Centre de recherches économiques, *Rapport de la 119e table ronde d'économie des transports, tenue à Paris, les 29-30 mars 2001 sur le thème : Transport et développement économique*, Les éditions de l'OCDE, Paris, 2002, 209 p.
- CESARI (D.), *et. al.*, *Livre blanc. Qualité des systèmes de transport*, Ministère de l'Écologie, de l'Énergie, du Développement durable et de l'Aménagement du Territoire, SD, 64 p.
- CHEVALIER (D.), DUPHIL (F.), *Le transport*, Paris, Les Éditions Foucher, Coll. Défi export, 2005, 256 p.
- DARE (A. M. A.), *Analyse du trafic des véhicules usagés au Bénin*, Rapport de fin de stage, Brevet de technicien supérieur (BTS) en Transport-logistique, Institut CERCO, 2008-2009, 46 p.

- Diaz Olvera (L.) et GODARD (X.), “P comme Pauvreté ou le rôle du transport pour la combattre”, In GODARD (X.), Dir., *Les transports et la ville en Afrique au sud du Sahara*, Paris, Karthala-Inrets, Collection Économie et Développement, 2002, pp. 249-262

- DJAOUGA (A.), *Synthèse des méthodologies utilisées dans la conception et la construction des chaussées des routes en R.P.B. depuis 1965 à ce jour. Voie d'amélioration*, Mémoire de fin d'études, Collège Polytechnique Universitaire, Département Génie civil, Université Nationale du Bénin, Abomey-Calavi, 1985-1986, 70 p.

- DOMINGUEZ-TORRES (C.) et FOSTER (V.), *Rapport pays. Infrastructure du Bénin : une perspective continentale*, Africa infrastructure country diagnostic (AICD), juin 2011, 48 p.

- DRAMANI-ISSIFOU (Z.), “Routes de commerce et mise en place des populations du Nord du Bénin actuel'', In *Le sol, la parole et l'écrit*, Mélanges en hommage à Raymond Mauny, Société Française d'Histoire d'Outre-Mer, 1981, pp. 655-670.

- ECHUI (A.), *Le transport des produits vivriers en Côte d'Ivoire : enjeux et stratégies pour le développement*, Thèse de doctorat de l'École nationale des ponts et chaussées, 1993, 483 p.

- Eiffage Travaux publics, “100 ans de progrès et d'innovation. L'odyssée de la route”, Document édité par la Direction de la communication d'Eiffage Travaux publics, Tiré à part du Magazine *La voie*, n° 7, septembre 2007.

- Encyclopédie des travaux publics, *Cours de routes professé à l'école des ponts et chaussées* par Léon Durand-Claye, Seconde édition, revue et corrigée, Paris, Librairie polytechnique Baudry et Cie, Libraires-Éditeurs, 1895, 605 p.

- GASSETO (I.), *Impacts sociaux des accidents de la route au Bénin*, Mémoire de fin de premier cycle en Transport et logistique, Université catholique de l'Afrique de l'Ouest (UCAO), 2009-2010.

- GBAGUIDI (D. B.), *Approche pour une amélioration des transports urbains à Cotonou (Bénin)*, Cycle de Gestion Technique du Milieu Urbain, Université de Technologie de Compiègne, 1989, 31 p.

- GBEMENOU (R.), *Analyse du trafic des véhicules d'occasion*, Rapport de fin de stage, Brevet de technicien supérieur (BTS) en Transport-logistique, École supérieure d'enseignement professionnel le Berger (ESEP le Berger), 2006-2007, 38 p.

- GODARD (X.) et TEURNIER (P.), *Les transports urbains en Afrique à l'heure de l'ajustement. Redéfinir le service public*, Paris, Karthala et INRETS, 1992, 247 p.

- GOUSSOT (M.), *Les transports dans le monde*, Paris, Armand Colin, Coll. Synthèse, série Géographie, n° 64, 1998, 96 p.

- GROSDIDIER DE MATONS (J.), *Les instruments juridiques internationaux de facilitation du transport et du commerce en Afrique*, 2e édition, *Traités – Conventions – Protocoles – Décisions – Directives*, Programme de politiques de transport en Afrique (SSATP), mars 2014, 300 p.

- Groupe de la Banque africaine de développement, *Mali/Sénégal. Programme d'aménagement routier et de facilitation du transport : le corridor routier Bamako-Dakar par le sud*, SD, 9 p.

- GUIDI (D.), *Méthodologie de la prise en compte du trafic dans le dimensionnement des chaussées. Influence des surcharges*, Mémoire de fin d'études,

Collège Polytechnique Universitaire, Département Génie civil, Université Nationale du Bénin, Abomey-Calavi, 1982-1983, 85 p.

- GWILLIAM (K.), *et. al.*, *Diagnostic des infrastructures nationales en Afrique. Les routes en Afrique subsaharienne*, Banque mondiale, SSATP, Résumé du document de référence 14, juin 2008, 8 p.
- HARISMENDY (P.), "Du caillou au bitume, le passage à la « route moderne » (1900-1936)", In *Annales de Bretagne et des pays de l'Ouest*, vol. 106, n° 3, 1999, pp. 105-128.
- HARRALL (C.) et FAIZ (A.), *Road deterioration in developing countries – Causes and remedies*, World Bank Policy Study, 1988, 61 p.
- HAZEMANN (Y.), "Routes et routiers du Sénégal au XXe siècle. Les sources de l'histoire des transports", février 1990, 10 p.
- HOUETON (V.), *Décongestion du Port Autonome de Cotonou pour une meilleure performance commerciale*, Mémoire Diplôme de technicien supérieur (DTS) en gestion commerciale, Université d'Abomey-Calavi, 2011, consulté en ligne sur www.memoireonline.com, le 20 février 2020.
- HOUINSOU (T. A.), GIBIGAYE (M.) et SABI YO BONI (A.), "Transport rural et échanges commerciaux dans la commune de Kérou, In *International journal of progressive sciences and technologies (IJPSAT)*, vol. 9, n° 1, june 2018, pp. 6-19.
- HOUINSOU (T. A.), *Infrastructures de transport routier et structuration de l'espace au Sud-Bénin*, Thèse de doctorat en Géographie, Université d'Abomey-Calavi, 266 p.
- HOUNGNONVI (A. B.) et SÈNOU (C.), *Analyse des entraves au développement du transport routier. La dégradation des routes et la multiplicité des postes de contrôle routier*, Mémoire de diplôme de technicien supérieur (DTS), Université d'Abomey-Calavi, 2011, consulté en ligne sur www.memoireonline.com, le 20 février 2020.
- HOUNKPÈVI (G. O.) et HOLONOU (W. E.), *Contribution à l'amélioration de la situation financière d'une entreprise d'État : cas de l'OCBN (Organisation Commune Bénin-Niger des chemins de fer et de transports)*, Mémoire de licence professionnelle en sciences économiques, Université d'Abomey-Calavi, 2011, consulté en ligne sur www.memoireonline.com, le 23 février 2020.
- IROKO (A. F.), "Connaissance et sources de la connaissance du transport en hamac dans le royaume du Danhomè du XVIIe au XIXe siècle", Communication présentée à l'occasion du colloque international organisé par le groupe "Histoire des transports en Afrique" de l'Université Paris XII et le laboratoire Tiers-Monde Afrique (UR 363) Equipe de l'Université Paris VII, les 16 et 17 février 1990, 24 p.
- JI (Z. P.), *Transport combiné ou transport routier ? Étude des facteurs de choix entre deux systèmes de transport intérieur de fret*, Thèse de doctorat de l'École nationale des ponts et chaussées, 1994, 211 p. et des annexes.
- KANE (B.), *Infrastructures de transport et développement économique au Sénégal*, Mémoire de Master 1 en Transport et Logistique, Institut supérieur des transports SupdeCo de Dakar, 2011, consulté sur www.memoireonline.com, le 11 décembre 2018.
- KOSSOU (C.), *Étude de la rentabilité économique de la route Djougou-Porga*, Mémoire de fin d'études, Collège Polytechnique Universitaire, Département Génie civil, Université Nationale du Bénin, Abomey-Calavi, 1983, 116 p.

- KPONOUKON (J. T. P.) et SAKA (A. N.), *Impact de l'autoroute Cotonou-Porto-Novo sur les déplacements entre les deux villes et la campagne environnante en République du Bénin*, Mémoire de maîtrise en Géographie, Université d'Abomey-Calavi, 2006, 100 p.
- KUMAR (A.), *Assessment of selected road funds in Africa. Case study of Benin, Ethiopia, Ghana, Kenya and Zambia*, SSATP Working paper n° 51, décember 2000, 55 p.
- LANTONKPODÉ (E. C. R.), *Le financement des infrastructures routières au Bénin de 1980 à 1990*, Mémoire de fin de formation du Cycle 1, École Nationale d'Administration, Université Nationale du Bénin, Abomey-Calavi, 1989-1990, 84 p.
- LASSERRE (J.-C.), "La géographie des transports en France de 1983 à 1987", In *Les Cahiers scientifiques du transport*, n°s 15-16, 1987, pp. 189-196.
- LAWSON (L. A. D. S.) et GOUNOU (D. A. B.), *Problématique de la répartition du fret routier à destination des pays sans littoral : cas du Niger*, Mémoire de fin de 1er cycle en Transport et logistique, Institut universitaire de technologie, Université de Parakou, 2010-2011, p. 63
- LIHOUSSOU (M.), *Ports et désenclavement territorial : cas de l'arrière-pays du port de Cotonou*, Thèse de doctorat en Géographie des transports, Université du Havre, 2014, 461 p.
- LOMBARD (J.) et STECK (B.), (Ed.), *Transports aux Suds. Pouvoirs, lieux et liens, Autrepart, Revue de sciences sociales au Sud*, n° 32, Paris, Armand Colin/IRD, 2004, 203 p.
- MARCADON (J.), *Les transports*, Paris, Armand Colin, coll. Prépas Géographie, 1999, 224 p.
- MÉRENNE (E.), *Géographie des transports*, Presses universitaires de Rennes, 2013. Consulté sur le site web : www.pur-editions.fr, le 15 décembre 2018.
- MERLIN (P.), *Géographie des transports*, Coll. Que sais-je, Paris, PUF, 1992, 128 p.
- Ministère de l'Aménagement du Territoire et de l'Environnement, Conservatoire national de formation à l'environnement, "Développement durable et transports", présenté par Robert Joumard, Alger, le 27 juin 2005, 9 p.
- Ministère de l'Équipement, du Logement et des Transports, Direction des Routes, Catalogue des types de routes en milieu interurbain, Circulaire du 9 décembre 1991, 23 p.
- Nations Unies, Commission économique pour l'Afrique, *Manuel d'entretien des routes. Manuel pratique pour l'entretien des routes en Afrique*, tome 1 : *Entretien des abords, des ouvrages de drainage et de la signalisation*, Cologne, Carl Duisberg Gesellschaft e. V., 1982, 356 p.
- NDIAYE (E. M), TREMBLAY (R.), "Le transport routier au Sénégal : problématique de la gestion des gares routières", In *Canadian journal of regional science/Revue canadienne des sciences régionales*, XXXII : 3 (Autumn/Automne 2009), pp. 495-510.
- NOGALES (A.), *A la recherche d'évidences pour définir des politiques de transport. Système de gestion des données du secteur des transports. Note de politique & directives*, Programme de politiques de transport en Afrique (SSATP), Document de travail n° 104, janvier 2015, 52 p.
- NOUDÉKÉ (G.), *Contribution du commerce des véhicules d'occasion à la réduction de la pauvreté au Bénin*, Mémoire de maîtrise en Sciences de gestion,

Université d'Abomey-Calavi, 2008, consulté en ligne sur www.memoireonline.com, le 20 février 2020.
- Organisation des Nations Unies pour l'Éducation, la Science et la Culture (UNESCO), *Routes dans les pays en voie de développement. Construction et entretien. Conditions économiques et techniques*, SD.
- PLAT (D.), *Transports en Afrique sub-saharienne*, Actes de la session jointe à la sixième conférence mondiale sur la recherche dans les transports, 1er juillet 1993, Lyon, Lyon SITRASS (coll. SITRASS), 1993, 145 p.
- POURTIER (R.), "Les chemins de fer en Afrique subsaharienne, entre passé révolu et recompositions incertaines", In *Belgeo*, n° 2, 2007, pp. 189-202.
- Programme de politique de transport en Afrique subsaharienne (SSATP), Transport en Afrique. Note technique, "Qualité de l'air à Cotonou. Synthèse", juin 2001, 4 p.
- Programme de politiques de transport en Afrique (SSATP), *Policies for sustainable accessibility and mobility in urban areas of Africa*, Working paper n° 106, june 2015, 122 p.
- QUENUM (P. A.), *L'efficacité des routes de desserte rurales dans l'économie béninoise*, Mémoire de maîtrise ès sciences économiques, Faculté des Sciences Juridiques, Économiques et Politiques, Université Nationale du Bénin, Abomey-Calavi, 1982, 59 p.
- République du Bénin, Conseil économique et social. Deuxième mandature, Rapport sur la protection des équipements routiers, 15 décembre 2003, 26 p. et des annexes.
- République du Bénin, Ministère des Travaux Publics et des Transports, Cellule de Programmation et de Coordination, *Annuaire statistiques des transports*, 1991, p. 5.
- République du Bénin, Ministère des Travaux Publics et des Transports, Direction Générale des Transports terrestres, *Annuaire statistique des transports terrestres*, n° 001, année 2004 ; n° 002, année 2005 ; n° 003, année 2006 ; n° 004, année 2007 ; n° 005, année 2012.
- République du Bénin, Ministère des Travaux Publics et des Transports, Ministère de l'Économie Maritime et des Infrastructures Portuaires, Direction de la programmation et de la Prospective, *Annuaire statistique des transports 2001-2008*, n° 000, Cotonou, mars 2014.
- République du Bénin, Ministère des Travaux Publics et des Transports, *Annuaire statistique 2009-2010*, décembre 2011.
- République du Bénin, Ministère des Travaux Publics et des Transports, *Annuaire statistique 2011-2012*, décembre 2014.
- République du Dahomey, Ministère de l'Économie et des Finances, *Aspects économiques*, Numéro spécial, 1972, pp. 49-57.
- République du Dahomey, Ministère du Plan et de la Prospective, Direction de la Statistique, *Annuaire statistique*, 1967, pp. 142-143.
- République du Dahomey, Ministère du Plan et de la Prospective, Direction de la Statistique, *Annuaire statistique,* n° 3, 1969.
- République du Dahomey, Présidence de la République, *Annuaire statistique du Dahomey*, n°4, 1973, p. 168.
- RITTER (J.), *La géographie des transports*, Paris, PUF, coll. Que sais-je ?, n° 1427, 1971, 128 p.

- RUNJI (J.), *Revue de la performance des politiques de transport en Afrique. Le besoin de politiques de transport plus robuste*, Programme de politiques de transport en Afrique (SSATP), Document de travail n° 103, janvier 2015, p. 18.

- Service d'études techniques des routes et autoroutes (SETRA), *Comprendre les principaux paramètres de conception géométrique des routes*, Janvier 2006, 28 p.

- SOSSOU-AGBO (A. L.), *La mobilité des populations dans le complexe fluvio-lagunaire de la basse vallée de l'Ouémé au Bénin, en Afrique de l'Ouest*, Thèse de doctorat en Géographie, Université de Grenoble et Université d'Abomey-Calavi, 2013, 349 p.

- The World Bank group, *Safe, clean and affordable... Transport for development. The world bank group's transport business strategy for 2008-2012*, 2008, 113 p.

- TIXIER (G.), "La succession à la Régie des chemins de fer de l'A.O.F. Problèmes posés par l'apparition de nouveaux États", In *Annuaire français de droit international*, volume 11, 1965. pp. 916-932.

- TOSSOU (H. P.) et DOVONOU (C. Gilberte), *Le rôle du transport dans le développement économique et social : cas de la TRANS-BENIN*, Mémoire de maîtrise ès sciences économiques, Faculté des Sciences Juridiques, Économiques et Politiques, Université Nationale du Bénin, Abomey-Calavi, 1982-1983, 87 p.

- VIDÉGLA (M. D. K.), "Le "Tramway" de Porto-Novo, Sakété-Pobè (1901-1914) : une nouvelle dimension de l'économie coloniale du Dahomey", In *Afrika Zamani*, Revue annuelle d'Histoire africaine, numéro spécial sur le Bénin, juillet, 1993, Yaoundé, pp. 191-220.

- WABI (I.), *Les transports en commun à Cotonou*, Travail d'études et de recherche pour obtenir la maîtrise en Géographie, École normale supérieure de Porto-Novo, Université Nationale du Bénin, Abomey-Calavi, 1981, 66 p.

- WOLKOWITSCH (M.), "Les transports routiers en France'', In *Annales de géographie*, n° 336, 1954, pp. 99-112.

- WOLKOWITSCH (M.), *Géographie des transports,* Paris, Armand Colin, Coll. Cursus, 1992, 191 p.

Table des tableaux, graphiques, cartes, croquis cartographiques et photo

Liste des tableaux

Liste des graphiques

Liste des cartes

Liste des croquis cartographiques

Table des matières

Structures éditoriales du groupe L'Harmattan

L'Harmattan Italie
Via degli Artisti, 15
10124 Torino
harmattan.italia@gmail.com

L'Harmattan Hongrie
Kossuth l. u. 14-16.
1053 Budapest
harmattan@harmattan.hu

L'Harmattan Sénégal
10 VDN en face Mermoz
BP 45034 Dakar-Fann
senharmattan@gmail.com

L'Harmattan Cameroun
TSINGA/FECAFOOT
BP 11486 Yaoundé
inkoukam@gmail.com

L'Harmattan Burkina Faso
Achille Somé – tengnule@hotmail.fr

L'Harmattan Guinée
Almamya, rue KA 028 OKB Agency
BP 3470 Conakry
harmattanguinee@yahoo.fr

L'Harmattan RDC
185, avenue Nyangwe
Commune de Lingwala – Kinshasa
matangilamusadila@yahoo.fr

L'Harmattan Congo
219, avenue Nelson Mandela
BP 2874 Brazzaville
harmattan.congo@yahoo.fr

L'Harmattan Mali
ACI 2000 - Immeuble Mgr Jean Marie Cisse
Bureau 10
BP 145 Bamako-Mali
mali@harmattan.fr

L'Harmattan Togo
Djidjole – Lomé
Maison Amela
face EPP BATOME
ddamela@aol.com

L'Harmattan Côte d'Ivoire
Résidence Karl – Cité des Arts
Abidjan-Cocody
03 BP 1588 Abidjan
espace_harmattan.ci@hotmail.fr

Nos librairies en France

Librairie internationale
16, rue des Écoles
75005 Paris
librairie.internationale@harmattan.fr
01 40 46 79 11
www.librairieharmattan.com

Librairie des savoirs
21, rue des Écoles
75005 Paris
librairie.sh@harmattan.fr
01 46 34 13 71
www.librairieharmattansh.com

Librairie Le Lucernaire
53, rue Notre-Dame-des-Champs
75006 Paris
librairie@lucernaire.fr
01 42 22 67 13

www.ingramcontent.com/pod-product-compliance
Lightning Source LLC
LaVergne TN
LVHW011433061026
849535LV00004BA/796